한국한시와 당시의 비교

韓國漢詩와 唐詩의 比較

柳晟俊 著

푸른사상

韓國漢詩와 唐詩의 比較

著者略歷·柳 晟 俊

1943년 출생, 서울대학교 중문과 졸업
서울대학교 대학원 중문과 문학석사
國立臺灣師範大學 國文硏究所 문학박사

공군사관학교 교수부 조교수, 계명대학교 중국학연구소 소장
한국외국어대학교 중국문제연구소 소장, 한국외국어대학교 언어연구소 소장, 미국 Harvard 대학교 Visiting Scholar, 동방문학비교연구회 부회장, 한국중어중문학회 회장, 한국외국어대학교 동양학대학 학장

현재: 한국외국어대학교 중국어과 교수. 중국연구소 소장

편·저서: 《申緯作品集》, 《新編中國語》, 《唐詩選注》, 《王維詩硏究》, 《王維詩比較硏究》, 《楚辭》, 《中國唐詩硏究》, 《唐詩論考》, 《中國詩歌硏究》, 《淸詩話硏究》, 《初唐詩와 盛唐詩 연구》, 《唐代 後期詩 硏究》 등 70여 권

논 문: 「王維詩攷」, 「李商隱詩風攷」, 「全唐詩所載新羅人詩」, 「滄浪詩話詩辨考」, 「鄭燮詩攷」, 「王梵志詩考」, 「戴叔倫의 五律考」, 「皮日休詩考」, 「盧綸詩考」, 「李嘉祐詩考」 등 190여 편

韓國漢詩와 唐詩의 比較

인쇄 2002년 4월 5일
발행 2002년 4월 15일

지은이·柳 晟 俊
펴낸이·韓 鳳 淑
편집인·金 賢 貞
펴낸곳·푸른사상사

등록 제2-2876호
서울시 중구 을지로2가 148-37 삼오B/D 302호
대표전화 02) 2268-8706-8707 팩시밀리 02) 2268-8708
메일 prun21c@yahoo.co.kr / prun21c@hanmail.net
홈페이지 //www.prun21c.com

ⓒ 2002, 류성준

값 33,000원

序

　中國文學에서나 韓國漢文學에서나 그 어느 쪽이던 간에 장르 개념적으로 보아서 그 문학의 꽃은 역시 '詩'라고 할 수 있다. 한국과 중국에서 文學史의 起源的인 위치에서 볼 때, '詩'는 모든 장르의 始原이며 뿌리가 되었고 지금까지도 그 상관성을 含有하여 알게 모르게 連繫되어 있는 것이다. '詩'는 단지 '文學'이라는 한정된 文化一角的인 범주에서만 주도적인 역할을 담당한 것이 아니고, 중국인에게 있어서는 言語 자체가 '詩'로부터 口語化되어 나타난 의사표현의 산물이라는 점이다. 中國語의 聲調는 시의 用韻과 平仄의 조화를 白話體로 길고도 평이하게 꿰어서 늘어놓은 것이다. 중국어를 성조에 맞게 구사하는 말을 듣노라면, 거기에서 마치 한 곡의 음악을 감상하는 감흥을 느끼는 것은 결코 과장되거나 美化시키기 위한 評語가 아니다. 중국어는 그 어느 언어 보다도 음악성이 짙은 말이기 때문이다. 그러니까 시는 韓國과 中國, 그리고 日本 등 東洋 3국에서 인간의 性情을 표현해 주는 그 모든 매체와 방법의 기본이 된다는 점을 깊이 인식할 필요가 있는 것이다.
　우리 漢文學은 예로부터 중국과 不可分의 관계를 유지해 온 엄연한 사실로 인해서, 중국 쪽의 연구자보다는 우리 쪽의 연구자의 임무와

책임, 그리고 存在價値가 훨씬 '크다'는 이러한 중요한 사실을 새삼 재인식하고 있으며 또 그 인식하에 전문분야를 조성하여 열정적으로 탐토하고 있는 것은 극히 다행스럽고 可望的이라 할 수 있다. 한편, 한국인이기 때문에 그 주어진 가치 있는 여건을 효율적으로 발양시키기 위한 조건을 구비해야 하는 데, 그것이 바로 韓國漢文學 쪽에서는 中國文學을, 中國文學 쪽에서는 韓國漢文學을 상호연계하여 소위 '서로 공부'하는 적극적인 자세가 이제부터 더 요구된다는 것이다. 소위「韓國學」의 源泉的인 정립을 바르게 하고「韓國漢文學」의 주체적인 학문영역과 그 가치평가상의 독자적인 위상을 갖추는 작업을 원활히 수행하기 위하여, 양자간에 상호보완적인 행사를 항구화해야 할 시점에 이르렀다고 본다.

　이러한 우리 漢文學의 주체성을 확립하기 위한 우리 先賢들의 마음가짐이 이미 高麗朝부터 토로되었으니 崔瀣(1287~1340)는 이르기를,

　　　우리 동국인은 언어가 이미 중국인과 다르다.

　　　若吾東人, 言語旣有華夷之別.(≪東文選≫卷84 東人文序)

라고 하여 그 차별성을 제기하였으며, 徐居正(1534~1591)은 이르기를,

　　　(한자로 된 글)이것은 즉 우리 동방의 글로서, 송·원대의 글이 아니고, 한대나 당대의 글도 아닌 바로 우리나라의 글인 것이다.

　　　是則我東方之文, 非宋元之文, 亦非漢唐之文, 而乃我國之文也.(≪東文選≫ 目錄附 序)

라고 하여 우리 문학의 獨自性과 獨創性을 겸비해야 한다는 主見을

분명히 하였다. 그리고 金昌協(1651~1708)은 그 당시의 문학사조의 중국에 대한 從屬意識을 못마땅하게 여겨서,

　　시라면 진실로 당대의 시를 배워야 하지만, 그렇다고 당대의 시와
　　꼭 같아야 할 것은 아니다.

　　詩固當學唐, 亦不必似唐.(≪農巖集≫卷34)

라고 피력한 바가 있다. 우리 선현들의 이 같은 자세가 바로 오늘을 살고 있는 우리의 정신문화의 근간이며 아울러 韓國漢文學의 미래상을 부각시키는 試金石이 되는 것이다.
　필자는 中文學徒로서 우리의 위치에서 중국문학을 연구하지만, 궁극적인 연구목표를 한국한문학의 객관적인 정리작업에 두고서 적극적으로 동참해야 한다고 믿는다. 그래서 우리 선현의 문물을 올바르게 蒐集하고 정리하는 작업이 국문학과 한국한문학의 주도 下에 진행되는 데에 부응하여, 중문학 연구자들도 감당할 수 있는 관련 분야가 무엇인지를 찾아서 그 역할을 수행해야 할 것이다. 이것이 한국인으로서의 외국문학도 특히 중국문학도만이 할 수 있는 일이기 때문에 한문학 연구에의 참여는 또 하나의 참된 보람이 된다고 확신하는 것이다. 필자가 韓國漢詩에 관심을 둔 지가 臺灣師範大學에서 王維와 申緯의 시를 비교하는 박사학위 논문을 준비하던 시기(1972년)부터 헤아려 보아도 벌써 30년이나 되었으니, 그래도 상당한 세월이 흘렀다고 할 수 있겠다. 그러나 아무래도 본업이라 할 수 있는 「中國詩學」에 뜻을 두다 보니 그만한 세월에 비해서 이렇다할 만한 성과가 부족한 것이 사실이다. 그러면서도 가끔 참고할 만한 자료를 열람하는 기회를 이용하여 우연이든 아니든 간에 深度는 옅어도 틈틈이 주로 唐詩와 접목시키는

글들을 발표할 수 있었던 것은 필자 內心에 응어리져 있는 본래의「韓中 詩歌의 調和」문제를 살펴보아야 한다는 잠재의식이 작용하지 않았나 하고 自慰하곤 한다. 그래서 그 글들의 價値有無를 떠나서 어느 한 중문학도가 韓國漢詩를 공부하는 학습과정에서 만들어 낸 일종의 부산물 정도로 평가해 준다면 오히려 필자의 마음은 免罪符를 받은 것처럼 홀가분할 것 같다. 여하튼 이러한 지엽적인 과정을 통하여, 하나 둘 씩 모아진 글들을「韓國漢詩와 唐詩」라는 명목으로 이렇게 펴내게 되니 경솔하고 당돌하며 부끄럽지만 그 나름의 의미도 있지 않을까 하고 생각해 본다. 그것은 마치 운전면허증 없는 사람이 겁도 없이 자동차를 운전하는 상황에 비유될 것 같기 때문이다. 다만 斯界 선배 제현의 寬恕와 指定을 바라마지 않는다.

 이 책은 구성상 세 가지로 시대 구분하여 제1편에서는 新羅와 唐의 문학교류 상황을 주로 ≪全唐詩≫ 등의 자료를 참고로 하여 시도하였다. ≪全唐詩≫에 수록된 新羅人의 시를 찾는 데는 韓致奫의 ≪海東繹史≫와 彭國東의 ≪中韓詩史≫ 등이 길잡이가 되었으며 ≪全唐詩逸≫과 陳尙君의 ≪全唐詩補編≫ 등이 중요한 참고자료가 되었다. 漢文學의 鼻祖인 崔致遠을 晩唐 羅隱과 비교한 의도는 唯美風이 성행하던 晩唐詩壇에서 孤雲 선생의 文學淵源과 그 활동근거를 재구명할 필요성이 있다고 보았기 때문이다. 제2편에서 陳澕와 金九容은 필자가 예전에 ≪韓國漢文學硏究≫ 논집에 게재했던 자료들로서 이번에 수정보완하였으며, 朱彛尊이 編한 ≪明詩綜≫에 수록된 高麗 문인의 시 13수는 朝鮮 문인의 시 136수와 함께 관심의 대상이 되는데, 編者의 개인적인 한계가 드러난 오류가 적지 않지만, 그 당시에 중국에서 우리 문단을 평가하는 기준과 비중이 어떠하였는지를 개관할 수 있는 자료적인 가치를 지니고 있다고 본다. 제3편의 朝鮮漢詩와 唐詩 부분은 필자 개인의 한계성을 사실대로 표출해준 편견적인 서술 부분임을 자인한다. 그러니까 극히 제한된 일부분을 가지고 임의로 논술하였기 때문에,「朝鮮漢詩」라고 하기에는 그 대표성이 결여된 내용을 담고 있다고 酷評해도 필자로서는 그 평을 수용하려고 한다. 단지 한 중문학도가 시도적으로 해본 것이라고 긍정적인 양해를 해주므로 해서 斯學의 다양한 論究風土를 조성해 나가는 데 있어서, 하나의 작은 계기가 될 수도 있다는 정도로 보아주기를 바랄 따름이다. 그 중에는 ≪淸詩匯≫上의 朝鮮 문인의 시, 그리고 근인 李光秀의 문학세계에 대한 개관과 그 자료소개 등은 생소한 테마라고 볼 수 있으며, 李白詩 75수를 한글로 諺解한 자료는 비록 그 근거가 여러 모로 불분명하지만, 순수문학적인 입장에서 杜甫詩 諺解와 대조해서 참고할만하다고 自評하고 싶다.

  이 책을 펴내면서 너무나 부족한 점이 많아서 自愧感을 금할 수 없다는 심정을 솔직히 고백하면서 선배와 同學 제현의 寬容과 叱正을 간절히 바라는 바이다. 아울러 어려운 여건 속에서도 기꺼이 배려해준 출판사측과 타자 작업을 도와준 柳信 군에게 깊이 감사한다.

2002년 봄에

柳晟俊 謹識

차례

序 • 1

제1편 新羅漢詩와 唐詩

≪全唐詩≫ 所載 新羅 문인의 시 ……………………………… 15
Ⅰ. ≪全唐詩≫上의 新羅 문인의 시 …………………………… 17
1. 王巨仁(≪全唐詩≫ 권731) ……………………………… 18
2. 高元裕(≪全唐詩≫ 권795) ……………………………… 21
3. 金眞德(≪全唐詩≫ 권797) ……………………………… 22
4. 薛瑤(≪全唐詩≫ 권799) ………………………………… 26
5. 金地藏(≪全唐詩≫ 권806) ……………………………… 31
Ⅱ. ≪全唐詩逸≫上의 新羅 문인의 시 ………………………… 32
1. 崔致遠(≪全唐詩逸≫卷中) ……………………………… 33
2. 金立之(≪全唐詩逸≫卷中) ……………………………… 35
3. 金可紀(≪全唐詩逸≫卷中) ……………………………… 38
4. 金雲卿(≪全唐詩逸≫卷中) ……………………………… 42

≪全唐詩≫ 所載 新羅와 唐 문인의 交遊詩 ……………………… 45
Ⅰ. 新羅와 唐 문인의 交遊詩 분류 목록 ……………………… 47
1. ≪全唐詩≫ 所載 新羅 문인의 詩 ………………………… 48
2. ≪全唐詩≫ 外 新羅 문인의 贈唐人詩 …………………… 48
3. ≪全唐詩≫ 所載 唐 문인의 贈新羅人詩 ………………… 49
Ⅱ. 新羅와 唐 문인 交遊詩의 내용과 풍격 …………………… 50
1. 眞德女王과 高宗 …………………………………………… 51
2. 薛瑤와 郭震 ………………………………………………… 53

  3. 金沔과 張籍 ·· 56
  4. 金可紀와 章孝標 ·· 58
  5. 崔致遠과 羅隱·顧雲·張喬 ······································ 61
  6. 羅唐 法僧의 교류 ·· 67
 附錄: 新羅와 唐 문인의 交遊詩 總覽 ······························ 71
  1. ≪全唐詩≫ 所載 新羅人詩 ······································ 71
  2. ≪全唐詩≫外 新羅人 交流詩 ································ 75
  3. ≪全唐詩≫ 所載 唐人 贈新羅人詩 ························ 78

羅隱과 그 시를 통한 崔致遠의 시 풍격 ···················· 88
 Ⅰ. 羅隱의 生平과 문집 판본 ·· 89
  1. 출신 성분 ·· 92
  2. 성격과 외모 ·· 93
  3. 官職 관계 ·· 94
  4. 詩文集의 판본 ·· 95
 Ⅱ. 羅隱 詠物詩의 특성 ·· 103
  1. 羅隱 詠物詩의 諷刺性 ·· 106
  2. 自我傷心의 葛藤 ·· 115
  3. 정치사회에 대한 諷諭 ·· 124
 Ⅲ. 羅隱과 崔致遠 시 비교의 妥當性 ···························· 131
 Ⅳ. 羅隱과 崔致遠의 시 비교의 의의와 특색 ·············· 139
  1. 兩人의 시 풍격 비교의 의의 ································ 139
  2. 淡雅 ·· 143
  3. 隱諭 ·· 150
  4. 脫俗 ·· 154

제2편 高麗漢詩와 唐詩

陳澕 시와 孟浩然·王維 시의 풍격 161
Ⅰ. 陳澕 시의 형성 배경 165
Ⅱ. 孟浩然·王維 詩와의 관계 172
1. 陳澕 시의 형식과 주제 분류 172
2. 孟浩然의 古淡風과의 관계 174
3. 王維 시의 幽美風과 詩中有畵와의 관계 177

金九容과 그 시의 唐詩 사조 193
Ⅰ. 生平과 交友 195
1. 生平 195
2. 詩交 관계 199
Ⅱ. 金九容 시의 現實逃避的인 성격 208
1. 시의 淵源과 諸家의 評 208
2. 隱逸浪漫과 脫俗 212
3. 시의 畵意 220

≪明詩綜≫所載 高麗 문인의 시 223
Ⅰ. 朱彛尊과 高麗·朝鮮 문인의 시 選錄上의 오류 224
Ⅱ. 所載된 두 王朝 시의 형식과 주제 분류 231
Ⅲ. 高麗 문인의 시와 그 譯析 236
1. 偰遜의 〈山雨〉 238
2. 鄭夢周의 〈感遇〉·〈使日本書懷〉·〈偶題〉 240
3. 李穡의 〈早行〉 245

   4. 李崇仁의〈挽金太常〉······················ 247
   5. 李詹의〈雜咏〉································ 249
   6. 權近의〈題鶴鳴樓〉·························· 250
   7. 權遇의〈竹長寺〉···························· 252
   8. 金九容의〈江水〉···························· 252
   9. 趙云仡의〈卽事〉···························· 260
  10. 鄭知常의〈醉後〉···························· 262
  11. 李仁老의〈題杏花鸝鴿圖〉················ 263

제3편 朝鮮漢詩와 唐詩

成侃의 《眞逸遺藁》와 그 시의 唐宋 풍격 ············ 271
 Ⅰ. 《眞逸遺藁》와 成侃의 生平 ···················· 272
 Ⅱ. 詩友와의 교유 ······································· 282
 Ⅲ. 成侃 시의 「淨·雅·虛」 특색과 繪畫美 ······ 289
   1. 淨 ·· 290
   2. 雅 ·· 294
   3. 虛 ·· 299
   4. 詩 속의 그림 ······································· 304

李達 시에서의 王維 시풍 ···························· 309
 Ⅰ. 李達의 삶과 그 사람됨 ·························· 311
 Ⅱ. 朝鮮漢詩의 唐風 興起와 李達 시와의 관계 ······ 314
 Ⅲ. 李達 詩의 盛唐詩와의 비교 蓋然性 ············ 318

  Ⅳ. 李達 시 속의 王維 시풍 ·· 322
   1. 淳淡 ··· 322
   2. 華雅 ··· 326
   3. 道佛的인 脫俗 ·· 329

鄭斗卿과 李白의 樂府詩 ·· 337
  Ⅰ. 李白과의 비교 개연성 ·· 337
  Ⅱ. ≪東溟詩說≫로 본 鄭斗卿의 시관 ·························· 341
  Ⅲ. 鄭斗卿 시의 道仙 풍격 ··· 346
   1. 淳淡 ··· 348
   2. 合自然의 超脫 ·· 352
  Ⅳ. 鄭斗卿 시의 李白 樂府에 대한 模擬 ······················ 359

申緯 詩의 원류와 그의 교유, 그리고 시조의 漢詩譯 ········ 372
  Ⅰ. 申緯 시의 원류 ··· 374
  Ⅱ. 詩友와의 교유 ··· 381
  Ⅲ. 申緯 시조의 漢詩譯 ··· 388
  Ⅳ. 申緯 시의 繪畵的인 묘사 ······································ 391

申緯와 王維 시의 神韻味와 繪畵 기법 ····························· 407
  Ⅰ. 申緯와 王維 시의 神韻味 ······································ 410
   1. 淳淡 ··· 416
   2. 高雅 ··· 424
   3. 仙과 禪의 不入俗 ·· 432

  Ⅱ. 申緯와 王維 시의 詩中有畵論 ·· 443
    1. 詩中有畵의 의미 ·· 443
    2. 詩의 畵的 결구 ·· 449
    3. 詩의 畵的 선재 ― 관찰과 체회 ·· 459
    4. 言語의 色感 표현 ― 色·光·態·聲 ································· 465

李白詩 諺解本의 구성과 그 예시 ·· 474
  Ⅰ. 諺解本의 구성과 그 의의 ·· 475
  Ⅱ. 諺解本에 실린 李白 시의 시제와 형식 ································ 484
  Ⅲ. 諺解本 譯文 예시와 그 주해 ·· 488
    1. 〈將進酒〉 ·· 488
    2. 〈行路難〉 제1수 ·· 491
    3. 〈北風行〉 ·· 494
    4. 〈蜀道難〉 ·· 497
    5. 〈于闐採花〉 ·· 500
    6. 〈夢遊天姥吟〉 ·· 502
    7. 〈白雲歌〉 ·· 509

《淸詩匯》所載 조선 후기 문인의 시 ······································ 511
  Ⅰ. 所載된 朝鮮 문인명과 그 시제 ·· 512
  Ⅱ. 淸人과의 詩交 관계 ·· 514
    1. 陶澍와 11人의 조선 문인 ·· 515
    2. 黃農部와 11人의 조선 문인 ·· 521
    3. 高宗과 조선 使臣 ·· 526
    4. 程伯序와 金正喜·李尙健 ·· 528
    5. 洪良浩의 〈寄謝翰林院修撰戴公〉 ································· 530

Ⅲ. 所載된 朝鮮 문인 시의 주제별 성격 ··· 533
　　1. 寄贈・唱酬詩의 禮讓 ··· 533
　　2. 詠懷・詠物詩의 諷刺 ··· 537

玉山 李光秀 시의 唐詩 풍격 ··· 543
　Ⅰ. 玉山과 그 시의 家系的 배경 ··· 544
　Ⅱ. ≪玉山集≫과 玉山 시의 주제별 분류 ····························· 552
　Ⅲ. 玉山 시의 憂國愛民的인 豪健風 ─ 杜牧 시와의 관계 ·········· 556
　　1. 國事에 대한 慷慨 ··· 556
　　2. 憂國의 義氣와 政治現實의 풍자 ··· 564
　Ⅳ. 玉山 시의 隱逸浪漫性 추구 ··· 572
　　1. 영물시의 淡雅한 諷諭 ─ 羅隱 시와의 관계 ····················· 572
　　2. 山水詩의 超脫的인 白描 ─ 王維 시와의 비교 ··················· 581
　Ⅴ. ≪金剛山大圖繪≫ 시 21제 22수 ······································ 594

◇ 찾아보기 ··· 607

제1편 新羅漢詩와 唐詩

≪全唐詩≫ 소재 新羅 문인의 시
≪全唐詩≫ 소재 新羅와 唐 문인의 교유시
羅隱과 그 시를 통한 崔致遠 시 충격

≪全唐詩≫ 所載 新羅 문인의 시

　주체의식이 확립되고 학문에 대한 우리 자신의 자존심이 깊어지면서 韓國學의 정리가 본격화되고 그에 따라서 그 중추인 한국학의 연구열이 점고되기 시작한 것이다. 본래 漢文學의 본령을 소급하여 논구하면서 시단에 우뚝 선 선조적인 역할자로서 崔致遠을 설정하는데는 아무런 이의가 없다. 그의 시학은 晚唐에서 연유함은 주지의 사실이니, 이러한 한문학연구의 범주를 내적 근거에서만 찾으려 하지말고 보다 근원적 경계에서 즉 중국의 그것에서 구하는 작업이 先行되어야 한다고 본다. 그러니까 흔하고 가까운 근원과 자료를 돌아보는 평범한 의식에서 이 테마를 착상한 것이다.

　中華書局에서 간행한(1980) ≪全唐詩≫를 처음부터 정독하는 작업에서 ≪全唐詩≫상에 수록된 삼국시대인의 시를 재차 찾아보며 조상의 작품을 보고 긍지심을 갖는 반면(근년에 北京 中華書局의 ≪全唐詩補編≫으로 인해 산실된 작품의 보탬이 될 것임), 고래로 민족 역사의 자주성이 아쉬운 감회는 왜 지울 수 없는가하고 새삼 自我執念을 환기하게 된다.

문학에서 중국과의 관계가 古朝鮮 霍里子高의 妻인 麗玉의 〈箜篌引〉[1]에서 비롯되었다고 하면, 삼국시대에는 前秦의 順道가 불교를 高句麗에 전수하고(372) 儒學을 교수하였고[2], 그 후 榮留王 高建武가 唐에서 道法을 수입하고 자제들을 入唐케 하여 당시문을 학습케 하였다. 신라시대에는 眞平王 43년(621)[3]에 唐과 국교를 하여 당문화를 수입하면서 당고시가 전래되고 이어서 금체시가 비교적 빨리 즉 聖德王에서 景德王 사이에(702~765) 들어온 것으로 본다.[4] 이 시기는 盛唐期이니 初唐四傑과 宋之問과 沈佺期 등에 의해 근체시가 확정된 후에 불과 한 세대를 넘지 않는 신체시의 초기라 할 것이다. 이 때는 이미 李白·王維·杜甫의 시명이 떨친 당시의 황금기에 들어섰기 때문에 신라로서는 신문학의 정수를 호흡할 수 있었고 그것이 한국한문학의 싹을 트게 한 것이다. 그래서 신라에는 당시가 유행하고 당풍을 흠모하는 풍조가 크게 일었으니, 元稹의 「白氏長慶集序」에 이르기를,

　　계림의 상인이 저자 거리에서 구함이 자못 대단하였다. 스스로 말하기를 본국의 재상이 매양 백금으로 시 한 편을 바꾸는데 위작이다 싶으면 재상이 즉시 분별할 수 있다. 시문이 나온 이래로 이와 같이 널리 전해진 적은 없었다.

　　鷄林賈人, 求市頗切. 自云; 本國宰相每以百金換一篇, 甚爲僞者, 宰相輒能辨別之. 自篇章以來, 未有如是流傳之廣者.

---

1) 李朝 李德懋云: "箜篌引, 漢武帝時所作. ……衛滿時, 亦或爲四郡後時, 霍里子高妻麗玉容, 名甚爾雅, 殊異於夷俗名字, 鄙俗不可究之類, 亦自中國而來居者歟."(≪靑莊館全書≫「耳口心書」)
2) ≪三國史記≫云: "二年夏六月, 秦王符堅, 遣使及浮屠順道, 送佛像經文, 王遣使廻謝, 以貢方物, 立大學, 敎育子弟."(卷十八「高句麗本紀」第六小獸林王)
3) ≪舊唐書≫云: "俗愛書籍, 至於衡門厮養之家, 各於街衢, 造大屋, 謂之扃堂, 子弟未婚之前, 晝夜於此, 讀書習射."(卷一九九上列傳第一四九高麗)
4) ≪三國史記≫「本紀」九 景德王十五年條 참조.

라고 하였고 高麗朝에 이르러서는 더욱 시풍이 당에 접근하여서, 李穡은 "문은 한나라를 본받고 시는 당나라를 본받았다.(文法漢, 詩法唐.)"(≪牧隱文藁≫卷9)라 하고, 崔滋는 "한문과 당시가 여기에 성행하였다."(漢文唐詩於斯爲盛.), (「補閑集序」)라고 한 표현으로 그 상황을 미루어 알 수 있다.

≪全唐詩≫에 삼국인의 작품이 수록된 것은 그만큼 우리 문학수준이 중국과 대등함을 의미하는 것이니, 그 당시에 중국과 교류한 문인 중에서 삼국인 외엔 별무한 사실로써 그 우수성을 긍정적으로 볼 수 있다. ≪全唐詩≫에서 상당한 기간을 두고 삼국인의 시를 찾아 본 결과, 王巨仁(≪全唐詩≫권732)·高元裕(상동 권795)·金眞德(상동 권797)·薛瑤(상동 권799)·金地藏(상동 권806)·崔致遠(≪全唐詩逸≫卷中)·金立之(상동 卷中)·金可紀(상동 卷中)·金雲卿(상동 卷中) 등과 高麗使라고 하여 賈島와 화답한 연구의 시구가5) 실려 있었다. 기타 수다한 작품이 유행했겠으나, 편집과정에서 산실시킨 것이 무수할 것이니, 특히 崔致遠 작품은 정식으로 ≪全唐詩≫상에 등재하지 않은 이유는 주지하는 것이다. (최근 陳尙君의 ≪全唐詩補編≫에 60수 수록 보충) 이에 이상에 열거한 내용을 다음에 소개하여 문학의 상호교류적 입장에서 조명해 보려는 것이다.

Ⅰ. ≪全唐詩≫上의 新羅 문인의 시

≪全唐詩≫에 실린 작품이 거의 단구나 소시 1수 1구에 불과한 것이

---

5) ≪全唐詩≫卷791 過海聯句: "沙鳥浮還沒, 山雲斷復連. (高麗使) 櫂穿波底月, 船壓水中天. (島)"

어서 본문에 그 전부를 인용해도 무방하리라 본다. 다음의 시는 ≪全唐詩≫ 서차를 따라 서술하고자 한다.

1. 王巨仁(상동 권731)

≪全唐詩≫序에는「新羅國隱士」라고만 기록되어 있고 ≪三國史記≫에는 "그 고승전 화랑세기 악본 한산기에 또한 박인범·원걸·거인·김운경·김수훈 등이 있는데 단지 문자상의 전이 있다해도 사전에 행사가 일실되어 입전시키지 못하겠다.(其高僧傳花郎世記樂本漢山記, 猶存朴仁範·元傑·巨仁·金雲卿·金垂訓輩, 雖僅有文字傳者, 而史失行事, 不得立傳.)"(권 제46)라 하여 그 생평은 확실치 않은 것으로 보고 있으니, 그의 〈憤怨詩〉7절 한 수가 ≪全唐詩≫상에 먼저 실린 것은 비록 신라인의 작품이지만 당대 시단에 그 성가를 높인 것으로 평가할 수 있겠다. ≪全唐詩≫에 기록하였으되,

우공이 통곡하니 삼년 한발이요,
추연이 수심 머금으니 오월에 서리 내렸네.
이제 나의 깊은 수심 또 예 같으니,
하늘도 말없이 푸르기만 하여라.

于公慟哭三年旱, 鄒衍含愁五月霜.
今我幽愁還似古, 皇天無語但蒼蒼.

여기에 ≪全唐詩≫ 註를 보면,

≪조선사략≫에 이르기를; 신라여왕 만이 위홍과 밀통하다가 위홍이 죽은 후 젊은 미소년을 끌어들여 사통하고 요직을 주었다. 이로

인해 사기가 풀어지고 기강이 무너지니 그때 사람들이 정치를 비방하여 길에 방을 부치니 왕이 은자인 왕거인의 소행으로 의심하고 옥에 가두고 죽이려 하매 거인이 분하고 원망하여 시를 지어 옥의 벽에 쓰니, 이 날 저녁에 우뢰가 치고 우박이 내리매 왕이 두려워하여 그를 석방하니 당대 희종 문덕 초년의 일이다.

≪朝鮮史略≫云; 新羅女主曼與魏弘通, 弘死後引年少美丈夫, 私之授以要職. 由是俊倖肆志, 紀綱壞弛, 時有人譏謗時政, 榜於路, 主疑隱者王巨仁所爲, 命下獄, 將誅之, 巨仁憤怨作詩, 書獄壁, 是夕震雷雨雹, 主懼釋之, 唐僖宗文德初年事也.

라고 기록하였는데 작시 연대가 확실치 않으나, 唐 僖宗 文德 初年이라 하면 僖宗 연호가 符乾인 874년에서 879년 사이이고 光啓 시기는 885년과 887년 간이며 文德이라면 888년의 1년뿐이니 위의 기록이 사실이라면 眞聖女王(曼) 2년인 888년 간의 작품인 것이 분명하다. 이 고사는 ≪三國遺事≫(卷2 「紀異」第二眞聖女大王)와 ≪三國史記≫(卷11 「新羅本紀」第十一眞聖王)에도 상세히 서술하고 있다. ≪三國史記≫에도 「二年春」이라 한 바 동시기임을 말하고 있다. ≪三國遺事≫에는 王居仁 이라 하나 이는 巨仁임이 분명하며 그의 작시 또한 ≪全唐詩≫나 ≪三國史記≫와 내용은 같으나 매구의 시어가 다소 상이하다. 이제 그 기록을 보면,

제51대 진성여왕은 조정을 다스린 지 일년이 되니 유모 부호부인과 그 남편 위홍·잡간 등 서너 총애하는 신하와 권력을 휘둘러 정치를 잡았다. 도적이 봉기하니 백성이 그것을 걱정하여 이에 다라니 은어를 지어 써서 길에 던지니, 왕과 권신들이 얻어 보고 말하기를: "이것은 왕거인이 아니면 누가 이 글을 지었겠는가" 하고는 곧 거인을 옥에 가두니, 거인이 시를 지어 하늘에 아뢰니, 하늘이 진노하매 풀어

주었다. 시에 이르기를:
  연단이 피 삼키니 무지개 해를 싸고,
  추연이 슬픔 머금으니 여름에 서리 내리네.
  이제 나 길 잃음 또 예 같으니,
  하늘은 무슨 일로 祥瑞를 내리지 않으오.

  第五十一眞聖女王, 臨朝有年, 乳母鳧好夫人, 與其夫魏弘匝干等, 三四寵臣, 擅權撓政. 盜賊蜂起, 國人患之, 乃作陀羅尼隱語, 書投路上, 王與權臣等得之, 謂曰: "此非王居仁, 誰作此文", 乃囚居仁於獄, 居仁作詩, 訴于天, 天乃震其獄囚, 以免之, 詩曰: 燕丹泣血虹穿日, 鄒衍含悲夏落霜. 今我失途還似舊, 皇天何事不垂祥.

  다라니에 이르기를; "나무망국, 찰니나제, 판니판니, 소판니, 우우삼아우, 부이사바사" 설명하기를; 찰니나제는 여왕을 말함이요, 판니판니 소판니는 두 소판이다. 소판은 작위명이며 우우삼아는 십이다. 부이는 부호를 말한다.

  陀羅尼曰: "南無亡國, 刹尼那帝, 判尼判尼, 蘇判尼, 于于三阿于, 鳧伊娑婆詞" 說者云: 刹尼羅帝者, 言女王也. 判尼判尼蘇判尼者, 言二蘇判也. 蘇判爵名, 于于三阿, 十也. 鳧伊者, 言鳧好也. (≪三國遺事≫ 卷二「紀異」第二眞聖女大王)

여기에서 ≪全唐詩≫의 기재와 상이한 시어는 제1구 전부와 제2구 하3자, 제3구의 중2자(幽愁), 제4구의 하5자(無語但蒼蒼)이니, 이렇다면 시가 표출하고자 하는 의경과는 상이하다 하겠으니, 어느 것이 진시인지는 분명하지 않은 상태로 남길 수 밖에 없다. 王巨仁의 결백과 현실에 대한 원망을 于公과 鄒衍을 비유하여 묘사한 표현력이 진박하고 칠언절구를 구사해서 제2구·4구에 각각 霜·蒼을 써서 '陽'韻으로 압운하고 平起式을 택하였다. 고시의 체재를 탈피하지 못한 초기의 근체시인 것이다.

2. 高元裕(상동 권795)

　《新唐書》卷177의「高元裕傳」을 보면, 字가 景圭이며, "그 선조가 아마 발해인일 것이다.(其先蓋渤海人)"이라고 기록된 바, 그는 渤海 출신의 명신인 것으로 알려지고 있다. 단지 그가 중국인이 아닌 순수한 발해인 출신이 확실하다 하여도, 渤海가 隋唐에 속지가 된 지 150년 이상 지난 후인 憲宗 元和 년간(806~820)에서 宣宗 大中 년간(847~859)까지 반세기에 걸쳐 역관한 생애로 보아, 이는 엄격한 의미의 삼국인이라 볼 수 없겠다.6) 그러나 광의상 高元裕를 본고에 열입한 데 있어 그가 발해인으로서 당대의 명신이었다는 점을 강조해도 좋을 것이다. 高元裕의 열전에 그 인물을 평하기를,

　　원유는 성품이 근면하고 검약하며 경술에 박통하였다. 늘 관리로서
　　우뚝 풍채가 있어서 그 당시에 존중을 받았다.

　　元裕性勤約, 通經術. 每於爲吏, 嚴嚴有風采, 推重于時.

라 하였으니, 관직이 諫議大夫・翰林侍講學士, 그리고 말년엔 吏部尙書로써 나이 76세로 졸하매, 尙書右僕射에 추증되었다.
　高元裕의 시구는 《全唐詩》 권795에 칠언시 2구가 수록된 바, 그것

---

6) 《新唐書》「高元裕傳」(「列傳」一百二) 云: "元和中, 李夷簡因請按察本道州縣. 後益不職. 元裕請監院御史隷本臺, 得專督察, 詔可." 又云: "自侍講爲中丞, 文宗難其代, 元裕表言兄少逸才可任, 因以命之, 世榮其遷." 그리고 亦云: "少逸, 長慶末爲侍御史, 坐失擧劾, 貶贊善大夫, 累遷諫議大夫, 乃代元裕. 稍進給事中, ……宣宗怒, 召使者責曰: 山谷間是餠豈易具邪?"

을 인술하면 다음과 같다.

> 중승이 나라 위해 어진 인재를 뽑으니,
> 빈한한 준재가 명철한 등용제도로 길이 열렸도다.
>
> 中丞爲國拔賢才, 寒俊欣逢藻鑑開.

그리고 본시 구말에 "贈知貢擧陳商見池陽志"라 부제하고 있다. 그의 열전을 보면,

> 장락태자가 즉위하여 보필할 만한 사람을 뽑으니 빈객을 겸하였다. 어사 중승에 나아가서 건의하기를; 기강 있는 관리를 뽑아야 하니, 직분을 다하지 않는 자는 파면하기 바랍니다.
>
> 莊洛太子立, 擇可輔導者, 乃兼賓客. 進御史中丞, 卽建言; 紀綱地官屬須選, 有不稱職者請罷之. (≪新唐書≫「高元裕傳」)

라 하였으니, 여기서 빈객과 본래의 渤海人이란 점을 상비해야 할 것이며, 본 시구의 내용과 열전의 建言을 대조하면, 시구에서 高元裕의 품절을 알 수 있다. 출신상으로 문학적 의미가 불명하지만, 참고에 도움이 될 가하여 선록한다.

3. 金眞德(상동 권797)

金眞德의 〈太平詩〉(≪全唐詩≫상의 시제)는 이미 주지하는 바, 길게 부언을 불요하는데, ≪全唐詩≫권797에 기재된 바를 인용하면 다음과

같다.

대당이 건국의 대업을 여시어,
우뚝 황도 창성하시라.
창 멈춰 오랑캐 평정하시고,
문물 닦아 백왕을 이으시라.
하늘이 숭고한 비 베푸사,
모든 사물을 다스려 밝은 이치 지녔어라.
깊으신 어지심 해와 달과 조화 이루고,
길운을 다루시어 좋은 때를 더하시라.
나부끼는 깃발 이미 빛나시니,
징과 북은 참으로 요란하도다.
오랑캐 중에 명을 어기는 자,
잘리고 뒤집혀 큰 재앙 입으리라.
온화한 바람이 우주와 어울리어,
멀리 앞서거니 상서로운 기운을 드리워서,
사계절이 옥촉과 조화하고,
일월과 오성은 만방을 살피시어,
산악은 재상을 내리사 보필케 하시고,
황제께서 충신을 등용하시도다.
삼황오제께서 모두 한 덕으로,
우리 황실 당나라 길이 밝히소서.

大唐開鴻業, 巍巍皇猷昌.
止戈戎衣定, 修文繼百王.
統天崇雨施, 理物體含章.
深仁諧日月, 撫運邁時康.
幡旗既赫赫, 鉦鼓何鍠鍠.
外夷違命者, 翦覆被大殃.
和風凝宇宙, 遐邇競呈祥.

四時調玉燭, 七曜巡萬方.
維嶽降宰輔, 維帝用忠良.
三五咸一德, 昭我皇家唐.

이 시의 작시 연대는 ≪全唐詩≫나 ≪三國史記≫(本世紀)에 모두 高宗 永徽 원년이라 하였으니 이는 眞德女王 太和 4년(A.D 650) 작인 것을 알겠으며, 작시 동기는 ≪三國史記≫에 기록되었으되,

6월에 사신을 당나라에 보내려는데, 백제의 무리를 격파한 일을 아뢰니 왕이 천에다 오언태평송을 지어 김춘추의 아들 법민을 보내 당황제에게 바쳤다.

六月遣使大唐, 告破百濟之衆, 王織綿作五言太平頌, 遣春秋子法敏以獻唐皇帝.……

라 하였으니 신라와 唐 초기의 상호 우의를 보이고 있다. 〈太平詩〉는 판본의 내용상, 시어가 다소 다른 점은 불가피하겠으나, 비교할 필요는 있겠다. 中宗 壬申 간본(正德本) ≪三國史記≫에 기록된 시와 ≪全唐詩≫와 다른 부분을 보면, ≪三國史記≫엔 제1구의 전3자 '大唐開'가 탈자되어 있고, 제4구 '修文繼百王' 중에서 후3자와 제5구의 전1자 '統'이 역시 탈자되어 있다. 그리고 제7구 제4·5자는 ≪全唐詩≫의 '日月'과 달리 ≪三國史記≫엔 잘못된 것을 교감하여 보전한 자가 '日月'이라 하는데, 이는 '日月'이 어의 상통에 적합하다고 본다. 이에 두 전적의 시어가 상이한 부분을 비교하면 다음과 같다.

	≪全唐詩≫	≪三國史記≫
1구	大唐開鴻業	○○○洪業
4구	修文繼百王	修文○○○
5구	統天崇雨施	○天崇雨施
7구	深仁諧日月	深仁諧日用
9구	幡旗旣赫赫	幡旗何赫赫
11구	翦覆被大殃	翦覆被大殃
13구	和風凝宇宙	淳風疑幽顯
15구	四時調玉燭	四時和玉燭
18구	維帝用忠良	維帝任忠良
19구	三五咸一德	五三成一德
20구	昭我皇家唐	昭我唐家皇

이상에서 두 출처의 상당한 부분에 시어가 상이하나, 시맥이 상통하고 있는 만큼, 시의상 큰 문제는 아닐 것이다. 본시는 고시이나, 전시가 下平 陽韻으로 一韻到底하고 있다. 이 시의 가치는 다음 李奎報의 말에서 그 단면을 알 수 있다.

> 신라 진덕여왕의 태평시는 ≪당시유기≫에 실려있는데 그 시는 풍격이 높고 고담하며 웅혼하여 초당의 제작품에 비하여 뒤질 바 없다. 이 때는 동방의 문단이 아직 성행하지 않아서 을지문덕 외에는 이름이 없었다. 여왕이 이러하니 또한 대단하도다.
>
> 新羅眞德女王太平詩, 載於唐詩類記, 其詩高古雄渾, 比始唐諸作, 可相上下. 是時東方文風未盛, 乙支文德外, 無聞焉. 而女主乃爾, 亦奇矣. (≪白雲小說≫)

이처럼 眞德의 〈太平詩〉는 초당시풍에서 본다면, 고풍이요 율시(近體詩)의 완성 이전에 속하는데, 押韻法과 어법이 근체에 근사함은 혹시나 후대의 위작인가 하는 회의가 들기도 한다. 어법상 고시는 連介詞로 '而'·'以'·'且'·'之'·'於' 등이 쓰이고, 대명사로는 '其'·'已'·'彼'·'所'·'者'·'然'·'爾'를, 副詞로는 '一何'·'何其'·'忽復' 등 어조사에는 '也'·'矣'·'乎'·'耳' 등이 활용되는데[7] 이 〈太平詩〉는 고시의 체법을 거의 쓰지 않고, 더구나 근체에서 통용하는 一韻到底로 용운한 것은 排律의 풍격을 지님을 전혀 배제할 수 없다. 한시단의 최초 唐風의 시라 해도 가할 것이다.

4. 薛瑤(상동 권799)

「全唐詩小序」에,

　　설요는 동명국인이다. 좌무위장군 승충의 딸로 곽원진에 시집가서 첩이 되었으니 시 한 수가 있다.

　　薛瑤, 東明國人. 左武衛將軍承沖之女, 嫁郭元振爲妾, 詩一首. (《全唐詩》권799)

라 하고 또 同書注에 이르기를,

　　요는 일명 반속요라고도 하니 설씨의 나이 15세에 머리 깎고 출가하였다가 6년을 수도하며 가요를 지었다. 마침내 환속하여 곽씨에게 시집갔다.

　　謠一作返俗謠, 薛氏年十五, 翦髮出家, 六年, 爲謠云云, 遂返初服, 歸

---

[7] 졸저 《中國唐詩硏究》 제1편 (국학자료원, 1994).

郭. (同上)

라 하여 부친인 薛承沖이 唐 高宗 시에 金仁問을 따라 입당할 때부터 당과의 인연을 맺게 되었다. 그의 생평에 대해서는 분명하지 않으나, 唐代 陳子昂[8](661~702)이 쓴 「郭公姬薛氏墓誌銘」(≪全唐文≫ 권216)를 통해 개략할 수 있다.

> 희인의 성은 설씨이며 동명국왕 김씨의 자손이다. 전에 김왕은 사랑하는 아들이 있었는데 薛에서 식읍을 하였기에 따라서 성으로 했다. 대대로 김씨와 혼인하지 않으니 김왕의 귀족, 대인이었다. 그 아버지 승충이 당고종 때 김인문과 들어와, 임금이 그 평용함을 추켜서 좌무위장군을 제수하였다. 희인은 어려서 미색이고 아름다워 오색구름이 아침에 오르듯 어스름달이 밤에 비치듯 하였다. 따라서 집에서 아름답다 하여 仙子로 불렀다. 그녀는 영대에 공작과 봉황의 일을 듣고 마음에 기뻐하였다. 나이 열다섯에 대장군이 죽자 마침내 머리 깎고 출가하여 仙道를 배우고 보살을 만나며 마음을 가꾸기를 6년이 되어도 청련보살에 달하지 못하자 가요를 짓고 환속하여 곽공에게 시집가니, 곽공은 호탕하고 호기있는 사람이라서 패물을 갖춰 그녀를 맞고 거문고로 짝하여 서로 어울림이 비취새가 교태하듯 하였다. 번화와 미색이 다하고 즐거움이 다하고 슬픔이 닥쳐와서 장수 2년 계사년 2월 17일 질병을 얻어 통천현의 관사에서 죽었다. 아아! 슬프도다. 곽공은 슬퍼서 어쩔 줄 몰라라. 진주로 물게 하고 비단이불로 싸서 고국의 길이 멀어 도달치 못할까 하여 현의 혜보사의 남원에 빈소를 두어 정숙함을 잊지 못하다. 명에 이르기를; 높은 언덕의 흰 구름에 언제나 만날 건가, 숙인의 영면을 애도하며, 파랑새 되어 날개 나란히 혼백이라도 와서 조국에서 놀게 되기를.

---

[8] 陳子昂(656~698): "字伯玉, 梓州射洪人, 唐興, 文章承徐庾餘風, 天下祖尙, 子昂始變雅正"(≪中國文學家列傳≫). 淸翁方綱云: "唐初群雅競奏, 然尙沿六代餘波. 獨至陳伯玉, 兀英奇, 風骨峻上, 蓋其詣力畢見於東方左史一書."(≪石洲詩話≫ 卷六)

姬人姓薛氏, 東明國王金氏之胤也. 昔金王有愛子, 別食於薛, 因爲姓焉. 世不與金氏爲姻, 其高曾皆金王貴臣大人也. 父承沖有唐高宗時與金仁問歸國, 帝疇厥庸, 拜左武衛將軍. 姬人幼有玉色, 發於穠華, 若彩雲朝升, 微月宵暎也. 故家人美之, 少號仙子. 聞瀛臺有孔雀鳳凰之事, 瑤情悅之. 年十五, 大將軍薨, 遂剪髮出家, 將學金仙之道, 而見寶手菩薩, 靚心六年, 靑蓮不至, 乃作謠, 遂返初服而歸我郭公, 郭公豪蕩而好奇者也, 雜佩以迎之, 寶琴以友之, 其相得如靑鳥翡翠之婉孌矣. 華繁艷歇, 樂極悲來, 以長壽二年太歲癸巳二月十七日, 遇疾卒於通泉縣之官舍. 嗚呼哀哉. 郭公悗然, 猶若未亡也. 寶珠以含之, 錦衾而擧之, 故國途遙, 言歸未逌, 留殯於縣之惠普寺之南園, 不亡貞也. 銘曰□高邱之白雲兮, 願一見之何期, 哀淑人之永逝, 感□□之春時, 願作靑鳥長比翼, 魂魄來兮遊故國.

여기에서 薛瑤의 父 承沖의 입당 시기는 高宗 永徽 2년(651)임을 알겠고, 21세에 郭元振에 시집가서 中宗 長壽 2년(693)에 졸하였음을 볼 수 있다. 陳子昻의 銘文이 진필이라면 동시대인의 작인만큼 믿을 수 있겠다. 이 글에서 薛瑤가 미녀이며 성정이 溫和纖美하여 '仙子'란 少號를 가졌음을 본다. 그리고 6년 간 입산 수도하는 중에도 그의 천생의 자태와 고운 마음은 불심을 터득하기엔 어울리지 않았다. 그의 「謠」는 바로 初志와 상응할 수 없는 심회의 표현인 것이다. 기록되었으되,

구름같이 맑고 깨끗한 마음이 되니,
생각이 정숙하고,
동굴은 죽은 듯 고요하여,
아무도 보이지 않네.
아름다운 풀 향긋하니,
생각도 향기로운데,

어이할까 이 청춘을!

化雲心兮思淑貞,
洞寂滅兮不見人.
瑤草芳兮思芬蒕,
將奈何兮靑春.

시가 騷體를 따르고 있고 자어 또한 雲心, 瑤草 그리고 淑貞・芬蒕 등을 써서 比擬法을 구사하고 있다. 시체상 율시 이전의 작품이다.[9]

여기에 부언하고자 하는 것은, 부친 薛承冲의 신분이니, 이것의 진부에 따라 설요의 생존년대와 당시의 시풍과 관계가 있기 때문이다. 조선 韓致奫은 《海東繹史》에서 "承冲은 바로 薛罽頭인데 입당후 承冲으로 개명하였다."고 논술하고 있다. 입당 후 한치윤의 설승충에 대한 견해를 보면,

> 당대 무덕 4년 신라인 설계두가 바다를 따라 정박하여 당에 들어와 태종 때에 좌무위가 되어 의연히 고려를 정벌하였는데 주필산 아래에서 싸우다 죽으니 태종이 어의를 벗어 시체를 덮어주고 대장군의 직을 내렸다. 김인문은 신라 무열왕 제2자이다. 23세에 입당하여 고종 때에 당군사에 끼어 백제를 치고 관직이 계국에 이르고 당에서 죽었다. 진자앙이 말하는 설승충은 내 생각으론 신라인 설계두인데 승충으로 개명한 것이다. 그런즉 무위가 고종에게서 받았다 함은 틀린 것이다. 이르되; 김인문과 입국하였으면 인문의 입당은 태종 때가 아닐런 지. 또 황제가 그의 중용을 기려서, 계두가 따라서 정벌하여 공을 세우매 황제가 가상히 여겼다한데 소위 황제란 내 생각으로는 태종이 된다. 정관 19년 을사년에 설장군이 죽은 것으로 고증되면 그때 설요

---

9) 岑仲勉, 唐人行筆錄讀《全唐詩札記》: "此謠卽見子昂所爲誌中, 意文人綠飾之辭, 未必瑤作也."(《九思叢書》)

는 15세, 그런즉 그녀는 신묘생이니 설장군이 입당한 지 10년에 그녀
를 낳은 것이 된다.

> 唐武德四年, 新羅人薛罽頭, 隨海舶, 入唐, 至太宗時, 拜左武衛, 果毅
> 及征高麗, 力戰死於駐蹕山下, 太宗脫御衣覆屍, 援職大將軍. 金仁問新
> 羅武烈王第二子也. 年二十三入唐, 高宗時, 挾唐師共征百濟, 後官至桂
> 國, 死於唐. 子昂所謂薛承沖, 余以爲新羅人薛罽頭, 改名承沖也. 然則武
> 衛之拜於高宗者, 非也. 旣曰 : 與金仁問歸國, 則仁問之入唐或在於太宗
> 之時歟, 又曰 : 帝疇厥庸, 則罽頭從征有功, 故帝嘉之也. 其所謂帝者余
> 以爲太宗也. 考貞觀十九年乙巳薛將軍死之, 其時姬年十五, 則姬辛卯生,
> 是薛將軍歸唐十年, 始生斯女也. (≪海東繹史≫ 卷第七十)

이를 보면, 罽頭가 承沖이라면, 그는 唐 武德 4년(621)에 입당했고,
太宗 貞觀 19년(645)에 졸하였으며, 薛瑤는 太宗 貞觀 5년(631)에 출생
한 것이 된다. 이렇다면 陳子昂과 金仁問의 入唐年代와 薛將軍과는 별
개의 사적이 되고 薛瑤의 생존시기는 30여 년 빨라지는 것이다. 韓致
奫의 주장은 ≪三國史記≫ 열전 제7에 연유해서 나온 것인 듯하니 承
沖과 罽頭가 동일인물이냐는 진부가 밝혀져야만 韓致奫의 설이 인정되
겠다. 여기서 필자의 견해 또한 한치윤에 동조하면서 근원의 사실이
밝혀지기 바랄 뿐이다. 시풍으로 보아 六朝 말기의 작에 근사하기 때
문이다. 그 당시의 시류는 초당의 혼란기여서, 거의 齊梁의 유풍이 횡
일하였으니 ≪大唐新語≫를 보면,

> 태종이 신하들에게 일러 말하기를, "짐은 염시를 짓기 좋아한다"라
> 고 하니 우세남이 곧 간하여 말하기를 "성군의 작이 공교하지만 체제
> 가 고아하지 않으니 성상께서 좋아하시는 바에 필히 따르지 못합니
> 다. 이 글 한 줄은 풍미할가 두려우니 이제 이후로는 봉조하지 마옵
> 기 청하옵니다."라 하였다. 태종이 말하기를 "경의 간청이 이러하니

짐이 가상히 여기는데 군신들 모두 우세남과 같으니 천하가 어찌 다 스려지지 않을 가 근심하리오?"하고 이에 비단 50필을 하사하였다.

太宗謂侍臣曰 : 朕戱作艶詩. 虞世南便諫曰 : 聖作雖工, 體制非雅, 上之所好, 不必隨之. 此文一行, 恐致風靡, 而今而後, 請不奉詔. 太宗曰: 卿懇誠若此, 朕用嘉之, 群臣皆若世南, 天下何憂不理. 乃賜絹五十疋.

이 고사에서 작시의 풍조가 제양의 테두리를 뛰어넘지 못한 것을 알 수 있는데, 실지로는 陳子昻에 이르러서 反齊梁이 득세하고 이어서 율시의 체제로 진입하는 것이다. (진자앙에 대해서는 졸저, ≪初唐詩와 盛唐詩 연구≫, 국학자료원, 2001, 참조)

5. 金地藏(상동 권806)

지장(705~803)은 聖德王 4년에서 哀莊王 4년까지 장수한 승려로 「全唐詩小序」에 보면,

신라국 왕자로서 지덕 초년에 배타고 바다를 건너와 구화산에 머물렀으며 시 한 수가 있다.

新羅國王子, 至德初航海, 居九華山, 詩一首.

라 하니 至德初라면 신라 景德王 15~16년간이며, 玄宗 지덕 1~2년 (756~757) 간이니, 현종 말기인 성당의 시 황금시대에 속한다. 따라서 이 때에는, 李白과 王維, 杜甫를 위시하여 韋應物, 王昌齡, 劉長卿 등 수다한 걸출시인이 생존하던 만큼, 지장은 비록 승려로서 九華山에

은거했으나, 당시의 문풍을 배제할 수 없었을 것이다. 그의 〈送童子下山〉 시가 《全唐詩》에 수록되어 있다.

> 공허한 대문 적막한데 자네가 고향이 그립다 하여,
> 구름 덮인 방에서 이별하고 구화산 내려가는군.
> 즐겨 대 난간에서 竹馬를 탔으며,
> 느슨히 금 땅에서 금모래 주었었지.
> 냇물 가에 술병을 띄워 쉬며 달을 부르고,
> 옹이에 차 끓이며 마냥 꽃을 희롱했었지.
> 잘 가게! 눈물일랑 흘려선 안되네.
> 노승께서 벗하신 데,
> 안개 낀 노을이 자욱하구나.

> 空門寂寞汝思家, 禮別雲房下九華.
> 愛問竹欄騎竹馬, 懶於金地聚金沙.
> 添瓶澗底休招月, 烹茗甌中罷弄花.
> 好去不須頻下淚, 老僧相伴有煙霞.

이 칠율은 九華山에 은거 중의 작시로서, 情景交融이 짙으며 묘사가 진솔하여 전형적인 성당의 풍미를 주고 있다. 김지장의 재세 시기와 연관된 시대적 조류를 의미해 준다고 할 것이다.

Ⅱ. 《全唐詩逸》上의 新羅 문인의 시

《全唐詩》에 실려 있지 않는 唐詩를 모아서 日本人 上毛河世靜에 의해 編輯된 자료가 《全唐詩逸》인데 그 序에 기록하기를,

대청국 강희조에 전당시가 집성되니 그 사람이 천에 헤아리고 그 시가 만에 헤아리니 비록 조각난 장구가 여러 책에 산재되어 있다 해도 채집하여 빠진 것이 없으매, 성대하고 완비된 것이라고 말하지 않을 수 있겠는가. 단지 아직 일실되거나 우리 일본에 있는 것을 알지 못하는 것이 또한 적지 않다. 그 당시에 당에 보내진 사신과 유학생, 그리고 저 그 묵객과 운사들이 서로 어깨를 나란히 한 즉, 그 고운 문장을 노래하고 그 구술을 기록하며 그 기록하여 지니고 돌아온 자가 모두 빈번하기 그지없었다.

　　大淸康熙之朝, 全唐詩集成, 其人以千計, 其詩以萬計, 雖片章隻句散在諸書者, 採掇無遺也, 不謂盛且備乎. 殊不知尙逸而在吾日本, 亦不尠也. 當時遣唐之使留學之生與彼其墨客韻士, 肩相比臂相抵, 則其硏唱嘉藻, 記其所口, 騰其所記裝以歸者, 皆比比不已.

라고 하여 그 편집한 동기를 서술하고 있다. 이러한 기회에 겨우 新羅의 崔致遠 등 몇 명의 시가 단편적이나마 보충된 것인데, 특히 최치원의 시가 ≪全唐詩≫에 수록되지 못한 것은 崔致遠과 羅隱 관계에서 후설하겠지만 자못 애석하고 객관성이 결여된 현상이 아닐 수 없다. 다음에 그에 실린 4인의 시와 短句들을 기술하고자 한다.

1. 崔致遠(≪全唐詩逸≫卷中)

본문에서는 췌언을 필요치 않을 만큼 익히 논구된 崔致遠인 고로, 단지 ≪全唐詩≫ 正篇에서 제외되고 이미 열거한 5인의 밖에 두어 詩逸篇에 일본인 上毛河世靜에 의해 삽입된 〈兗州留獻李員外〉 칠절 한 수와 시구 칠언 연구만을 여기서 소개하고자 한다.

연꽃 떨어지니 가을 연못에 비 오고,
수양버들 소슬하니 새벽 언덕에 바람 부네.
마음 책 속에서 노곤할 뿐,
가는 세월 술잔 속에 묻혀서 지내련다.

芙蓉零落秋池雨, 楊柳蕭疎曉岸風.
神思只勞書卷上, 年光任過酒杯中.

이 시는 제2·4구에 '東' 운으로 압운하고 平起式을 강구하고 있다. 이어서 시구로는 다음과 같다.

*무늬 진 피리의 소리 속에 조석으로 물결이 출렁이고,
푸른 산과 그림자 속에 옛날과 지금의 사람 하나로다.

畫角聲中朝暮浪,
青山影裏古今人. (《登慈和山》)

*안개 드리운 보랏빛 밭이랑에 천 가닥의 버들 서 있고,
해지는 붉은 누대엔 한 곡의 노래 들리네.

煙低紫陌千行柳,
日暮朱樓一曲歌. (《長安柳》)

*낙수의 파도소리에 초목이 새롭고,
숭산의 구름그늘에 옛 누대 섰어라.

洛水波聲新草樹,
嵩山雲影舊樓臺. (《留贈洛中友人》)

*구름 하늘 덮으니 용이 꿈틀거리듯 하고,

바람 높은 가을달에 기러기 행렬 가지런하다.

雲布長天龍勢逸,
風高秋月雁行齊. (《送舍弟嚴府》)

*바람 실은 꾀꼬리소리 앉은 자리 위에 요란한데,
해 따라 지는 꽃 그림자 숲 속에 기울도다.

風遞鶯聲喧座上,
日移花影倒林中. (《春日》)

*향기로운 뜰에 취하니 떨어지는 꽃잎이 소매에 가득 차고,
그윽한 길 따라 읊조리니 돌아가는 저 달이 수막에 걸렸구나.

芳園醉散花盈袖,
幽逕吟歸月在帷. (《成名後酬進士田仁義見贈》)

*먼 산을 바라보니 안개 밖은 저녁인데,
시름에 젖어 노 저어 돌아가는 뱃머리엔 햇빛이 뉘엿뉘엿.

極目遠山煙外暮,
傷心歸棹日邊遲. (《春懷》)

 위의 시구들의 시풍이 만당 초기의 柔弱과 華美를 발산하고 있으며, 산수를 묘사함이 謝康樂과 韋應物과 상통한다.

 2. 金立之(《全唐詩逸》卷中)

 「全唐詩小序」에

신라 헌덕왕 7년에 김흔을 따라 당나라에 들어갔다.

新羅憲德王七年, 從金昕入唐.

라고 하니 憲德王 7년은 唐憲宗 元和 10년(815)에 해당한다. 그런 고로 김립지는 헌종 이후 입당하여 교왕했음을 보여준다. ≪全唐詩逸≫에는 칠언구 칠언 연구가 수록되어 있다.

*안개 걷힌 나무 끝에 깃든 새 놀라고,
이슬 맺힌 이끼 위엔 흐르는 반딧불 가물대네.

煙破樹頭驚宿鳥,
露凝苔上暗流螢. (〈秋夜望月〉)

*산사람 달보고 어이 잠을 생각하겠소.
한결 찬 샘 만지니 온 손에 서리로다.

山人見月寧思寢,
更掬泉滿手霜. (〈峽山寺翫月〉)

*절간에 비 개이니 솔빛 차고,
선림에 바람이니 대 소리 은은하다.

紺殿雨晴松色冷,
禪林風起竹聲餘. (〈贈靑龍寺僧〉)

*바람이 옛 절 스치니 자욱한 안개 흩어지고,
달이 앞 숲에 이르니 대나무에 맺힌 이슬 맑도다.

風過古殿香煙散,
月到前林竹露淸.(〈宿豊德寺〉)

*더욱 한가론 밤은 맑고 깨끗한 절경을 더하고,
곡강의 밝은 달은 마음을 텅 비게 하누나.

更有閑宵淸淨境,
曲江澄月對心虛.(〈贈僧〉)

*찬이슬 벌써 내리니 기러기 북녘으로 가고,
노을진 구름 점점 흩어지니 달이 서쪽으로 흐르도다.

寒露已催鴻北去,
火雲漸散月西流.(〈秋夕〉)

*뜰 매화 껍질 벗고 봄 맞아 웃으며,
뜰의 풀 움트고 절기의 향기 기다리네.

園梅坼甲迎春笑,
庭草抽心待節芳.(〈早春〉)

위의 시구들은 禪趣와 詩情의 융합이라 하겠다. 그리고 ≪舊唐書≫「東夷列傳」에 보면,

　　보력 원년 왕자 김흔이 조정에 오다. 대화 원년 4월에 사신을 보내어 조공하다.

　　寶曆元年, 其王子金昕來朝. 大和元年四月, 皆遣使朝貢.

라고 하니 이는 《全唐詩》상의 연대와 차이가 있어, 寶曆 元年은 敬宗 시(825)인고로 10년의 차이가 생긴다. 어느 설이 상세한지 지금의 자료로는 분명하지 않다.

3. 金可紀(《全唐詩逸》卷中)

《海東繹史》卷67에 《太平廣記》에 수록된 金可紀에 대한 고사는 진실 여부를 떠나서 한 신라인의 긍지를 환기시킨다. 이제 그 기록을 보면 다음과 같다.

> 김가기는 신라인이다. 빈공진사로 성품이 침착하여 도술을 좋아하며 사치를 좋아하지 않았다. 때론 기를 마셔 몸을 닦으며 스스로 학식이 많고 문장이 뛰어나다고 여겼다. 용모가 맑고 고우며 거동과 언담이 자못 중국의 풍취가 있었다. 급제하자마자 종남산 오곡에 칩거하며 은일의 흥취를 지니고서 손수 기이한 꽃과 과일을 많이 심으며 항상 분향하여 정좌하며 깊은 상념에 젖은 듯 하고 또 도덕경과 여러 선경을 끊이지 않고 외우다가, 3년 후 본국으로 돌아가고자 바다 건너갔다가 또 와서는 도복을 입고 종남산에 들어가, 음덕을 힘써 행하여 사람이 바라는 바 있으면 거절함이 없이 정성껏 일삼아 주니 아무도 함부로 대할 수 없었다. 대중 12년 12월 갑자기 임금께 글을 올리기를, "소신은 옥황상제를 모시어 영문대시랑이 되매, 명년 2월 25일 하늘로 올라가는 시기입니다."하니 선종이 극히 이상히 여겨 중사를 보내어 입궐토록 하였더니 굳이 사절하고 들지 않고 옥황에게 바라기를 조서를 사절하고 신선에 관장되어 속세에 머물지 않도록 하니 드디어 궁녀 네 명과 향약, 황금비단을 하사하고 또 중사 두 사람을 보내어 숨어서 시종케 하였다. 김가기는 홀로 조용한 방에 거하여 궁녀와 중사가 거의 접근하지 못하였는데, 매일 밤 방안에서 늘상 객담과 웃음소리가 들려오매, 중사가 엿보니, 단지 보이는 건 선관과 선녀가

각각 용과 봉황 위에 앉아서 의연히 대하고 있으며 또 모시는 자가 적지 않거늘, 궁녀와 중사가 감히 놀라지도 못했다. 2월 25일에 봄빛이 드리운 예쁜 꽃들이 찬란한데, 과연 오색구름에 학과 봉황, 흰 고니 날고 생황과 피리, 악기들이 울리며 날개 덮개한 옥 수레에 깃발 달고서 하늘 가득히 신선이 많은데 승천하여 떠나가니, 조정 선비, 서민들 구경꾼이 계곡을 메워서 보며 경탄해 마지않았다.

金可紀新羅人也. 賓貢進士, 性沈精好道, 不尙華侈, 或服氣鍊形, 自以爲樂博學强記屬文. 淸麗美姿容, 擧動言談, 逈有中華之風. 俄擢第, 於終南山子午谷葺居, 懷隱逸之趣, 手植奇花異果極多, 常焚香靜坐, 若有思念, 又誦道德及諸仙經不輟, 後三年, 思歸本國, 航海而去復來, 衣道服, 却入終南, 務行陰德, 人有所求, 初無阻拒, 精勤爲事, 人不可偕也. 唐大中十二年十二月, 忽上表言, "臣奉玉皇詔爲英文臺侍郞, 明年二月二十五日, 當上昇時." 宣宗極以爲異, 遣中使徵入內, 固辭不就, 又求玉皇詔辭以爲別仙所掌不留人間, 遂賜宮女四人香藥金綵, 又遣中使二人專伏侍者, 可紀獨居靜室, 宮女中使多不接近, 每夜聞室內常有客談笑聲, 中使窺竊之, 但見仙官仙女各坐龍鳳之上, 儼然相對, 復有侍衛非少, 而宮女中使不敢輒驚. 二月二十五日春景妍媚花卉爛漫, 果有五雲唳鶴翔鸞白鵠·笙簫金石·羽蓋瓊輪幡幢, 滿空仙仗極衆, 昇天而去, 朝列士庶觀者, 塡隘山谷, 莫不瞻禮歎異.

여기에서 김가기는 졸년이 당 대중 13년(859, 新羅 憲安王 3년)임을 말하고 있고, 仙家에 심취하여 승천할 만큼, 도교의 列仙 가운데 하나였던 것을 알 수 있다.

終南山은 더욱이 도가사상의 중심으로 당대의 문인들이 출입을 자주하며 수다한 仙詩를 남기고 있다. 李白과 王維의 각각 〈下終南山過斛斯山人宿置酒〉(《李太白全集》卷20)와 〈終南別業〉(《王右丞集箋注》卷三)[10]가 그 예이다. 그리고 「服氣鍊形」은 도가 특유의 수신법으로 行炁나 長嘯를 內丹이라 하고, 服食仙藥을 外丹이라 하는데 「行炁」는 중

중국 고대 민간신앙의 하나로 莊子의 「吐故納新」과 서로 비슷하다. 그래서 葛洪은 「行炁」를 말하기를,[11]

> 그런 고로 기를 행하면 때로는 백병을 고치고 전염병을 막으며 뱀과 범을 저지하고 종기의 피를 그치며 물 속에 살고 물위로 가며 배고픔과 목마름을 피하고 수명을 연장할 수 있다.
>
> 故行炁, 或可以治百病, 或可以入瘟疫, 或可以禁蛇虎, 或可以止瘡血, 或可以居水中, 或可以行水上, 或可以辟飢渴, 或可以延年.

라고 하였고 또 「服食鍊丹」을 말하기를[12],

> 상약은 몸을 편안하게 하고 생명을 연장시키며 하늘에 올라 천신이 되게 한다. 오르내리며 놀고 온 신령을 부리며 몸에 날개가 돋게 한다. 중약은 성정을 기른다. 하약은 병을 없애며 독충이 붙지 않게 하고 맹수가 범치 않게 하며 악기가 돌지 않게 할 수 있다.
>
> 上藥令人身安命延, 昇爲天神. 遨遊上下, 使役萬靈, 體生毛羽. 中藥養性. 下藥除病, 能令毒蟲不加, 猛獸不犯, 惡氣不行.

라고 하였으니 이런 설리를 오득한 행위의 결과가 일화로 전래된 것이다. 김가기의 입당 시기는 확실치 않다. 《全唐詩逸》상에는 〈題遊仙寺〉라는 제목 하의 1연구만이 실려 있다. 즉,

---

10) 王維의 「終南別業」,(卷三): "中歲頗好道, 晚家南山陲. 興來每獨往, 勝事空自知. 行到水窮處, 坐看雲起時. 偶然值林叟, 談笑無還期."
11) 葛洪 《抱朴子》 內篇 卷七 「釋滯」 (《四部叢刊初編》·商務印書館)
12) 上同 「仙藥篇」

물결이 어지러운 돌에 부딪쳐 길게 비 오듯 하고,
바람이 성긴 솔에 부는데 잔잔하기 가을 같네.

波衝亂石長如雨,
風激疎松鎭似秋.

이것은 終南山의 풍경을 묘회한 聯句인데, 한편 김가기의 시우인 章孝標는[13] 김가기의 귀국을 송별하는 시를 남기고 있으니, 김가기의 실재와 활약을 분명히 하는 예증이 된다. 장효표의 〈送金可紀歸新羅〉(≪全唐詩≫권506)을 보면,

당과에 급제하여 당나라 말을 하지만,
해 보면서 고향의 숲을 그리워하네.
물고기 넣는 방에서 밤잠에 드니 응달불 차고,
신기루 이는 아침에 머문 곳에 새벽노을 깊도다.
바람에 높이 날으는 한 잎새 배는 고기 등에 날듯 하고,
밀물 맑은데 삼산이 바다 속에 솟아있네.
생각건대 문장이 음악에 어울리니,
복사꽃에 엎디어 그대에 취해 버렸네.

登唐科第語唐音, 望日初生憶故林.
鮫室夜眠陰火冷, 蜃樓朝泊曉霞深.
風高一葉飛魚背, 潮淨三山出海心.
想把文章合夷樂, 蟠桃花裏醉人參.

이 시는 明代 謝榛이 말한 바,

---

13) 章孝標, ≪全唐詩≫ 및 ≪中國人名大辭典≫에 "桐廬人, 元和進士, 除秘書省正字, 太和中試大理評事, 工詩." 기타 ≪全唐詩話≫와 ≪四溟詩話≫에 그의 시화가 부분수록.

장효표가 낙제하여 이르기를, "구름이어진 큰 집에 거할 곳이 없는데 다시 방이 붙은 누구 집은 대문이 날 듯 높으리."라고 하였다. 후에 급제하여 이르기를 "말머리가 점점 양주 길에 드니 그 때의 사람들이 눈을 씻고 보나니 그 도량의 좁고 큼이 맹교와 같더라."라 하였다.

> 章孝標下第曰：連雲大廈無棲處, 更榜誰家門戶飛. 後及第曰：馬頭漸入揚州路, 爲報時人洗眼看, 其量狹大類孟郊. (《四溟詩話》 卷二)

라고 하여 孟郊를 닮아 意象이 孤峻[14]하고 詞意가 精確[15]하니 김가기의 작품을 집람할 수 없으나, 장효표와의 교류에서 詩意가 상통하는 노선을 취하였음을 추리할 수 있겠다. 따라서 위의 인용시의 가치는 김가기를 파악하는 간접적 자료 이상의 의미를 지녔다고 하겠다.

4. 金雲卿(《全唐詩逸》卷中)

金雲卿에 관한 기사는 《三國史記》·《新·舊唐書》 등에 일견되고 있다. 《三國史記》에 보면,

> 고승전, 화랑세기, 악본한산기에 또한 박인범·원걸·거인·김운경·김수훈 등이 있는데 단지 글만 전할 뿐 사서에 행적이 빠져 있어 열전에 넣을 수 없다.

---

14) 清 沈德潛의 《說詩晬語》 卷上, "孟東野詩, 亦從風騷中出, 特意象孤峻, 元氣不無斲削耳."
15) 宋 張戒의 《歲寒堂詩話》 卷上, "郊之詩寒苦則信矣, 然其各致高古, 詞意精確, 其才亦豈可易得."

其高僧傳, 花郎世記, 樂本漢山記, 猶存朴仁範, 元傑·巨仁·金雲卿·金垂訓輩, 雖僅有文字傳者, 而史失行事, 不得立傳. (卷46 列傳제6)

라 하였으니 ≪新·舊唐書≫ (列傳 제149上 東夷)에도 ≪三國史記≫「文聖王紀」와 같은 내용이 기재되어 있다. ≪全唐詩逸≫에는 金雲卿의 시구 1연이 소개되어 있을 뿐이다.

가을 달밤 한가로이 곡을 듣노니,
가을바람 불어 옥 피리 소리 떨어지다.

秋月夜閑聞案曲,
金風吹落玉簫聲. (≪秦樓仙≫)

≪全唐詩≫에서 신라 시인의 작품이 본문에 전부 추출되어 정리하지 못한 것이 있을 것이다. 그리고 실지로 신라인 작으로 간주되데, 고증의 미비로 여기에 소개하지 않은 시작 중에, 高元矩(상동 권795)·溫達(≪全唐詩逸≫ 卷中) 등이16) 있으나 논술한 근거가 없으며, 시구 가운데서 〈過海聯句〉(상동 권791)는 賈島와 高麗使와의 和句인데, 전1연의 작자인 高麗使를 ≪海東繹史≫에서는 李芝峰의 설을 인용하여 "高麗使俗傳爲崔致遠者, 恐誤, 但非高麗使, 是新羅使."(고려사절이란 전해진 바, 최치원이라 하나 혹시 잘못인가 한다. 단지 고려사신은 아니고 신라사신일 뿐이다.)(卷47)라 하였으매 이것을 崔致遠 조에 기술할 수

---

16) 高元矩는 韓致奫의 ≪海東繹史≫ 卷六十七에 高元固를 "渤海賓貢見全唐詩」라 하였는데 실지로 ≪全唐詩≫上에는 高元裕와 高元矩 兩人이 상사할 뿐 元固는 없는 바, 元裕는 이미 논하였고 元矩는 宣城人이라 注하고 있어 미상. 溫達은「幽居山中」・「題潘岳六城南居店是源贊善處」 등 聯句가 실려 있는데 실지의 溫達과 동명이인인지 고증 불가함.

없었다.

그리고 당 문인으로서 신라인에 준 시가 또한 상당히 있는 바 특히 ≪海東繹史≫에도 수록되었지만, 貫休(상동 권826~837)는 송별시를 5수17)나 남기고 있고 그 제자인 齊己와 沈叔安·顧況·耿湋·吉中孚·李昌符 등도 송별시를 남기고 있어 당과 신라의 문물교류가 원활하였음을 더욱 분명케 한다. 이들 상호간의 시우의 교류관계는 다음 장에서 살펴보고자 한다. 이러한 본문의 의도가 한문학의 고대문학에 중요한 위치를 차지하는 자료가 바로 ≪全唐詩≫에 있다는 점을 착안한 데 있지만, 일탈이 불소하여 소기의 성과를 거두지 못하고 거의 밝혀진 시구를 재인출하는 데 그친 것을 유감으로 여긴다. 근래(1992)에 출간된 ≪全唐詩補編≫上(中華書局)에 김지장의 시로 분류된 〈酬惠美詩〉가 수록되어 있는데, 「嘉靖池州府志九」에서 찾아낸 것으로 기술하고 있으니 眞僞여부를 떠나서 주시할 만하다.18)

---

17) 貫休의 送新羅人詩로는 〈送新羅衲僧〉·〈送僧之東都〉·〈送新羅人及第歸〉·〈送人歸新羅〉·〈送新羅僧歸本國〉 등이 있음.
18) 陳尙君 輯校本으로 ≪全唐詩續補遺≫부록에 들어 있다.(p.559) 그 시는 다음과 같다. "棄却金鑾衲布衣, 修身浮海到華西. 原身自是皇太子, 慕道相逢柯用之. 未敢叩門求地語, 昨叨送米續晨炊. 而今殘食黃精飯, 腹飽忘思前日飢."

≪全唐詩≫ 所載 新羅와 唐 문인의 交遊詩

新羅가 唐과 교류를 시작한 시기는 ≪三國史記≫에 기록된 바[1] 眞平王 43년(621)을 전후한 初唐初인데, 실질적인 문물의 교류는 신라통일 이후에 친당으로 인한 정책에서 활발해 졌다고 할 것이다. ≪三國史記≫에서 인용컨대,

　① 사신을 당에 보내어 예기와 문장을 주청한 즉, 천명으로 관장하여 흉한 예를 써서 없애고 문관의 사림에서 그 문사를 모으고 바른 규례를 세워서 묶어 50권을 만들어 하사하였다.

　遣使入唐, 奏請禮記幷文章, 則天命所司, 寫去凶要禮, 幷於文館詞林, 採其詞涉規誡者, 勒成五十卷, 賜之. (卷8「新羅本紀」八文王)

　② 당의 문종이 외국인을 관장하는 관청인 홍로사를 위로하니 풀려 돌아가는 볼모와 나이 차서 귀국하는 학생이 모두 105인이었다.

---

1) ≪三國史記≫卷四・「新羅本紀」四에 "四十三秋七月, 王遣使大唐朝貢方物, 高祖親勞問之, 遣通直散騎常侍庾文素來, 聘賜以璽書及畵屏風錦綵三百段."

唐文宗, 勅鴻臚寺, 放還質子, 及年滿合歸國學生, 共一百五人. (卷11 「新羅本紀」十一文聖王)

③ 항상 자제들을 보내어 조정에 자며 지키고 입학하여 강습하여 성현의 풍습과 교화를 본받고 오랜 습속을 다듬어서 예의의 나라가 되었다.

常遣子弟, 造朝而宿衛, 入學而講習, 于以襲聖賢之風化, 華鴻荒之俗, 爲禮義之邦. (卷12「新羅本紀」十二)

이상 열거한 예문에서 ①은 新文王 6년 春正月(686)에 입당하여 문물의 수용을 밝혔고, ②는 文聖王 2년(840)에 많은 質子와 학생이 당에 내왕했음을 말하고 ③은 高麗 太祖 시에 당풍을 배워 羅·麗의 문화적 기풍이 진작되었다고 서술하고 있다. 이로써 賓貢諸子의 내왕이 빈다한 중에 동시에 한문학의 정립도 용이한 국면에 들었음을 추측할 수 있다. 그 실례로 崔瀣의 「送奉李中父還朝序」(《東文選》卷84)를 보면,

진사로 인물을 구함은 본디 당에서 성행하니 장경 년간에 김운경이란 자가 있어 비로소 신라 빈공으로서 두사예방에 오르니 이로써 천우년 말까지 무릇 빈공과에 오른 자가 58인 이었다.

進士取人, 本盛於唐, 長慶初, 有金雲卿者, 始以新羅賓貢題名杜師禮榜, 由此以至天祐終, 凡登賓貢科者, 五十有八人.

라고 하여 金雲卿 등 58인이었다고 기록하고 있다.

본문이 신라와 당의 시교에 국한시킨다면 相交의 시문 자료가 희소하여 부득이 《全唐詩》상의 신라인 시와 崔致遠·朴仁範 등의 본국인의 교유시, 그리고 당의 신라인에 증송한 시를 수록하여 분류하고 열

거하여 시의 특성을 정리하는 작업을 가할 수밖에 없었다. 통일신라 이전 즉 초성당기보다는 중당 후기 및 만당에 비교적 교유의 흔적이 있는 바 이러한 점에서 한국 한시사의 초기 시대 구분과 풍격 설정에 참고로 보탬이 될 수 있으리라 본다.

Ⅰ. 新羅와 唐 문인의 交遊詩 분류 목록

신라와 당의 교류관계의 시작은 주로 ≪全唐詩≫(北京 中華書局, 1980)에서 수집하고 ≪桂苑集≫과 ≪東文選≫을 참고하였는데, 이것을 대체로 3개 면으로 분류하여 작품의 성격을 구별하였다. 먼저 '全唐詩 所載 新羅人詩' 부분을 두어 당시에 함유된 한문학 자료에 의미를 두었고[2] 다음은 "全唐詩 外의 新羅人 贈唐人詩"라 하여 崔致遠 시 9수, 朴仁範 시 5수를 두었으며 끝으로는 "全唐詩 所載의 唐人 贈新羅人詩"라 하여 총 41수를 집록하였는데 내용상 상호교류적인 자료로는 미흡하다 할 것이다. 여기서 이들 증시의 성격상 대충 첫째로 신라 유학생 중 낙제자와 급제자에게 준 시, 둘째로 求法僧에게 준 시, 셋째로 藝事詩로 구별되는 데[3] 기설한 바 이들 시의 대부분이 만당대의 작이라는 데에 관심을 두어야 할 것이다. 이제 이상 3분류의 시제와 출처를 배열하면 다음과 같다. (原詩는 별첨)

---

2) ≪全唐詩≫上의 新羅人作은 그 내용과 분석을 졸문 「≪全唐詩≫所載新羅人詩」(≪韓國漢文學≫3,4合輯 1979)에 게재됨.
3) 落第者에 준 시로는 分類詩題의 (2) (4) (7) (8) (10) (11) (14) (15) (16) (32) 등이고 及第者에 준 시로는 (19) (21) (24) (25) (26) (29) (33) 등이며 求法僧에 준 시로는 (1) (13) (20) (23) (27) (28) (30) (35) (36) (37) (38) 등, 藝事詩는 (5) (22) 등을 열거할 수 있다. 상호교류의 시는 본문말미에 別貼하여 참고에 資한다.

1. ≪全唐詩≫ 所載 新羅 文人의 詩

(1) 王巨仁,〈憤怨詩〉(≪全唐詩≫ 권)
(2) 金眞德,〈太平詩〉(상동 권797)
(3) 薛瑤,〈返俗謠〉(상동 권799)
(4) 高元裕,〈贈知貢舉陳商見池陽志〉1연 (상동 권795)
(5) 金地藏,〈送童子下山〉(상동 권806)
(6) 崔致遠,〈袞州留獻李員外〉(≪全唐詩逸≫卷中) 외에〈登慈和山〉,〈長安柳〉,〈留贈洛中友人〉,〈送舍弟嚴府〉,〈春日〉,〈成名後酬進士田仁義見贈〉,〈春懷〉각 1연 수록. ≪全唐詩≫에 전무한 것을 근래(1992)에 孫望에 의해 ≪全唐詩補逸≫卷19에 ≪桂苑筆耕集≫卷17과 卷19에서 각각 30수씩 모두 60수를 추가.
(7) 金立之,〈秋夜望月〉1연 (상동 卷中) 이외에〈贈靑龍寺僧〉,〈宿豊德寺〉,〈贈僧〉,〈秋夕早春〉등 각 1연 수록.
(8) 金可紀,〈題遊仙寺〉1연 (상동 卷中)
(9) 金雲卿,〈秦樓仙〉1연 (상동 卷中)

2. ≪全唐詩≫ 外 新羅 文人의 贈唐人詩

(1) 崔致遠,〈陳情上太尉詩〉(≪桂苑集≫)
(2) 崔致遠,〈歸燕吟獻太尉〉(상동)
(3) 崔致遠,〈奉和座主尙書避難過維揚寵示絶句〉3수 (≪상동≫)
(4) 崔致遠,〈楚州張尙書水郭相迎因以詩謝〉(≪桂苑集≫)
(5) 崔致遠,〈酬楊贍秀才送別〉(≪桂苑集≫)
(6) 崔致遠,〈酬吳巒秀才惜別二絶句〉(≪桂苑集≫)
(7) 崔致遠,〈留別女道士〉(≪桂苑集≫)
(8) 崔致遠,〈暮春卽事和顧雲友使〉(≪桂苑集≫)
(9) 崔致遠,〈和張進士喬村居病中見寄喬子松年〉(≪桂苑集≫)
(10) 朴仁範,〈江行呈張峻秀才〉(≪東文選≫卷12)
(11) 朴仁範,〈寄香嚴山睿上人〉(≪東文選≫卷12)
(12) 崔致遠,〈上殷員外〉(≪桂苑集≫)

(13) 崔致遠, 〈贈田校書〉(《桂苑集》)
(14) 崔致遠, 〈上馮員外〉(《桂苑集》)

3. ≪全唐詩≫ 所載 唐 文人의 贈新羅人詩

(1) 孫逖, 〈送新羅法師還國〉(《全唐詩》 권118)
(2) 陶翰, 〈送金卿歸新羅〉(상동 권148)
(3) 沈頌, 〈送金文學還日東〉(상동 권202)
(4) 劉愼虛, 〈海上詩送薛文學歸海東〉(상동 권256)
(5) 李涉, 〈與弟渤新羅劒歌〉(상동 권477)
(6) 姚合, 〈寄紫閣無名新羅頭佗〉(상동 권496)
(7) 顧非熊, 〈寄紫閣無名新羅頭佗僧〉(상동 권509)
(8) 顧非熊, 〈送朴處士歸新羅〉(상동 권509)
(9) 章孝標, 〈送金可紀歸新羅〉(상동 권506)
(10) 許渾, 〈送友人罷擧歸新羅〉(상동 권528)
(11) 劉得仁, 〈送新羅人歸本國〉(상동 권544)
(12) 張籍, 〈送金小卿副使歸新羅〉(상동 권382)
(13) 張籍, 〈送新羅使〉(상동 권382)
(14) 張籍, 〈贈海東僧〉(상동 권383)
(15) 姚鵠, 〈送僧歸新羅〉(상동 권553)
(16) 項斯, 〈送客歸新羅〉(상동 권554)
(17) 馬戴, 〈送朴山人歸新羅〉(상동 권555)
(18) 林寬, 〈送人歸日東〉(상동 권606)
(19) 溫庭筠, 〈送渤海王子歸本國〉(상동 권575)
(20) 皮日休, 〈送新羅弘惠上人〉(상동 권608)
(21) 張喬, 〈送朴充侍御歸新羅〉(상동 권638)
(22) 張喬, 〈送棊待詔朴球歸新羅〉(상동 권638)
(23) 張喬, 〈送賓貢金夷吾奉使歸本國〉(상동 권638)
(24) 張喬, 〈送新羅僧〉(상동 권639)
(25) 張喬, 〈送僧雅覺歸海東〉(상동 권639)
(26) 張喬, 〈送人及第歸海東〉(상동 권639)

(27) 杜荀鶴,〈送賓貢登第後歸新羅〉(상동 권691)
(28) 張蠙,〈送友人及第歸新羅〉(상동 권702)
(29) 陸龜蒙,〈和襲美爲新羅弘惠上人撰靈鷲山周禪師碑送歸詩〉(상동 권617)
(30) 鄭谷,〈贈日東鑒禪師〉(상동 권674)
(31) 徐夤,〈贈渤海賓貢高元固〉(상동 권708)
(32) 楊夔,〈送新羅僧遊天臺〉(상동 권763)
(33) 法照,〈送無著歸新羅〉(상동 권810)
(34) 無可,〈送朴山人歸日本〉(상동 권813)
(35) 貫休,〈送新羅人及第歸〉(상동 권826)
(36) 貫休,〈送人歸新羅〉(상동 권826)
(37) 貫休,〈送新羅僧歸本國〉(상동 권833)
(38) 貫休,〈送新羅衲僧〉(상동 권835)
(39) 齊己,〈送高麗二僧南遊〉(상동 권838)
(40) 齊己,〈送僧歸日本〉(상동 권840)
(41) 顧雲,〈送別詩〉(《三國史記》·「崔致遠傳」)

Ⅱ. 新羅와 唐 文人 交遊詩의 內容과 風格

이미 거론한 바와 같이 신라인과 당인의 교유는 金眞德, 金地藏, 張籍 등을 제외하곤, 거의 중당 말기와 만당에 출입하며 왕래하였는데, 이들 교유에서 만당대의 것은 정통 만당풍과는 상이한 중당의 사실과 풍유의 표현에 경도한 점은 혹시 대개「芳林十哲」을 중심으로 한 교류에 연유한 것이 아닌가 한다.4) 앞의 절에 배열한 시제 중에 상호교류와 문학영향, 그리고 정치 사회적 관계가 비교적 강한 문인에 국한해서 다음과 같이 몇 건을 열거하여 그 교왕의 의미를 고찰하고자 한다.

---

4) 芳林十哲이란 許棠·喩坦之·劇燕·吳罕·任濤·周繇·張蠙·鄭谷·李栖遠·張喬 等.

1. 眞德女王과 高宗

眞德女王이 唐高宗에게 준 〈太平詩〉(≪全唐詩≫ 권797)는 연대 상으로 眞德 太和 4년(650 高宗 永徽 元年)이며 작시동기는 ≪三國史記≫에서 기록하기를,

> 6월에 사신을 당나라에 보내려는데, 백제의 무리를 격파한 일을 아뢰니, 왕이 천에다 오언 태평송을 지어 김춘추의 아들 법민을 보내 당황제에게 바쳤다.

> 六月遣使大唐, 告破百濟之衆, 王織綿作五言太平頌, 遣春秋子法敏以獻唐皇帝.(「本紀」五)

라 하고, 「全唐詩注」에는

> 영휘 원년에 김진덕이 백제의 무리를 대파하고 천에다 오언의 태평시를 지어서 그 동생의 아들 법민을 보내어 바쳤다.

> 永徽元年眞德大破百濟之衆, 織綿作五言太平詩, 遣其弟之子法敏以獻.

라고 하여 唐과의 교분을 위한 외교적 의미를 지녔음을 말하였다. 이제 그 시를 다음에 보겠다.(앞장에서 이미 인용하였지만 재인용함)

> 대당이 건국의 대업을 여시어,
> 우뚝 황제의 길 창성하시라.
> 창 멈춰 오랑캐 평정하시고,

문을 닦아 백왕을 이으시라.
하늘이 숭고한 비 베푸사,
모든 사물 다스려 밝은 이치 지녔어라.
깊으신 어지심 해와 달과 조화 이루고,
길운을 다루시어 좋은 때를 더하시라.
나부끼는 깃발 이미 빛나시니,
징과 북 참으로 요란하도다.
오랑캐 중에 명을 어기는 자,
잘리고 뒤집혀 큰 재앙 입으리라.
온화한 바람이 우주와 어울리어,
멀리 앞서거니 상서로운 기운을 드리워서,
사계절이 옥촉과 조화하여,
일월·오성은 만방을 살피시어,
산악은 재상을 내리사 보필케 하고,
황제는 충신을 두루 쓰시도다.
삼황오제께서 한 덕으로,
우리 황실 당나라 길이 밝히소서.

大唐開鴻業, 巍巍皇猷昌.
止戈戒衣定, 修文繼百王.
統天崇雨施, 理物體含章.
深仁諧日月, 撫運邁時康.
幡旗旣赫赫, 鉦鼓何鍠鍠.
外夷違命者, 翦覆被大殃.
和風凝宇宙, 遐邇競呈祥.
四時調玉燭, 七曜巡萬方.
維嶽降宰輔, 維帝用忠良.
三五咸一德, 昭我皇家唐.

이 시에서 '大唐'·'鴻業'·'巍巍'·'皇猷'·'繼百王'·'崇雨'·'含

章'・'深仁諧日月'・'和風'・'呈祥'・'幡旗赫赫'・'鉦鼓鍠鍠'・'玉燭'・ '七曜'・'宰輔'・'忠良', 그리고 말연의 어구가 상관에 대한 존앙의 표현인데 이 시의 작시가 원래 奉制의 성격을 지닌 것과 함께 풍격 또한 초당(618~712)적이라 할 것이다. 초당이라면 시의 풍격상 承齊梁派와 反齊梁派가 양립하여 전자는 華靡한 궁체시를 추종하여 初唐四傑, 上官儀, 沈佺期, 宋之問 등이 聲律과 對偶에 역점을 두어 근체시의 완성을 주도하였고, 후자는 隱逸・復古・純樸・淸淨을 주장하여 王績・寒山・陳子昂 등이 주류를 형성하고 있었는데, 당시의 궁실을 중심한 귀족층은 전자를 애호하여 〈太平詩〉에서 보는 숭고하고 웅장한 내용과 浮華한 표현은 李奎報의 '高古雄渾'(고아하며 고담하여 웅혼함)이란 평어와 상통한다고 보겠다.5) 비록 이 시에 대한 高宗의 답시가 없지만 한시사상의 비중과 삼국통일의 매체였을 것으로 보아, 신라의 당시 귀족사회의 시풍을 살피는 대상이 될 만하다 할 것이다.

2. 薛瑤와 郭震

薛瑤 자체는 졸저 《中國唐詩硏究》(1994. 국학자료원)에서 상술한 바이니, 여기서는 단지 郭震과의 관계에 한하여 羅唐 상호에 준 인상만을 보고자 한다. 《全唐詩》小序에,

> 설요는 동명국인이라. 좌무위장군 승충의 딸로 곽원진에 시집가서 첩이 되었으니 시 한 수가 있다.

---

5) 宮室에서 齊梁派를 愛好한 出處를 《唐詩紀事》(卷一)와 《全唐詩話》(卷一)에서 容易히 보는데, 《唐詩紀事》에 "太宗帝嘗作宮體詩……"句와 高宗의 '過溫湯詩'를 例證으로 본다. 李奎報는 《白雲小說》에서 "新羅眞德女王太平詩, 載於唐詩類記, 其詩高古雄渾, 比始唐諸作, 可相上下."라 함.

薛瑤, 東明國人, 左武衛將軍承沖之女, 嫁郭元振爲妾, 詩一首.

라고 하였고 同書의 注에는,

요는 일명 반속요라고도 하니 설씨의 나이 15세에 머리 깎고 출가하였다가 6년을 수도하며 가요를 지었다. 마침내 환속하여 곽씨에게 시집갔다.

瑤一作返俗謠, 薛氏年十五, 翦髮出家. 六年, 爲謠云云, 遂返.」(이상 전당시 권799)

라고 하여 설요가 15세에 부친 承沖이 죽자 剪髮하고 출가한 후, 6년 뒤에 환속하여 〈返俗謠〉를 짓고 郭震의 첩이 된 과정을 말하고 있는데, 특히 陳子昻(661~702)의「郭公姬薛氏墓地銘」(≪全唐文≫卷216)은 설요의 외모와 성품이 仙子라는 小號를 얻을 만큼 출중하여 郭震의 총애를 받다가 죽자 우인 陳子昻에게 청하여 쓰여진 비문이라고 보여진다. 그 銘文 중의 일단을 보면,

곽공은 호탕하고 호기 있는 사람이라서 패물을 갖춰 그녀를 맞고 거문고로 짝하여 서로 어울림이 비취새가 교태하 듯 하였다. 화려와 미색이 다하고 즐거움이 다하고 슬픔이 닥쳐와서 장수 2년 계사년 2월 17일 질병을 얻어 통천현의 관사에서 죽었다. 아! 슬프도다. 곽공은 슬퍼서 어쩔 줄 몰라라.

郭公豪蕩而好奇者也. 雜佩以迎之, 寶琴以友之, 其相得如靑鳥翡翠之婉變矣. 華繁艶歇, 樂極悲來, 以長壽二年太歲癸巳二月十七日, 遇疾卒於通泉縣之官舍. 嗚呼哀哉. 郭公怳然, 猶若未亡也.

라고 하였는데, 여기서 承沖이 金仁問과 동시에 입당했다 하니 그 시기가 高宗 永徽 2년(651)이며, 薛瑤의 졸년은 中宗 長壽 2년(693)임을 알 수 있는데, 그 작시 연대는 정확한 생존기간이 불명하여 단정하기가 쉽지 않다.6) 郭震(656~713)은 魏州 貴鄕人으로 凉州都督과 安西大都護, 그리고 饒州司馬 등을 역임하고 李嶠·蘇味道·崔融·杜審言 등 上官儀 이후의 「文章四友」 등 궁정시인과 출입하였고, 陳子昻 등의 자연시인과의 교우가 중후하여 齊梁 및 反齊梁에 두루 공유한 것으로 곽진의 인물을 알 만하며 설요와의 결합에서 그의 21수의 작품(≪全唐詩≫ 권66) 중에 특히 〈子夜四時歌〉 6수는 설요의 〈返俗謠〉와 동류의 華美哀愁한 풍격을 제시하고 있다. 이제 〈返俗謠〉를 다시 보면,

구름같이 맑고 깨끗한 마음 되니,
생각이 정숙하고 굴은 죽은 듯 고요하여,
아무도 뵈지 않네.
아름다운 풀 향긋하니,
생각도 향기로운데,
어이할까 이 청춘을!

化雲心兮思淑貞, 洞寂滅兮不見人.
瑤草芳兮思芬蒀, 將奈何兮靑春.

이 시는 騷風體에 머물러 있고 시어 또한 雲心·瑤草 등 比擬法을

---

6) 韓致奫은 承沖을 薛闞頭라 하고 武德 4年(621) 入唐하고 太宗 貞觀 19年(645)에 卒하였다 하니 이렇다면 薛瑤는 貞觀 五年(631)生이 되므로 시대적 차이가 문제가 된다.(≪海東繹史≫卷七十) 夫君인 郭震(656~713)의 生卒과도 차이하니 믿기 어렵다.

쓰고 있어 시체상 율시 이전의 작이라 하겠다. 설요와 곽진의 결합이 문학을 통한 것이 아니지만, 시대적 풍격으로 보아 초기 한시에 眞德의 〈太平詩〉와는 또 다른 齊梁風의 중요한 자료라 하겠다.

3. 金沔과 張籍

金沔이 憲德 4년(812·唐 憲宗 元和 七年)에 회국할 때에 張籍이 준 송시인 〈送金少卿副使歸新羅〉(≪全唐詩≫ 권382)가 있는데[7] ≪海東繹史≫(卷67)에 ≪冊府元龜≫를 인용하여,

> 원화 7년 7월 경오에 신라 질자로써 위위소경에 응하여 적동색의 어대(당대의 5품관리의 표시)를 하사 받고 김면은 시광록소경이 되고 조제책부사를 지내다가 최릉을 수종하여 신라에 갔다.
>
> 元和七年七月庚午, 以新羅質子試衛尉少卿, 賜紫金魚袋, 金沔爲試光祿少卿, 充弔祭冊立副使, 隨崔稜赴新羅.

라고 하여 金沔이 812년 弔祭冊立副使로서 崔稜을 수종하고 신라에 간 사실에서 진부를 확인하게 된다. 金沔은 누구인지 불상하며, 張籍(768~830. 字文昌, 東郡人)이 중당 시단에서의 비중이 크고 白居易·元稹과 비견하는 신악부의 주창자인 만큼 중당 문풍의 신라 유입과 상관된다고 할 것이다. 그가 金沔에 준 송시를 보면,

> 구름 낀 섬 망망히 하늘에 아련하니,

---

[7] 別個로 金沔에 준 陶翰의 〈送金卿歸新羅〉(≪全唐詩≫卷146)이 있으나 陶翰이 開元 十八年(730)에 擢進士한 列傳과 시대상 不合하므로 사실과 무관.

동쪽 향해 일 만리 한 돛대 휘날리네.
오래 신하로 은혜 깊이 받아,
이제 사신 도와 명 받고 돌아가네.
바다 건너니 응당 나라 소식 가지고,
집에 이르니 또한 절로 벼슬의 관복 드러나오.
예부터 이곳 떠난 이 수 없지만,
광채 나기 그대 만한 이 정말 드무네.

雲島茫茫天畔微, 向東萬里一帆飛.
久爲侍子承恩重, 今佐使臣銜命歸.
通海便應將國信, 到家猶自著朝衣.
從前此去人無數, 光彩如君定是稀.

라고 한 데에서, 이 시가 宋代 劉攽이 다음과 같이 평한 것과 또 張戒가 논한 풍격과 상통되는 점을 중시해야 할 것이다. 즉 劉攽은,

  장적의 악부사는 청려하고 완미하며, 오언 율시도 평담하고 고운데 칠언시에서는 질박한 면이 수식적인 면보다 강하다. 소재가 각기 그 의당함을 지니고 있으니 억지로 꾸며서 되는 것이 아니다.

  張籍樂府詞淸麗深婉, 五言律詩亦平澹可愛, 至七言詩則質多文少. 材各有宜, 不可强飾.(≪中山詩話≫)

라 하고 이어서 張戒는,

  장적의 시와 원진·백거이의 율체는 오로지 사람의 마음 속의 일을 말함으로써 공교함을 강구하였다. 백거이는 재주가 많고 시의가 절실하며 장적은 심사가 깊고 어구가 정밀한데, 원진의 시체는 가벼우면서 어사가 조급하다.

張司業詩與元白一律, 專以道得人心中事爲工. 但白才多而意切, 張思深而語精, 元體輕而詞躁. (≪歲寒堂詩話≫卷上)

라고 하여 그의 시가 杜甫・白居易와 상근해서 농민을 연민하고 權貴를 조롱하며, 용병을 풍자하는 등의 민간질고의 주제를 다룬 것은 전대와는 다른 면을 신라에 주었다 할 것이다.
　단지 수사상 백화적 시어의 구사는 외국인에겐(新羅) 활용상 난점이 있었으리라 보아 실지의 창작에는 유용하지 못했을 것이다. 상기 시에서 '向東'・'便應'・'到家'・'從前'・'定是' 등이 바로 이런 시어이다.

4. 金可紀와 章孝標

　金可紀에 대해 ≪海東繹史≫는 ≪太平廣記≫를 인용하여 다음과 같이 서술하고 있다.

> 김가기는 신라인이다. 빈공진사로 성품이 침착하여 도술을 좋아하며 사치를 좋아하지 않았다. 때론 기를 마셔 몸을 닦으며 스스로 학식이 많고 문장이 뛰어나다고 여겼다. 용모가 맑고 고우며 거동과 언담이 자못 중국의 풍취가 있었다. 급제하자마자 종남산의 자오곡에 칩거하며 은일의 흥취를 지니고서 손수 기이한 꽃과 과일을 많이 심으며 항상 분향하여 정좌하며 깊은 상념에 젖은 듯하고 또 도덕경과 여러 선경을 끊이지 않고 외우다가, 3년 후 본국으로 돌아가고자 바다 건너갔다가 또 와서는 도복을 입고 종남산에 들어가, 음덕을 써서 행하여 사람이 바라는 바 있으면 거절함이 없이 정성껏 일삼아 주니, 아무도 함부로 대할 수 없었다.

金可紀新羅人也. 賓貢進士, 性沈靜好道, 不尙華侈, 或服氣鍊形, 自以
爲樂. 博學强記屬文. 淸麗美姿容, 擧動言談, 逈有中華之風. 俄擢第, 於
終南山子午谷葺居, 懷隱之趣. 手植奇花異果極多, 常焚香靜坐, 若有思
念, 又誦道德及諸仙經不輟. 後三年, 思歸本國, 航海而去復來, 衣道服,
却入終南, 務行陰德. 人有所求, 初無阻拒, 精勤爲事, 人不可偕也.(卷六
十七)

이로써 김가기는 종남산에 들어가 子午谷에서 도가술을 닦고 3년
후에 귀국길에 재입산하여 宣宗 大中 13년(859·憲安王 三年)에 신선이
되어 승천했음을 알게 되는데, 종남산은 고래의 道觀의 중심지이다. 그
의 〈題遊仙寺〉(《全唐詩逸》卷中) 1연이 있으니 다음과 같다.

물결 울퉁불퉁한 돌에 부딪쳐 길게 비 오듯하고,
바람 성근 솔에 불어도 잔잔하기 가을 같네.

波衡亂石長如雨, 風激疎松鎭似秋.

김가기와 章孝標의 관계를 맺어 놓은 근거는, 상호 교분의 증거는
불명하지만 김가기에 대한 만당초 대가인 장효표의 깊은 우의와 존경
이 〈送金可紀歸新羅〉(《全唐詩》 권506)에 표출되어 있어 신라인의 궁
지를 환기한 데서 찾고자 한다.[8] 장효표는 字가 道正이며 錢塘人으로
생졸이 불상하나 826년 전후에 在世하며 元和 14년(819)에 進士 급제하
고 그 이후에 김가기와의 관계를 맺은 것으로 본다. 그가 가기에게 준
시를 다음에 보기로 한다.

---

8) 金可紀와 章孝標의 關係는 拙文 「《全唐詩》所載新羅人詩」(《漢文學硏究》3·4
合)를 함께 참고.

당과에 급제하여 당나라 말을 하지만,
해 뜨는 곳 바라보며 옛 숲 그리워하네.
배 안의 물고기 방 밤잠 자니 응달불 차고,
신기루의 아침 정박 새벽노을 깊네.
바람에 높이 날으는 한 조각 배는 고기 등에 날 듯 하고,
조수 맑으니 삼산이 바다 속에 솟네.
생각하건대 문장이 그 나라의 음악에 어울리니,
복사꽃에 엎디어 그대에 취하노라.

登唐科第語唐音, 望日初生憶故林.
鮫室夜眠陰火冷, 蜃樓朝泊曉霞深.
風高一葉飛魚背, 潮淨三山出海心.
想把文章合夷樂, 蟠桃花裏醉人參.

위의 제1·2구에서 가기의 학문과 애국심을 볼 수 있고, 제7·8구에서 가기의 문학에 대한 경의를 보게 된다. 章孝標에 대해서는 明代 謝榛이 평하기를,

장효표가 낙제하여 이르기를, "구름이어진 큰집에 거할 곳이 없는데 다시 방이 붙은 누구 집은 대문이 날 듯 높으리."라고 하였다. 후에 급제하여 이르기를 "말머리가 점점 양주 길에 드니 그 시절의 사람들이 눈을 씻고 보나니 그 도량의 좁고 큼이 맹교와 같더라."라 하였다.

章孝標下第曰: 連雲大廈無棲處, 更榜誰家門戶飛. 後及第曰: 馬頭漸入揚州路, 爲時人洗眼看. 其量狹大類孟郊.(≪四溟詩話≫卷二)

라 하여 孟郊를 닮아 의기가 고준하고 사의가 정확한 풍격을 지녔으니, 김가기 또한 孝標와의 교왕에서 시의가 상통함이 가능하였을 것

으로 본다.

5. 崔致遠과 羅隱·顧雲·張喬

崔致遠의 입당 시기는 景文王 8년(868)으로서 만당 중엽(827~906)에 해당하니, 입당 후 咸通 15년(874·景文王 14년)에 진사에 급제하기까지 6년, 그리고 그 후에 淮南相國인 高駢의 막하에서 종사하는 중에, 교분을 가진 羅隱·顧雲, 그리고 芳林十哲들을 만나며 특히 張喬와 우정이 깊은 것으로 본다. 崔致遠이 입당 시엔 李賀(790~816), 李商隱(813~856) 등의 시대가 갔지만 기려한 풍조에 纖巧·幽深·險僻, 그리고 冷艷한 특색이 가미되어 유미시가 창출되어 있던 시기인 동시에, 또한 杜牧(803~953)같은 우국적인 豪建風이 강하게 대립되어 있는 상황에 처해 있어 신라의 文選風을 벗지 못한 崔致遠으로서는 자기의 선별에 의한 독자적인 풍조의 선택을 할 겨를이 없었을 것이다. 당시의 사회현실은 당쟁과 黃巢의 亂으로 혼란되어 있어, 문인이 은둔하여 사회풍자와 은일의식을 일삼는 퇴폐 풍조가 만연한 반면, 중당풍의 민고와 사실의 표현을[9] 이은 소위 芳林十哲의 일파가 상존하고 있었던 고로, 《三國史記》·「列傳」에서 보이듯이[10] 崔致遠이 입당하면서 羅隱에게 칭허받고[11] 顧雲과 교류한 사실과 이들 3인이 高駢의 주위에서 녹을 먹은 사실을 다음 淸代 孫濤의 《全唐詩話續編》에서 확인할 수 있다.

---

9) 中唐風을 繼承한 문인들 즉 皮日休·陸龜蒙·杜荀鶴·聶夷中 등은 이미(Ⅱ)에서 시제를 열거한 바와 같이 新羅人과의 교류가 頻多하였으니, 崔致遠의 交友對象에 영향을 주었으리라 볼 수 있다.
10) 《三國史記》卷四六·「列傳」 참조.
11) 拙著 《唐代後期詩硏究》(푸른사상, 2001)에 羅隱과 崔致遠 관계를 논하였고 이 책 다음 절에 이들의 교류를 상세히 서술한다.

나은과 고운이 같이 회남상국 고병을 알현하였는데 고운의 사람됨
이 고아하고 엄율하거늘 고공이 마침내 고운을 가까이 하고 나은을
멀리하였다. 나은이 무릉으로 돌아가려는데 손님과 운정에서 전별주
를 마시는데 한 여름이라서 똥파리가 좌석에 드니 고공이 부채로 몰
아치면서 나은을 놀려서 말하기를, "똥파리가 부채질에 좌석을 떠나
네."라고 하니 나은이 응답하여 말하기를 "도둑이 못에 걸려 문에 있
네."라고 하였다.

隱與顧雲同謁淮南相國高騈, 雲爲人雅律, 高公遂屬雲而遠隱. 隱
欲歸武陵. 與賓幕酌餞于雲亭. 盛暑, 靑蠅入座, 高公扇驅之, 謔隱曰:
靑蠅被扇扇離席. 隱應聲曰: 白波遭釘釘在門.

그러면 崔致遠과 상기 3인의 문인과의 일맥의 교류를 개관하여 본
다.

(1) 羅隱과의 관계[12]

羅隱(853~909)은 字가 昭諫, 餘杭人이며, 시문이 풍자를 위주 (≪唐
才子傳≫卷9)로 하였는데, 그의 시풍이 대개 평범한 것이어서 明代 楊
愼이 말한 바,

나은의 시는 비속한 면이 많으니, 이런 시는 그의 생애와 다르다.

羅隱詩多鄙俗, 此詩不類其平生.(≪升菴詩話≫卷四)

라고 한 것이라든가, 또한 淸代 薛雪이 말한,

---

[12] 崔致遠과 羅隱의 관계는 다음 장에서 상세히 서술함으로 여기는 요약만 한다.

나소간은 삼나의 으뜸으로, 어조가 높고 소리가 옥같이 고우니 만당의 부스러기와는 다르다. 마땅히 위단기와 같이 두고 말할 만 하다.

　　羅昭諫爲三羅之傑, 　調高韻響, 絶非晩唐瑣屑, 當與韋端己同日而語.
　(≪一瓢詩話≫)

라고 한 평어에서 당시에 발출한 시인은 아니지만 소탈하고 평민적인 성격을 지닌 중당의 말류에 속한다 하겠다. 崔致遠과 상교한 시가 많지 않지만 崔致遠의 在唐 초기에 상당한 영향을 주었다고 보아서 다음 장에서 별도로 다루고자 한다.

　(2) 顧雲과의 관계

　顧雲(?~894)은 字가 垂象이며 池州人인데 崔致遠과 同年으로 또 함께 高騈에 종사하였는데, 당시의 芳林十哲의 본지인 九華山에서 수업했다는 것은 또한 그의 시풍이 詳整하고 사실적이어서 杜荀鶴·殷文圭와[13] 친교했다는 것으로 더욱 명지케 하며 기풍이 羅隱과 상사한 면도 상통한다. 崔致遠과는 29세에(885) 귀국할 때, 동년의 11년간의 지기인 고운의 송시는(≪三國史記≫·「列傳」) 평소 崔致遠의 문학에 대한 흠모를 보여 주고 있으며 古體騷風을 지닌 작품으로 제7구부터 최치원을 극찬한 점은 서로 깊이 이해하고 있다는 것으로 본다. 이제 그 시를 다음에 본다.

　　내 듣기를 해상에 세 마리 금자라 있는데,
　　금자라 머리에 산이 높이 쓰여 있네.

---

13) ≪唐詩紀事≫卷六十七, "雲子垂象, 池州艖賈之子也. 風韻詳整, 與杜荀鶴殷文圭友善, 同肄業九華. 咸通中, 登第爲高騈淮南從事."

산 위에 구슬과 조개, 황금의 궁궐 있고,
산 아래엔 천리만리 넓은 파도라네.
옆에 한 점 계림이 푸른데,
자라산 빼어나 기이하도다.
열둘에 배타고 바다 건너와서,
문장 중국을 감동시켰고,
열여덟에 전사원을 가로 다녀,
한 화살 쏘아 금문책을 부셨네.

我聞海上三金鰲, 金鰲頭戴山高高.
山之上兮, 珠宮貝闕黃金殿.
山之下兮, 千里萬里之洪濤.
傍邊一點鷄林碧, 鰲山孕秀生奇特.
十二乘船渡海來, 文章感動中華國.
十八橫行戰詞苑, 一箭射破金門策.(〈送崔致遠西遊將還〉·陳尙君의
≪全唐詩續拾≫卷34에 ≪三國史記≫에 의거하여 收錄. 1992. 中華
書局)

한편, 崔致遠이 顧雲에게 준 시로는 우선 〈暮春卽事和顧雲友使〉
(≪東文選≫卷12)를 들 수 있는데 이별을 아쉬워하는 우정이 담겨 있
다.

동풍에 온갖 향내 두루 나는데.
생각의 실 두루 감돌고 버들은 길게 드린 듯.
소무의 편지 돌아오니 깊은 변방 무너졌으니,
장자 꿈에 쫓기어 낙화가 분망쿠나.
잔영에 의거 아침마다 취하니,
떠나는 마음 마디마디 헤아리기 어렵구나.
마침 욕기의 호시절이니,

옛 놀던 넋 백운향에 끊기었네.

東風遍聞百般香, 意緒偏饒柳帶長.
蘇武書回深塞盡, 莊周夢逐落花忙.
好憑殘景朝朝醉, 難把離心寸寸量.
正是浴沂時節日, 舊遊魂斷白雲鄕.

여기에서 특히 제3·4연은 헤어지기 아쉬운 魂斷의 離心을 묘사하고 있는데 시어상 제3연의 '好憑'·'把離心', 제4연의 '正是'는 中唐의 元白體的 구사이며, 시적 묘사 또한 華美보다는 담백한 면을 볼 수 있다. 한편, ≪全唐詩續拾≫卷34에 顧雲의 〈孤雲篇〉이 ≪破閑集≫에서 인록되어 있다.

(3) 張喬와의 관계

張喬의 字는 혹 松年이며,[14] 唐 僖宗 廣明中에 재세(880년 전후)하였으며 九華山을 중심한 十哲의 1인이다. 그가 張籍과 杜牧의 아류로 평가된 것은 그의 문풍에서 오는 특성 때문일 것이다.[15] 즉 張籍과 杜牧은 함께 韓愈의 재현과 같은 영향을 받았기에,[16] 더욱 張喬의 시와 비교되었을 것이다. 그리고 두목에 대해서는 두목 자신이 말한 바,

---

14) 各傳에는 張喬의 字를 미상으로 적고 있으나, 崔致遠의 詩題로 보아 或「松年」일 듯 하다.
15) 宋代의 范晞文은「對牀夜語」에서「張喬多有好絶句. 河湟舊卒云, "少年隨將討河湟, 白首淸時返故鄕. 十萬漢家零落盡, 獨吹邊曲向殘陽." 亦籍·牧之亞.」(卷五)
16) 張籍의 韓愈와의 관계는 宋代 葛立方의 ≪韻語陽秋≫에서「張籍, 韓愈高弟也…」(卷二)와 同書의「張籍居韓門弟子之列, 又以愈薦爲國子博士.」(卷六), 그리고 淸代 孫濤의 ≪全唐詩話續編≫에서「張籍, 丹陽集云, 張籍韓愈高弟也.」(卷上)라 한 것으로 알 수 있고, 杜牧에 있어서는 졸문「杜牧詩의 憂國的 豪建風」(≪中國文學≫7號·車柱環博士回甲紀念)의「詩의 淵源」에 상세논술.

모씨는 고심하여 시를 짓는데, 본래 고절함을 구한다. 기려함에 힘
쓰지 않고, 습속에 빠지지 않으며, 옛것에 너무 빠지지 아니하고 지금
의 사조에도 물들지 아니하고, 자신의 주관에 의하여 중도의 길을 걷
는다.

　　某苦心爲詩, 本求高絶. 不務綺麗, 不涉習俗, 不今不古, 處於中間.
　　(≪樊川文集≫卷十六「獻詩啓」)

라고 한 것에서 그 당시의 풍조와는 다른 면을 갖고 있었다.[17] 장교
가 상기의 두 문인을 따른 풍격에서 최치원과의 교우는 물론, 기타
신라인에게 준 시가 6수가 상존해 있는 것으로 보아 親羅派의 문인임
을 알 수 있다.
　최치원이 장교에게 준 〈和張進士喬村居病中見寄喬字松年〉(≪東文
選≫卷12)에서 시명이 사해에 떨치고 고현인을 이을만 하다고 하며, 제
3·4연에서 묘사한 시적 표현이 마치「詩中有畵」를 연상케 하는데, 특
히 제5·6구에서 입체감을 주는「夜携孤嶠月」,「朝捲遠村煙」구는 南畵
의 皴法을 도입한 묘법이라 하겠다. 이제 그 시를 보기로 한다.

　　시명이 사해 전해져,
　　가도와 다툴 만한 이는 장교 같은 분이네.
　　소아 뿐 아니라 신시도 잘 하니,
　　그 품은 능력 옛 현인을 이었네.
　　명아주 지팡이로 달밤에 외론 산들을
　　더불어 하고,
　　갈대 주렴 아침에 걷으니 먼 마을

---

17) 辛文房의 ≪唐才子傳≫(卷六)에는 小杜라 호칭되었다 하여, "詩情豪邁, 語率驚
　　人, 識者以擬杜甫, 故呼大杜小杜以別之, 後人評, 牧詩如銅丸走坡, 駿馬注坡, 謂圓
　　快奮急也."

안개 자욱하네.
병들어 장빈구에 읊어 부치니,
이어서 낚시꾼 따라 성밖의 배에 드네.

一種詩名四海傳, 浪仙爭得似松年.
不唯騷雅標新格, 能把行藏繼古賢.
藜杖夜携孤嶠月, 葦簾朝捲遠村煙.
病來吟寄漳濱句, 因付漁翁入郭船.

장교와 신라인의 왕성한 교류는 羅末 麗初의 문학에 적지 않은 관계를 조성했다 할 것이다.

6. 羅唐 法僧의 교류

≪全唐詩≫에 실린 新羅僧의 시는 地藏(705~803)의 〈送童子下山〉(≪全唐詩≫ 권806)이 있으며, ≪全唐詩補編≫(陳尙君編・中華書局・1992)에 1수가 추가되어 있는데, 이 성당기의 인물 이후[18]에 法照・無可(835년 전후 在世)・貫休・齊己 등의 승려가 신라와 교류한 송시가 있으니, 그 중에 貫休와 齊己는 각각 4수와 2수의 시를 남겼다. 이상 열거한 내용을 세찰해 보면, 지장의 시에서는 脫俗入禪의 경계를 표출하고 있으니, 다음에 그 시를 보기로 한다.

공허한 대문 적막한데 자네가 고향이 그립다고,
구름 덮힌 방에서 이별하고 구화산을 내려가는군.

---

18) 地藏의 入唐時期는 「全唐詩小序」에 "至德初航海, 居九華山."이라 하니, 至德初(756~757)가 確實하면 盛唐期에 當함. ≪唐詩紀事≫卷73에도 "至德初, 落髮航海, 隱於池之九華山."라 함.

대 난간에서 죽마 즐겨 타고,
금 땅에서 금모래 모으며 게으름 피웠지.
냇가 아래 술병 띄워 쉬며 달 부르며,
옹이에 차 끓이면서 마냥 꽃 희롱했소.
잘 가오. 눈물일랑 흘리지 마오.
노승이 벗하니 안개 낀 노을 자욱하오.

空門寂寞汝思家, 禮別雲房下九華.
愛問竹欄騎竹馬, 懶於金地聚金沙.
添甁潤底休招月, 烹茗甌中罷弄花.
好去不須頻下淚, 老僧相伴有煙霞.

한편 貫休는 姓이 姜氏이며 字는 德隱으로 婺州 蘭溪人이다. 그의 시는 慷慨하고 매구가 "只堪供養佛"(오직 부처 공양을 다 할 뿐이다)(≪唐詩紀事≫卷75)하여서, 貫休는 禪的인 感懷詩에 능하다고 할 것이다. 다음에 〈送人歸新羅〉(≪全唐詩≫권806)을 예로 든다.

어젯밤 서풍 일더니,
그대를 고향에 보내는구려.
쌓인 수심 땅 끝까지 달하는데,
해를 보니 부상에 오르네.
신기루 나니 날이 개이고
밀물은 어지러이 흘러가네.

昨夜西風起, 送君歸故鄕.
積愁窮地角, 見日上扶桑.
蜃氣生初霽, 潮痕匝亂流.

그리고 그의 제자 齊己 또한 신라인과 상교가 적지 않으니 姓은 胡

요, 名은 得生인데, 鄭谷과 시우가 되어 시풍 또한 그에 상통하였다. 鄭谷의 시는 특출하진 않아서 宋代 周紫芝가 말한 바,

> 정곡의 구름 시에서 "강가에 저녁이 되니 그림이 드리운 듯하고 어부가 도롱이를 걸치고 돌아가네."의 구 같은 것은 누구나 모두 기려하고 절묘하다고 여기나, 그 기상의 천하고 속된 것을 모른다.

> 鄭谷雲詩如江上晚來堪畵處. 漁人披得一蓑歸之句, 人皆以爲奇絶, 而不知其氣象之淺俗也.(≪竹坡詩話≫)

라고 하여 奇絶하지만 천속한 면이 있다 하니 중당의 韓愈風에 백화적 俗味가 있다 하겠다. 齊己의 시도 禪風을 추구하나 역시 상사점이 있는 것이다. 그의 〈送僧歸日本〉(≪全唐詩≫권826)을 인용하기로 한다.

> 해는 동쪽에서 나고 서쪽에서 노는데,
> 한 탁발로 한가로이 구주를 편력했어도,
> 오히려 계림의 본사 그리워,
> 돌아가려고 바닷바람이 가을이기를 기다리네.

> 日東來向日西遊, 一鉢閑尋徧九州.
> 却憶桂林本師寺, 欲歸還待海風秋.

　이들의 신라인과의 관계가 한시상에 직·간접으로 작용하였을 것이며, 그 후의 교류에 시금석이 되었다고 할 수 있다.
　羅唐文學에 시로 본 교류에 국한시켜 일견하였지만, 다방면에서 한말까지 기복을 겪으면서 중국과의 시분야 교왕은 면면히 연맥되어 왔다. 신라시대에 당대 시문이 유행하여 元稹의 ≪白氏長慶集≫序에,

계림의 상인이 저자 거리에 자못 대단하였다. 스스로 말하기를 본국의 재상이 매양 백금으로 시 한편을 바꾸는데 위작이다 싶으면 재상이 즉시 분별할 수 있다.

鷄林賈人, 求市頗切, 自云, 本國宰相每以百金換一篇, 甚爲僞者, 宰相輒能辨別之

라 하고, 高麗朝에는 "문은 한 대를 본받고 시는 당을 본받는다.(文法漢, 詩法唐)"(≪牧隱文藁≫卷9), "한대 문과 당시는 이에 성하였다(漢文唐詩於斯爲盛)"(≪補閑集≫序)라 하여 여전하였고, 조선에도 당풍을 사표로 삼아 許筠은 "동방의 시는 옛 것을 모방한 바 없고 독자로 조화와 중용을 이루어 안연과 도잠, 포조 등 3시를 본받은 깊이 그 시법을 얻었고 여러 작은 절구는 당의 악부체를 얻었다.(東詩無效古者, 獨成和仲, 擬顔陶鮑三詩, 深得其法, 諸小絶句, 得唐樂府體.)"(≪惺所覆瓿藁≫卷23)라 하였고, 李晬光은 "최경창과 이달은 한 때의 시를 능통한 자며. 그들의 시는 가장 당시에 가깝고 당인의 문자를 많이 본받았다.(崔慶昌, 李達, 一時能詩者也. 其詩最近唐, 多襲唐人文字.)"(≪芝峰類說≫卷2)라 하여 그 비중을 가히 알 수 있다. 본문이 작성된 지 10여년 간에 추가자료가 발굴되지 않다가, 최근(1992)에 ≪全唐詩補編≫(陳尙君 輯校· 中華書局) 속에 金地藏의 〈酬惠米詩〉(≪全唐詩續補遺≫· 童養年編)와 慧超의 〈逢漢使入蕃略題四韻〉과 〈冬日在吐火羅逢雪述懷〉 (≪全唐詩補逸≫卷之十九·孫望), 그리고 陳尙君의 ≪全唐詩續拾≫卷10 에는 〈摩訶羅國娑般檀寺述志〉, 〈南天路言懷〉, 〈哀求法漢僧〉 등이 수록된 바, 부록에 추가로 열입시키기로 한다.

附錄: 新羅와 唐 문인의 交遊詩 총람

* 위의 본문에 인용된 시도 함께 열거하는데 포함하고 지면의 제한 상 시의 韓譯은 생략하여 단지 참고 자료로만 삼도록 한다.

1. ≪全唐詩≫ 所載 新羅人詩(이하 ≪全唐詩≫所載順·≪全唐詩逸≫포함)

(1) 王居仁, 〈憤怨詩〉

　　于公慟哭三年旱,　鄒衍含愁五月霜.
　　今我幽愁還似古,　皇天無語但蒼蒼.

(2) 金眞德, 〈太平詩〉

　　大唐開鴻業,　巍巍皇猷昌.
　　止戈戎依定,　理物體含章.
　　深仁諧日月,　撫運邁時康.
　　幡旗旣赫赫,　鉦鼓何鍠鍠.
　　外夷違命者,　翦覆被大殃.
　　和風凝宇宙,　遐邇競呈祥.
　　四時調玉燭,　七曜巡萬方.
　　維嶽降宰輔,　維帝用忠良.
　　三五咸一德,　昭我皇家唐.

(3) 薛瑤, 〈返俗謠〉

　　化雲心兮思淑貞,　洞寂滅兮不見人.
　　瑤草芳兮思芬蒕,　將奈何兮靑春.

(4) 金地藏,〈送童子下山〉
　　　　空門寂寞汝思家, 禮別雲房下九華.
　　　　愛問竹欄騎竹馬, 懶於金地藏金沙.
　　　　添瓶澗底休招月, 烹茗甌中罷弄花.
　　　　好去不須頻下淚, 老僧相伴有煙霞.

〈酬惠米詩〉(《全唐詩續補逸》附錄)
　　　　棄却金鑾衲布衣, 修身浮海到華西.
　　　　原身自是皇太子, 慕道相逢柯用之.
　　　　未敢叩門求地語, 昨叨送米續晨炊.
　　　　而今飧食黃精飯, 腹飽忘思前日飢.

(5) 崔致遠,〈兗州留獻李員外〉(《全唐詩逸》卷中)
〈七絶〉一首(外에 共히 聯句 7)
　　　　芙蓉零落秋池雨, 楊柳蕭疏曉岸風.
　　　　神思只勞書卷上, 年光任過酒杯中.

〈登慈秋山〉一聯
　　　　畫角聲中朝暮浪, 青山影裏古今人.

〈長安柳〉一聯
　　　　煙低紫陌千行柳, 日暮朱樓一曲歌.

〈留贈洛中友人〉一聯
　　　　洛水波聲新草樹, 嵩山雲影舊樓臺.

〈送舍第嚴府〉一聯
　　　　雲布長天龍勢逸, 風高秋月雁行齊.

〈春日〉一聯
　　風遞鶯聲喧座上, 日移花影倒林中.

〈成名後酬進士田仁義見贈〉一聯
　　芳園醉散花盈袖, 幽逕吟歸月花帷.

〈春懷〉一聯
　　極目遠山煙外暮, 復心歸棹日邊遲.

(6) 金立之, (≪全唐詩逸≫卷中)
〈秋夜望月〉一聯
　　煙破樹頭驚宿鳥, 露凝苔上暗流螢.

〈峽山寺翫月〉一聯
　　山人見月靈思寢, 更掬寒泉滿手霜.

〈贈靑龍寺僧〉一聯
　　紺殿雨晴松色冷, 禪林風起竹聲錄.

〈宿風德寺〉一聯
　　風過古殿香煙散, 月到前林竹露淸.

〈贈僧〉一聯
　　更有閑宵淸淨境, 曲江澄月對心虛.

〈秋夕〉一聯
　　　　漢露已催鴻北去, 火雲漸散月西流.

〈早春〉一聯
　　　　園梅坼甲迎春笑, 庭草抽心待節芳.

(7) 金可紀, (≪全唐詩逸≫卷中)
〈題遊仙寺〉一聯
　　　　波衝亂石長如雨, 風激疏松鎭似秋.

(8) 金雲卿, (≪全唐詩逸≫卷中)
〈秦樓仙〉一聯
　　　　秋月夜閑聞案曲, 金風吹落玉簫聲.

(9) 慧超, (≪全唐詩補逸≫卷之十九)
〈逢漢使入蕃略題四韻〉
　　　　君恨西蕃遠, 余嗟東路長.
　　　　道荒宏雪嶺, 險澗賊途倡.
　　　　鳥飛驚峭嶷, 人去□偏樑.
　　　　平生不押淚, 今日灑千行.

〈冬日在吐火羅逢雪述懷〉
　　　　冷雪牽氷合, 寒風擘地烈.
　　　　巨海凍漫壇, 江河凌崖囓.
　　　　龍門絶瀑布, 井口盤蛇結.
　　　　伴火上垓歌, 焉能度播蜜.
　　　(孫望은 ≪大藏經≫ 二〇八九號 ≪遊方記抄≫中의 ≪往五天竺國傳≫에서 수집했다 함.)

〈摩訶羅國娑般檀寺述志〉
　　　不慮菩提遠,　焉將鹿苑遙.
　　　祗愁懸路險,　非意業風飄.
　　　八塔難誠見,　參著經劫燒.
　　　何其人願滿,　目覩在今朝.

〈南天路言懷〉
　　　月夜瞻叩路,　浮雲颯颯歸.
　　　減書參去便,　風急不聽廻.
　　　我國天岸北,　他邦地角西.
　　　日南無有雁,　誰爲向林飛.

〈哀求法漢僧〉
　　　故里燈無主,　他方寶樹摧.
　　　神靈去何處,　玉貌已成灰.
　　　憶想哀情切,　悲君願不隨.
　　　孰知鄉國路,　空見白雲歸.

2. ≪全唐詩≫外 新羅人 交流詩(唐人에 준 시)

(1) 崔致遠,〈陳情上太尉詩〉(≪桂苑集≫)
　　　海內誰憐海外人,　問津何處是通津.
　　　本求食祿非求利,　只爲榮親不爲身.
　　　客路離愁江上雨,　故園歸夢日邊春.
　　　濟川辛遇恩波廣,　願濯凡纓十載塵.

(2) 상동,〈歸燕吟獻太尉〉(上同)
　　　　秋去春來能守信,　暖風涼雨飽相諳.
　　　　再依大廈雖知許,　久汚雕梁却自慙.
　　　　深避鷹鸇投海島,　羨他鴛鷺戲江潭.
　　　　只將名品齊黃雀,　獨讓銜環意未甘.

(3) 상동,〈奉和座主尙書避難過維揚寵示絶句〉三首(上同)
　　　　年年荊棘侵儒苑,　處處烟塵滿戰場.
　　　　豈料今朝觀宜父,　豁開凡眼看文章.

　　　　亂時無事不悲傷,　鸞鳳驚飛出帝鄕.
　　　　應念浴沂諸弟子,　每逢春色耿離腸.

　　　　濟川經望極煙沈,　喜捧淸詞浣俗襟.
　　　　唯恨吟歸滄海去,　泣珠何計報恩深.

(4) 상동,〈楚州張尙書水郭相迎因以詩謝〉(上同)
　　　　楚天蕭瑟碧雲秋,　旗隼高飛訪葉舟.
　　　　萬里乘槎縱此去,　預愁魂斷謝公樓.

(5) 상동,〈酬楊贍秀才送別〉(上同)
　　　　海槎雖定隔年廻,　衣錦還鄕愧不才.
　　　　暫別蕪城當葉落,　遠尋蓬島趁花開.
　　　　谷鶯遙想高飛去,　遼豕寧慙再獻來.
　　　　好把壯心謀後會,　廣陵風月待銜杯.

(6) 상동,〈酬進士楊贍送別〉(上同)
　　　　海山遙望曉烟濃,　百幅帆張萬里風.
　　　　悲莫悲兮兒女事,　不須惆悵別離中.

(7) 상동,〈酬吳巒秀才惜別二絶句〉(上同)
　　　榮祿危時未及親,　莫嗟岐路暫勞身.
　　　今朝遠別無他語,　一片心須不愧人.
　　　殘日塞鴻高的的,　暮烟汀樹遠依依.
　　　此時回首情何限,　天際孤帆空浪飛.

(8) 상동,〈留別女道士〉(上同)
　　　每恨塵中厄宦途,　數年深喜識麻姑.
　　　臨行與爲眞心說,　海水何時得盡枯.

(9) 상동,〈暮春卽事和顧雲友使〉(《東文選》卷十二)
　　　東風遍聞百般香,　意緒偏饒柳帶長.
　　　蘇武書回深塞盡,　莊周夢逐落花忙.
　　　好憑殘景朝朝醉,　難把離心寸寸量.
　　　正是浴沂時節日,　舊遊魂斷白雲鄕.

(10) 상동,〈和張進士喬村居病中見寄喬字松年〉(上同)
　　　一種詩名四海傳,　浪仙爭得似松年.
　　　不唯騷雅標新格,　能把行藏繼古賢.
　　　藜杖夜携孤嶠月,　葦簾朝捲遠村煙.
　　　病來吟寄漳濱句,　因付漁翁入郭船.

(11) 朴仁範,〈江行呈張峻秀才〉(《東文選》卷十二)
　　　蘭橈晚泊荻花州,　露冷蛩聲繞岸秋.
　　　潮落古灘沙觜沒,　日沈寒島樹容愁.
　　　風驅江上群飛雁,　月送天涯獨去舟.
　　　共厭羈離年已老,　每言心事淚潸流.

(12) 상동,〈寄香嚴山睿上人〉(上同)
　　　　去憶前頭忽黯然,　共遊江海偶同船.
　　　　雲山凝志知何白,　松月聯文已十年.
　　　　自嘆迷津依闕下,　豈勝抛世臥溪邊.
　　　　煙波阻絶過千里,　雁足書來不可傳.

(13) 상동,〈上段員外〉(上同)
　　　　孔明籌策惠連詩,　坐幕親臨十萬師.
　　　　騏驥蹄雲終有日,　鸞鳳開翅已當期.
　　　　好尋山寺探幽勝,　愛上江樓話遠思.
　　　　淺薄幸因遊鄭驛,　貢文多愧遇深知.

(14) 상동,〈贈田校書〉(上同)
　　　　藝閣仙郞幕府賓,　鶴心松操古詩人.
　　　　清如水鏡常無累,　馨比蘭蓀自有春.
　　　　日夕笙歌雖滿耳,　平生書劍不離身.
　　　　應憐苦戍成何事,　許借餘波救涸鱗.

(15) 상동,〈上馮員外〉(上同)
　　　　陸家詞賦掩群英,　却笑虛傳榜上名.
　　　　志操應將寒竹茂,　心源不讓玉壺淸.
　　　　遠隨旌旗來防虜,　未逐鸞鴻去往城.
　　　　蓮幕鄧林容待物,　翩翩窮鳥自哀鳴.

3. ≪全唐詩≫ 所載 唐人 贈新羅人詩(新羅人에게 준 시)

(1) 孫逖,〈送新羅法師還國〉

　　　　異域今無外，　高僧代所稀.
　　　　苦心歸寂滅，　宴坐得精微.
　　　　持鉢何年至，　傳燈是日歸.
　　　　上卿揮別藻，　中禁下禪衣.
　　　　海潤盃還度，　雲遙錫更飛.
　　　　此行迷處所，　何以慰虔祈.

(2) 陶翰,〈送金卿歸新羅〉
　　　　奉義朝中國，　殊恩及遠臣.
　　　　鄉心遙渡海，　客路再經春.
　　　　落日誰同望，　孤舟讀可親.
　　　　拂波銜木鳥，　偶宿泣珠人.
　　　　禮樂夷風變，　衣冠漢制新.
　　　　青雲已千呂，　知汝重來賓.

(3) 沈頌,〈送金文學還日東〉
　　　　君家東海東，　君去因秋風.
　　　　漫漫指鄉路，　悠悠如夢中.
　　　　煙霧積孤島，　波濤連太空.
　　　　冒險當不懼，　皇恩措爾躬.

(4) 劉慎虛,〈海上詩送薛文學歸海東〉
　　　　何處歸且遠，　送君東悠悠.
　　　　滄滄千萬里，　日夜一孤舟.
　　　　曠望絕國所，　微茫天際愁.
　　　　有時近仙境，　不定若夢遊.
　　　　或見青色古，　孤山百里秋.
　　　　前心方香妙，　後路勞夷猶.
　　　　離別惜吾道，　風波敬皇休.

春浮花氣遠,　思逐海水流.
日暮驪歌後,　永懷空滄洲.(殷璠 ≪河嶽英靈集≫에도 보임)

(5) 李涉,〈與第渤新羅劒歌〉
我有神劒眞人御,　暗中往往精靈語.
識者知從東海來,　來時一夜因風雨.
長河臨曉北斗殘,　秋水露背靑螭寒.
昨夜大渠城下宿,　不借睞跌光顔看.
刃邊颯颯塵沙缺,　瘢痕半是蛟龍血.
雷煥張華久已無,　沈冤知向何有說.
我有愛弟都九江,　一條直氣今無雙.
靑光好去莫惆悵,　必斬長鯨須少壯.

(6) 姚合,〈寄紫閣無名新羅頭陀〉
峭行得如如,　誰分聖與愚.
不眠知夢妄,　無號免人呼.
山海禪皆遍,　華夷佛豈殊.
何因接師話,　清淨在斯須.

(7) 顧非熊,〈寄紫閣無名新羅頭陀僧〉
棕床已自檠,　野宿更何營.
大海誰同過,　空山虎共行.
身心相外盡,　鬢髮定中生.
紫閣人來禮,　無名便是名.

(8) 상동,〈送朴處士歸新羅〉
少年離本國,　今去已成翁.
客夢孤舟裏,　鄕山積水東.
鼇沈崩巨岸,　龍鬪出遙空.

學得中華語, 將歸誰與同.

(9) 章孝標,〈送金可紀歸新羅〉
登唐科第語唐音, 望日初生憶故林.
鮫室夜眠陰火冷, 蜃樓朝泊曉霞深.
風高一葉飛魚背, 潮淨三山出海心.
想把文章合夷樂, 蟠桃花裏醉人參.

(10) 許渾,〈送友人羅擧歸新羅〉
滄波天塹外, 何島是新羅.
舶主辭番遠, 碁僧入漢多.
海風吹白鶴, 沙日曬紅螺.
此去知投筆, 須求利劍磨.

(11) 劉得仁,〈送新羅人歸本國〉
鷄林隔巨浸, 一住一年行.
日近國先曙, 風吹海不平.
眠穿鄉井樹, 頭白渺瀰程.
到彼星霜換, 唐家語却生.

(12) 張籍,〈送金少卿副使歸新羅〉
雲島茫茫天畔微, 向東萬里一帆飛.
久爲侍子承恩重, 今佐使臣銜命歸.
通海便應將國信, 到家猶自著朝衣.
從前此去人無數, 光彩如君定是稀.

(13) 姚鵠,〈送僧歸新羅〉
淼淼萬餘里, 扁舟發落暉.

　　　　滄溟何世別,　白首此時歸.
　　　　寒暑途中辨,　人煉嶺外稀.
　　　　驚天巨鼇起,　蔽日大鵬飛.
　　　　雪入行沙履,　雲生坐石衣.
　　　　漢風深習得,　休恨本心違.

(14) 項斯,〈送客歸新羅〉
　　　　君家滄海外,　一別見何因.
　　　　風土雖知教,　程道自致貧.
　　　　浸天波色晚,　樓笛鳥行春.
　　　　明發千檣下,　凝無更遠人.

(15) 馬戴,〈送朴山人歸新羅〉
　　　　浩渺行無極,　揚帆但信風.
　　　　雲山過海半,　鄉樹入舟中.
　　　　波定遙天出,　沙平遠岸窮.
　　　　離心寄何處,　日斷曙霞東.

(16) 林寬,〈送人歸日東〉
　　　　滄溟西畔望,　一望一心摧.
　　　　地卽同正朔,　天教阻往來.
　　　　波翻夜作電,　鯨吼晝爲雷.
　　　　門外人參徑,　到時花幾開.

(17) 溫庭筠,〈送渤海王子歸本國〉
　　　　疆理雖重海,　車書本一家.
　　　　盛勳歸舊國,　佳句在中華.
　　　　定界分秋漲,　開帆到曙霞.
　　　　九門風月好,　回首是天涯.

(18) 皮日休,〈送新羅弘惠上人〉
　　　三十麻衣弄,　渚禽豈知名.
　　　字徹鷄林勒,　名雖卽多遺.
　　　草越海還能,　抵萬金鯨鬣.
　　　曉掀峯正燒,　却到漢家城.

(19) 張喬,〈送朴充侍御歸新羅〉
　　　天涯離二紀,　闕下歷三朝.
　　　漲海雖然闊,　歸帆不覺遙.
　　　驚波時失侶,　擧火夜相招.
　　　來往尋遺事,　秦皇有斷橋.

(20) 상동,〈送棊待詔朴球歸新羅〉
　　　海東誰敵手,　歸去道應孤.
　　　闕下傳新勢,　船中覆舊圖.
　　　窮荒回日月,　積水載寰區.
　　　故國多年別,　桑田復在無.

(21) 상동,〈送賓貢金夷吾奉使歸本國〉
　　　渡海登仙籍,　還家備漢儀.
　　　孤舟無岸泊,　萬里有星隨.
　　　積水浮魂夢,　流年半別離.
　　　東風未回日,　音信杳難期.

(22) 상동,〈送新羅僧〉
　　　東來此學禪,　多病念佛緣.
　　　把錫離巖寺,　收經上海船.

落帆敲石火, 宿島汲甁泉.
永向扶桑老, 知無再少年.

(23) 상동, 〈送僧雅覽歸海東〉
山川心內地, 一念卽千重.
老別關中寺, 秋歸海外峯.
鳥行來有路, 帆影去無蹤.
幾夜波濤息, 先聞本國鍾.

(24) 상동, 〈送人及第歸海東〉
東風日邊起, 草木一時春.
自笑中華路, 年年送遠人.

(25) 杜荀鶴, 〈送賓貢登第後歸新羅〉
歸捷中華第, 登船鬢未絲.
直應天上桂, 別有海東枝.
國界波窮處, 鄕心日出時.
西風送君去, 莫慮到家遲.

(26) 張蠙, 〈送友人及第歸新羅〉
家臨滄海東, 未曉日先紅.
作貢諸蕃別, 登科幾國同.
遠聲魚呷浪, 層氣蜃迎風.
鄕俗稀攀桂, 爭來問月宮.

(27) 陸龜蒙, 〈和襲美爲新羅弘惠上人撰靈鷲山周禪師碑送歸詩〉
一函詔遞過東瀛, 祗爲先生處乞銘.
已得雄詞封靜檢, 却懷孤影在禪庭.

春過異國人應寫, 夜讀滄洲愧亦聽.
　　　遙想勒成新塔下, 盡望空碧禮文星.

(28) 鄭谷,〈贈日東鑒禪師〉
　　　故國無心渡海潮, 老禪方丈倚中條.
　　　夜深雨絕松堂靜, 一點山螢照寂廖.

(29) 徐夤,〈贈渤海賓貢高元固〉
　　　折桂何年下月中, 閩山來問我雕蟲.
　　　背鎖金翠書屏上, 誰把蒭蕘過日東.
　　　郯子昔時遭孔聖, 鯀余往代諷秦宮.
　　　嗟嗟大國金門士, 幾個人能振素風.

(30) 楊夔,〈送新羅僧遊天臺〉
　　　一瓶離日外, 行指赤城中.
　　　去自重雲下, 來送積水東.
　　　攀蘿躋石徑, 掛席憩松風.
　　　回首鷄林道, 唯應夢相通.

(31) 法照,〈送無著歸新羅〉
　　　萬里歸鄉路, 隨緣不算程.
　　　尋山百衲敝, 過海一杯輕.
　　　夜宿依雲色, 晨齋就水聲.
　　　何年持貝上, 却到漢家城.

(32) 無可,〈送朴山人歸日本〉
　　　海霽晚帆開, 應無鄉信催.
　　　水從荒外積, 人指月邊廻.

望國乘風久, 浮天絶島來.
儻因華夏使, 書札轉悠哉.

(33) 貫休,〈送新羅人及第歸〉
捧桂香和紫琴煙, 遠鄕程徹巨鼇邊.
莫言掛席飛速夜, 見說無風卽數年.
衣上日光眞是火, 島傍魚骨大於船.
到鄕必遇來王使, 與作唐書寄一篇.

(34) 상동,〈送人歸新羅〉
昨夜西風起, 送君歸故鄕.
積愁窮地角, 見日上扶桑.
蜃氣生初霽, 潮痕匝亂荒.

(35) 상동,〈送新羅僧歸本國〉
忘身求至教, 求得却東歸.
離岸乘空去, 終年無所依.
月衝陰火出, 帆拶大鵬飛.
想得還鄕後, 多應著紫衣.

(36) 상동,〈送新羅衲僧〉
扶桑枝西眞氣奇, 古人呼爲師子兒.
六還金錫輕擺撼, 萬仞雲嶠空參差.
枕上已無鄕國夢, 囊中猶挈石頭碑.
多慙不便隨高步, 正是風淸無事時.

(37) 齊己,〈送高麗二僧南遊〉
日邊鄕井別年深, 中國靈蹤欲徧尋.

何處碧山逢長老, 分明認取祖師心.

(38) 상동,〈送僧歸日本〉
日東來向日西遊, 鉢閑尋徧九州.
却憶鷄林本師寺, 欲歸還待海風秋.

(39) 顧雲,〈送別詩〉(≪三國史記≫·「崔致遠傳」)
我聞海上三金鼇, 金鼇頭載山高高.
山之上兮, 珠宮貝闕黃金殿.
山之下兮, 千里萬里之洪濤.
傍邊一點鷄林碧, 鼇山孕秀生奇特.
十二乘船渡海來, 文章感動中華國.
十八橫行戰詞苑, 一箭射破金門策.

(40) 顧雲,〈孤雲篇〉(≪全唐詩續拾≫卷34)
因風離海上, 伴月到人間.
徘徊不可住, 漠漠又東還.

羅隱과 그 시를 통한 崔致遠의 시 풍격

　　만당의 唯美派와는 다른 元稹·白居易의 현실주의를 따른 羅隱(833~909)의 시에서 綺麗함이 없는 것은 아니지만, 口語의 다용과 영물에 의한 현실풍자로써 490여 수의 핵심을 이루고 있다.[1] 이러한 나은의 시를 최치원 시와 비교하는 데는 독자적인 주관이 많이 개재되어 있음을 밝혀둔다. 이 비교는 하나의 시도적 의미가 크며 이의 객관화를 위한 초탐의 과정이기를 바랄 뿐이다. 최치원의 입당 시기와 在唐 문예활동의 범위로 보아 나은과의 접목은 전혀 무모하지 않으리라 보아 착안한 것이다. 그런 의미에서 최치원의 시를 만당의 유미론자의 부류에 넣지 않고 전통적인 중당의 사실주의론과 古淡派의 각도에서 재조명하기 위한 작업인 것을 밝혀두려는 것이다. 특히 나은의 일파와 접목시키려는 강한 의지와 근거를 보여주기 위해서 양인의 시를 본격적으로 비교하기 전에 나은에 관한 상세한 분석을 선행하여 비교의 가능성과 개연성을 객관화하는 선결조건으로 삼으려 한다.
　　나은과 그의 시를 고찰하는데 나은의 생평과 문집관계를 밝히는 것

---

1) 졸문 「晚唐羅昭諫 詠物詩의 諷刺性攷」(《敎育論叢》8집, 1993)을 참조.

과 나은의 시에서 詠物詩에서 나타나는 다양한 시의 성격, 특히 시의 기탁에 의한 풍자와 비유의 관계를 구명하는 것 등 두 가지 면으로 구분하여 논조를 전개해 나가는 것이 최치원의 시와 상관성을 구명하는데 도움이 되리라 본다. 羅隱(833~909)의 생애에 불명한 부분이 많지만 주어진 자료들만으로 몇 가지 이설들을 재조명하고 이해하는 선까지만 살펴보려 한다. 그리고 그의 시문집 판본은 가능한 한 수집된 자료를 활용하고 비교하겠으나, 일차적인 참고자료는 萬曼의 《唐集敍錄》을 위시하여 각서의 序跋文에서 다수 참증 할 수밖에 없다.

Ⅰ. 羅隱의 生平과 文集 版本

《舊唐書》와 《新唐書》에 羅隱의 傳記가 기술되어 있지 않으니, 그의 생애에 관해서는 다음과 같은 자료를 참조한다.

    辛文房, 《唐才子傳》(現今 傅璇琮 主編의 《唐才子傳校箋》, 中華書局, 1990.)
    計有功, 《唐詩紀事》(王仲鏞 著 《唐詩紀事校箋》, 巴蜀書社, 1992.)
    雍文華, 《羅隱集》附錄(中華書局, 1983.)

나은(833~909)의 생평은 그의 시를 이해하는데 필요한 범위 내에서 개관하고자 한다. 《羅隱集》부록의 「生平傳記」부분에는 《吳越備史》의 「羅隱傳」과 나은과 유관한 「卷1」條, 《北夢瑣言》(卷6과 卷17), 《舊五代史》(「羅隱傳」), 《新五代史》(卷67), 《唐摭言》(卷3), 《五代史補》(卷1), 《宣和書譜》(卷11과 卷14), 《硏北雜誌》(卷下), 《西湖遊覽志餘》(卷11·12·24) 등 주로 고사성의 자료들을 수집하고

있어서 상기의 이미 인용한 것 외에 보조참고로 쓰일 수 있다. 그의 생평에 있어 비교적 상세히 기술하고 있는 ≪唐才子傳≫(卷9)의 전문을 인용하여 부연고찰을 가하고자 한다.

나은의 자는 소간이며, 전당인이다. 어려서부터 영민하고 문장을 잘 지었으며 시작이 더욱 뛰어나서 호연의 기품을 길렀다. 건부 초년 〈874~879〉에 진사에 오르고 과거에는 누차 낙방하였다. 광명 〈僖宗·880〉년 간에 난리를 만나서 고향으로 돌아갔는데, 그 당시에 전상부가 東南절도사로서 받들어 중히 여기니, 나은이 그에 의지하려 하여 배알하고 시를 지어 바치니, 권수의 "하구를 지나며"에 "하나의 예형이 받아들이지 않고 황조를 생각하다가 영웅을 속였도다." 전류는 보고 크게 기뻐하여 글을 써 청하기를 "중선은 멀리 유형주에 의탁하니 대개 난세 때문이요, 부자께서 즐거이 노사구가 된 것은 단지 고향 때문이네." 나은이 말하기를, "이에 떠나지 않겠다."하여 드디어 장서기가 되었다. 성품이 단순오만하며 담론이 고상하고 활달하여 모든 사람에 뛰어나고 해학을 좋아하며 감성이 즉흥적이다. 전류는 그 재능을 아껴서 앞뒤간에 수많은 하사를 하였다. 시종 잠시도 서로 등 돌리지 않았다. 절도판관·염철발운사로 옮기고 곧 저작랑을 제수 받았다. 전류가 진해절도사 초기에 심숭에게 초사표를 짓게 하니 절서 지방이 풍물이 넉넉하다고 꾸며서 썼거늘 나은이 말하기를 "지금 절서 지방이 전쟁의 여파로 물자가 달리는데 조정의 신하가 마침 뇌물에 간절한 중에 이 표문을 올리게 되면 장차 우리를 훌륭하다고 추길 것이요."하니 나은에게 고치도록 하였다. "하늘이 치니 노루가 벌써 놀다갔다고 날이 저무니 소와 양이 내리지 않네." 또 소종의 改名을 경하하는 표문을 지으니 "왼쪽은 희창의 반자요, 오른쪽은 우순의 전문이로다."하니 지은 자를 칭찬하였다. 사훈낭중에 옮기고 스스로 "강동생"이라 불렀다. 위박절도사 나소위가 그 명성을 사모하여 종문의 신분으로 받들어 숙부로 모셨다. 이 때에 나은도 늙어서 추대된 것이다. 나은은 재주를 믿고 남을 업신여기니 사람들이 자못 미

워하고 꺼렸다. 스스로 응당히 크게 쓰이리라 여겼으나 한결 낙제만
하니, 제후의 식객이 되고 그로 인해 일을 하게 되니 심히 당왕실을
원망하였다. 시문은 거의가 풍자위주이므로 비록 황폐한 사당과 나
무인형이라도 대상이 되지 않는 것이 없다. 또한 성격이 편벽되고
남과 어울림이 적으며 군대를 좋아하지 않았다. 제사 드리는 중에도
여유만만하여 태연하였다. 나은이 처음 빈곤한 중에 과거에 나왔는
데 종릉을 지니다가 광영의 기생 운영을 보니 재능이 있었다. 후에
10년 지나 낙방하고 지나게 되었는데 운영이 "나수재는 아직 백의
신세를 면치 못했는가?"하니 나은이 시를 주어 이르기를, "종릉에서
취중에 헤어진 지 10여 년 만에 다시 운영을 만나니 손바닥 위의 몸
이로다. 내 아직 공명을 이루지 못했고 그대 아직 시집 못 갔으니
아마도 모두 남들만 못한가보네." 고운과 함께 회남의 고병을 알현
하였는데 고병이 예의 없다고 여겼다. 고병이 후에 필사탁 장군에게
살해되니 나은은 연화각시의 풍자를 지었다. 또 시로써 상국 정전에
의지하였다. 정전의 아름다운 딸이 있는데, 시 읊기를 좋아하여 나
은이 지은 "장화가 뛰어남이 붉은 글씨 같지만, 유후의 종이 한장
글에 못 미치네." 이로 인해 간절히 사모하여 몸둘 바를 몰랐다. 나
은이 문득 와서 알현하는데 그 딸이 발 새로 그 누추한 모습을 엿보
고서는 다시는 생각하지 않았다. 나은은 서법에 정통하여 장봉필을
즐겨 썼는데, 이르기를 "붓은 문장의 재물이다. 이제 그대에게 높은
값을 얻게 도와 주리라."하고는 즉시 안두 전백폭을 내어주니 사대
부가 찾아와서는 값을 물으매 천금에 이르렀다. 지은바 ≪참서≫·
≪참본≫·≪회해우언≫·≪상남응용집≫·≪갑을집≫·≪외집≫
·≪계사≫ 등이 함께 세상에 전해진다.

　　隱字昭諫, 錢唐人也. 少英敏, 善屬文, 詩筆尤俊拔, 養浩然之氣. 乾符
初擧進士, 累不第. 廣明中, 遇亂歸鄕里, 時錢尙父鎭東南, 節錢崇重, 隱
欲依焉, 進謁投素作, 卷首過夏口云; 一箇禰衡容不得, 思量黃祖謾英雄.
鏐得之大喜遇, 以書辟曰 ; 仲宣遠託劉荊州, 蓋因亂世 ; 夫子樂爲魯司
寇, 祇爲故鄕. 隱曰 ; 是不可去矣. 遂爲掌書記 性簡傲, 高談闊論, 滿座

風生. 好諧謔, 感遇輒發. 鏐愛其才, 前後賜予無數. 陪從不頃刻相背. 表
遷節度判官, 鹽鐵發運使. 未幾, 奏授著作郞, 鏐初授鎭, 命沈崧草表謝,
盛言浙西富庶. 隱曰 ; 今浙西焚蕩之餘, 朝臣方切賄賂, 表奏, 將鷹犬我
矣. 鏐請隱更之, 有云 ; 天寒而麋鹿曾遊, 日暮而牛羊不下. 又爲賀昭宗
改名表云 ; 左則姬昌之半字, 右爲虞舜之全文. 作者稱賞. 轉司勳郞中.
自號江東生. 爲朴節度羅紹威慕其名, 推宗人之分, 拜爲叔父. 時亦老矣,
嘗表薦之. 隱恃才忽睨, 衆頗憎忌. 自以當得大用, 而一第落落, 傳食諸侯,
因人成事, 深怨唐室. 詩文凡以譏刺爲主, 雖荒祠木偶, 莫能免者. 且介僻
寡合不喜軍旅. 獻酬俎豆間, 綽綽有餘也. 隱初貧來赴擧, 過鍾陵, 見營妓
雲英有才思. 後一紀, 下第過之, 英曰 ; 羅秀才尙未脫白. 隱贈詩云 ; 鍾
陵醉別十餘春, 重見雲英掌上身. 我未成名英未嫁, 可能俱是不如人. 與
顧雲同謁淮南高駢, 駢不禮. 駢後爲畢將軍所殺, 隱有延和閣之譏. 又以
詩投相國鄭畋. 畋有女殊麗, 喜詩詠, 讀隱作至張華謾出如丹語, 不及劉
侯一紙書, 由是切慕之, 精爽飛越, 莫知所從. 隱忽來謁, 女從簾後窺見迂
寢之狀, 不復念矣. 隱精法書, 喜筆工芟鳳, 謂曰 ; 筆, 文章貨也. 今助子
取高價. 卽以雁頭箋百幅爲贈, 士大夫踵門問價, 一致千金, 所著讒書·
讒本·淮海寓言·湘南應用集·甲乙集·外集·啓事, 並行於世.

이상의 장문에서 나은에 관한 몇 가지 인적 사항을 정리할 수 있다.

1. 출신 성분

나은의 출신지가 '錢唐'(杭州)이라 하였는데, 자료에 따라 이설이 있
다. 「餘杭」(≪唐詩紀事≫卷69)은 錢唐의 이명임에는 이의가 없으니 별
호한데, 요는 '新城'이라는데 이설로 된다. 혹은 '新登'이라고도 한다.[2]

---

[2] ≪吳越備史≫ 「羅隱傳」에 「羅隱, 字昭諫, 新登人也.」, ≪十國春秋≫卷一二. 「十國
地理表」下新登條; 「舊爲新城, 吳越天寶元年梁避廟諱敕改新登縣.」(今浙江省富陽縣
西南) 謝先模 「羅隱籍貫考辨」(江西師範大學報, 1985年 第四期)에는 역시 나은의

이 이설을 傅璇琮의 「校箋本」도 "才子傳作錢唐人, 雖有所本, 仍誤."라 하여 후설을 믿고 있으나, 「錢唐」의 근거는 ≪北夢瑣言≫卷6・≪舊五代史≫本傳・≪舊唐書≫卷161, 「羅弘信傳」・≪宣和書譜≫卷11・≪郡齋讀書志≫卷16 등에 모두 전설로 기록되어 있어 여기서는 「墓誌」의 믿을만한 기록에도 불구하고 辛文房의 기술을 따르고자 한다. 그리고 그의 조부는 知微, 부는 修古로 조부는 福州福唐縣令을 지냈다 한다.[3]

한편 나은의 생평년대에 대해서는 지금까지 당대 沈崧의 「羅給事墓誌」(雍文華의 集本附錄 재인)에,

> 개평 3년 봄에 앓아 눕고, 그 해 겨울 12월 13일에 서궐사에서 사망하니 향년 77세이다.
>
> 以開平三年春寢疾, 冬十二月十三一發於西闕舍, 享年七十七歲.

라고 명기하고 있어서 이것으로 산출하면 나은의 생년은 文宗 太和 7년(833)이며 졸년은 吳越(錢鏐王) 天寶 2년(909)에 해당한다.

2. 성격과 외모

나은의 성격은 한마디로 비정상적이라 할 수 있다. 浩然之氣가 있고 준일하여 詩才가 발군하며 서법에 정통하여 특히 행서에 전형필법을 강구하였지만,[4] 반면 외모가 매우 누추하여 볼품이 없었고[5] 성격은 오

출신을 '新登'으로 본다. 이 說에 대해서 沈崧의 「羅給事墓誌」의 "家本新城, 地臨浙水, 惟彼秀色, 鍾乎夫子."라 한 同年輩의 記錄에 根據하기 때문이다.
3) 沈崧의 「墓誌」에 "曾祖諱偓, 字童知, 福州福唐縣令. 皇考諱條古, 應開元禮."
4) ≪宣和書譜≫卷一一「行書」五; "隱雖不以書顯名, 作行書尤有唐人典型……"
5) 才子傳의 鄭畋의 딸과의 故事에 대한 本文 外에 胡仔의 ≪苕溪漁隱叢話≫前集

만하고 남을 경시하고 과감한 면이 있었으며 괴팍하여 자존심이 강한 면모를 보인다. 그러나 편벽한 면 외에도 권력지향적인 공명심이 적지 않아서 錢鏐에 의거하는 변심을 읽을 수 있다. 이 같은 다기한 성품의 표출이 그의 시풍에도 유관되어 있음을 후설할 수 있다. 그래도 그의 우인 沈崧은 「墓誌」에서,

> 우리 임금 만나 절개 곧은 인물로 기록되고, 그것으로 고관에 이르렀으니, 살아 있을 때나 죽을 때나 은총이 가해져 자손들이 의탁할 수 있게 되었도다. 들과 밭이 부의로 내려지고 경건한 마음이 시종 표해지니 선비들도 그 때에 영달한 사람이라 말하였도다. 이미 우리 임금께서 왕된 귀감을 밝히시지 아니하였다면 어찌 부군이 다재다능한 능력을 펼 수 있었겠는가 ?

> 及遇我王, 錄爲上介, 致之大僚, 存沒加恩, 翼燕可託 原田賻贈, 式表初終, 儒士於時, 亦謂達矣. 向非我王之支明王鑒, 豈展府君之多藝多才.

라고 지조와 기품이 높은 면으로 나은을 평가하였다.

3. 官職 關係

나은은 낙방하다가 생애의 전기에는 鄭畋과[6] 高騈,[7] 후기는 錢鏐와[8] 羅紹威[9] 등 사인의 은전을 받은 것을 알 수 있다. 재상인 정전과

卷二四; "……女見隱貌極陋, 遂焚其詩, 不復肯誦焉. 婚亦意不成."
6) 鄭畋에 대해서는 ≪舊唐書≫卷一七八, ≪新唐書≫卷一八五.
7) 高騈에 대해서는 ≪舊唐書≫卷一八二. 나은도 「淮南高騈所造迎仙樓」詩가 있음. ≪唐才子傳≫卷九.

는 그 딸과의 사건으로 시명이 알려졌고, 고병과는 顧雲과 대조적으로 불경죄로 소외당하였으나, 正義를 세울 수 있었다. 이 들 양인의 밑에서는 관직을 얻지 못하였고, 전류 밑에서는 '掌書記'를 위시하여 '節度判官'·'鹽鐵發運使'·'著作郎'·'사훈낭중'(906)을 지냈으며, 宗家인 羅紹威를 만나서 비록 연만하였지만 '給事中'에 천거되어(開平 三年·907) 그로서는 최고의 지위에 오른 것이다.

4. 詩文集의 판본

나은의 시문집에 대해서는 현존하는 것으로 그의 시집인 ≪甲乙集≫ 十卷과 ≪讒書≫五卷, ≪廣陵妖亂志≫, 그리고 ≪兩同書≫ 등이 있으며, 이상에 들어 있지 않는 시문들을 수집·정리하여, 雍文華는 ≪羅隱集≫(中華書局·1983)라는 명제로 교집해 내었다. 이 문집은 상기의 시문집을 포함하여 시에 있어서 ≪全唐詩≫(卷655~665)의 490수 외에 산존되어 있는 일시들로 수집되어 있으며, 특히 최근(1992年) 출간된 孫望의 ≪全唐詩補逸≫과 童養年의 ≪全唐詩續補遺≫, 그리고 陳尙君의 ≪全唐詩續拾≫(이상은 ≪全唐詩補編≫에 합집되어 있음. 中華書局)에 보충된 21수에서 8수가 이미 소개된 것을 확인할 수 있다.[10] 그리고 문에

---

8) 전류와 유관한 나은의 글로서「錢氏九州廟碑記」·「代武肅王錢鏐謝賜鐵卷表」·「錢氏大宗譜列傳」등 있음.(≪羅隱集≫雜著)
9) 羅昭威에 대해서는 ≪舊唐書≫卷一八一. ≪新唐書≫卷二一〇. ≪舊五代史≫卷十四. ≪新五代史≫卷三九. ≪唐詩紀事≫卷六十一. 나은이 준 시「贈紹威」가 있음.
10) 孫望의 編本(卷之十三)에는 a〈獻淮南崔相公〉, 童養年 編本(卷十二)에는 b〈滕王閣〉· c〈文選閣〉· d〈昭明太子廟〉· e〈下山過梅根〉· f〈金雞石〉· g〈掛劍處〉· h〈題廷和閣〉· i〈上亭驛〉, 그리고 陳尙君의 編本(卷四十五)에는 j〈鞠歌行〉· k〈宿法華〉· l〈題石門〉· m〈吳公約神道碑附詩〉· n〈繡〉· o〈詠柳〉· p〈過梁震居留題〉· q〈送籠詩〉· r〈下杜城〉· s〈華嚴寺〉· t〈鳳凰臺〉· u〈下第詩〉등 21首 중에 雍文華의 枚輯本에는 b·c·e·f·g·h·i·j 등 8 首가 ≪甲乙集≫卷

있어서는 「雜著」라는 제하에 37편의 문류를 수록해 놓아11) 羅隱文集으로서는 거의 작품총집이라고 할 수 있다. 이와 같은 교집본이 나오기까지 현전하는 시문집의 판본을 개관하여 작품의 교감에 일조되게 하고자 한다.

나은의 시문집에 대한 서목은 자료서에 따라 달리하는 것도 있지만,12) 대개 나은의 시로는 ≪甲乙集≫10卷, 문으로는 ≪讒書≫5卷, ≪廣陵妖亂志≫3卷, ≪兩同書≫2卷에 집약되어진다. 따라서 이들에 대한 시대별 판본상황을 다음에서 살펴보려 한다.

(1) ≪甲乙集≫10卷

黃丕烈이 宋刊本을 찾기 전에는 明末의 汲古閣의 각본인 ≪唐人八家詩≫와 席玉照家의 ≪唐百名家集≫에 들어 있는 간본이 최조본으로 남았었는데, 그 얻은 시기와 판본의 상태에 대해 黃丕烈은 跋文(其一)에서 다음과 같이 기술하고 있다.

> 작년에 고간빈이 추시를 보고 돌아와서 나에게 송판 ≪羅昭諫甲乙集≫이 있다는 말을 하며 너무 늦어서 남에게 돌아갈까 안타깝다고 하면서 마음이 매우 불편해 하였다. 이미 거리의 사람이 금릉에서 돌아와서 그 일의 전말을 알려주었다. 대개 이 책은 작은 골목의 골동품점에 있었는데 가정 구목부가 가서 살펴보니 은 넉 량을 달

등 8 首가 ≪甲乙集≫卷外로 補됨.

11) ≪羅隱集≫「雜著」에 수록된 文은 啓가 19篇, 碑銘이 5篇, 記가 4篇, 序가 2篇, 表가 1篇, 狀이 1篇, 論이 1篇, 傳이 1篇, 其他가 3篇으로 구성되어 있음.(p.281~282. 目錄)

12) 鄭樵의 ≪通志藝文略≫·≪崇文總目≫·陳振孫의 ≪直齋書錄解題≫, 그리고 ≪宋史藝文志≫·≪四庫全書總目≫ 등에는 上記의 書目 外에 ≪淮海寓言≫七卷, ≪湘南應用集≫二卷, ≪羅隱啓事≫一卷, 그리고 ≪吳越應用集≫三卷·≪汝江集≫三卷·≪歌詩≫十四卷(上記 二 種本은 ≪宋史≫에만 기재.) 등이 있었다 하나 陳振孫이 말한 바 「求之未獲.」(解題)와 같이 今傳되지 아니하다.

라하기에, 송판본인지를 판별하지 못하다가 간빈이 가서 판별해 주기를 기다리는 차에 늦어버려 놓치고 말았다는 것이다……갑인년 가을의 일을 생각하건대 동년인 장빈우가 일찍이 금릉에서 송판본 ≪孟東野集≫을 얻어서 나에게 보내오니, 계창위와 안록촌의 소장본이었다. 이제 이 책을 보매 도장이 똑같거늘 두 책이 하나의 근원에서 나온 것이려니 언제 산실되었는지 모를 일이다. 이제 다시 모두 가져다가 서가에 꽂아 놓으니 한묵의 인연이 참으로 깊도다. 권수에 문태청과 어양산인 양가의 도장이 있는데, 나의 소장에는 본 적이 없었기에 특별히 밝혀두는 것이다. 십권본에도 毛刻本이 또한 그러하다. 그러나 자구가 다 부합되지 않으니 진정 송간본으로 보이지 않는다. 여산의 진면목은 이것이 으뜸인가 한다. 가경 신유년 여름 유월 보름 전날 땀을 닦으며 쓰다. 황비열.

去歲顧澗濱秋試歸, 爲余言有宋板羅昭諫甲乙集, 惜去遲, 爲他人得去, 心甚怏怏. 旣而坊間人自金陵歸者, 告余顚末, 蓋是書在委巷骨董舖, 嘉定瞿木夫往觀之, 需四兩銀, 未能決其爲宋刻, 且欲俟澗濱去一決之, 故遲遲不得也……因思甲寅秋, 同年蔣賓嵎曾在金陵得宋本孟東野集贈余, 爲季滄葦・安麓村所藏, 今觀是書圖章正同, 兩書同出一源, 而散失不知何時. 今復俱歸揷架, 翰墨因緣, 何其深歟? 卷首有文太淸・漁洋山人兩家圖章, 余所藏書未之見, 故特表出之. 至于十卷本, 毛刻亦然. 然字句未盡合, 諒未見宋刊. 廬山眞面目, 當以此爲最耳. 嘉慶辛酉夏六月望前一日, 揮汗書. 黃丕烈.

위의 글에서 보면, 고서의 발견시기는 嘉慶 辛酉年(1801년)에서 去歲이니까 1800년이 되며 판본상으로는 金陵에서 얻은 宋本 ≪孟東野集≫과 같은 도장이라면 臨安府의 棚北睦親坊에서 陳宅書舖印行인 書棚本이 된다. 그리고 王漁洋의 도장이 있는 것으로 보아 진본으로 확인했다고 밝히고 있다. 그런데 황비열이 그 跋文(其二)에서 이 책을 대조하고 나서 기록한 내용은 明代의 毛・席 양인의 장본 보다 앞선 것을 밝

혀 주고 있다. 보건대,

 계해년 여름 오월 보름날에 신거현교의 백송일전에서 다시 펴서 읽으며 또 사권의 잔송본을 가져다가 일차로 대조해 보았다. 그 간인본 거의 뒤에 지배에는 '지정십일년'의 자적이 있으니, 대개 원인본인가 한다…… 권중의 묵정이 대개 같으며 사이에 고인의 교정보충한 글자가 상방에 써있어서 신중했다고 말할 수 있다. 보충한 것을 여기에 기록하여 참고케 하노라…… 권사의 '고소대'시의 「高泰伯開基日」구 위에는 '대'자를 지어 넣었다. 모두 일곱 곳이거늘 어느 판본에 의거한 것인지 모르지만 자적으로 따져 보면, 毛·席 양가가 수장하기 전이라고 하겠다.

 癸亥夏五月望日, 重展讀于新居縣橋之百宋一廛中, 並取四卷殘宋本展對一過. 彼印本差後, 紙背有至正十一年字跡, 蓋元印也…… 卷中墨釘多同, 間有舊人校補字, 各書于上方, 可謂愼重矣. 就所補者錄於此, 以備參考. 如 ; …… 卷四姑蘇臺高泰伯開基日上作臺字. 共七處, 未知所據是何本, 就字跡論之, 當在毛席兩家收藏前.

 여기서 첫번째 跋文 이후 2년 뒤에(1803년) 이 책이 至正 11년(1351년)의 元印이 있고, 校補된 字가 明代 이전의 간본에 해당함을 재확인하고 있다. 그리고 黃氏 版本과 출처가 상사한 宋刊本에 대해서 楊紹和가 열람하고 난 후에 기록한 다음 글은 책의 형식에 대해서 상세히 설명하고 있다.

 ≪갑을집≫이 남에게 넘어간 것을 애석히 여겼도다. 몇 년을 지난 뒤에 나의 동쪽 지체높은 집 주인 초림 양상국의 소장에서 이 간본을 얻었는데, 권말에 엽문장의 수적이 있거늘 대개 창위본과 같은 각본인가 본다. 이 간본은 더욱 서붕본 중에서 상품이 되겠다. 매양 반엽이 십행이고 일행이 십팔자이며 권수미에 본기가 있어 "임안부 붕각

대가의 목친방남쪽 진택서적포의 인행"이라고 쓰여 있다.……권2·
3·4에는 결자가 있는데 이 간본의 권3·5에 또 결엽이 있어서 교정
과 보충이 없었음을 애석히 여기는 바이다.

> 惜甲乙集爲他人所得. 越數年, 得此本於吾東故家梁焦林相國所藏, 卷後有葉文莊手迹, 蓋與滄葦本同出一刻, 而此本尤書棚中上駟也. 每半葉十行, 行十八字, 卷首尾有本記云臨安府棚北大街睦親坊南陳宅書籍舖印行…… 卷二·三·四有缺字, 此本卷三卷五亦有缺葉, 惜無由校補.(≪楹書隅錄≫卷四)

여기서 분명한 것은 書棚本은 같지만 缺字와 缺葉이 있는 점으로 보아 황씨의 간본과는 다른 것임을 알 수 있다. 현재 四部叢刊은 黃氏本을 영인한 바, 楊氏本은 행방을 모른다.13)

(2) ≪讒書≫五卷

현전하는 판본은 송대의 것은 난득하고 원본에서 비롯할 수밖에 없다. 그것은 황비열에 의해 五卷本으로 확인되었으니, 그의 跋文을 보면 다음과 같다.

> 해녕의 오건이 양복길의 말을 바탕으로 듣건대 오흥의 책장사가 이르기를 오씨 가문의 장서가에 전질이 있는 것을 알고, 은근히 빌려서 베끼기를 원하였던 고로 같은 읍의 진전〈중어의 자〉에 부탁하여 나에게 빌려 베끼게 하니 사실상 나에게 이 책이 없었기에 감사하나니 이 때가 을축년 봄〈1805년〉의 일이다. 후에 내가 서점에서 마침 오매암〈명은 익봉, 자는 이중, 강소 오현인.〉의 초본을 앞 4권이 있어서 오건의 본을 보충할 만 하여, 급히 책을 진전에게 부쳐서 오건의

---

13) 萬曼은 ≪唐集敍錄≫에서 "四部叢刊據黃藏本影印, 楊氏藏本今不知在何處." (p.346.)

원본 5권을 가져다가 서로 대조해 보니 실로 오매암 것 보다 보탠 바가 많고 전 4권은 다시 내가 얻은 매암초본에 의거하여 충족하는 바다. ……가경 병인 정월 11일 〈1806년〉, 황비열 요옹이 백송일전에서 씀

　海寧吳君槎客, 因吳江楊進士慧樓有言, 聞吳興書賈云, 吳門藏書家見有全帙, 尙願宛轉借鈔, 故託其同邑陳仲魚向余借鈔. 其實余無此書, 遂謝之, 此乙丑春事也. 後余從書肆果得吳枚庵鈔本, 有前四卷可補吳槎客本, 急寓書仲魚取槎客原本五卷相質證, 實較吳枚庵多所裨益, 而前四卷復賴余所得枚庵鈔本足之……嘉慶丙寅正月十一日吳趨黃丕烈蕘翁識於百宋一廛.

　여기서 황비열이 「매암초본」을 가지고 오건의 5권 원본과 대조하며 보충할 수 있었음을 밝히고 있는데, 이 「매암초본」은 錢穀의 跋文에 의하면,

　　융경 2년 2월 중순 〈1568년〉에 고종화의 원판을 빌려 베끼다.

　　隆慶二年二月中旬, 借顧從化元板本鈔.

라고 하였는데 이 錢穀의 鈔本을 "융경 4년 7월 초1일 전숙보에게서 빌려 베끼다.(隆慶四年七月初一日從錢叔寶借鈔.)"라고 하여 다시 베낀 사실을 부기한 것을 「매암초본」의 발문에서 黃丕烈이 확인한 점에서 현재의 전본은 元本에 의거한 것을 알게 된다. 그러나 이 ≪諴書≫가 方回의 跋에 의하면,

　　참서란 울분하여 불평하는 말을 쓴 것으로 당세에 불우하여 그 노함을 토로할 수 없는 데서 쓰여진 것이니 순희 2년 을미 〈남송 효종.

1175년)의 신성현 지사 양사제의 집서를 상세히 볼지라……대덕 6년 임인 6월 19일 신사〈1302년〉자양산인 방회

  所爲讒書, 乃憤悶不平之言, 不遇於當世而無所以泄其怒之所作, 詳見淳熙二年乙未知新城縣楊思濟集敍……大德六年壬寅六月十九日辛巳, 紫陽山人方回.

라고 하여서 ≪讒書≫가 咸通 8년(867年)에 쓰여졌지만 (方回의 跋에 의거) 약 300년 후인 宋代 孝宗 때에 출간되었음을 알 수 있다. 그러니까 方回와 黃德弼의(黃氏의 跋은 方回보다 몇 달 늦은 同年 仲秋後 五日의 것.) 跋文이 楊氏의 集敍보다 한 세기 더 지난 후의 것이어서 분명히 宋本도 있었지만 지금은 오건의 본이나 매암의 본 모두 元本의 초본이라는 점에서 송본은 일실된 것으로 본다. 이것은 楊復吉의 跋에서 '永樂大典中有隨齊批注曰; 讒書近刻於新城縣.'이란 글에서 楊思濟의 敍와 상합되기도 한다. 그러한 黃丕烈의 정리가 있은 후에 吳騫에 의해〈維嶽降神解〉와〈疑鳳臺〉2편이 보완되어서[14] 오늘의 ≪羅隱集≫에 수록되어 전해진 것이다.

(3) ≪廣陵妖亂志≫와 ≪兩同書≫

앞의 책은 ≪新唐書・藝文志≫에 郭廷誨의 撰으로 기재되고 ≪直齋書錄解題≫와 ≪經籍考≫에 鄭廷晦와 郭廷誨의 작이라 하나, ≪說郛≫

---

14) 吳騫은 嘉慶 丁卯年(1807)에 「重刻讒書跋」을 쓰고 다시 辛未 長夏(1811)에 「維嶽降神疑鳳臺補刊跋」을 써서 4篇의(卷二) 缺文中에서 上記한 두 篇의 글을 補充할 수 있게 된 사실을 다음과 같이 기록하였다. "予以嘉慶丁卯重刻羅昭諫讒書五卷, 第二卷中原闕蘇季子・維嶽降神解・忠孝廉潔・疑鳳臺四篇, 徧檢群籍, 無從錄補. 今年春, 大興徐景伯太史從永樂大典鈔得維嶽降神解・疑鳳臺二篇, 屬仁和陳扶雅孝廉.趙寬夫茂才展轉寄至, 爲之狂喜, 無異珠還而劍合也. 爰亟補刊卷末, 用公同好, 并識嘉惠於諼云爾. 辛未長夏, 騫再跋."(≪羅隱集≫부록)

만은 나은의 작이라 하였다.15) 이러한 설은 이 책의 작자설이 불일하다는 의미가 된다. 淸代 繆荃孫의 跋을 보면,

> ≪설부≫는 나은으로 보고 있다. 제서가 각기 다른데 고병. 여용지. 필사탁의 일을 기록한 것을 ≪통감≫에서는 취하였다. ≪설부≫에는 4편만 있는데, ≪나소간집≫과 같다. 또한 ≪태평광기≫ 속의 4조와 ≪통감≫의 주 6조를 편집하여 보태 넣으니 대략 개요는 담고 있다. 광서 갑신〈1904년〉 4월 강음 목전손이 발문 씀.

> 說郛又以爲羅隱. 諸書各異, 所記高騈. 呂用之. 畢師鐸事, 通鑑頗取之. 說郛只存四篇, 羅昭諫集同. 又輯廣記中四條, 通鑑注六條增入, 略存梗槪. 光緖甲辰四月江陰繆荃孫跋.(≪羅隱集≫附錄再引)

여기서 이 책이 ≪說郛≫에 근거하여 나은의 작으로 열입시킨 것이 처음 나은의 작으로 인정한 경우가 되며 그 구성을 ≪태평광기≫와 ≪자치통감≫에서 도움 받았음을 알게 된다. 특히 ≪羅昭諫集≫ 八卷本에 열입되면서 郭氏作說이 퇴보하는데, 이 문집의 초간이 明代 萬曆中 姚叔祥의 重輯本이므로 그 이후에 확정된 듯 하다.16) 淸代 康熙 9년(1670) 張瓚의 輯本을 소개한 ≪四庫全書總目≫에서 「第七卷末一篇爲廣陵妖亂志」 구를 볼 수 있음은 하나의 증거라 하겠다.

그리고 ≪兩同書≫가 단행본으로 ≪寶顔堂秘笈≫에 편입되어 姚叔祥이 跋文에서,

> ≪양동서≫같은 것이 후에 문집과 떨어져 나와 규격이 가지런하고

---

15) 繆荃孫의 跋文前段에 보면(後段은 引述됨.), "廣陵妖亂志, 新唐書藝文志作郭廷誨作. 直齊書錄解題作鄭廷晦撰. 經籍考引陳氏又作鄭廷晦. 說郛又以爲羅隱."(≪羅隱集≫附錄)
16) 萬曼의 ≪唐集紋錄≫, p.349 참조.

담긴 논조가 우아하고 풍섬하여 족히 오대의 한 저술을 갖추고 있다.

若兩同書後出諸集之外, 卽置格排比, 而持論雅贍, 足具五代一種著述也.(≪羅隱集≫ 附錄)

라고 한 뒤부터 책으로서의 주목을 받게 되었는데, ≪四庫全書總目≫에 ≪吳越備史≫의 기록을 인용하며 이 책을 소개하지 않았지만, ≪兩同書≫ 이 책이 凡十篇으로 엄연히 전해지고 오히려 앞서 ≪참서≫와 ≪광릉요란지≫는 나은의 작에서 출입이 있었음을 밝히고 있다.17)

Ⅱ. 羅隱 詠物詩의 특성

만당 시단에서 유미풍이 유행할 때에, 독자적인 중당풍의 현실을 주제로 한 풍자의식이 넘치는 작품을 중심으로 시 490수(≪全唐詩≫ 권655~665)를 남긴 나은 (833~909)을 다시 거론할 필요성을 느낀다. 나은의 시수에 관해서는, 근년에(1992년) 孫望의 ≪全唐詩補逸≫卷13에 〈獻淮南崔相公〉과 童養年의 ≪全唐詩續補遺≫卷12에 〈滕王閣〉·〈文選閣〉·〈昭明太子廟〉·〈下山過梅根〉·〈金雞石〉·〈掛劍處〉·〈題延和閣〉·〈上亭驛〉(이상 8수는 모두 ≪碧雞漫志≫卷五에서 수록.), 그리고 陳尙君의 ≪全唐詩續拾≫卷45에는 〈鞠歌行〉·〈宿法華〉·〈題石門〉·〈吳公約神道碑附詩〉·〈繡〉·〈詠柳〉·〈過梁震居留題〉·〈送竈

---

17) ≪四庫全書總目≫에, (前略) '吳越備史載羅隱所著, 有淮海寓言·讒書, 不言有此書. 然淮海寓言及讒書, 陳振孫已訪之未獲. 惟此書猶傳于今, 凡十篇. 上卷五篇, 皆終之以老氏之言. 下卷五篇, 皆終之以孔子之言. 崇文總目謂以老子修身之說爲內, 孔子治世之道爲外, 會其旨而同原.'

詩〉·〈下杜城〉·〈華嚴寺〉·〈鳳凰臺〉·〈下第詩〉 등 21수가 추가되었다. 이미 살핀 바, 나은은 한국한문학의 비조라 할 崔致遠의 스승이며[18] 나아가서는 宋初의 실리적인 시류의 선도적 역할을 했다고 본다. 이러한 나은의 시에서 본고는 그의 영물시 55 수에서 그 시의 풍자예술을 살펴보고자 한다.[19]

원래 영물시는 「寄情寓風」을 바탕으로 하는 바, ≪四庫全書總目提要≫集部五의 「詠物詩提要」에서

> 옛날 굴원은 '귤송'을 짓고 순자는 '잠부'를 지었는데, 영물의 작품은 여기에서 싹텄다.…… 당시는 사물의 모양을 숭상하고 송시는 의론을 삽입하는데, 기탁된 정감과 붙여진 풍유가 그 가운데서 끝없이 흘러나오니 이것이 그 대체적인 비교이다.

> 昔者屈原頌橘, 荀況賦蠶, 詠物之作, 萌芽于是,……唐尙形容, 宋參議論, 而寄情寓諷, 旁見側出于其中, 此其大較也.

라고 하여 영물작품의 근본적인 착상의식을 피력하였으며 영물시를 짓는 의도는 시를 통하여 比興의 諷諭를 하는데 있음을 李重華는 다음과 같이 기술하였다.

> 영물이라는 체재는 제재로 말하면 부요, 시를 짓는 까닭으로 말하면 흥이요, 비이다.

---

18) 拙文「全唐詩所載新羅人詩」 참조.(≪韓國漢文學硏究≫ 3·4合輯. 1979)
19) 순수한 詠物詩로는 〈牡丹花〉, 〈雪〉, 〈浮雲〉, 〈香〉, 〈白角篦〉, 〈鸚鵡〉, 〈金錢花〉, 〈梅〉, 〈桃花〉, 〈梅花〉, 〈柳〉, 〈隋堤柳〉, 〈仙掌〉, 〈詠月〉, 〈淚〉, 〈子規〉, 〈鷹〉, 〈菊〉, 〈殘花〉, 〈錢〉, 〈紅葉〉, 〈雪〉, 〈雪霽〉, 〈垓子〉, 〈茅齋〉, 〈螢〉, 〈蝶〉, 〈輕〉, 〈燕〉, 〈野狐泉〉, 〈鶯聲〉, 〈聽琵琶〉, 〈蜂〉, 〈簾二首〉, 〈村橋〉, 〈柳〉, 〈羅敷水〉, 〈粉〉, 〈野花〉, 〈病驄馬〉, 〈鷺鷥馬〉, 〈小松〉, 〈竹〉, 〈牡丹〉, 〈芳樹〉, 〈聽琴〉, 〈庭花〉, 〈蟬〉, 〈八駿〉, 〈詠白菊〉, 〈長明燈〉, 〈竹下殘雪〉, 〈杏花〉, 〈金鷄石〉.

詠物一體, 就題言之, 則賦也, 就所以作詩言之, 卽興也, 比也. (≪貞一齋詩說≫)

한편, 영물시의 작법에 대해서 구체적으로 여하히 표현해야 할 것인가에 대해서 元代의 楊載는 다음과 같이 기술하였는데 이는 전대의 작품에서 보이는 공통점과 후대의 작법의 기준을 제시한 것으로 본다.

영물시는 사물에 기탁하여 뜻을 펼치고, 두 구에 맞춰 사물의 형상을 노래하고 물상을 그대로 그려야 하나, 지나친 조탁과 기교는 피해야 한다. 제1연은 직설한 제목과 합치해야 하고 사물의 출처를 명백히 해야 된다. 제2연은 영물의 본체와 합치해야 하고, 제3연은 사물을 말하는 작용과 합치해야 하는데, 뜻을 말하기도 하고, 의론하기도 하고, 인사를 말하기도 하고, 고사를 사용하기도 하며, 외물을 구체적으로 실증하기도 한다. 제 4연은 제목 외의 것으로 뜻을 표현하거나 혹은 본의로 그것을 결속한다.

詠物之詩, 要托物以伸意, 要二句詠狀寫生, 忌極雕巧. 第一聯須合直說題目, 明白物之出處方是. 第二聯合詠物之體, 第三聯合說物之用, 或說意, 或議論, 或說人事, 或用事, 或將外物體證. 第四聯取題外生意, 或就本意結之.(≪詩法家數≫一卷)

이 작법은 매우 세밀하게 묘사되어 있어서 시의 독창과 주관을 제약할 수 있지만, 그 본의는 순수한 영물시란 사물을 순수하게 묘사하되, 「寓懷」를 담아야 함을 알 수 있다.

1. 羅隱 詠物詩의 諷刺性

나은의 시에 있어서 풍자예술의 일반론을 간략히 소개함으로써 국한된 본론의 내용에 대한 길잡이로 삼고자 한다. 나은의 풍자시를 거론함에는 먼저 그의 성격과 처했던 생활환경을 살펴 볼 필요가 있다. 나은은 개성이 매우 강한 시인이다. 먼저 ≪唐才子傳≫에 보면,

성품이 단순하며 오만하고 담론이 고상하며 활달하여 모든 사람에 뛰어나고 해학을 잘하며 감성이 즉흥적이다.

性簡傲, 高談闊論, 滿座風生, 好諧謔, 感遇輒發.

라 하여 오만한 성격과 달변에 익살스러운 면을 지니고 있었고, ≪舊五代史≫「羅隱傳」에는

그의 시는 천하에 이름났고, 특히 영사시에 뛰어났으나, 譏諷하는 바가 많아 그로 인해 과거에 급제하지 못했다. 당 나라 재상 정전과 이울로부터 크게 인정받았다. 나은은 비록 문필로 칭송을 받았지만, 용모가 고루하였다.

詩名于天下, 尤長于詠史, 然多所譏諷, 以故不中第, 大爲唐宰相鄭畋·李蔚所知. 隱雖負文稱, 然貌古而陋.

라 하여 詩才는 있으나 용모가 古陋하여 볼품이 없다는 점과, ≪五代史補≫(卷1)의,

나은은 과거장에서 재능을 믿고 남을 깔보다가, 특히 公卿들에게

미움을 샀기 때문에 여섯 번 시험에 모두 낙방하였다.

　　羅隱在科場, 恃才傲物, 尤爲公卿所惡, 故六擧不第.

와 ≪四湖遊覽志餘≫(卷12)에서의,

　　나은은 신성사람이다. 사물에 박식하고 시에 능하였느나, 성품이 오만하고 좋고 나쁨을 즐겨 따졌으며, 은미한 것을 찾아 명명하면 왕왕 기발하게 적중되었다.

　　羅隱, 新城人, 博物能詩, 然性傲睨, 好議評臧否, 探隱命物, 往往奇中.

라 한데서 나은의 성품이 오만과 무시의 기벽을 지녔음을 확인할 수 있다. 이러한 성격에서 나오는 작품은 응당히 직설이라기보다는 은유와 비판의 성향을 띨 수밖에 없었기에 그의 영물풍자시는 몇 가지 특성을 보이고 있다.

　나은의 시는 영물에 관한 시뿐만 아니라 시 전반에 걸쳐 諷刺性이 다출되어 있으니 ≪羅昭諫集≫序에 보면,

　　나소간의 시는 말 가운데 울림이 있고, ≪시경≫이후로 풍간의 뜻을 자못 많이 담고 있다. 혹자는 그의 시어가 매우 평이하다 하여 홀시하는데, 요컨대 전사의 호방하고 미려한 면에서 뛰어나지만 감흥 표현은 이뤄내지 못하는 자는 수십 수백에 이르는 것이다. 그의 시의 정밀하고 깊으며 자연스런 점은 초·성당에 뒤지지 않는 경지에 들어 있다.

　　羅昭諫詩言中有響, 三百篇後頗寓諷諫之意. 或者以其語多平易而忽之, 要之勝塡詞豪艶而無當於興感者什百矣. 況其精邃自然處, 正復不讓唐之初盛.

라고 하여 그의 시에 대한 칭찬을 諷諫이라는 기준에서 보내고 있으며, 또「重刻羅昭諫江東集敍」에서는

당말 신성 시인 나은은 그의 익살스럽고 얽매이지 않는 구절 때문에 난세에도 생명을 보전할 수 있었다고 세상에 전해진다. 당대에는 진사과를 중시하였는데, 소간의「증운영시」를 읽어보면 그것을 근심하며 마음으로 아파하고 있다.

唐末新城詩人羅隱昭諫, 世多傳其詼諧不羈之句, 將以自全於亂世也. 唐世重進士科, 讀昭諫贈雲英詩, 爲愁焉心傷之.

라고 하여서 그의 시가 間說的 표현 때문에 오히려 당말의 패망난중에서 신세를 보전할 수 있었다고 까지 논평하고 있다. 序에서도 기설하였지만 나은에게 있어 시의 풍자성은 돋보이는데, 그의 영물시에서의 풍자성은 생물이나 자연현상에 이르기까지 다양하게 표출된다. 나은의 영물시는 체재상 7언체를 위주로 하는데 그 표현방법이 대개 先詠物하고 後寓懷하고 있다. 예컨대, 〈白角篦〉를 보면,

하얗기는 옥과 같고 매끄럽기는 이끼 같으니,
빗을 빗고 거울 짝하여 먼지를 털도다.
이것을 끝이 뾰족한 물건이라 마라.
언제나 나쁜 머리카락을 단정히 하였도다.

白似瓊瑤滑似苔, 隨梳伴鏡拂塵埃.
莫言此箇尖頭物, 幾度撩人惡髮來.

시각과 감각의 기관을 가지고 색채미를 가하여 옥이나 이끼에 비유하고 거기에 섬세한 관찰력으로 실용적 功能性을 강조하고 있는 것이다. 아울러 내용적으로 볼 때도 자신의 인격상의 내심을 토로하여 울분해소의 대상이 되게 하였으니 〈小松〉을 보면,

> 벌써 서늘한 그늘이 자리 구석에 지니,
> 소리 좋아하는 선객 그냥 지나치지 않도다.
> 세상이 크게 변할 때 고상한 절개가 필요하나니,
> 인간세상에서 대부가 되지는 말지라.
>
> 已有淸陰逼座隅, 愛聲仙客肯過無.
> 陵遷谷變須高節, 莫向人間作大夫.

여기서 소나무 한 그루를 가지고 高節에 비유하였으며, 또 〈雪〉을 보면,

> 얼어붙은 들풀에 분가루가 겹쳐 있고,
> 뜰 안의 솔잎을 쓰니 우유가루 부서지듯.
> 차가운 창가에서 호호 입김 불며 좋은 구절 찾고 있는데,
> 눈 한 조각이 종이 위에 녹아 내리네.
>
> 撇凍野蔬和粉重, 掃庭松葉帶酥燒.
> 寒窓呵筆尋佳句, 一片飛來紙上銷.

여기서 시인은 눈이 내림을 분가루와 젖에 비유하면서 마음의 정결을 표현하고자 하는데 詩興을 두고 있다. 이와 더불어 세상사에 대한 비유로써, 〈詠香〉을 보면,

향수의 좋은 재료는 측백보다 귀한데,
박산의 화로 따뜻하여 옥루는 봄이로다.
그대 아껴서 꺼릴 것 없으니,
그 향내 맘껏 마시며 시름 젖은 몸 잊고져.

香水良材食柏珍, 博山爐煖玉樓春.
憐君亦是無端物, 貪作馨香忘却身.

여기서 향냄새의 그윽함을 통하여 속세의 身世가 가리어지고 헛되고 덧없음을 意趣 속에 담고 있는 것이다. 그리고 〈蜂〉을 보면,

평지와 산꼭대기는 말할 나위 없고,
끝없는 경치마저 다 빼앗겼구나.
온갖 꽃 찾아다녀 꿀 만들고 나면,
누굴 위해 고생하고 누굴 위해 달콤한가.

不論平地與山尖, 無限風光盡被占.
探得百花成蜜後, 爲誰辛苦爲誰甛.

여기서도 꿀벌의 하는 일을 인간사의 虛無에 비견하려 하고 있다. 말구의 누굴 위해서 고생하고 또 달콤하게 하는지를 自問形式으로 표현하면서 벌을 민생에 비유하는 것이다. 이러한 기법은 초당대의 李嶠의 영물시에서 볼 수 있는 것으로[20] 나은에게 있어서는 만당의 작이라 할 수 없을 만큼 고차원의 묘사를 강구하고 있다. 다음은 순전하고 암울한 당말의 사회현상을 묘사하는 정직성을 풍유적으로 작품에서 보여준다. 예컨대, 〈鷺鷥〉를 보면,

---

20) 拙文 「李巨山詩論考」(《中國硏究》 7輯) 참조.

석양은 맑고 고우며 버들은 느러져 그늘지어,
바람맞은 해오라기가 물 속 깊이 비쳐 있네.
사람에게 결백을 뽐내지 마라,
물고기 부러워하는 마음 가진 줄 아노라.

斜陽淡淡柳陰陰,　風襲寒絲映水深.
莫謾向人誇潔白,　也知長有羨魚心.

이 시에서 한 마리의 새를 통하여 속세의 혼탁함을 대비시켰으며 물고기를 부러워하는 마음, 곧 구속 없이 번민과 고통으로부터 초탈한 심성을 단적으로 계시해 주고 있다. 그리고 〈雪〉에서는,

모두가 풍년의 길조라고 말하나,
풍년의 길조면 어떻다는 건가.
장안에는 가난한 자 있으니,
길조가 많아도 안될 일이지.

盡道豊年瑞,　豊年瑞若何.
長安有貧者,　爲瑞不宜多.

여기서는 口頭上의 풍년과 모순을 직시하고 있다. 한편 나은의 영물시에서 하나 더 특기할 일반특성으로 과거에 대한 회고와 사념을 시에 기탁하는 점을 들 수 있다. 이것은 일종의 삶의 비애와 悼念의 발로인 동시에 내적 의식의 섬세한 감흥을 代物形式을 통하여 유로시키는 것이다. 〈牡丹〉을 보면,

지난 일을 묻고자 하면 어찌 말이 없으랴만,

이렇게 뿌리 맡겨온 지 60년이네.
향기 따스하여 원호의 부채에 나부꼈고,
품격 높아 오래 두고 공융의 술동이 마주하였네.
일찍이 난세를 걱정하며 환란을 당하니,
곧 지는 봄 즐기려니 고운 자태 아직 남아 있네.
난간 등진 채 서로 비웃지 말자,
그대와 함께 주인의 은혜를 받느니라.

欲詢往事奈無言,　六十年來此託根.
香煖幾飄袁虎扇,　格高長對孔融罇.
曾憂世亂陰難合,　且喜春殘色尙存.
莫背欄于便相笑,　與君俱受主人恩.

여기서 60년이나 된 모란꽃의 향기와 자태에서 세상의 혼탁상을 비교하며 모란을 보면서 봄빛이 남아 있듯이 희망을 잃지 않고 과거사에 대한 미련과 상념에서 自己悔恨의 念을 토로하고 있다. 이러한 성격은 淸代 李瑛의 ≪詩法易簡錄≫(卷13)에서,

　　영물시는 진실로 이 사물을 확실하고 적절하게 표현해야 하며, 외양을 버리고 흥취를 얻는 것이 더욱 소중하지만, 반드시 뜻을 기탁할 곳이 있어야 비로소 시인의 의취를 얻을 수 있는 것이다.

　　詠物詩固須確切此物, 尤貴遣貌得神, 然必有命意寄託之處, 方得詩人風旨.

라고 하였듯이 혼신의 의식으로 영물시의 寄託法을 가지고 최대한 내적 갈등을 표출하고자 했던 것이다. 이것은 ≪藝苑雌黃≫에서 〈牡丹〉 시를 두고서,

모란시는 '한령의 공이 이뤄진 뒤로, 버림받은 무성한 꽃은 한 봄을 보내누나'라 이르고 있다. 내 그것을 원화 연간에서 살펴보니 한홍이 선무절제사를 마치고 처음 장안 사저에 이르렀을 때 모란꽃이 있자 그것을 꺾어 버리라고 명하며 '내 어찌 아녀의 무리를 본받겠는가?'라고 하였다. 당시 모란은 부끄러워 마지않았으므로 나은에게 '버림 받은 청춘'이라는 말이 있게 되었다.

　　牡丹詩云: 自從韓令功成後, 辜負穠華過一春. 余攷之唐元和中, 韓弘罷宣武節制, 始至長安私第, 有花命厮之, 曰: 吾豈效兒女輩耶? 當時爲牡丹包羞之不暇, 故隱有辜負年華之語.

라고 한 것이라든가, 宋代 姚寶가 ≪西溪叢語≫(卷上)에서,

모란시는 "가련토다. 한령의 공이 이뤄진 뒤로, 공연히 버림받은 무성한 꽃은 이런 몸으로 지내누나."라 이르고 있다. 백정한의 ≪당몽구≫ 「한령모란」의 주에 의하면 "원화중, 장안의 귀족 자제들은 모란을 숭상하였는데, 한 그루의 값어치가 수만 전에 달하였다. 한황은 사저에 그것이 있자, 당장 꺾어 버리라"고 명하며 "어찌 아녀를 본받겠는가?"라고 말했다 한다.

　　牡丹詩云: 可憐韓令功成後, 虛負穠華過此身, 據白廷韓蒙求韓令牡丹 注云: 元和中, 京部貴遊尙牡丹, 一木値數萬. 韓滉私第有之, 據命厮去, 曰: 豈效兒女邪?

라고 한 평어는 곧 나은의 시에 보이는 悼故的 의식의 대변이라 할 수 있다. 이것은 나은이 과거에 불합격하는 불우함과 나타난 성품의 교만성에서 오는 이중적 갈등과도 상관된다고 할 수 있어서, 何光遠이 쓴 ≪鑑戒錄≫(卷7)에는,

나은의 풍자가 자못 깊어서 해마다 급제하지 못하였다. 과거 수험생 유찬이 그에게 보낸 시에서 "사람들은 모두 그대가 비굴하다하나, 나만은 옳지 않다고 생각하네. 현명한 군주는 알현키가 이미 어려워졌는데, 청산에 어찌 돌아가지 않는가? 세월은 부질없이 눈처럼 흰 귀밑 털에 더하여 가고, 먼지는 더럽게 베옷에 끼는구나. 예부터 공명 피해온 자들, 지금에 이르러 그 이름은 과연 사라졌는가?"라고 하였다. 나은은 이를 보고 식미가를 상기하며, 마침내 스스로 돌아갔다.

羅隱以諷刺頗深, 連年不第. 擧子劉贊贈之詩曰: "人皆言子屈, 我獨以爲非. 明主旣難謁, 靑山何不歸, 年虛侵雪鬢, 塵汚在麻衣. 自古逃名者, 至今名豈微?" 隱覯之, 因起式微之思, 遂自歸.

라고 한 고사라든가 또 同人의 同書(卷8)에서 성격과 연관시켜서,

나은 수재는 사람들에게 오만하였고, 사물을 체득하여 풍자하였다. 처음 과거 보러 가던 날, 종릉의 술자리에서 기녀 운영에게 절구 한 수를 주었다. 훗날 낙방하여 다시 종릉을 지나다 운영을 만났다. 운영이 손바닥을 어루만지며 "나 수재께선 아직도 백의 신세를 면치 못했나요?"라고 하자, 나은은 비록 내심 부끄러웠지만, 곧 시로써 그녀를 조롱하였다; "종릉에서 취중에 헤어진 지 10여 년 만에, 다시 운영을 만나니 손바닥 위에 이 몸을 올려놓누나. 내 아직 공명 이루지 못했고 그대 아직 시집가지 못했으니, 가련하도다 우리 모두가 남들만 못하구나."

羅隱秀才傲睨于人, 體物諷刺, 初赴擧之日于鍾陵筵上, 與妓雲英一絶. 後下第, 又經鍾陵, 復與雲英相見. 雲英撫掌曰: "羅秀才猶未脫白邪?" 隱雖內恥, 尋以詩嘲之; "鍾陵醉別十餘春, 重見雲英掌上身, 我未成名卿未嫁, 可憐俱是不如人."

라고 한 서술에서 나은 시의 풍자성에 숨은 여러 요인들을 파악할 수 있다

2. 自我傷心의 葛藤

  나은 시에서의 영물기법은 기설한 바와 같으며 그 당시의 유미풍에 대조하여 시가의 현실성이라고 할 수 있는 풍격을 보였는데, 그의 영물시에서는 그 면을 더욱 중시하여야 할 것이다. 따라서 그의 시에는 자아의식의 다양한 풍자와 정치현실을 주테마로 하여 표출되고 있는데, 이런 현실을 강렬하게 의식한 시이기에, 시어의 속성이 백화시처럼 다출되는 점을 또한 간과할 수 없는 것이다.
  나은에 있어 갈등의식이 어떻게 풍자적으로 묘사되고 있느냐 하는 점을 그의 영물시에서 찾아보도록 한다. 이런 류의 시는 자신의 불우한 처신에서 기원하는데 과거의 낙방이나, 성격의 부조화 등으로 인해 자아학대와 증오감이 팽배했으리라 본다. 나은의 산문에 보면 자신의 내심을 피력하고 있는 것을 확인할 수 있으니,「答賀蘭友書」(≪讒書≫卷5)에는,

  어려서부터 타향 떠돌며 궁색하게 지냈고, 산을 나온 지 20 년 동안 하는 일마다 막혔으며, 남에게 사랑을 받아본 적이 한 번도 없었다.

  少而羈窘, 自出山二十年, 所向推沮, 未嘗有一得幸於人.

이라든가, 또 「投知書」(≪讒書≫卷5)에 보면,

성령이 통하지 않을 뿐더러, 진퇴 간에도 세태와 같지 않는 일들이 많도다. 그리하여 책을 펼치면 답답한 마음 스스로 짊어져야 하고, 문을 나서면 어디로 가야 할 지 알 수 없으니, 이 또한 천지간에 쓸모없는 사람인가 하노라.

不惟性靈不通轉, 抑亦進退間多不合時態, 故開卷則悒悒自負, 出門則不知所之, 斯亦天地間不可人也.

라고 하여 그의 自傷의 회포가 일시적인 현상이 아니라 소시부터 거의 습관화된 일련의 불우했던 성장과정의 환경에 기인했음을 알 수 있다. 그리고 이러한 불우는 일부의 특권층 이외에는 누구나 겪는 보편적인 것이어서 그의 「投知書」에서 보면,

그러나 일을 집행하는 사람은 건필를 들어 국가를 위해 공문서를 작성하고, 조석으로 담론하고 생각하는 외에 사마상여를 얻은 자 몇 사람이고, 왕포을 얻은 자 몇 사람이며, 그와 같은 자를 얻어 사용한 자 또한 몇 이나 되는가? 대저 옛날에는 현자를 부르고 양성함에 궁핍하고 슬픈 것을 위로해주고, 춥고 배고픔을 아파하였을 뿐만 아니라, 농사일을 살피고 안부를 물었도다.

而執事者, 提健筆爲國家朱錄, 朝夕論思外, 得相如者幾人? 得王褒者幾人? 得之而用之者又幾? 夫昔之招覽養士, 不惟弔窮悴而傷凍餒, 亦將詢稼穡而問安.

라고 하여 어느 개인의 「泄怒」가 아니라 당시의 일반 지식분자의 심성을 대변한다고도 볼 수 있다. 이제 시를 예거하면서 분석하여 보기로 한다. 먼저 객고의 심기를 표현한 〈桃花〉를 보면,

羅隱과 그 시를 통한 崔致遠의 시 풍격   117

따스한 옷깃 스치는 바람에 은은히 풍겨오는 꽃향기,
매화 틈에 있고 버들에 가려 향내 가누지 못하네.
몇 가지의 꽃은 요염하게 탁문군의 술을 스치고,
주위가 붉도록 송옥의 담에 기울어져 있도다.
종일토록 아무도 없어 쓸쓸히 바라보는데,
가끔 비 내리고 나 어느새 슬퍼지도다.
옛 산의 산 아래는 아직도 이와 같을 진 저,
고개 돌리니 동풍에 애간장이 끊누나.

暖觸衣襟漠漠香, 間梅遮柳不勝芳.
數枝艶拂文君酒, 半里紅欹宋玉牆.
盡日無人疑悵望, 有時經雨乍凄凉.
舊山山下還如此, 廻首東風一斷腸.

이 시에서 제3연은 계절과 자신의 처지에서 오는 비감이 깃들고 제4연은 還鄕하는 回憶의 애절함을 토로하고 있다. 그리고 思友를 노래하는 것으로 〈梅花〉를 보면,

오 왕이 취한 곳 10여 리 밖에는,
들 비추고 옷깃 스치며 지금이사 만발하구나.
비 맞으니 산새 따라 흩어지지 않고,
바람에 의지하여 길손과 이야기 나누는 듯.
근심스레 歌席에 요염하게 나부끼는 꽃가루에,
고요히 술 동이 건드는 향기가 사랑스럽네.
그리운 벗에게 부치고자 하나 좋은 소식 없으니,
그대 위해 슬픈 중에 또 황혼이 지는구나.

吳王醉處十餘里, 照野拂衣今正繁.
經雨不隨山鳥散, 倚風疑共路人言.

愁憐粉艶飄歌席, 靜愛寒香撲酒罇.
欲寄所思無好信, 爲君惆悵又黃昏.

    여기에서 그리운 벗을 매화의 자태와 계절에 빗대어서 자신의 哀傷을 표출하니 제가마다 평술하기를 나은의 불행한 관직을 나열하며 自傷의 회포를 강조하는 것도 위의 시의 흐름과 상관된다. 이것은 宋代 羅大經의 ≪鶴林玉露≫(卷12) 에서 나은을 두고,

> 만당시는 기미하고 풍골이 결핍되어 혹자는 이를 업신여겼으며, 또 왕유·저광희 등에 근거하여 그 시대의 시인까지 업신여겼다. 그러나 의기와 절개가 있는 인사도 왕왕 그 가운데서 나왔다.… 나은은 건부 중에 진사 시험에 응시하여 열 번 이상 낙방하였다. … 황소가 난을 일으키자 전류에게 귀의하였다. 주온이 왕위를 계승하기에 이르자 통곡하여 전류에게 의거하도록 권하였으나, 전류는 따를 수 없었다. 주온은 그의 명성을 듣고 간의대부를 제수 했으나 나아가지 않았다.

> 晚唐詩綺靡乏風骨, 或者薄之, 且因王維·儲光羲輩, 而并薄其人, 然氣節之士, 亦往往出於間……羅隱乾符中擧進士, 十上不第. 黃巢亂, 歸依錢鏐, 及朱溫簒詔至, 痛哭, 勸鏐擧義, 鏐不能從. 溫聞其名, 以諫議大夫招之, 不就.

라고 하여 官路의 불순함을 부각시키고 있다. 나은의 영물시에는 자기갈등 속에 자연의 현상을 넣어서 풍유한 점이 매우 허다하다.〈浮雲〉을 보면,

일렁이며 뭉게뭉게 저절로 펴지며,
창오로 가지 않고 서울로 가누나.
무심히 아무 일 없다고 말하지 마오.

일찍이 초 나라의 양왕을 걱정했던 적이 있다네.

溶溶曳曳自舒張, 不向蒼梧卽帝鄕.
莫道無心便無事, 也曾愁殺楚襄王.

라고 하여 이 시에 대해 明代 閔元衢는 「羅江東外記」에서,

나은시의 "무심히 아무 일 없다고 말하지 말라, 일찍이 초 나라의 양왕을 걱정한 적이 있다네." 이것은 당시의 일을 풍자한 것이다.

羅隱雲詩: "莫道無心便無事, 也曾愁殺楚襄王." 此刺生事者.

라고 적절한 평을 가하고 있다. 아울러 〈輕颸〉을 보면,

가벼운 회오리바람은 시들은 잔디를 스치고,
가을 경치는 변방의 강을 쓸쓸하게 하네.
전장의 보루에는 평화로운 때가 적고,
제단엔 높이 올려진 곳이 많네.
초 나라의 굴원을 존중하나,
한의 염파도 기억한다네.
운대의 의논에 따르지 못하니,
텅 빈 산에서 은둔자로 늙고 있다네.

輕颸掠晚莎, 秋物慘關河.
戰壘平時少, 齋壇上處多.
楚雖屈子重, 漢亦憶廉頗.
不及雲臺議, 空山老薛蘿.

이 시는 무상한 시류를 통하여 자신의 처지를 굴원이나 염파에 비견

하며 결백과 無私를 드러내고자 했다. 실지로 자연현상은 꾸밈이 없는 것이어서 나은의 자연에 대한 영물시에서는 직선적인 묘법을 쓰곤 하였다. 그의 ≪讒書≫ 序의 첫머리에,

참서란 무엇인가? 강동의 나생이 지은 책이다. 내가 젊었을 때 언어 실력이 있다 자부하였는데, 서울로 온 지 7년 동안 추위와 배고픔이 꼬리를 물었으니, 보통 사람과는 아주 다르다 하겠다. 정해 년 봄 정월 그 지은 책을 들고 꾸짖어 말하였다. : "다른 사람은 이것으로 영달을 누리는데, 나는 이것으로 치욕을 당하고, 다른 사람은 이것으로 부귀해졌는데, 나는 이것으로 곤궁해졌도다. 실로 이와 같으니, 나의 책은 스스로를 참언을 했을 따름이므로 '참서'라고 명명하는 것이다."

讒書者何? 江東羅生所著之書也. 生少時自道有言語, 及來京師七年, 寒餓相接, 殆不似尋常人. 丁亥年春正月, 取其爲書詆之曰: "他人用是以爲榮, 而予用是以辱. 他人用是以富貴, 而予用是以困窮. 苟如是, 予之書乃自讒耳. 目曰讒書."

라고 하여 자기의 체험을 통한 꼬집음을 자인하고 있다. 그런데 이 책의「風雨對」(卷1)는 바로 자연현상을 가지고 삶의 역경과 서로 비교하여 서술하고 있어서 나은의 자연현상에 대한 관념을 이해할 수 있다.

비와 바람, 눈과 서리는 천지가 권세를 떨치는 바요, 산천과 숲, 연못은 귀신이 숨는 바이다. 그러므로 풍우가 제 때 오지 않으면, 그 해엔 기근이 발생하고 눈서리가 제 때 내리지 않으면 사람은 질병에 걸린다. 그런 연후에 산천과 숲, 연못에 기도하여 치성을 드리면, 비와 바람, 눈과 서리 귀신의 소유라는 것이 명백해질 것이다. 하늘은 높아 이치를 치밀하게 할 수 없기에 그것을 산천에 기탁하고, 땅은 두터워

스스로 움직이지 못하기에 그것을 귀신에게 맡긴 것이 아니겠는가? 만약 제사를 제 때 드리지 않으면 기근이 발생할 것이요, 보응이 오지 않으면 질병이 생길 것이니 이는 귀신이 천지의 권세를 이용하고 비와 바람, 눈과 서리는 소와 양의 근본이기 때문이다. 계절은 또 무엇이며, 백성은 또 무엇인가? 이리하여 큰 도가 나타나지 않으면 그것이 희롱하는가 두렵고, 큰 정치가 아래에 들리지 않으면 그것이 박한가 두려운 것이다. 그러니 무슨 말을 하고 싶겠는가?

風雨雪霜, 天地之所權也. 山川藪澤, 鬼神之所伏也. 故風雨不時, 則歲有饑饉, 雪霜不時, 則人有疾病. 然後禱山川藪澤以致之, 則風雨雪霜果爲鬼神所有也明矣. 得非天之高不可以周理, 而寄之山川; 地之厚不可以自運, 而憑之鬼神. 苟祭祀不時則饑饉作, 報應不至則疾病生, 時鬼神用天地之權, 而風雨雪霜爲牛羊之本矣. 復何歲時爲? 復何人民爲? 是以大道不旁出, 懼其弄也. 大政不聞下, 懼其儉也. 夫欲何言.

여기서 귀신이 천지의 권세를 주고 자연현상은 그의 재물에 해당한다는 의미는 나은만이 상정한 상상의 표현이 되겠다. 한편, 그는 초목에 대한 남다른 애착을 지녀서 「小松」을 보면,

已有淸陰逼座隅, 愛聲仙客肯過無.
陵遷谷變須高節, 莫向人間作大夫. (이미 인용)

여기서 제2연은 소나무의 절개와 고상한 품격을 사실대로 그려서 자기 의지의 근거로 삼았음을 알 수 있으며 내면의 불여의한 비감을 담고 있다. 그러기에 宋代 王應麟은 이 시를 놓고 이르기를,

나소간의 솔을 읊은 시에 "세상이 크게 변할 때 고상한 절개가 필요하나니, 인간 세상에서 대부가 되지는 말지라"라고 하여 그 뜻이

또한 슬프다. 당대 육신 그들은 누구인가? 소간이 전류가 거병하여 양을 토벌한 것을 말한 것 통감에도 보이니 그 충의는 드러낼 만하다.

 羅昭諫詠松曰: "陵遷谷變須高節, 莫向人間作大夫." 其志亦可悲矣. 唐六臣彼何人哉. 昭諫說錢鏐擧兵討梁, 見通鑑, 其忠義可見. (《困學紀聞》卷十八」)

라고 하여 나은 자신이 진실된 충의심의 소유자였기에 자신에 찬 직설적인 白描가 가능했으리라 본다. 그리고 그의 〈牡丹花〉의 일단을 보면,

 가련토다. 한령의 공이 이뤄진 뒤로,
 공연히 버림받은 무성한 꽃은 이런 몸으로 지내누나.

 可憐韓令功成後, 辜負穠華過此身. (末聯)

라 하였는데, 이 시를 두고 宋代 姚寬은 평하기를,

 나은의 모란시에 가련토다. 한령의 공이 이뤄진 뒤로, 공연히 버림받은 무성한 꽃은 이런 몸으로 지내누나라고 한 데, 백정한의 당몽구 한영 모란의 주에 의하면 원화 중에 서울의 귀족이 노닐며 모란을 귀히 여겨서 한 뿌리에 수만 양이나 되었다.

 羅隱牡丹詩云: "可憐韓令功成後, 虛負穠華過此身." 據白廷翰《唐蒙求》「韓令牡丹」注云: "元和中, 京師貴遊尙牡丹, 一本値數萬"(《西溪叢語》卷上)

라고 하여 이 꽃의 고아한 품격을 어찌 아이들만 본받을 건가. 만인

의 본보기가 되는 초목임을 강조하였다고 부연하고 있다. 나은은 靜物에 대한 묘사도 매우 섬세하여서 〈長明燈〉을 보면,

> 밝아오는 장명등은 대대로 깊어져서,
> 연기와 향기가 모두 그윽하네.
> 처음 불 밝힌 사람은 어디에 있는가?
> 지금까지 보이는 건 그 때의 불 뿐.
> 새벽엔 붉은 연꽃처럼 늪의 얼굴 보이고,
> 밤에는 찬 달처럼 연못의 마음 가라앉히네.
> 외로운 불빛 절로 용신의 보호가 있음인지,
> 참새가 희롱하고 누에나방이 날아도 여기엔 얼씬도 못하네.

> 破暗長明世代深, 煙和香氣兩沈沈.
> 不知初點人何在? 祇見當年火至今.
> 曉似紅蓮開沼面, 夜如寒月鎭澤心.
> 孤光自有龍神護, 雀戲蛾飛不敢侵.

이 시를 두고 明代 胡震亨은 이르기를,

> 나은의 장명등에 "처음 불 밝힌 사람은 어디에 있는가? 지금까지 보이는 건 그 때의 불 뿐." 이라 하여 시어가 본받아 쓴 듯하며 용법이 한 번 순하고 한 번 뒤집혀 같지 않다.
>
> 羅隱詠長明燈; "不知初點人何在? 祇見當年火至今." 語似祖述而用法一順一倒不同.(《唐音癸籤》卷11)

라고 하여 제2연을 白居易의 〈詠老柳樹〉의 "但見半衰臨此路, 不知初種是何人"구에서 본받았지마는 그 묘사법이 상이하여 한결 인걸의 무

상함과 세태의 불일함을 역설한 것으로 분석하고 있다.

나은의 자기갈등 의식은 성장기와 官路期 그리고 세대의 혼란(특히 黃巢의 난)에 의한 득의치 못한 내면적 불만의 다각적인 표현을 영물의 수법으로 해소하는 삶을 영위할 수 있었기에, 77세의 壽를 누릴 수 있었는지도 모를 일이다.

3. 政治社會에 대한 諷諭

나은의 시는 그 당시의 암흑사회에 대한 광범한 폭로와 비판을 하고 있음은 기설한 바와 같다. 이것들이 직설이 아니라 간설적으로 표현되어 있다는 데에 그의 시에 나타난 풍자예술의 장점을 찾을 수 있다. ≪唐才子傳≫(卷9 下)에는,

> 시문은 거의가 풍자 위주이므로, 비록 황폐한 사당과 나무인형이라도 대상이 되지 않는 것이 없다.
>
> 詩文幾以諷刺爲主, 雖荒祠木偶, 莫能免者.

라고 하여 현실풍자에 능하였음을 알 수 있다. 그의 풍자는 논리성이 있으며 수법은 전투적이랄 만큼 강렬하다. 그리고 우언과 고사를 다용하였으니 「越婦言」 같은 글은[21] 부귀를 몹시 추구하는 한 부녀자의 고사를 가지고 당시의 사대부를 조롱하는 수법을 쓰고 있으며 사상적으로는 다소 부허한 면이 있지만[22] 胡震亨의 다음 글은 객관적인 평

---

21) 「越婦言」의 一段을 적으면 "……天子疏爵以命之, 衣錦以書之, 斯亦極矣, 而向所言者. 蔑然無聞, 豈四方無事使之然邪? 以吾觀之, 務於一婦人則下矣, 其他未之見也, 又安可食其食."

가라 할 수 있다. 즉,

> 나은이 정감에 젖어 먹물을 흠뻑 머금으면 적어 내어 거칠 것이 없으매, 좋은 글이 적지 않으니, 어찌 부허함에 가려질 수 있겠는가? 그러나 필재로 말하면 당연히 오대의 여러 시인들의 위에 있다고 하겠다.

> 羅昭諫酣情飽墨, 出之幾不可了, 未少佳篇, 奈爲浮諠所掩, 然論筆材, 自在僞國諸吟流上. (《唐音癸籤》卷八)

라고 독특한 풍모를 예시하고 있다. 그러면 나은의 영물시에 나타난 정치사회현실의 풍자성은 여하히 볼 수 있는지에 대해 보려면, 먼저 나은의 정치이상을 알아 볼 필요가 있다. 그는 「讒書序」에서,

> 오늘 이후로 내가 지껄여서 뽐낸다고 꾸짖는 자가 있다면, "양웅의 침묵을 배워 백성을 속일 수 없다."고 대답하리라.

> 而今而後, 有誚子以譁自矜者, 則對曰 ; 不能學揚子雲之寂寞以誑人.

라고 하여 당말 난세에는 揚雄처럼 著書自守하겠다고 하였으며, 또 위의 서의 「重序」에서는,

> 대개 군자는 그 자리가 있으면 대권을 쥐어 시비를 결정하고, 그 자리가 없으면 개인의 책을 저술하여 선악을 구별하였으니, 이것이 당세를 경계하고 미래를 훈계하는 까닭인 것이다.

> 蓋君子有其位則執大柄以定是非, 無其位則著私書而疏善惡, 斯所以警

---

22) 《石洲詩話》云; "極負詩名, 而一望荒蕪, 實無足采."

當世而誠將來也.

라고 하여 정치로써 是非를 분별하겠다는 포부를 제시하고 있다. 나은은 정치적 입지를 전혀 확보할 수 없었으며, 사회는 혼란했기 때문에 풍자의 농도가 영물로 강렬하게 표출되었으리라 유추하게 된다. 먼저 〈雪〉을 보면,

  盡道豊年瑞, 豊年事若何.
  長安有貧者, 爲瑞不宜多. (이미 인용)

여기서 지배계급의 백성에 대한 약탈현상을 강하게 묘사하였으며, 〈蜂〉을 보면,

  採得百花成蜜後, 爲誰辛苦爲誰甛. (제2연)

이 시는 꿀벌과 고난받는 백성을 연계시켜서 봉건사회 백성의 빈곤을 주제로 표달시켜 놓고 있다. 특히 나은은 통치자의 작태를 조롱 비판하는데 주저하지 않았다. 〈金錢花〉를 보면,

  고운 이름을 가지고 나무 주변에 향기 내고,
  느긋하게 짝지어서 가을 햇살 향해 방긋거리네.
  이것을 거둬들이고 쌓아둘 수 있게 하리니,
  응당 호족들에 의해 모두 찍혀 버릴 것이기에.

  占得佳名繞樹芳, 依依相伴向秋光.
  若敎此物堪收貯, 應被豪門盡劚將.

이 시는 豪族들의 양민 착취와 貪財를 비판한 것이며 〈香〉을 보자면,

> 沈水良材食柏珍, 博山爐暖玉樓春.
> 憐君亦是無端物, 貪作馨香忘却身.

이 시에서는 향이라는 상징적인 사물 속에 貪色의 뉴앙스를 담아서 지배계급의 불륜적 생활을 조롱하고 있다. 그리고 〈黃河〉를 보면,

> 여기에 아교를 쏟지 말아라!
> 이 속의 천의를 밝히기가 어렵도다.
> 은하수로 통해 있으면 응당 굽어 있을 것이련만,
> 곤륜산에서 흘러 나왔으면 맑지 않으리라.
> 한 고조는 공신에게 맹세할 때 허리띠가 작다 하였고,
> 선인은 두우를 차지할 때 타고 간 뗏목이 가볍다 하였네.
> 삼천 년 뒤 누가 있을지 알겠는가?
> 어찌하면 수고로이 그대에게 태평을 알리게 할까.

> 莫把阿膠向此傾, 此中天意固難明.
> 解通銀漢應須曲, 才出崑崙便不淸.
> 高祖誓功衣帶小, 仙人占斗客槎輕.
> 三千年後知誰在, 何必勞君報太平.

이 시는 광대한 시제를 (詠物詩에 넣을 수 없지만 한 폭의 畵로 간주했음) 통하여 天心과 민심의 일치가 태평이거늘 실지는 같지 않은 당시의 현실을 비판하고 있으며 〈蜈子〉의 일단을 보면,

> 종일토록 갈림길 옆에 있으니,

앞길도 헤아릴 수 있겠구나.
아직 얼굴 검은 건 부끄럽지 않으나,
다만 머리가 모난 것이 한스럽구나.

終日路岐旁, 前程亦可量.
未能慙面黑, 只是恨頭方.

이 시는 금전 권세만을 생각하여 골육 친척의 정리는 무너진 사회현상을 풍자하였으며, 「刻嚴陵釣臺」(≪譏書≫卷5)를 보면,

용 날고 뱀 숨어, 풍우가 서로 어긋나고, 방패와 창이 꺾이니, 아득 수심의 꿈에 잠긴다. 어찌 해야 부귀해도 절개 바꾸지 않고, 궁달해도 속이는 바 없을까? 오늘의 세상 풍속은 야박하고, 높은 벼슬만 서로 숭상한다. 아침에는 한 나그네였다가, 저녁에는 九品관리가 되며, 골육친척 간에도 이미 차등이 생겼다.

龍飛蛇蟄兮, 風雨相違, 干戈裁靡兮, 悠悠夢思. 何富貴不易節, 而窮達無所欺? 今之世風俗偸薄, 祿位相尙, 朝爲一旅人, 暮爲九品官, 而骨肉親戚已有差等矣.

이 글에서는 漢代 光武帝가 즉위 후에도 故友를 잊지 않았다는 고사를 빌려서 부귀영달만을 추구하는 세도가의 인심을 책망하고 있는 것이다. 아울러 「題神羊圖」(≪譏書≫卷1)를 보면,

요 임금의 뜰에는 신기한 양이 있어, 부정한 것 뿔로 떠받았다. 후인이 그 형상을 그릴 때면 으레 머리의 뿔을 괴이하게 그려 신성한 동물임을 나타내었다. 순박함이 무너지면 양은 탐욕 부리는 성미를 갖게 되고, 사람은 잔인한 마음을 갖게 된다.

堯之庭有神羊, 以觸不正者. 後人圖形象, 必使頭角怪異, 以表神聖物..
及淳樸消壞, 則羊有貪狼性, 人有刲割心.

여기서는 당시의 정치가 암흑하고 사회가 극히 부패되어도 비판하는 자 하나 없음을 自己痛歎的 입장에서 토로하고 있다. 나은의 영물시에서 정치 사회현실을 고발하는 예를 얼마든지 들 수 있지만, 시의 풍자성이 내용과 표현상 적절한 것을 選材하기란 용이치 않다.

나은의 영물풍자는 일관성 있게 표현되어서 또「使宅魚」라는 漁父의 입장을 빌려서 정치횡포를 고발하고 있는 〈題磻溪垂釣圖〉는[23] 그의 上官 錢鏐으로 하여금 漁稅를 포기케한 시이기도 한 점을 부언할 수 있을 것이다. 시의 한계는 시인의 한계를 능가할 수 있듯이 나은의 영물시는 나은이 처한 한계를 몇 배나 넘어서 교훈을 주고 있음을 다시 새롭게 느낀다.

나은은 奇人이었기에 그의 시도 거침없는 筆鋒으로 서술해 나갔다. 그의 시에서도 영물시는 편수가 제한되지만 그의 의식을 감지하는데 매우 풍유적으로 표출하고 있다. 따라서 그의 영물시는 자아의식의 비애의 대상으로 사물의 개성을 빌려 왔고 아울러 정치현실에 대한 사실성을 그 당시의 유미풍과는 다르게 보여 주는데 그 대상을 영물의 간설적 描法으로 강구하고 있다. 그런 면에서 나은의 시는 차후에 심도 있게 다루어져서 나올 때, 만당의 詩界의 최고봉(李商隱・杜牧을 능가)이 될 것이며 詩史의 재술이 필요하리라 본다. 이제 沈崧이 쓴「羅給事墓誌」에 보면,

　　　책 만 권 읽고 토론하며 선대 성현의 마음을 밝혀내고, 글 천 편을

---

23)「題磻溪垂釣圖」; "呂望當年展廟謀, 直鉤釣國更誰如, 若教生在西湖上, 也是須供使宅魚."

지어 당시 사람의 입에 오르내리게 되었도다. 오호라! 하늘은 위로하
지 않고 철인은 시들었도다. 개평 3년 봄에 앓아 눕고, 그 해 겨울 12
월 13일에 서궐사에서 사망하니, 향년 77세로다.…… 우리 임금 만나
절개 곧은 인물로 기록되고, 그것으로 고관에 이르렀으니, 살아있을
때나 죽을 때나 은총이 가해져 자손들이 의탁할 수 있게 하였도다.
들과 밭이 부의로 내려지고 경건한 마음이 시종 표해지니 유사들도
그 때에 영달한 사람이라 말하였도다. 이미 우리 임금께서 왕이 된
귀감을 밝히시지 아니하였다면 어찌 부군의 다재다능함을 펼 수 있었
겠는가? 그리하여 임금은 현자를 예우한다는 명성을 얻었고, 신하는
집안을 영광되게 하였다는 찬미를 얻었음이 분명하다.…… 문무를 아
울러 갖추신 우리 임금님, 빛이 되고 용이 되어 공훈이 쌓이고 경사
가 남아돌아 현자들이 모여든다. 또 명문에서는 "우리 집은 본디 신
성이고 땅은 절수에 임해 저 아름다운 경색이 선생에게 모여든다. 정
직하게 옛 것을 말하며 기예를 높이고 품덕을 아름답게 하여 문단에
서 물러나면 영광스럽게 고향으로 돌아가리라."고 하였다.

讀書萬卷, 討論見先聖之心, 擒藻千篇, 諷誦在時人之口. 嗚呼! 蒼天不
弔, 哲人其萎, 以開平三年春寢疾, 冬十二月十三日歿於西闕舍, 享年七
十七歲……及遇我王, 錄爲上介, 致之大僚, 存沒加恩, 翼燕可託. 原田賻
贈, 式表初終, 儒士於時, 亦謂達矣. 向非我王之支明王鑒, 豈展府君之多
藝多才. 所以主有禮賢之名, 賓有榮家之美, 明矣……乃文乃武, 爲光爲
龍, 勳積餘慶, 惟賢所宗, 又銘曰, "家本新城, 地臨浙水, 惟彼秀色, 鍾乎
夫子. 惟直道古, 藝高德美, 退罷文場, 榮歸故里."

라고 하여 나은에 대한 성품과 식견, 그리고 복고적 전통관(특히 재조
명해야 함) 등을 다시 재고하지 않으면 안될 만큼 다양하게 문제점을
제시하고 있으며, 이것들이 아직까지 거의 관심의 的이 되지 않았음
도 사실이다. 이제 이의 실천이 필요한 시기에 달했으며 정당한 詩學
의 맥을 잡아나가야 한다. 그리고 당대에 白話詩가 僧侶詩人이나 성

중당대의 寫實派에 의해 주도되어 왔는데 만당대에는 羅隱같은 전통 유가관념의 소유자에게도 白話詩가 다작될 수 있었음은 역시 시의 풍간성을 위한 것이라 볼 수 있으며 나은시가 갖는 특이한 일면이라 할 수 있다. 그래서 宋代 王楙도 벌써 거론하여서,

  당인의 시구 중 속어를 사용한 경우는 두순학과 나은이 많다 하겠다. 나은 시는 예컨대 "서시가 오를 망하게 하였다면, 월 나라가 망한 것은 또 누구 때문이던가?" "오늘 밤 술 있으니 오늘밤에 취하고, 내일 근심이 오면 내일 근심하세." "내년에도 새 가지가 있을 터인데, 사정없이 불던 봄바람 끝내 아직 그치지 않았구나."라 하였는데, 지금 사람들은 이들 시어를 많이 인용하면서도 흔히 누가 지었는지 모른다.

  唐人詩句中, 用俗語者, 惟杜荀鶴, 羅隱爲多, 羅隱詩如曰; "西施若解亡吳國, 越國亡來又是誰?" 曰; "今宵有酒今宵醉, 明日愁來明日愁."… 曰; "明年更有新條在, 攪亂春風卒未休." 今人多引此語, 往往不知誰作. (≪野客叢書≫)

라고 한 것도 이미 일찍부터 나은의 시에 대한 중요성을 제시해준 豫 言이라 하겠다.

Ⅲ. 羅隱과 崔致遠 시 비교의 타당성

 양인의 관계에 있어서 상면의 근거는 淮南相國인 高騈의 幕下가 될 것이다.[24] 최치원의 입당시기(868)와 진사급제(874)의 6년간이 불명하지

---

24) 傅璇琮 主編, ≪唐才子傳校箋≫卷九, P.126.

만 나은이 고병을 알현한 시기가 「中和」(881~885)에서 「光啓」(885~888)로[25]본다면, 이 때는 최치원이 입당한 지 10여년이 지난 시기이므로 양인의 시풍이 상호간 독자성을 지녔다고 볼 수 있다. 그리고 양인이 相交한 시작을 남기지는 않았으나, 《三國史記》「列傳」에,

> 처음 서방에 유학갔을 때 강동시인 나은과 서로 알게 되었는데 나은이 재주를 믿고 스스로 높은 체하니 가벼이 인정하지 않았다. 어떤 사람이 최치원이 지은 시가 다섯 두루마리를 보여 주었다.

> 始西遊時, 與江東詩人羅隱相知, 隱負才自高, 不輕許可. 人示致遠所製詩歌五軸(「崔致遠條」)

라고 하여 내면상으로는 高騈의 幕下에 있기 전에 이미 상면이 있었고 나은이 최치원의 문재를 인정하여 연령상으로(24년 나은이 연상, 金重烈의 「崔致遠의 文學硏究」, p.47) 보아서도 사제의 관계로까지 추리하게 된다. 이러한 요인을 바탕으로 최치원이 나은의 시와 비교될 수 있는 蓋然性을 상정해 보고, 이어서 양인의 시에서의 상통하는 점을 찾아보고자 한다.

최치원의 입당시는 만당에 있어 唯美派와 古淡派로 시풍이 양분된 상태에 있었는데, 최치원은 전자보다는 후자에 더욱 인적인 맥을 잇고 있음을 보게 된다. 그것은 즉 「芳林十哲」이라 하여 중당의 白居易와 元稹, 그리고 孟郊와 賈島의 풍조를 높이어 사회현실의 풍자와 은둔을 취하고 당시의 유미풍에 반기를 든 시파인 것이다. 여기에 羅隱과 顧

---

[25] 崔致遠은 「獻詩啓」(《桂苑筆耕集》卷十七)에서 "某啓. 某竊覽同年顧雲校書獻相公長啓一首短歌十篇, 學派則鯨噴海濤, 詞鋒則劍倚雲漢, 備爲贊頌, 永可流傳. 如某者, 跡自外方, 藝唯下品, 雖儒宮慕善, 每嘗窺顏冉之墻, 而筆陣爭雄, 未得摩曹劉之墨, 但以幸遊國, 獲覩仁風."

雲, 鄭谷과 張喬 등이 포진해 있었는데, 최치원의 시문과 행적이 대개 이들과 상관되어 있는 것이다. 여기서 먼저 나은 이외의 문인과의 연관을 가려서 보고 다음으로 나은과의 직간접적인 일맥상통점을 찾고자 한다. 高騈의 幕下에 나은과 같이 있었던 顧雲과의 관계를 보면, 과거 급제의 동년인 최치원으로는 가까운 정분을 나누었다. 보다 선배인 나은을 가까이 하는데, 고운의 역할이 적지 않았을 것이다. 顧雲(?~894)의 시풍이[26] 詳整하고 사실적이어서(芳林十哲의 風) 나은과 상사하지만, 文選風의 신라시풍과 만당의 풍조를 보이는 최치원의 시를 보는 고운에게 있어서는 하나의 경이적인 인상이었다. 顧雲의〈送崔致遠西遊將還〉(≪全唐詩續拾≫卷34)을 보면,

    내 듣기를 해상에 세 마디 금자라 있는데
    금자라 머리에 산이 높이 쓰여 있네.
    산 위에 구슬과 조개 황금의 궁궐 있고,
    산 아래엔 천리만리 넓은 파도라네.
    옆에 한 점 계림이 푸른데
    자라산 빼어나 기이하도다.
    열둘에 배타고 바다 건너와서
    문장이 중국을 감동시켰고,
    열여덟에 전사월을 가로 다녀
    한 화살 쏘아 금문책을 부셨네.

    我聞海上三金鰲, 金鰲頭戴山高高.
    山之上兮, 珠宮貝闕黃金殿.

---

[26] 金重烈은「崔致遠文學硏究」(P.87)에서 顧雲이나 羅隱을 따르지 않고 晩唐의 詞華派를 따랐다고 하였지만, 芳林十哲이 추종한 儒學風이나 元白의 寫實風, 그리고 俗語구사의 영향을 벗지 못한 것으로 본다. 新羅는 齊梁의 文選風의 영향권을 아직 탈피하지 못한 데서도 歸國後의 孤雲詩風과 상관시킬 수도 있다.

山之下兮, 千里萬里之洪濤.
傍邊一點鷄林碧, 鰲山孕秀生奇特.
十二乘船渡海來, 文章感動中華國.
十八橫舒戰詞苑, 一箭射破金門策.

라고 하여 최치원에 대한 敬慕와 기대감을 함께 토로하고 있다. 그리고 최치원에게는 〈暮春卽事和顧雲友使〉(《孤雲先生文集》卷一)과 〈和顧雲侍御重陽詠菊〉(《十抄詩》卷中)가 있고, 그리고 〈七言紀德詩三十首〉(《桂苑筆耕集》卷十七)를 獻詩함에 있어 그 〈獻詩啓〉에 顧雲의 長啓와 短歌를(相公에 바친 것) 보고 자신의 시 30수를 쓰게 된 것으로 기술하고 있다.27) 〈暮春卽事和顧雲友使〉를 보겠다.

동풍에 백향이 두루 난데
생각실머리 너무 많아 버들이 길게 드린 듯.
소무의 편지 돌아오니 깊은 변방 무너졌으니
장자 꿈에 나니 낙화가 분망쿠나.
잔영에 의거 아침마다 취하니
떠나는 마음 마디마디 헤아리기 어렵구나.
마침 욕기의 호시절이니
옛 놀던 넋 백문향에 끊이었네.

東風遍聞百船香, 意緖偏饒柳帶長.
蘇武書回深塞盡, 莊周夢逐落花忙.
好憑殘景朝朝醉, 難把離心寸寸量.
正是浴沂時節日, 舊遊魂斷白雲鄕.

여기에서 제3·4연은 아쉬운 이별의 정을 은유적으로 묘사하고 시

---

27) 高騈은 「言懷」 등 47수의 시를 남김. (《全唐詩》卷599)

어상으로는 제3연의 '好憑'·'把離心', 제 4연의 '正是' 등은 白話語로서, 元白體의 구사법, 그리고 나은 등 古淡派에서 흔히 보이는 描法을 쓰고 있어서 유미보다는 사실에 가까워져 있다.[28]

그리고 鄭畋과는 나은이 그의 관심의 대상이 되었었고, 당대의 권세가였던 만큼, 수다한 문인의 출입이 있었다. 최치원도 예외가 아니어서 정전과 상교하였으니, 그의 「鄭畋相公」 2수(《桂苑筆耕集》卷7)와 「太保相公鄭畋」(상동 卷9 共히 「別紙」임) 등은 바로 그 예증이 된다. 전자의 글의 일단을 보면,

> 삼가 생각컨대, 상공께서는 덕이 크시고 공훈이 많으시며 재학이 크고 깊으셔서 사방의 사람 입에 퍼지고 만승의 마음에 차시니 진실로 찬양할지며 더욱 우러러 볼 따름이로다.

> 伏以相公碩德茂勳, 雄才奧學, 播在四方之口, 沃於萬乘之心, 固絶贊揚, 但增瞻仰.

라고 하여서 상교의 깊이를 알게 한다. 최치원에 있어서 정전은 재당생활에 정착하는데 있어 큰 힘이 되었을 것이다. 정전 자신도 시명까지 있었고 문학을 애호하여 그의 시도 섬세하고 고아한 풍을 준다. 〈夜景又作〉(《全唐詩》 권719)[29]을 보면,

> 방울가닥 소리 없고 주궁은 닫혔는데
> 작은 누각은 쓸쓸히 옥 떨기의 바람만 더하누나.
> 대침을 하고 있으니 침상 가득히 명월이 다가와서
> 이 내 몸이 오색 구름 속에 떠 있는가 하노라.

---

28) 顧雲은 〈華淸詞〉 등 8수의 시를 남김.(《全唐詩》卷637) 羅隱에게 〈送顧雲下第〉가 있음.
29) 鄭畋은 〈中秋月直禁苑〉 등 16수를 남김.(《全唐詩》卷557)

鈴條無響閉珠宮, 小閣涼添玉蕊風.
枕簟滿牀明月到, 自疑身在五雲中.

 환상과 색채가 짙은 초탈적인 작품을 보여준다. 한편 최치원의 張喬와의 관계는 장교로서는 6수의 신라인에 준 시가 있고[30] 고운에게 준 〈贈進士顧雲〉이 있어서 나은과의 관계 정립에 간접적인 대상이 된다. ≪唐才子傳≫卷十에 보면 "애써서 배운 바, 시구가 청아하나 그 조리가 적다.(以苦學, 詩句淸雅, 廻少其倫.)"라 하여 시의 淸雅함을 추구하였으니, 그의 〈題賈島吟詩臺〉에서 보듯이 가도의 풍격을 추숭한 것으로 본다.[31] 최치원이 장교에게 준 〈和張進士喬村居病中見寄〉[32]를 보면 장교의 문학을 극찬하면서 賈島에 비견하고 있다.

시명이 사해에 전해져
가도와 다툴만한 이는 장교 같아야 할지라.
소아 뿐 아니라 신시도 잘하니
그 품은 능력 옛 현인을 이었네.
명아주 지팡이로 밤에 외론 산들과 함께 하고
갈대주렴 아침에 걷으니 먼 마을 안개 자욱하네.
병들어 「장빈」구에 읊어 부치니
낚시꾼 따라 성밖의 배에 드네.

一種詩名四海傳, 浪仙爭得似松年.
不唯騷雅標新格, 能把行藏繼古賢.

---

30) 張喬는 170수의 시를 남기고 있는데, (≪全唐詩≫卷638) 그 6수의 題를 보면 다음과 같다. 〈送朴充侍御歸海東〉, 〈送碁待詔朴球歸新羅〉, 〈送賓貢金夷吾奉使歸本國〉, 〈送新羅僧〉, 〈送僧雅覺歸東海〉, 〈送人及第歸海東〉 등.
31) 傅璇琮 主編 ≪唐才子傳校箋≫卷十(p.302) 참조.
32) ≪孤雲先生文集≫卷一(延世大 中央圖書館本影印本)

藜杖夜携孤嶠月, 葦簾朝捲遠村煙.
病來吟寄漳濱口, 因付漁翁入郭船.

 이 시에서 장교의 시명이 사해에 떨치고 고현인을 이을만 하다 하고, 제 3·4연에서는 시적 표현이 繪畫美를 주어 제 3연의 경우는 南畫의 皴法을 도입한 묘사로까지 부각되어 있다. 이들 외에 희종을 따라 相公을 지냈던 蕭遘와 裴澈에게 준 글들이 전해지는데[33] 나은에게 〈送支使蕭中丞赴闕〉(전당시 권655)이 있어 소구를 놓고 羅·崔 양인의 관계 또한 긍정적으로 본다.
 이상과 같은 최치원과 상교한 당인들은 나은과도 교분이 있기 때문에 간접적으로 양인의 시를 비교시킬 수 있는 充分한 근거가 설정되었다고 할 수 있다. 그러면 양인의 직접적인 관계성을 하나 인술한다면 ≪唐才子傳≫에 나오는 고사 중에 沈崧이 쓴 謝表의 내용이 富庶하다고 하여 전류가 나은에게 개작케 하였는데[34] 그 문구의 "날씨가 차니 고라니가 일찍 놀았고 날이 저무니 소와 양이 내리지 못하네.(天寒而麋鹿曾遊, 日暮而牛羊不下.)"가 최치원과 여하히 연관되느냐 하는 문제이다. 이 점에 대해 金重烈은 최치원의 〈姑蘇臺〉에서 근원 되지 않았는지를 거론하고 있다.[35] 이러한 관점은 양인의 관계상 매우 심도 있게 고찰한 논리라고 보며, 여기서도 그 가능성을 긍정하면서 부연하고자 한다. 먼저 최치원의 시를 본다.

---

33) 소구는 〈春詩〉 등 4首, 배철은 〈孟昌圖〉 1수가 전해지는데(≪全唐詩≫卷600), 최치원에게는 〈史館蕭遘相公〉(≪桂苑筆耕集≫卷七). 〈度支裵徹相公〉(上同), 〈史館蕭遘相公〉(上同卷八), 〈蕭遘相公〉(上同卷十) 등 있음.
34) ≪新五代史≫卷六七「錢鏐傳」에 "鏐拜鎭海軍節度使·潤州刺史在景福二年.(893)"이라 하니 改作時期와 相通.
35) 金重烈은 「崔致遠文學硏究」(高麗大學博士論文, 1983)(p.47)에서 나은의 文句를 최치원의「姑蘇臺」의 意趣와 相通시켜 나은이 인용한 것으로 의견을 제시했음.

황폐한 누대에는 고라니가 봄 풀에 놀고 있는데
버려진 뜰의 소와 양들은 석양 속에 내려 오도다.

荒臺麋鹿遊春草, 廢院牛羊下夕陽.

앞의 謝表에서 「牛羊不下」와 비교해 볼 때 최치원의 이 시는 단순히 봄날 저녁의 敍景으로 볼 수도 있다. 나은의 謝表는 浙西地方이 전란으로 피폐되어 있는데도 沈崧이 假飾과 誇張을 부려 조정의 부당한 반응을 대비하여서 개작한 것인 만큼, 최치원과의 관계를 고려한 차원을 떠나서 오히려 나은의 〈送王使君赴蘇臺〉(상동)에서 제 2·3연과 결부시켜서 봄도 생각해 볼 수 있다. 그 2연을 보면,

두 지방이 전쟁으로 더구나 끊기었고,
몇 년 동안 고라니가 고소에 누워 있네.
지친 농부는 세금이 무거워 온 가족이 다 망하였고
옛 가족은 전란의 침략으로 태반이 없어졌네.

兩地干戈連越絶, 數年麋鹿臥姑蘇
疲甿賦重全家盡, 舊族兵侵太半無.

라고 하니 고라니도 추위에 쉴 곳이 없다고 봄이 좋겠다.[36] 나은과 최치원은 연령의 차이와 시단에서의 비중, 그리고 최치원이 신라인이라는 여러 여건상, 최치원으로는 나은이 사승으로 하고 지교를 받으며, 만당의 나은을 중심한 교우관계에서 시풍의 영향을 받았다고 할 수 있다. 漢文學의 입장에서는 최치원의 독자성을 강조하지만 재당의

---

[36] 羅隱의 姑蘇臺와 有關한 다른 시들로 〈秋日有寄姑蘇曹使君〉, 〈姑蘇城南湖陪曹使君遊〉, 〈暇日有寄姑蘇曹使君兼呈張郎中郡中賓僚〉, 〈姑蘇臺〉 등이 있음.(《全唐詩》卷657)

시기에서만은 주종적 문학풍토를 불식시킬 필요가 없겠다. 귀국 후에 이룩된 문학이 더욱 한문학사적으로 중요한 것이기 때문이다. 따라서 다음에 이어질 양인의 시 비교는 그 근거를 여기에 마련하였다고 할 것이다.

Ⅳ. 羅隱과 崔致遠의 시 비교의 의의와 특색

1. 兩人의 시 풍격 비교의 의의

최치원이 스스로 피력하여, 「初投獻太尉啓」(≪桂苑筆耕集≫卷17)에서,

> 모는 신라인이다. 몸도 천하고 천성도 어리석으며 재주는 크지 못하고 학문은 풍부하지 못하다. 몸이 비록 비천하지만 나이 아직 젊으니 열 두 살에 계림을 떠나서 스무 살에 앵곡으로 옮겨 마침 푸른 옷깃의 선비들과 만나고 곧 황색 띠의 관리들을 따르게 되었다.
>
> 某, 新羅人也. 身也賤性也愚, 才不雄學不贍, 雖形骸則鄙, 年齒未衰, 自十二則別鷄林, 至二十, 得遷鶯谷, 方接靑襟之侶, 旋從黃綬之官.

라고 하였듯이 당에서 이국인의 수모를 감내하며 청운의 뜻을 성취키 위한 내심을 버리지 않았으며 그러기 위해서 신라인의 자존심을 지키기 위하여 각고의 修學을 기울인 것을 다음 「再獻啓」(상동 卷17)에서 확인할 수 있다.

> 모는 이미 지사의 근면을 지니고 또 수심에 찬 사람의 고뇌를 품고

서, 오로지 붓과 목편에 의지하여 감히 속에 맺힌 마음을 다 기술하려하니 마치 벽을 더듬어 캄캄한 중에 찾듯이 하였다. 문을 닫고 조용히 앉으니 자리는 차고 창가의 바람이 눈을 거두고 붓은 마르며 벼루 물은 얼음이 되었어도 공자의 韋編三絶을 본받으려 하였다.

> 某旣懷志士之勤, 又抱愁人之苦, 聊憑毫牘, 敢述肺肝, 且如蹋壁冥搜. 杜門寂坐, 席冷而窓風擺雪, 筆乾而硯水成冰, 欲爲尼父之絶編.

이처럼 외방에서의 노력 때문에 그는 당에서는 물론, 신라 이후의 한문학의 비조로 그 문학을 추숭하는 것이다. 그러나 그가 만당대에 유학했다는 이유로 그의 시를 단지 유미적인데에 둔 관념이 자고로 잠재되어 있었음은 재고해야 할 점이다. 그 예문으로 李奎報는 ≪白雲小說≫에서 (≪詩話叢林≫春),

> 최치원 고운은 천지를 진동시킨 큰 공로가 있기에 동방의 학자들 모두 그를 으뜸으로 삼고 있다.
>
> 崔致遠孤雲有破天荒之大功, 故東方學者皆以爲宗.

라고 칭송하고는 이어서 이규보는 또

> 그러나 그의 시는 그리 높지 않으니 어찌 중국의 만당 말에 속한 때문일까.
>
> 然其詩不甚高, 豈其入中國在於晚唐後故歟.(上同)

라고 촌평을 달고 있어서 그 평가 관념이 許筠에 와서도 여전히 다음과 같은 기술로 나타나고 있다.

최고운 학사의 시는 당 말기의 정곡이나 한악의 부류에 속하니, 오히려 비천하여 온후하지 않다.

崔孤雲學士之詩在唐末亦鄭谷韓偓之流, 寧俳淺不厚.(≪惺叟詩話≫・≪詩話叢林≫秋)

이러한 최치원에 대한 평가는 만당대의 기술한 바 중당의 元・白과 韓愈 및 賈島 등을 추숭하는 芳林十哲을 위시한 羅隱・顧雲 그리고 聶夷中 같은 유파는 배제한 데에서 나온 것으로 현실에 대한 풍자와 은둔의 念을 시에 담은 시인들과의 교류를 트고 있던 최치원에게는 일치된 평이라 볼 수 없다. 최치원 자신도 그의 「獻詩啓」(≪桂苑筆耕集≫卷十七)에서,

늘상 일찍이 안연과 염유의 담을 엿보았고 붓은 으뜸 되기 다투었지만 아직 조식과 유정의 보루를 얻지 못하였다. 그러나 다행히 중국에 유력하면서 어진 풍모를 터득하였도다.

每嘗窺顔・冉之墻, 而筆陣爭雄, 未得摩曹・劉之壘. 但以幸遊樂國, 獲覩仁風.

라고 한 것을 보면, 최치원의 정신적 바탕은 儒家에 두었고 그의 문학은 曹植과 劉楨에 기반하고 있음을 자술한 것을 분명히 밝히고 있다. 여기에 최치원의 시를 許筠처럼 香奩體의 부류로 분류한 것이 가당치 않은 것이다. 더욱 참고할 점은 孤雲을 변명하기 위한 자료의 하나라고 배제할 수도 있겠지만, 다음 盧相稷의 「孤雲先生文集重刊序」(≪孤雲先生文集≫)와 후손 國述의 「孤雲先生文集編輯序」(상동)

는 상기의 논증을 뒷받침할 만한 것이다. 전자에서는,

> 고려조에 와서 신라의 현인을 모심에 선생 아니면 마땅한 자가 없으니 선생은 실로 동방에 처음 뛰어난 문학을 낳았다. 나라 안에 예의있는 풍속은 선생이 진정 창도한 것이다.……선생의 학문은 사술 육경을 바탕으로 하고 인을 근본으로 하며 효를 우선하여 종지로 삼았다.……선생의 소원은 공자를 배우는 것이다.……선생은 ≪경학대장≫을 지어서 성리학을 발현시켰다.……고려조에 불경 암송이 더욱 성하니 ≪대장≫은 읽히지 않고 선생의 시문도 거의 읽히지 않았다.

> 至麗祀羅賢, 微先生, 無以當之. 先生實東方初頭出之文學也. 三千里內禮義之俗, 先生實偈發焉.……先生之學, 以四術六經, 仁爲本, 孝爲先爲宗旨.……先生之所願學孔子也.……先生著經學隊仗一書, 發明性理.……麗之時誦佛益甚, 不但不讀隊仗. 亦鮮讀先生詩文.

여기서 다소간 편견을 엿볼 수 있지만 최치원의 확고한 儒家의 도덕관을 제시해 준다고 본다. 그리고 후자에서는,

> 천운이 막히고 임금이 또 죽은 데다 나라의 풍속이 불교를 중시하여 유도가 있는지 몰랐다. 나아가도 받아들이지 않고 물러나 행할 곳이 없으니 마침내 산수에 물러나 끝마쳤다. 공자가 바다로 떠가고 맹자가 뜻을 얻지 못해 물러나니 이 어찌 근본을 다할 수 있겠는가. 아! 천년 후에 태어나서 천년 전과 같아지기 바라니 글이 아니면 징험할 수 없다. 세상에 때로 '기려'하다고 선생을 나무라고 불교로 선생을 꾸짖으나 만당의 법도가 정해진 규율이 있어 모든 쓰임에 사육체가 아니면 행할 수 없으므로 이에 따르지 않을 수 없었을 것이다.

> 天運否塞, 王又晏駕, 況國俗重佛敎, 而不知有儒道. 進不能容, 退無可

施之地, 遂放於山水而終. 尼父之浮海, 孟氏之不得而退, 是豈盡本旨也
哉. 噫, 生於千載之後, 欲求彷佛乎千載之上, 則非文無以爲徵. 世或以綺
麗短先生, 撰佛誌先生, 然晚唐文法自有定制, 凡百需用, 非四六則不得
行, 此其所以不可不從也.

라고 하여서 최치원의 시풍이 기려함이 있다면 본의가 아닌 풍조에
불과하다고 간주하고 있다.

나은의 시가 鄙俗한 점이 있지만,[37] 만당의 綺靡에 물들지 않았고[38]
세파에 지절을 지켰으며[39] 諷諫을 지향한[40] 의지가 최치원과 상관시
킬 수 있는 요인이므로 다음 주어진 특성을 통하여 양인의 시를 상호
접근시켜 볼 수 있을 것이다.

2. 淡雅

시의 풍격이 여하하냐고 할 때, 막연히 논리 없이 體會한 감성을 토
로하곤 한다. 여기서도 '淡雅'란 매우 포괄적으로 이해할 수밖에 없다.
그러나 나은과 최치원의 시에서의 '淡雅'는 '以故爲新'과 '平淡'을 추구
하는 것으로 접근해 나가야 할 것이다. 陳師道는 ≪後山詩話≫에서,

---

37) 楊愼의 ≪升菴詩話≫卷四에 "羅隱詩多鄙俗, 此詩不類其平生."라 하고 王楙의
 ≪野客叢書≫卷六에는 "唐人詩句中, 用俗語者, 惟杜荀鶴‧羅隱爲多."라 함.
38) 羅大經의 ≪鶴林玉露≫卷十二에 "晚唐詩綺靡乏風骨, 或者薄之, … 羅隱乾符中
 擧進士, … 事鏐終於著作佐郎, … 又可以晚唐詩人薄之乎?"
39) 劉克莊의 ≪後村詩話後集≫卷一에 "羅隱有詩聲, 屢搪于名場, 然逢世亂離, 依錢
 氏以庇身, 未嘗失節."라 하고 于愼行의 ≪讀史漫錄≫에 "唐末詩人, 惟司空圖‧
 羅隱卓有風節"라 함.
40) 何良俊의 ≪四友齋叢說‧詩≫에 "羅隱詩雖是晚唐, 如 "霜壓楚蓮秋後折, 雨催蠻
 酒夜深酤" 亦自婉暢可諷"

민남 지방의 선비 중에 시를 좋아하는 사람이 있어서 진부한 어구와 평범한 말을 쓰지 않고 시를 써서 매성유에게 보냈다. 답장에서, 그대의 시는 실로 공교롭도다. 그러나 옛것으로 새롭게 하고 속된 것으로 우아하게 하지 못하였도다.

閩士有好詩者, 不用陳語常談, 寫投梅聖兪, 答書曰: 子詩誠工, 但未能以故爲新, 以俗爲雅爾.

라 하여 시의 예술효과를 거두기 위해서는 奇險한 의미를 추구하거나 난삽한 이론을 이입시키는 것이 아니라 소재의 선택보다는 그 표현내용의 創新과 高雅를 강구해야 함을 강조하고 있다. 그리고 袁枚가 말한 바,

시의가 정밀하고 깊지 않으면 우뚝 독도의 세계에 설 수 없고 시어가 평이하고 박실하지 않으면 사람마다 이해하여 터득할 수 없다. 주자가 말하기를, 매성유의 시는 평담하지 않고 메말라 맛이 부족하다. 왜 그럴까? 정심이 부족하기 때문이다. 곽공보(宋人, 名祥正)는 말하기를 황산곡의 시는 많은 기력을 허비함이 매우 심하다. 왜 그럴까? 평담이 부족하기 때문이다.

非精深不能超超獨先, 非平淡不能人人領解. 朱子曰: 梅聖兪詩, 不是平淡, 乃是枯槁. 何也? 欠精深故也. 郭功甫曰: 黃山谷詩, 費許多氣力, 爲是甚底. 何也? 欠平淡故也.(≪隨園詩話≫)

라 한 데서 시어의 구사에 있어 典故와 美麗함을 지양하고 자연적이며 詩味가 넘치는 淸新을 중시함을 알 수 있다. 이것은 魏慶之가 말한 바,

청신함에는 "들판의 경색이 날씨 추워지니 엷어지고, 인가는 난리 지나니 띄엄하도다."

淸新; 野色寒來淺, 人家亂後稀.(≪詩人玉屑≫卷3)

라고 하여 나은의 〈秋浦〉시를 인용하며 예증한 것과 상통하는 것이다. 이제 그 〈秋浦〉시를 보고자 한다.

　　맑은 냇물은 지는 햇빛에 드리운 듯
　　멀리 바라보며 깊은 상념에 끝이 없도다.
　　들판의 경색이 추워지니 엷어지고
　　인가는 난리가 지난 후 띄엄하구나.
　　오랜 가난에 몸도 영달 못하였고
　　병도 많아서 뜻과는 오래 어긋났도다.
　　아직 고깃배에 담은 이 몸
　　때때로 꿈속에서나 고향에 돌아갈까.

　　晴川倚落暉, 極目思依依.
　　野色寒來淺, 人家亂後稀.
　　久貧身不達, 多病意長違.
　　還有漁舟在, 時時夢裏歸.

이 시는 意趣와 표현어구가 모두 平常語에 의해 강렬한 望鄕을 내연시키고 있다. 그러면 최치원의 〈秋日再經盱眙縣寄李長官〉(≪孤雲先生文集≫卷之一)을 나은과 대비하여 보면,

　　외로운 다북쑥 같은 이 몸 은혜를 다시 입으며
　　읊으며 가을 바람을 대하니 어긋남이 한스럽네.

문 앞 버들은 벌써 새잎이 시들었는데
나그네는 여전히 작년 옷 입고 있네.
길 잃은 하늘 아래 시름 속에 늙고
집은 안개물결에 격해 있어 꿈에나 돌아가리.
스스로 웃는 것은 몸이 삼짓날의 제비 같거늘,
무늬 진 들보 높은 곳에 또 날아왔다네.

孤蓬再此接恩輝, 吟對秋風恨有違.
門柳已凋新歲葉, 旅人猶着去年衣.
路迷霄漢愁中老, 家隔烟波夢裏歸.
自笑身如春社鷰, 畵樑高處又來飛.

나은의 시가 보다 서정적이지만 제2구와 제3연, 그리고 제4연이 최치원의 제2구와 제5구, 그리고 제6구와 시의가 상통하고 시어 또한「夢裏歸」처럼 동의하다. 최치원의 시 또한 나은과 같은 계절에 향수를 노래한다. 出仕에 대한 사념도 동일하게 유로되고 高駢에게 의지하는 심정이나 나은이 득의하지 못하는 것이 의미 상통한다. 나은의 제7구와 최치원 제5구는 하나는 배에 있고, 다른 하나는 밤하늘에 헤매는 신세이지만, 고독과 실의하는 심회는 동일하다. 시의 淸新味가 精深한 의취와 平淡한 박실미로 인해 두 시에서 진박하게 드러나 있다. 그리고 나은의 〈中元夜泊淮口〉를 보면,

나뭇잎이 휘돌아 날리고 물은 고요한데,
어느새 외로운 노에 벌써 삼경이구나.
가을이 서늘하니 안개이슬이 등불아래 스며들고
밤이 고요하니 어룡이 둑에 다가오네.
베개 의지하고 깊은 상념에 잠겼는데,
누대를 사이에 두고 누가 대들보를 감도는 소리를 내는 건가.

비단 돛대의 님께서 넋이 나가신 듯
양주를 지나시면 응당 밝은 달을 보시겠지.

木葉廻飄水面平, 偶因孤棹已三更.
秋凉霧露侵燈下, 夜靜魚龍逼岸行.
敲枕正牽題杜思, 隔樓誰轉遶梁聲.
錦帆天子狂魂魄, 應過揚州看月明.

여기서 이 시는 전혀 만당의 미각을 느낄 수 없다. 綺麗하다고 보겠지만, 이 시는 「華而不靡」한 高雅美를 보여준다. 陸時雍은 이 시를 두고,

나은의 "가을이 서늘하니 안개 이슬이 등불 아래 스며들고, 밤이 고요하니 어룡이 둑에 다가오네." 이 말은 심전기와 왕유와도 마땅히 대질시킬만 하다.

羅隱 "秋凉霧露侵燈下, 夜靜魚龍逼岸行", 此言當與沈佺期・王摩詰折證.(《詩鏡叢編》)

라고 하여 이 시의 眞情流露와 朴素自然은 성당에 넣어도 可하다고 품평한 것이다. 이것은 만당시가 지닌 詞體的인 흐름을 뛰어넘은 경지임을 인정한다고 볼 수 있다.[41] 高雅나 平淡은 그 자체가 枯燥한 표현에서 얻기 어려우므로 수식에 의해 婉約에 들지 않도록 하기가 쉽지 않다.[42] 平淡이란 평이한 常語에서 나온다면 오히려 천속

---

41) 吳可는 《藏海詩話》에서 "晚唐詩失之太巧, 只務外華, 而氣弱格卑, 流爲詞體耳."라고 한 관념을 탈피한 평가라 할 것이다.
42) 葛立方은 "大抵欲造平淡, 當自組麗來中, 落其華芬, 然後可造平淡之境, 如此則陶謝不足進矣. 今之人多作拙易語, 而自以爲平淡, 識者未嘗不絶倒也."(《韻語陽秋》)라 하여 平淡의 出源은 組麗에 있음을 강조.

한 데로 빠지기가 쉽다. 平淡은 天然한 데로 흘러갈 때에 '시의 平淡性'을 논할 수 있다. 아울러 최치원의 〈寓興〉보게 되면, (≪孤雲先生文集≫卷1)

      사리의 문을 빗장 걸어서
      버림받은 이 몸 더 헐게 안 하리라.
      함부로 사리를 탐내는 자는
      가벼이 바다 밑으로 들어가리라.
      몸이 영달하면 먼지에 쉬이 물드니
      마음의 때 씻기 어렵도다.
      담백하게 뉘와 얘기를 나눌 건가
      세속의 길에서 단술을 즐기리라.

      願言扃利門, 不使損遺體.
      爭奈探利者, 輕生入海底.
      身榮塵易染, 心□垢難洗.
      澹泊與誰論, 世路嗜甘醴.

이 시는 묘사가 組麗하지 않지만 淸逸한 풍미를 지니고 있어 상기한 나은의 시 보다 오히려 淡白하다. 시의 또한 탈속적이어서 葛立方의 논리에는 불합하지만 天然하고, 반면 外華하지 않다. 그러나 최치원의 〈海邊春望〉(≪桂苑筆耕集≫卷20)을 보면,

      갈매기와 백로가 따로 날아 높이 떴다 내려 갔다하고,
      먼 물가의 그윽한 풀은 무성하도다.
      이 때에 천리 밖에서 온갖 상념에 잠겼는데
      멀리 보이는 저녁구름에 헤매는 마음.

      鷗鷺分飛高復低, 遠汀幽草欲萋萋.

此時千里萬重意, 目極暮雲翻自迷.

이 시는 경치를 노래함이 浩然하다. 포용력이 있으며 통쾌하다. 내용이 淡白하고 표현은 高雅하다. 이것을 두고 淡雅한 경지라 할 수 있을 것이다.

한편, 나은의 시는 기설한 바, 속어를 다용하면서도 詩趣는 고상하며 초탈적인 데에 그 특징이 있다. 나은의 〈自遣〉시를 먼저 보고자 한다.

> 얻으면 크게 노래하고 잃으면 가만 있도다.
> 많은 근심 많은 원한이 또 그지 없으니라.
> 오늘 아침에 술 있으면 오늘 아침에 취하고
> 내일에 근심 오면 내일 근심하리라.

> 得卽高歌失卽休, 多愁多恨亦悠悠.
> 今朝有酒今朝醉, 明日愁來明日愁.

이 시는 시인이 여러 번 급제 못하고 실의에 찬 심정을 동요처럼(民謠) 묘사하고 있다. 표현이 솔직하지만 추상적인 서정이 깃들어 있다. 제1구는 情과 態가 하나로 형상화되어서 나타나고, 제2구는 무료한 가운데 삶의 진실된 현상을 묘사한 것이며, 제3·4구는 同意反復하여 시정을 음률의 重疊技法을 통해 분명히 표출한다. 특히 제4구에서 '愁'자가 전후 각각 명사와 동사로 의미 활용하는 口語의 昇化作用을 보게 한다. 최치원에게도 口語活用을 볼 수 있으니, 〈途中作〉(《孤雲先生文集》卷之一)을 보면,

> 동서로 홀연히 떠돌며 갈림길에 먼지 날리니

홀로 지친 말채찍 질하며 얼마나 고생하는가.
돌아가는 것이 좋은 줄 알건만
돌아간들 집만 가난하다네.

東飄西轉路歧塵, 獨策嬴驂幾苦辛.
不是不知歸去好, 只緣歸去又家貧.

이 시는 정처 없는 浪人의 心懷를 솔직담백하게 그리어 놓고 있다. 綺麗한 풍이 어디 있으며 工巧한 묘사가 한 곳도 없이, 제1구부터 완전한 白話文이다. 제1구의 '東飄西轉', 제2구의 '幾苦辛', 제3·4구는 모두가 백화이며 구어이다. 그러나 자연스럽고 진실하다. 천속하지 않고 감동적이며 그대로의 平淡이다.

3. 隱諭

나은시의 풍자에 대해서는 상기 영물시에서 상설하였기에 여기서는 양인의 시를 통한 비교만을 다루고자 한다. 먼저, 나은이 자신의 不遇를 풍자한 〈鸚鵡〉를 본다.

무늬 새긴 광주리에 푸른 깃털 남은 것 한하지 마라.
강남의 땅 따뜻하고 농서지방은 차갑도다.
그대에 권하노니 말을 분명히 하지 마오,
분명히 말하다가 어려운 일이 생기리라.

莫恨雕籠翠羽殘, 江南地暖隴西寒.
勸君不用分明語, 語得分明出轉難.

隴西(隴山以西・陝西의 甘肅변경)에는 앵무새의 산지로, 隴客이라고도 한다. 나은이 난세에 救世의 포부를 지녔지만 불우하게도 55세에야 錢鏐의 막하에 들어가니 뜻을 펴지 못함을 조롱 속의 앵무새에 비유한 것이다. 시인은 제2연에서 언행의 신중을 강조하여 처신의 어려움을 대신하였다. 이 시는 단순한 比興托物이 아니라, 앵무새의 말을 빌리는 형식으로 자신의 心曲을 토로하며 언행의 경계를 스스로 다짐하고 있다. 최치원도 在唐 시기와 귀국 후에도 불우한 지경에서 현실과 이상, 그리고 羅末의 정치상황에 대해서 영물을 통한 比興을 시에서 보여주고 있다.43) 그의 신세의 불우를 읊은 것으로 〈杜鵑〉을 보기로 한다.

> 바위틈에 아스라히 선 나무뿌리
> 잎이 쉬이 마르고
> 풍상이 유독 스쳐 쇠잔해 보이네.
> 벌써 들국화는 가을의 요염함을 만끽하고
> 바위의 솔 찬 세월에 이겨내니
> 응당 부럽구나.
> 가여워라. 꽃향기 머금고 푸른 바다에 서 있으니
> 누가 옮기어 난간 앞에 심을 건가.
> 뭇 초목과는 완연히 다르건만
> 단지 두렵기는 나무꾼이 범상히 보아 넘기려네.

> 石罅根危葉易乾, 風霜偏覺見摧殘.
> 已饒野菊誇秋艶, 應羨巖松保歲寒.
> 可惜含芳臨碧海, 誰能移植到朱欄.
> 與凡草木還殊品, 只恐樵夫一例看.

---

43) 崔致遠의 諷刺性있는 詠物詩로는 〈石峰〉, 〈潮浪〉, 〈沙汀〉, 〈野燒〉, 〈杜鵑〉, 〈海鷗〉, 〈山頂危石〉, 〈石上矮松〉, 〈紅葉樹〉, 〈石上流泉〉, 〈東風〉, 〈題海門蘭若柳〉(以上은 ≪桂苑筆耕集≫卷二十), 〈蜀葵花〉, 〈題輿地圖〉, 〈碧松亭〉(以上은 ≪孤雲先生文集≫卷之一)

이 시는 두견화를 자신의 형상으로 擬人化시켜서 계절과 바위 틈새의 위치등을 刻苦의 映像이 되게 하였기 때문에 시어의 구사와 韻律의 調和가 流麗하지만 그 意趣는 매우 凄切하고 고독하며 소외된 현실생활상을 암시해 준다. 이것은 沈德潛이 말한 바, 어떤 사상이나 도리를 物象에 기탁하는데, 동류의 사물과 연계시켜 비유하는 기법인「托物連類」(≪說詩晬語≫)와 상통하여서,44) 최치원은 두견화를 부각시키기 위해서 野菊과 松, 凡草木 등 同類의 초목을 등장시켜서 대비하고 있다.

한편 양인에게는 지배계급의 제도나 언행의 부정을 통렬히 비판하는 내용을 은유적으로 묘사하는 예를 중시하게 된다. 먼저 나은의 〈黃河〉시를 보면,

여기에 아교를 쏟지 말아라.
이 속의 천의를 밝히기가 어렵도다.
은하수로 통해 있으면 응당 굽어 있으련만,
곤륜산에서 흘러 나왔으면 맑지 않으리라.
한 고조는 공신에게 맹세할 때 허리띠가 작다 하였고,
선인은 두우를 점칠 때 뗏목이 가볍다 하네.
삼천 년 뒤 누가 있을지 알리오.
하필이면 지친 그대 태평을 알리게 하는가.

莫把阿膠向此傾, 此中天意固難明.
解通銀漢應須曲, 才出崑崙便不淸.
高祖誓功依帶小, 仙人占斗客槎輕.
三千年後知誰在, 何必勞君報太平.

黃河의 형상과 水質을 빗대어 당대의 과거제도와 전반적인 당말의

---

44) ≪說詩晬語≫; "事難顯陳, 理難言罄, 每托物連類以形之. 鬱情欲舒, 天機隨觸, 每借物引懷以抒之."

정치풍조에 대한 절망감을 표현하고 있다. 제1구의 혼탁한 물은 모든 분야의 부패상을, 제2구의 天意는 皇帝의 명철하지 못한 것을 각각 지적한 것이며, 제3·4구의 銀漢과 곤륜산은 조정의 귀문세력의 부조리를 지칭한 것이다. 제3연에서 두 전고를 사용하여 漢高祖의 平天下 시의 誓詞와 張騫과 嚴君平의 占卜 고사에서[45] 나은은 조정의 부귀와 귀족의 전횡을 은유적으로 비판하고 있다. 그러면서 제4연에서 기대할 수 없는 당조의 형세를 비관한 것이다. 이 시에 대해 사어가 조급하다고 하여[46] 온후의 부족을 탓하지만 풍자에 있어 직시와 냉혹이 결여된다면 그 진의를 올바르게 표출시킬 수 없기 때문에 나은의 이 시는 착안과 構思가 진지하고 강렬하다고 본다. 그리고 崔致遠의 〈野燒〉(《桂苑筆耕集》卷20)를 보면,

> 깃발이 문득 어지러이 날리어서
> 변방의 군대 내달리는가 하였도다.
> 사나운 불꽃이 하늘에 타올라서 석양인가 하니
> 미친 듯이 오르는 연기는 들판을 가로질러
> 돌아가는 구름을 끊는다.
> 마소를 키우기에 힘들다고 탓하지 말지니,
> 여우와 이리 떼가 없어져서 기쁘네.
> 단지 두렵기는 바람이 산 위로 몰아가서
> 헛되이 옥석을 일시에 태우게 되지 않을 런 지.

> 望中旌旗忽繽紛, 疑是橫行出塞軍.
> 猛焰燎空欺落日, 狂煙遮野哉歸雲.
> 莫嫌牛馬皆妨牧, 須喜狐狸盡喪群.
> 只恐風驅上山去, 虛教玉石一時焚.

---

45) 班固의 《漢書》卷一下와 上同書의 卷六十一「張騫李廣利傳第三十一」 참조.
46) 劉鐵冷은 《作詩百法》에서 "失之大怒, 其詞躁."라 함.

이 시는 夕陽에 타는 들불을 통해 당시의 악한 관리와 사회의 병폐를 퇴치할 수 있기를 바라는 마음을 토로하고 있다. 제1·2연은 단순한 들불의 모습을 형용하고 있지만, 그 내면에는 분노의 불길이 타오름을 묘사한 것이고 제3연에서는 '狐狸'라고 하여 소인배의 작행을 불태워 쇄신되기를 바라며 희구하는 심회를 풍자한다. 그러나 제4연에서 그 쇄신과 개혁에 있어 옥석을 분별해야 함을 염려하니, 羅末의 개변을 시도할 수 있기를 간설적으로 제안한다. 나은과 최치원의 풍자시는 그 소재가 유사성을 지니고 있으며 대부분이 영물의 방법을 택하고 있다. 그 이유는 양인이 각기 그 조대의 말기에 처하였으며 그 풍조 또한 말세적 폐습을 드러내고 있었기 때문일 것이다.

4. 脫俗

避世니, 遁世니, 또는 隱遁이니 하여 자연에의 귀의와 종교의 신심에 초점을 맞추어서 어느 시인의 탈속의식을 부각시키는 경우가 상례이다. 羅·崔 양인에 있어서도 그 예외가 될 수는 없다. 최치원에게는 불가가 그 주요대상이 되지만 遊仙의 작을 인증하기에 부족하다. 나은의 탈속은 道仙을 위시하여 그 대상이 다양하다. 그러나 양인의 시에 나타난 공통적인 소재의 테두리 안에서 서로 비교하려고 한다. 최치원에게서 遊仙的인 소재를 찾을 수 없기 때문이다. 먼저 나은의 〈偶興〉을 보면,

무리를 따라 다니기를 이십 년,
곡강 연못가에 수레 먼지 피하련다.
지금은 시들하여 노쇠해지니
한가로이 속세의 의기양양한 자를 보고 있노라.

逐隊隨行二十春, 曲江池畔避車塵.
如今嬴得將裏老, 間看人間得意人.

여기서 은거한 심태를 悔恨的으로 그리고 있다. 그런데 최치원은 나은 보다 은거의 자세가 더욱 적극적이다. 그의 〈題伽倻山讀書堂〉(《孤雲先生文集》卷1)을 보면,

우뻣 쭈뻣 겹겹이 솟은 돌 새로 미친 듯이 흘러 산을 울리니
사람의 소리 지척에서도 듣기 어렵구나.
항상 시비의 소리 귀에 들릴 것을 두려워서
일부러 흐르는 물로 산을 다 감싸기로 하였는지.

狂奔疊石吼重巒, 人語難分咫尺間.
常恐是非聲到耳, 故教流水盡籠山.

이 역시 속세의 잡사를 외면하고자 하는 은둔의 심경을 노래하고 있는데, 羅末의 사회혼란을 상징한 것이라기보다는[47] 단순한 자연의 경물에 심취하고 귀의하고픈 순수한 심경의 표현으로 봄도 가할 것이다. 合自然의 일단이다. 그리고 양인은 佛家의 심태를 통해 탈속을 추구하는 시들을 다작하고 있는데,[48] 나은의 〈贈無相禪師〉를 보면,

---

47) 李家源, 《韓國漢文學史》(p.72) ; "이 詩는 新羅末期의 혼란한 社會를 잘 象徵한 作品이었다."
48) 羅隱에게는 禪詩로 〈春晚寄鍾尙書〉, 〈春獨遊禪智寺〉, 〈廣陵開元寺閣上作〉, 〈秋日禪智寺見裴郎中題名寄韋贍〉, 〈春中湘中題岳麓寺僧舍〉, 〈登瓦棺寺閣〉, 〈和禪月大師見贈〉, 〈封禪寺居〉, 〈題鼇石山僧院〉, 〈靈山寺〉, 〈甘露寺火後〉, 〈甘露寺看雪上周相公〉, 〈秦望山僧院〉, 〈寄無相禪師〉, 〈金山僧院〉 등이 있으며, 崔致遠에게는 〈和金員外贈巉山淸上人〉, 〈題海門蘭若柳〉(以上은 《桂苑筆耕集》卷二十), 〈贈梓谷蘭若獨居僧〉, 〈贈雲門蘭若智光上人〉, 〈題雲峰寺〉, 〈登潤州慈和寺上房〉, 〈贈希朗和尙〉, 〈寄願源上人〉(以上은 《孤雲先生文集》卷之一) 등이 있음.

사람마다 모두들 부처님을 섬긴다고 하면서
마음으론 저자의 일에 바쁘구나.
오로지 말이 있어 산 위의 나그네가 된다면
생사의 길을 모두 잊으리라.

人人盡道事空王, 心裏忙於市井忙.
惟有馬當山上客, 死門生路兩相忘.

이 시에는 「空王」(부처의 尊稱) 이 외에는 禪語가 없지만 口語 속에 지극한 禪趣가 흘러 넘친다.49) 최치원에서 〈贈梓谷蘭若獨居僧〉을 보면,

솔바람 외에는 귀에 시끄러운 소리 없으니,
띠를 엮어 깊이 흰 구름 속에 의지하였네.
세상 사람 이 길을 아는 것이 외려 원망스러우니
돌 위의 푸른 이끼에 신발자국 남으리라.

除聽松風耳不喧, 結茅深倚白雲根.
世人知路翻應恨, 石上莓苔汚屐痕.

여기에서 山이란 자연과 합일된 마음이 표출되어 있다. 구도자적 초탈이며 忘機한 禪境의 극치를 보여준다. 최치원은 이런 탈속의 심경에서 삶의 가치관을 재조명해주는 戒詩로 제시해주고 있는 것이다. 양인의 禪詩는 禪語나 禪理를 구사하지 않고 소박한 口語나 제재를 통하여 독자의 심금을 울려주고 있다. 주관의 객관화가 용이치 않은데, 양인의 시 비교는 바로 인증이 부족하므로 객관화시키기에는 충분치 못한 것 같다.

---

49) 禪趣에 대해서는 拙著 ≪王維詩比較硏究≫(北京 京華出版社, 1999) 제5장을 참조.

나은과 최치원의 교분과 그 양인의 시 비교는 서로 일치되는 점이 많지 않으나, 연결의 고리를 마련하는 작업을 시도하여 보았으며, 그 비교의 개연성에 대해서 주변의 상황과 처지도 더불어 거론해 보았다. 객관성 여부를 가릴 만큼 심도가 부족하였으며 억설도 적지 않다고 본다. 그리고 시의 비교도 피상적인 상관성에만 치우쳐서 이 역시 문제점이 많다고 본다. 그러나 최치원의 시에 대한 이해를 다른 각도에서 다시 말하면 芳林十哲의 사조 면에서 조명할 수도 있으리라는 점에서 非唯美派의 나은 시와 접맥시켜 보았다.

제2편 高麗漢詩와 唐詩

陳澕 詩와 孟浩然·王維 시의 풍격
金九容과 그 시의 唐詩 사조
≪明詩綜≫所載 高麗 문인의 시

陳澕 詩와 孟浩然·王維 시의 풍격

 高麗末에는 그 초중엽 보다 문학작품이 비교적 남아 있는 편이지만 전반적으로 보아 고려의 문학을 조명할만한 근거자료가 적다고 할 수 있다. 그 중에도 근년에 麗末 연간의 문집을 검토하면서 경이의 눈을 뜬 것이 바로 梅湖 陳澕의 시를 보고부터이다. 그의 남긴 시는 불과 48제의 59수¹⁾이지만, 본문에서는 그에 대한 필요한 요소라면 모두 매거하면서 분석하고자 한다.
 진화의 생졸년대는 불확실하지만, 그의 ≪梅湖遺稿≫의 「序」와 「小傳」에 기록된 것을 보면,²⁾

---

1) 59수 중에 〈月夜與李史舘允甫同賦遊月宮篇〉은 詩題만 남고 原文은 逸失.
2) 序는 黃景源의 作이며, 崔粹의 小傳은 南泰普의 譜를 기술한 것이다. ≪高麗史≫卷百 列傳 第十三과 ≪東國李相國集≫卷十一, 그리고 ≪補閑集≫ 등에도 散見된다. 黃景源(1709~1787)은 字가 大卿, 號는 江漢遺老. 官은 判中樞府事까지 지내고 ≪江漢集≫이 있음. 南泰普가 序를 쓰던 때는 崇禎 壬辰(1772)으로 蔚山府使를 지냄. 黃景源의 序는 正祖 八年 癸卯(1783)의 作이고 跋文으로는 吳載純의 作이 甲辰年(1784), 閔鐘顯의 作이 역시 甲辰年, 崔粹의 作이 癸卯年(1783), 그리고 陳廷杰의 作이 甲辰仲秋인 것으로 보아 ≪梅湖遺稿≫의 출간은 甲辰年 또는 그 이듬해가 되리라 본다. 이 유고의 정리는 陳廷杰의 跋에서 "壬辰南蔚山泰普遂析而分之, 窮搜王考未見之書, 博攷前賢紀實之語"라 하고 또 "上癸卯崔典籍粹

매호 진화는 홍주인이다. 영종 경원 6년에 진사에 뽑히고, 얼마 안 있어 급제하여 한림원에 들어가 서장관으로서 금 나라에 사신으로 갔으며 지제고에 올랐으나, 바른 말로 인해 보궐에 좌천되었다가 우사간과 지공주사로 등용되었다.

梅湖陳公澕洪州人也. 寧宗慶元六年, 擧進士, 未幾, 登第入翰林以書狀官, 使于金, 擢知制誥, 由正言遷拜補闕, 已而進爲右司諫, 知公州事. (黃景源「序」)

매호공은 홍주의 여양현인이다. 성이 진이요 이름은 화이며 매호는 그의 호이다. 증조부 총은 고려 인종을 지극히 섬겨서 대장군으로서 적을 토벌하여 이자겸이 여양군에 봉했으며, 조부 준은 참지정사로 굳세게 의명경규의 난에 문신을 지켜 온전히 생명을 잘 보전하니 그 때 사람들이 그 후손은 필히 창성할 것이라 하였다. 부친 광현은 추밀부사를 지냈으며 공은 그 둘째 아들이다.

梅湖公洪州驪陽縣人也. 姓陳名澕, 梅湖其號也. 曾祖諱寵厚事高麗仁宗, 以大將軍討賊, 臣李資謙封驪陽君, 祖諱俊, 參知政事, 當毅明庚癸亂, 扶護文臣, 全活甚多, 時人謂其後必昌, 考諱光賢樞密副使, 公其仲子也. (崔粹「小傳」)

라고 하여 진화의 가계를 밝혔는데, 序에서 '寧宗慶元六年'에 진사가 되었다면 南宋 연호를 쓴 것이지만, 실은 金朝의 章宗 承安 5년이며 高麗 神宗 3년(1200)에 해당되고, 《高麗史》에서 鄭麟趾는 李奎報와

翁又銳意聚斂以小傳, 硏精而蒐輯彙成一冊."이라 한 것으로 보아 《梅湖遺稿》 중에 실린 先人의 評述蒐集은 南泰普의 功이며 덧붙여 按을 기술한 評文은 崔粹의 견해라 하겠다. 梅湖의 23代孫 陳昌範이 陳廷杰의 뒤를 이어 跋文을 써서 出刊한 것으로 《梅湖集》이 있으나, 본고의 底本인 大東文化院의 影印本과 昌範의 文 이외에는 같은 것이다.

제명하였다 하여,

진화는 한림원에 선입되었고 우사간과 지제고를 거쳐 공주지사로 나갔다가 죽었다. 시를 잘 지어 사어가 청려하며 어려서 이규보와 명성을 같이 하여 그 때 이정언과 진한림으로 불렸다.

澕選直翰林院, 以右司諫知制誥, 出知公州卒. 善爲詩, 詞語淸麗, 少與李奎報齊名, 時號李正言陳翰林. (卷百 列傳十三 陳俊)

라고 하였는데, 李奎報(1168~1241)가 陳澕와 수창한 시가 17수나 되어3) 그 중에 〈代陳同年湜和舍弟澕隨父地東京憶兄見寄〉시와 〈陳君見和復次韻答之〉시에서 양인이 선후배간임을 알 수 있어, 진화의 생존시기가 1200년을 전후한 것임이 확실하다. 더욱 확실한 것은 崔滋 (1188~1260)와의 관계로서 시로써 뿐만이 아니라 인정으로 상교하였음을 ≪補閑集≫의 도처에서 열람할 수 있으니, 예컨대 최자는 梅湖의 시를 정확히 이해하여,

가벼운 듯 준일한 맛이 있어, 예컨대 진화의 「강상」시의 "바람이 부니 낚시하는 노인의 돛대에 비를 뿌리고, 산이 붉게 물드는데 기러기 뜬 저 밖에 가을이 짙구나"를 들겠다.

---

3) 참고한 李奎報의 陳澕에 준 詩題를 열거하면 다음과 같다. 「代陳同年湜和舍弟澕隨父之東京憶兄見寄」 二首, 「十月五日陳澕見訪留宿置酒用蘇軾詩名賦」, 「後數日陳君見和復次韻答之」 二首, 「陳君復和又次韻贈之」 二首, 「夜宿陳澕家大醉書壁上」, 「陳君見和復次韻答之」, 「陳君復和次韻贈之」, 「尹同年儀陳同年湜陳澕見訪用劉賓客詩韻冬賦」, 「次韻陳學正澕聞琴」 二首, 「次韻陳翰林題苗正字大隱樓在市邊」, 「癸酉孟春十七日與陳翰林澕夜飮林秀才元幹家大醉林君請觀長篇律詩走筆子使公唱韻賦之文不加點不容一瞥」, 「林君又以畫盤松屛風古詩走筆復使陳君唱韻賦之」, 「陳澕家置酒賞花醉後走筆」 등 17首.

飄逸如陳補闕江上云, 風吹釣艘帆邊雨, 山染沙鷗影外秋.

라 한 것은 일반적으로 평가하는 이른 바 '淸麗'라는 의미와는 차원을 달리하는 표현이라 할 것이다.

진화의 평생에 가장 큰 일 중의 하나는 書狀官으로 入金한 것으로, 그 때 쓴 오절 〈奉使入金〉을 보면,

>서방의 송나라는 이미 쓸쓸하고
>북변 아직 어지러운데,
>앉아 문명의 아침 기다리니
>하늘 동녘에 해 붉으려 하네.

>西華已蕭索, 北塞尙昏蒙.
>坐待文明旦, 天東日欲紅.

라고 하여 南宋末에 겪는 혼란한 세태와 崔粹가 이 시에 대해서 말한 바 "오직 공의 이 시는 중국에 대한 분별이 냉엄하여 춘추의 뜻을 깊이 터득하였으니 선견지명으로 쓴 것 같다.(獨公此詩嚴於華夷之辨, 深得春秋之義, 似有先見而發.)"(≪梅湖遺稿≫ p.1)라 한 바와 같이 약소한 국가의 비애와 中華의 안정을 원하는 심회를 그리고 있다. 북방에는 女眞과 몽고가 할거했기에 어지럽다고 했을 것이다.

진화의 인생과 더불어 그의 ≪梅湖遺稿≫에 실린 50제 56수 전체가4) 일맥상통하는 점은 산수전원을 주제로 하되 은일랑만과 인생질고를 청담하게 표출한 점을 중시해야 할 것이다. 따라서 본문에서는 그

---

4) 陳澕의 59수 중에 五言絶句 2수, 七言絶句 19수, 五言律詩 3수, 七言律詩는 7수, 七律散句 6聯, 五言排律 1수, 七言排律 2수, 五言古詩 4수, 七言古詩 15수 등으로 구성되어 있다.

의 시의 특성을 본 논제와 같이 성당 시예인 孟浩然과 王維에 기탁하여 상호 비교하려 한다. 본고의 저본인 ≪梅湖遺稿≫단권본은 고려말에 간행된 듯 하지만 구본은 전해지지 않고 현존하는 간본은 朝鮮 正祖 8년(1784)에 15대 손인 陳㙉에 의해 출간된 것이다.

I. 陳澕 시의 형성 배경

고려 후기의 시문은 일반적으로 宋의 蘇軾을 배우는 경향이었다. 흔히 시문의 풍격을 말할 때 學杜니, 學蘇니 하는 극히 한정된 연원으로 규제하려는 의식은 나름의 장단점이 없지 않다. 이러한 방법은 鍾嶸이 ≪詩品≫에서 다용한데서 비롯하는데 우리 한문학에서는 특히 이런 평어를 많이 보게 됨은 또한 피치 못할 현상이라 하겠다. 따라서 진화 시의 근원과 형성배경과 다음절에서 전개할 그의 시 특성도 모두 이런 인적인 풍격관계를 중심으로 다루어 나가려 하는데, 이는 무난하고 이해가 용이하다는 전통관념에서 기인한다고 할 수 있다.

그 당시의 풍조가 東坡의 시 세계를 추숭한 점을 다음 몇 개의 인용문을 보면 분명히 알 수 있다. 李仁老는 처음에 杜甫를 따르다가 蘇黃을 배우고 부터 더욱 문학에 정진하였다고 자평한 바,

> 소동파와 황정견에 이르러서 글을 일삼음이 더욱 정진되어 빼어난 기운이 가로 솟고 싯귀의 묘오함이 다듬어져 두보와 더불어 나란히 할 만하다.

> 及至蘇黃, 則使事益精, 逸氣橫出, 琢句之妙, 可以與少陵幷駕.(≪破閑集≫ 卷上)

라 한 것과 崔滋가 李仁老의 말을 인용하여 기술한 것을 보면,

  이학사 미수가 말하기를, 문을 닫고 동파와 산곡의 두 문집을 읽은 연후에 시어가 다져지고 운이 잘 울려나서 시의 삼매를 터득했다.

  李學士眉叟曰, 杜門讀蘇黃兩集, 然後語遒然, 韻鏘然, 得作詩三昧. (≪補閑集≫卷中)

라고 하였으며 그리고 李奎報는 그 당시에 ≪東坡集≫이 유행한 것을 또 다음과 같이 기록하고 있다.

  무릇 문집이 세상에 알려지는 것은 또한 각각 한 때의 숭상이려니 하고 지나친다. 그러나 예나 지금이나 동파만큼 크게 알려지고 애호되는 사람은 없다. 어찌 표현이 화려하고 用事가 해박하며 우러나는 자양이 되는 샘 때문 만이겠는가? 용의 주도하고 결핍하지 않기 때문이다. 사대부로부터 신진후학까지 모름지기 그 손안에서 떠나지 못하고 그 그윽한 향내를 음미하는 것은 이 때문이다.

  夫文集之行乎世, 亦各一時所尙而已. 然今古已來, 未若東坡之盛行, 尤爲人所嗜者也. 豈以屬解贍富, 用事恢博, 滋液之及人也. 周而不櫃故歟. 自士大夫, 至于新進後學, 未嘗斯須離其手, 咀嚼餘芳者, 皆是. (≪東國李相國全集≫ 卷二十一 全州牧新雕東坡文跋尾)

이와 같은 學蘇의 조류가 가득 차고 學杜 등 唐風이 퇴조하는 상황하에서도 역시 보다 근원적인 원천에서 기반을 찾아야 한다는 의식이 팽배하였으니, 崔滋의 다음 기록을 통해서 시는 學唐할 것을 강조하고 있음을 알 수 있다. 보건대,

무릇 우리나라에 창작은 고사를 인용하는데 문에는 육경과 세 사서, 시에는 문선, 이두와 한유, 유종원을 각각 활용하며 이외에 제가의 문집은 함부로 인거해서는 안된다.

凡爲國朝制作, 引用故事, 於文則六經三史, 詩則文選李杜韓柳, 此外諸家文集, 不宜據引爲用. (≪補閑集≫ 卷中)

라고 하였으니, 실제로 그 당시의 대표적인 문인들은 풍격상으로는 學蘇의 흔적이 적고 唐의 영향을 입은 바 큰 것을 許筠의 다음 글에서 확인할 수 있다.5)

이인로와 이규보는 청아하기도 하고 기이하기도 하며 진화는 강건하고 윤택하며 화려하지만 이 모두가 장공의 범주에서 벗어나지 못하였다.

仁老奎報或淸或奇, 陳澕洪侃亦腴亦艶, 而俱不出長公度內耳. (≪惺所覆瓿藁≫ 卷十「答李生書」)

여기서 진화는 宋風보다는 唐에 심취했었다는 점을 강조하지 않을 수 없다. 그의 시가 어디에 연원을 두었느냐 하는 것은 그의 시에 관한 객관적인 평과 시어의 擬句, 그리고 그와 李奎報와의 상관성을 중심을 규명할 수 있으리라 본다. 먼저 그의 시에 관한 시평를 인언한 다면, 崔滋는 진화의 시 〈春晚山寺〉을 인용하면서 "이런 구격은 곧 늙은 선비의 말이다.(此等句格乃老儒語也)"(≪補閑集≫卷中)라 하여

---

5) 金台俊도 白雲의 文을 전체로 보면 원숙한 風味가 唐에 가깝다고 서술하였다. (≪朝鮮漢文學史≫ p.84)

杜甫를 닮은 면을 말하고, 또 〈遊五臺山〉을 예를 들면서 "이것은 고인이 소위 경물을 대하고서 그림을 생각하는 격이다.(此古人所謂對境想畵也.)"(≪補閑集≫ 卷中)라 하면서 특히 「逸氣」에 대한 陳澕의 견해를 다음과 같이 서술하였다.

"빼어난 기품이라는 한 마디 말의 뜻을 가르침 받겠습니다" 하니 진화가 말하건대, "소동파가 그림을 품평하기를 왕유는 형상 밖의 보이지 않는 영감에서 화법을 터득하여 붓으로 따르지 못하는 것이니 기품이 벌써 시와 그림을 삼켜 하나되게 한 것이다"라고 하였다.

逸氣一言, 可得聞乎. 陳曰, 蘇子瞻品畵云, 摩詰得之於象外, 筆所未到, 氣已呑詩畵一也. (≪補閑集≫ 卷中)

여기서 王維의 「詩中有畵」[6]와 神韻에 대한 경향을 밝히면서 진화의 왕유에 대한 심취를 볼 수 있다. 한편 李齊賢은 진화의 「柳」시를 李商隱의 柳詩에 비견하여 "後人自成一家, 乃逼眞信哉."(후인이 절로 일가를 이루어 진실함에 가깝다.)(≪櫟翁稗說≫)라고 해서 만당의 유미에 출입했음을 지적하였다. 그리고 徐四佳는 鄭知常과 함께 사어가 "淸新美麗, 可以並駕齊驅矣."(청신하고 미려하여 나란히 할만하다.)(≪東人詩話≫)라 하여 성당풍에 접근함을 밝히고 또 구체적으로 기술하기를, "古人詩多用佛家語, 以騁奇詩."(고인의 시는 불가어를 쓰는 것이 많으니 이로써 기험한 시를 지어낸다.)(상동)라 부언하고, "陳之意新而語奇."(진화의 시는 뜻이 청신하고 어사가 기묘하다)(상동)라고 하여 禪境과의 관계를 말하여 진화의 시가 逼唐하고 있다고 밝혔다. 진화의 시학 형성에 결정적인 역할을 한 문인으로서 李奎報를 거론하지 않을 수

---

6) 졸저 ≪王維詩比較硏究≫제3장 참고(北京 京華出版社. 1999)

없다. 李奎報의 문명이 높아 진화에게 큰 영향을 주었겠으나 상호관계에 있어 진화 또한 시명이 상당한 것을 규지할 수 있다. 李奎報는 후배인 陳澕의 시를 논평하기를,

누구는 좋은 시가 많은데 근체시는 실로 청경하고 절묘하여 장편시에서의 호방한 점을 느끼지 못한다. 고로 길게 시도해 보는 것이다. 지금 새로운 시에 의하면 사어가 분방하여 실로 천지사방의 밖에 노니는 듯하여 자못 감탄하나니 더 뭘 말하겠는가?

某近承盛作多矣. 近體短章, 誠淸警絶妙, 唯未識長篇巨韻中, 縱筆放肆處, 故以長試之. 今蒙所和新篇, 辭語奔放, 固在天地六合之外, 甚歎甚歎, 更何言哉. (≪東國李相國全集≫ 卷十一「陳君復和次韻贈之序」)

라고 하여 시 내용의 淸妙함과 표현의 豪放함을 극히 칭찬하여 시의 성가를 인정하였고 그 뒤로 제가들은 이규보와 제명한 것으로 평하였으니, 그 예로 徐居正의 다음 글을 보면,

이규보의 시; 가벼운 적삼과 작은 대바구니로 바람 부는 난간에 누워서, 꾀꼬리 두세 마디 소리에 꿈에서 깨었도다. 촘촘한 잎에 감춘 꽃이 봄이 가도 남아 있고, 엷은 구름에 새어나온 해는 비속에 밝구나. 진화의 시; 작은 매화 지고 버들가지 너울 드리운데 한가로이 맑은 산 기운 맡으며 느릿이 걷노라. 어물전 문닫아 말소리 적은데 강가의 봄비 속에 푸른 실 드리우네. 이 두 시는 청신하고 오묘하여 한원한 맛이 있고 품조와 운격이 한 손에서 나온 듯 하야 논평 잘 하는 자라도 어느 것이 뛰어난지를 가리기 쉽지 않다.

李相國詩, 輕衫小簟臥風櫺, 夢斷啼鶯三兩聲. 密葉翳花春後在, 薄雲漏日雨中明. 陳司諫澕詩, 小梅零落柳僛垂, 閑踏淸嵐步步遲. 漁店閉門人語少, 一江春雨碧絲絲. 兩詩淸新幻眇, 閑遠有味, 品藻韻格, 如出一手, 雖善論者, 未易伯仲也.(≪東人詩話≫ 卷下)

라 하여 양인의 詩格이 백중하다해서 이규보와 대등하게 논술하였으며, 許筠도 서거정처럼 〈野步〉시를 인용하면서,

진화와 이규보는 같이 명성이 있으니 시기 매우 맑고 높다.

陳翰林澕與李文順齊名, 詩甚淸邵. (≪惺叟詩話≫)

라 하고, 李晬光도 〈遊五臺山〉과 〈春日和金秀才〉(其二)을 인용하면서,

고려조의 진화는 홍주인인데 시가 매우 청려하여 이규보와 동시에 놓는다.

麗朝學士陳澕, 洪州人, 詩甚淸麗, 與李奎報同時. (≪芝峯類說≫)

라고 하여 진화의 문명이 범상치 않았음을 보여 주고 있다. 이규보와 제명하였다함은, 다음 장의 시 특성에서 상고하겠지만, 진화 시가 성가가 높았음은 물론이거니와 그만한 이유 또한 그의 시 형성의 내용과 함께 이규보와 같은 대가와의 부단한 교류에 의했음도 강조해야 할 것이다.[7]

---

7) 李奎報와의 관계를 기술한 글을 보면, ≪輿地勝覽≫에서 "陳澕, 溫之弟, 高麗神宗時, 登第選入翰林院, 以右司諫知公州卒. 善爲詩, 詞語淸麗, 少與李奎報齊名."이라 하였고, 崔粹는 ≪梅湖遺稿≫의 酬唱에서 李奎報의 「代陳同年溫和舍弟澕隨父之東京憶兄見寄」시에 대한 소견을 펴면서, "李白雲與公酬唱無慮十餘篇, 今攷詩集年月, 可推知此詩卽神宗戊午公隨樞副公往東京任所時也. 公詩皆不傳."이라 한데서 李·陳 양인의 友誼를 높이 살 수 있다.

부언컨대, 近唐한 진화시를 논한 崔滋는 ≪補閑集≫에서 李白風을 닮았고 漢文唐詩의 대표적인 일원으로 추숭하였으니, 그것을 인문해 보면, 먼저 李白과 비교해서,

 진화의 시에 이르기를, 그대 재능 이미 균계 王正貞을 능가해서 나아가 동파의 서에 달할만 하네. 이규보의 글에 언사로 문장을 지으면 순간에 백편을 쓰는데 하늘이 주신 천부적인 것이어서 청신하고 준일하여 공을 이태백으로 여긴다.

 陳玉堂澕詩曰, 君才已過筠溪少, 進之可至東坡序, 文順公橐云, 發言成章, 頃刻百篇, 天縱神授, 淸新俊逸, 人以公爲李太白. (卷中)

라 하였고, 그리고 위의 書의 序에서는,

 박인량, 김부식, 정지상……진화……등은 한 대의 문과 당대의 시가 이들에게 성행하였다.

 朴寅亮, 金富軾, 鄭知常,…… 陳補闕澕,…… 漢文唐詩於斯爲盛.(≪補閑集≫「序」)

라고 하여 진화의 재세 시에「詩法唐」의 주류를 이루고 있었음을 밝히고 있다. 이 확고한 주맥이 진화시의 특성을 성당풍에서 찾게 만든 중요한 연유로 보아도 될 것이다.

Ⅱ. 孟浩然・王維 시와의 관계

蘇軾과 黃庭堅의 풍격이 유행했다 하지만 그 근원은 杜甫를 위시한 성당에 심취했던 진화의 시기를 진화의 시 56수 중에서 성당대의 孟浩然과 王維 양인과 비교한다는 것은 용이하지 않다. 그러나 위에서 충분히 그 근거를 제시한 바 가능성은 이미 예증되었다고 본다. 따라서 상호 비교하기에 앞서 진화시 전체의 형식과 주제를 분석하여 분류표로 정리함이 필요하다고 보아 제시하고, 본론에 들어가려 한다.

1. 陳澕 詩의 形式과 主題 분류

매호 진화의 시는 ≪梅湖遺稿≫(成均館大學 大東文化硏究院 1980)에 의거하여 개괄하는데 그의 시를 분류하는 것도 이에 의해 시도하려는 것이다. 본서에는 黃景源과 李英裕의 序가 붙어 있고 崔粹의 「梅湖公小傳」이 첨부되고, 후미에는 吳載純, 閔鍾顯, 崔粹, 그리고 孫廷杰의 跋이 각각 기술되어 있다. 이제 진화의 시 전체를 분류한다.

詩題	形式	主題
奉使入金	五言絶句	遊歷
憶金翰林	〃	感懷
春晚題山寺	七言絶句	山水
柳	〃	詠物
五夜	〃	季節
遊五臺山	〃	自然
靈鵠寺	〃	脫俗

陳澕 詩와 孟浩然·王維 시의 풍격   173

野步	〃	山水
陳仲子	〃	詠懷
海棠 2首	〃	詠物
過海州	〃	旅行
和李兪諸公題任副樞寢屛四詠	〃	詠物·友情
列子御風	〃	神仙
子猷訪戴	〃	友情
陶潛漉酒	〃	詠物
潘閬移居	〃	友情
春日和李秀才 2수	〃	友情
詠廣寧府十三山	〃	詠物
讀李春卿詩	〃	友情
題畵扇蟠松	〃	詠物
秋日書懷	五言律詩	詠懷
次韻朝守	〃	感懷
夕守	〃	感懷
松都	七言律詩	詠懷
賞春亭玉蘂花	〃	詠物
月桂寺晚眺	〃	山水
次李由之賀生女 2수	〃	情分
中秋雨後	〃	季節
從海安寺乞松枝	〃	脫俗
梅花	〃	詠物
康宗大行挽	〃	哀悼
轉大藏經消災道場音讚詩	〃	佛心
江上	〃	山水
失題	〃	山水
直廬與諸公占韻賦扇	五言排律	詠物
上琴承制	七言排律	奉制
追和歐梅感興 4수	五言古詩	友情

扈駕奉先殿夜醮	七言古詩	奉制
宋廸八景圖		
平沙落雁	〃	詠物
山市晴嵐	〃	〃
遠浦歸帆	〃	〃
漁村落照	〃	〃
洞庭秋月	〃	〃
烟寺暮鍾	〃	〃
江天暮雪	〃	〃
書雲巖寺	〃	〃
使金通州九日	〃	遊覽
金明殿石菖蒲	〃	詠物
桃源歌	〃	山水
蕁荣崔山人寄書請賦	〃	友情
月夜與李史館允甫同賦遊月宮篇(詩題만 有)		

2. 孟浩然의 古淡風과의 관계

맹호연(698~740) 시는 五律에 特長이 있어[8] 王維와 山水田園詩를 再興하고 淸代詩論을 낳게 한 元祖的 역할을 하는데, 진화시가 近唐한 면을 먼저 맹호연의 자연적 미와 격률 존중에서 찾아야 할 것이다. 明代의 李東陽이 "孟浩然專心古澹, 而悠遠深厚, 自無寒儉枯瘠之病."(≪懷麓堂詩話≫)라고 하여 孟詩의 古澹하고 유원한 점이 자연경물을 소재로 한 곳에서 유로하였다 하였는데, 〈過故人莊〉(≪孟浩然集≫ 卷4)을 보면,

---

8) ≪孟浩然集≫(四部叢刊 初編)에는 267수 시 중에 칠언시는 단지 20수 뿐이다.

벗이 닭과 수수 마련코
나를 농가로 부르니
푸르른 나무는 마을과 어울리고
푸른 산은 성 밖에 기울어 있네.
난간 열어 밭을 향하여
술 잡고 뽕과 베를 말하면서
중양절 기다리더니
어느새 국화꽃을 맞는구나.

故人具鷄黍, 邀我至田家.
綠樹村邊合, 靑山郭外斜.
開軒面場圃, 把酒話桑麻.
待到重陽日, 還來就菊花.

이 시에서 진지한 정감을 통하여 시인과 田翁의 우정과 歡悅을 담백하게 묘사하고 있으니 소위 白描法으로 情景交融的 차원에서 山川佳景을 그려놓고 있음을 보게된다. 진화 시에 있어〈宋迪八景圖〉중에〈江天暮雪〉을 보면,

강 위의 짙은 구름 먹물 엎은 듯
바람 따라 눈 교태부리며 하늘거린다.
난간에 기대어 까마귀 그림자 안 보이는데
온 가지에 화려한 꽃 바야흐로 봄이로다.
어부의 사립에 찬 소리 실려 있고
나그네 난초 노엔 행색이 맺혀 있네.
노새 탄 맹호연을 빼고서는
이 중에 시상을 아는 이 또 없도다.

江上濃雲翻水墨, 隨風雪點嬌無力.

憑欄不見昏鴉影, 萬枝繁華春頃刻.
漁翁蒻笠戴寒聲, 賈客蘭橈滯行色.
除却騎驢孟浩然, 箇中詩思無人識.

이 시에서 제7구 '除却騎驢孟浩然'은 바로 진화의 맹호연에 대한 진면목을 깊이 인지하고 흠모하는 詩思의 상통을 토로하는 것이니, 徐居正이 「舒閑容與」(≪東人詩話≫)라 한 것은 매우 사실적인 평이라고 본다. 그리고 〈野步〉를 보면,

작은 매화 지자 버들 너울져 드리우고
한가로이 산을 거닐며 머뭇대네.
어물전 문닫아 말소리 적은데
강가에 봄비 속에 푸른 실 드리우네.

小梅零落柳僛垂, 閑踏青嵐步步遲.
漁店閉門人語少, 一江春雨碧絲絲.

이 시는 ≪東人詩話≫에서 "淸疏幼妙, 閑遠有味, 品藻韻格."(이미 인용)이라고 품평하고 許筠이 "淸勁可詠"(≪惺叟詩話≫)이라고 한 것과 시풍이 상통하며 또한 맹호연 시를 놓고 明代 謝榛이 "淸新高妙, 不下李杜."(시의 청신하고 고묘한 경지는 이백과 두보에 뒤지지 않는다.)(≪四溟詩話≫卷二)라고 하고 淸代 施閏章이 "孟詩, 淸空自在, 淡然有餘."(맹호연의 시는 청공하기 절로 나고 담백한 기풍이 넘친다.)(≪蠖齋詩話≫)라 하며, 또 翁方綱이 "淸空幽冷"[9]하다고 평한 것과 비교할 수 있으니, 陳澕의 다음 〈春日和金秀才〉(2首)를 李睟光이 "詩甚淸麗"(≪芝

---

[9] 翁方綱 ≪石洲詩話≫卷一: "讀孟公詩且毋論懷抱, 毋論格調, 只其淸空幽冷, 如月中聞磬, 石上聽泉, 擧唐初以來諸人筆虛筆實一洗而空之, 眞一快也."

峰類說≫)라고 평한 것으로 孟詩에 근접시킬 수 있는 것이다.

    난간 둘린 화로 연기 가는 구름일 듯
    술에서 깨니 수심 겹겹한 양미간에 봄빛이 이네.
    꾀꼬리 비에 놀라 뜰에 기웃이 숨고
    벌은 꽃 속에서 느긋이 숨어 머무네.

    繞檻爐烟學細雲, 酒醒愁重兩眉春.
    鶯驚雨脚斜穿院, 蜂把花心懶避人. (其一)

    나무 가득히 붉은 봄꽃에 이슬 맺혔고
    아롱진 문가에 드리운 버들에 까마귀가 숨노라.
    시 짓는데 또 멋진 흥취 망치고서
    한가로이 동풍 맞으며 낙화를 쓰노라.

    滿樹春紅泣露華, 暎門垂柳欲藏鴉.
    作詩亦是妨眞興, 閑看東風掃落花. (其二)

이들 시에서 앞의 제3구와 뒤의 제4구는 淸閑의 極味를 보여주고 있어서 진화가 맹호연에게서 볼 수 있는 산수의 閑靜과 淸淡을 그의 시 속에 섬세하게 재현하는 듯하다.

3. 王維 詩의 幽美風과 詩中有畵와의 관계

왕유가 진화에 준 詩想은 역시 山水田園味와 詩中有畵的인 詩의 繪畵性을 들어야 할 것이다. 왕유에 있어 그 산수전원시의 직접적인 근거를 陶潛과 謝靈運으로부터 찾아야 하겠지만, 왕유 자신도 독창적인 일가를 이룬 만큼, 왕유적인 풍격에서 비교하여 진화시를 보고, 진화시의 禪味 또한 왕유에게서 비교하려 한다.

우선 왕유의 전원시와 비교컨대, 왕유가 농촌전원을 묘사한 시는 대개 농촌 자연의 경물과 민간의 고초, 그리고 村人의 순박을 그 주제로 하고 있어,10) 〈渭川田家〉(《王右丞集箋注》卷4)를 보면,

   기운 해는 촌락에 비치는데
   막다른 골목엔 소·양이 돌아오네.
   들 노인이 목동을 생각하여
   죽장 의지코 사립문에서 기다리네.
   장끼 우니 보리싹 솟아나고
   누에 자니 뽕잎이 드무네.
   바로 여기 한가론 맘 부러워하여
   쓸쓸히 식미가를 부르노라.

   斜光照墟落, 窮巷牛羊歸.
   野老念牧童, 倚杖候荊扉.
   雉雛麥苗秀, 蠶眠桑葉稀.
   卽此羨閑逸, 悵然歌式微.

이 시는 渭川農家의 景象을 읊으며 白描手法으로 농촌의 餘閑을 그리고 있는데, 王夫之는 이 시를 평하여 심령의 고민을 田家和平의 경계에 기탁한 것으로 보았고 沈德潛은 귀의의식이 깃들어 있다고 보았다.11) 그리고 〈偶然作〉(상동 권5)을 보면 田家의 환락을 읊었지만, 田舍

---

10) 졸저 《王維詩比較硏究》 참고 (北京 京華出版社, 1999)
11) 王夫之는 《唐詩評選》에서 "通篇用卽此二字括收, 前八句皆情話, 非景語, 屬詞命篇, 總與建安以上合轍."이라 하고 沈德潛은 《唐詩別裁》에서 "吟式微, 言欲歸也, 無感傷世衰意."(卷一)라 함.

의 簡陋하며 粗布의 寒生을 묘사하면서도 생활의 자유와 정신의 유쾌를 노래하고 있으니 이것은 바로 왕유의 전원시의 높은 면이라 할 것이다. 그 시를 보면 다음과 같다.

> 농가에 노인이 있는데
> 형문 안에 백발 드리워 지내네.
> 가끔 농사일 뜸하면
> 말술로 이웃을 불러
> 초가 처마 아래서 떠들어대며
> 어떤 이는 앉고 어떤 이는 또 서면서
> 짧은 적삼 엷다 않으니
> 들판의 아욱 참 탐스럽도다.
> 일하며 자손을 키워서
> 아직 성내를 가본 적이 없도다.
> 오제와 삼왕을 예부터 천자라 하네.
> 창칼 들고 예의 굽실 출세한들
> 필경 어느 것이 옳으리오!
> 마음에 득의하는 것 진실로 즐겁나니
> 들밭인들 어이 누추타 하리오!
> 이제 마음 느긋이 풀어놓고
> 가고 가며 여생을 보내리라.

> 田舍有老翁, 垂白衡門裏.
> 有時農事閒, 斗酒呼隣里.
> 喧聒茅簷下, 或坐或復起.
> 短褐不爲薄, 園葵固足美.
> 動則長子孫, 不曾向城市.
> 五帝與三王, 古來稱天子.
> 干戈將揖讓, 畢竟何者是.

得意苟爲樂, 野田安足鄙.
且當放懷去, 行行没餘齒.

日出하면 밭 갈고 日入하면 휴식하니 三王·五帝·干戈·揖讓이 모두 뭐란 말인가 하여 박진감을 준다. 진화시에 있어서는 전원시가 극히 적으나 그 맛이 다분히 초탈적이라 하겠다. 〈追和歐梅感興〉(其四)을 보면,

누추한 집이 좀 한가로우니
이에 여울물이 치는도다.
버려진 안장은 먼지 수북한데
오직 거미만이 그물을 쳤구나.
일찍 오만한 아전소리 들렸나니
도를 배우면 귀신인들 나무랄까?
백년 세월을 따지고만 드니
근심 속에 어디서 힘 얻으리오.
내 이런 고로 명아주 국 들고서
무심히 고깃국을 그려하네.

陋巷少閑燥, 乃爲湍潦迫.
遊鞍稀拂拭, 但見蛛絲織.
嘗聞傲吏語, 學道無鬼責.
間渠百年間, 憂患那得力.
吾故把藜羹, 無心慕肉食.

이 시는 단순한 전원을 묘사했다기보다는 시사를 통한 自警의 시로서 形於言外의 固窮한 의지를 담고 있어, 참된 것을 기리고 불의를 경계하고 있다. 이처럼 순박한 전원시는 진화에게는 미묘하고 논외적이

라고 해도 이상하지 않을 정도인데, 반면 산수시는 왕유의 경지에 들었다 해도 합당하다고 본다. 왕유에 있어 산수시는 謝靈運에서 取法했다고 할 것이니12) 왕유의 산수시에 있어서의 특점은 직관의 정감을 가지고 경물에 반영하되, 情景分寫와 情景交融의 표현을 강구하였다.13) 먼저 情景分寫的 표현법에서 본다면 景과 情을 분리하여 서술하거나 一情一景을 중첩시키든가 하여 시의 의경을 표출하는 것인데, 왕유의 〈山中〉(권15)을 보면,

형계에 밝은 해 뜨고
하늘 찬데 붉은 잎은 드물구나.
산길에 본래 비 안 내렸건만
텅 빈 산의 홍취가 옷을 적신다.

荊溪白日出, 天寒紅葉稀.
山路元無雨, 空翠濕人衣.

이 시에서 제1연은 형계의 白日이 출하고 寒天의 紅葉이 드물다는 경물의 언어를 쓰고 제2연은 자연의 幽玄한 情致를 그리고 있다. 그리고 〈臨高臺送黎拾遺〉(권13)를 보면,

임고대에서 서로 이별하는데
저 냇물 흐르는 들판이 아득하기 그지없네.

---

12) 上揭書, 참고
13) 景情관계를 해석한 주요 자료를 보면, 李重華는 "詩有情有景, 且以律詩淺言之, 四句兩聯, 必須情景互換, 方不復沓, 更要識景中情, 情中景, 二者循環相生, 卽變化不窮."(≪貞一齋詩說≫)이라 하고 施補華는 "景中有情, 如柳塘春水漫, 花塢夕陽遲. 情中有景, 如勳業頻看鏡, 行藏獨倚樓. 情景兼到, 如水流心不競, 雲在意俱遲."(≪峴傭詩話≫)라 함.

해 저물어 새들 날아 돌아오는데
나그네는 가며 쉬지 않는구나.

相送臨高臺, 川原杳無極.
日暮飛鳥還, 行人去不息.

여기에서 제1·4구가 寫情, 제2·3구가 寫景을 다룬 것인데, 이는 繪畫 的인 幽美를 위한 山水詩의 妙法이라 하겠다. 진화의 〈春晩題山寺〉를 보면,

비 진 뜰에 이끼 돋아나고,
인적 조용한 겹사립문은 낮에도 닫혀 있네.
푸른 섬돌엔 낙화 한 치나 깊었는데
동풍에 불려가고 또 불려오네.

雨餘庭院簇莓苔, 人靜雙扉晝不開.
碧砌落花深一寸, 東風吹去又吹來.

여기에서 제1·3구는 寫景이며 제1·4구는 寫情으로 구격이 老儒語이 며 그 언어가 華麗相近하다고 하겠으며,14) 〈春日和金秀才〉(其二)을 보면(이미 인용),

滿樹春紅泣露華, 映門垂柳欲藏鴉.
作詩亦是妨眞興, 閑看東風掃落花.

이 시에서 제1연은 寫景, 제2연은 寫情을 그리고 있어 산수시의 진

---

14) 崔滋의 ≪補閑集≫에 "陳笑曰, 此乃兒曹語, 老儒不道也. 予嘗題山寺落句云, 碧 砌落花深一寸, 東風吹去又吹來. 此等句格, 乃老儒語也."

미를 보여준다. 그리고 왕유시의 情景交融이라면 景中含情이나, 情中寓景의 경우인데, 여기엔 景을 주체로 하여 寫景에 편중하는 예, 정을 주제로 寫情에 편중하는 예, 그리고 소위 "情景兼到"라 하여 분별없이 혼융된 예 등 세 가지로 그 특성을 보게 된다. 예컨대,

　　계곡에 종소리 뜸하고
　　어부와 나무꾼도 점점 적어지누나.
　　아득히 먼 산에 해지는데
　　홀로 흰 구름 보며 돌아가노라.
　　마름 풀 무성하여 어지럽고
　　버들 꽃 가벼이 날기도 잘하네.
　　동산에 봄풀이 파릇한데
　　쓸쓸히 사립문을 닫는도다.

　　谷口疏鍾動, 漁樵稍欲稀.
　　悠然遠山暮, 獨向白雲歸.
　　菱蔓弱難定, 楊花輕易飛.
　　東皐春草色, 惆悵掩柴扉. (〈歸輞川作〉 권7)

　이 시에서 제1연은 景中有情, 제2연은 情中寓景, 제3연은 景中有情, 그리고 제4연은 景情兼到를 표출하고 있는데, 진화의 〈海棠〉 2수를 보면,

　　술 자국 드문드문 옥 뺨에 찍혀 있고
　　그윽한 향내는 살랑살랑 숲 속 사람과 격해 있네.
　　붉은 살구꽃, 보라 빛 복사꽃 그윽한 여운 없지만
　　한 가지에 온통 뜰의 봄빛으로 물들었네.

酒痕微微點玉腮, 暗香搖蕩隔林人.
紅杏紫桃無遠韻, 一枝都占上園春. (其一)

바람 살랑대니 연지분 눈같이 희고
달은 찬데 놀란 듯 맺힌 옥 이슬 향기롭다.
별채의 새벽 찬데 아지랑이 맑은데
두세 가지에 다소곳이 새 단장하는구나.

風輕不用臙脂雪, 月冷潛驚玉露香.
別院曉寒烟淡淡, 數枝和睡靚新粧. (其二)

이 두 수의 시에서 전1수의 제1연은 景中有情, 제2연은 情中有景을 그렸고, 후1수의 제1연은 景中有情, 제2연은 景情兼到의 경지를 묘사하고 있다. 그리고 진화의 산수시는 왕유의 以禪入詩的인 경지를 통해 탈속을 묘사하고 있으니,15) 〈靈鵠寺〉를 보면,

어느새 벼랑에서 솔 나무 내려다보다가
다시 사다리 밟고 가는 죽장 짚노라.
또 나그네의 조급한 마음 비웃 듯하니
한번 더 높은 봉우리에 올라가 볼까.

已臨絶壑俯長松, 更踏層梯策瘦笻.
還笑遊人心太躁, 一來欲上取高峰.

---

15) 嚴羽 ≪滄浪詩話≫에서 "論詩如論禪, 漢魏晋與盛唐之詩, 則第一義也."라 하고 胡應麟은 ≪詩藪≫에서 "嚴氏以禪喩詩, 旨哉. 禪則一悟之後, 萬法皆空, 棒喝怒呵, 無非至理. 詩則一悟之後, 萬象冥會, 呻吟咳唾, 動觸天眞. 禪必深造而後能悟, 詩雖悟後, 仍須深造. 自瑰奇之士, 往往有識窺上乘, 業棄半途者."(「內編」卷三)라 하고, 李重華는 ≪貞一齋詩說≫에서 "余謂摩詰七言何嘗無入禪處, 此係性所近耳. 況五言至境, 亦不得專以入禪爲妙."라 하여 왕유의 시를 神韻의 祖로 보았음. (졸저 ≪王維詩比較硏究≫ 北京 京華出版社, 1999)

라고 하여 속인의 심성를 냉소하며 高峯에 선 속탈의 심태를 그리고 있어, 왕유의 〈竹里館〉(권13)에서의 "獨坐幽篁裏, 彈琴復長嘯" 1연 및 〈自大散以往深林密竹蹬道盤曲四五十里至黃牛嶺見黃花川〉(권4)에서 '靜言深溪裏, 長嘯高山頭.' 제4연 등과 함께 자연의 의취가 합하고 있다. 그리고 진화의 〈月桂寺晚眺〉를 보면,

작은 누대 높이 푸른 산에 기대 있어
비 온 후 오르니 경치가 한가롭다.
푸른 안개 자욱한데 돛배는 먼 포구로 돌아가고
밀물은 누런 갈대 뚫고 물가까지 밀려오네.
지평선 하늘 위에 진정 달이 뜨고
구름 진 강가엔 산 경치가 제격이라.
나그네 길 뉘 한가롭기 나 같을 가.
새벽부터 읊조리는 소리 저녁엔 까마귀 소리.

小樓高倚碧屛顔, 雨後登臨物色閑.
帆帶綠煙歸遠浦, 潮穿黃葦到前灣.
水分天上眞身月, 雲漏江邊本色山.
客路幾人閑似我, 曉來吟到晚鴉還.

이 시에서 왕유시의 以禪喩詩的 풍격을 통한 入禪의 경지를 표출하고 있음을 보는데, 詩와 禪의 관계는 明代 胡應麟이,

선이 반드시 깊이 이룬 후에야 능히 깨달을 수 있다. 시가 비록 영감되어 온다해도 더욱 깊이 이루어지게 해야 할 것이다.

禪必深造而後能悟, 詩雖悟後, 仍須深造. (≪詩藪≫「內編」卷3)

라고 하여 詩와 禪의 不可分의 관계에서 禪은 시가 入悟하는 필수적 요소로 보았으며, 魏慶之는,

> 시의 도리는 불가의 법도와 같고 대승과 소승으로 나뉘는데 사악한 마귀의 외도는 오직 아는 자만이 이 말을 할 수 있다.
>
> 詩道如佛法, 當分大乘小乘, 邪魔外道, 惟知者可以語此.(≪詩人玉屑≫ 卷5)

라고 하여 嚴滄浪의 지논을 확립시켜서 시의 숭고한 妙悟를 강조하였다. 이와 같이 볼 때 왕유시의 禪的 탈속성이 禪語, 禪術, 禪趣, 禪境에서 그 자취를 규명할 수 있었듯이16) 진화의 〈月桂寺晚眺〉는 徐四佳가 ≪東人詩話≫에서는 佛詩 같다고17) 하여 入禪의 시임을 평하고 있다. 그리고 또 "陳之意新而語奇"(상동)(이미 인용)라 한 것과도 상통한다.

또한 진화의 〈金明殿石菖蒲〉시는 禪境을 그리어서 王士禎이 말한 바 詩禪一致18)하는 경지에 있으며, 나아가서 翁方綱19)이 왕유시의 禪境을 지적한 바 시의 경지가 물상의 세계를 초탈한 의취를 보인다는 평가를 진화에게도 줄 수 있다. 이제 그 시를 보기로 한다.

---

16) 졸저, ≪王維詩比較硏究≫ 제4장 "王維詩與申緯詩風格之比較" 부분 참조.(北京 京華出版社, 1999)
17) 徐居正, ≪東人詩話≫: "語以騁奇氣, 如陳翰林澕詩, 水分天上眞身月, 雲漏江邊本色山."
18) 王士禎, ≪漁洋蠶尾續文≫; "捨筏登岸, 禪家以爲悟境, 詩家以爲化境, 詩禪一致, 等無差別."
19) 翁方綱, ≪石洲詩話≫ 卷一: "右丞五言, 神超象外, 不必言矣. 至此故人不可見, 寂寞平陵東, 未嘗不取樂府以見意也."

옥 뿌린 꽃병은 작은 방울 머금고
냇가의 푸른 싹은 용트림 같구나.
자태 날씬하여 더욱 사랑스러우니
풀 중에 산신선인 줄 알겠네.
절로 신령한 물 짙푸르게 물들어
날이 새니 잎마다 맑은 물 망울 드리우네.
이미 가을 맛 방농에 가득하니
어느새 시혼이 수석에 맴도네.
연꽃 청아하게 진흙에서 돋아나고,
백지 풀 향기롭게 바닷가에서 나는구나.
뉘 쓸쓸히 책상머리에 앉아서
성글게 긴 세월 두고 할 일 없이 수염이나 기를 건가!
선방에 날이 저무니 향불의 연기 하늘대고
베개에 기대어 바람맞으니 대 그늘 더욱 좋네.
스님 깊이 잠들어 눈결이 찬데
연좌하여 서로 보니 늙을 줄 모르네.

花瓷碎玉含微涓, 溪毛翠嫩根龍纒.
風姿癯瘦甚可愛, 知是草中山澤仙.
自將靈液侵寒碧, 曉來葉葉垂淸滴.
已驚秋意滿房櫳, 忽覺詩魂迷水石.
蓮花淸淨出泥淤, 白芷芳馨生海隅.
誰識蒼然几案上, 寸根歲久還生鬚.
禪窓日末香烟裊, 一枕隨風竹陰好.
上人睡足眼波寒, 宴坐相看不知老.

이 시에서 말4구는 '喪我入神'(나 자신을 내쳐서 신묘한 경지에 드는 것)의 詩法을 가지고 禪境을 묘사하여 탈속에서 避世로, 그리고 합자연의 忘我를 그리어 그 표현이 왕유의 〈登辨覺寺〉시의 "空居法雲外, 觀世得無生"(卷8)이나 〈靑龍寺曇壁上人兄院集〉의 "眼界今無染, 心空安可迹"(卷11)과 같은 경지에 들지 못하였다해도 그 高妙함이 탈속의 眞을 얻었다 할 것이다.

　진화시의 왕유와의 관계에 있어 중요한 또 하나의 상통점은 진화시의 회화성이다. 시의 회화성은 시의 예술성이란 각도에서 볼 때 필수적으로 다루어야 할 만큼 일반화되었다. 진화시에 있어 이 점 또한 긴요한 것이다. 왕유시의 '詩中有畵'라는 특성은 東坡가 왕유시를 평한 데서 시작되었으나, 이는 시의 예술성을 칭하는 대명사로 쓰이고 있으며 시에 있어서의 이 점은 매우 중요하다.[20] 필자는 왕유시를 畵的 특성으로 논하면서 畵의 결구와 선재, 그리고 대비와 烘托, 시어의 塑造(色·光·態·聲) 등으로 시를 분석한 바 있어(《王維詩硏究》 제2장 제2절「王維詩中詩趣畵趣之融塑」, 1987), 본문은 이에 근거하여 진화시의 회화적 美感을 살피려 한다. 진화의 〈讀李春卿〉시를 보면,

　　　　쨱쨱하는 소리 닥나무 때림 같아
　　　　석자 부리 길어 절로 고단타네.
　　　　적선의 한가한 기운 만상 밖에 있는 듯
　　　　한 마디에 족히 뭇 시인들 기울도다.

　　　　啾啾多言費楮毫, 三尺喙長只自勞.
　　　　謫仙逸氣萬象外, 一言足倒千詩豪.

　이 시를 놓고 崔滋는 이미 "氣已呑詩畵一世"라는 진화의 말을 인용하여 이 시의 畵的 逸氣性을 편 것이다.[21] 이러한 감각 하에서 시어의

---

20) 淸, 方薰은「山靜居畵論」에서 "讀老杜入峽諸詩, 奇思百出, 便是吳生王宰蜀中山水圖. 自來題畵詩, 亦惟此老使筆如畵. 人謂摩詰詩, 詩中有畵, 未免一丘一壑耳."

畵的 표현은 한결 돋보이니, 시의 색채와 聲態美의 묘사는 바로 왕유의 특성과 일맥상통하고 있다.22) 예컨대, 왕유시의 〈輞川別業〉(卷10)을 보면,

동산에 오지 않은지 일년이 다 되니
돌아와서야 봄 밭에 씨 부렸네.
빗속의 풀빛 녹색으로 물들고
물위의 복사꽃 붉기 불타듯하네.
우루 비구 도사에 불경 배우고
곱사장인 은자 있어 향리의 현인이라.
옷 입고 신 신고서 또 만나서
서로 형문에서 기뻐 떠들며 웃노라.

不到東山向一年, 歸來才及種春田.
雨中草色綠堪染, 水上桃花紅欲然.
優婁比邱經論學, 傴僂丈人鄕里賢.
披衣倒屣且相見, 相歡語笑衡門前.

이 시의 제1구 '東山'과 제2구 '春田'은 뜻이 이어져 春耕의 「態」를 표현하고, 제3·4구의 '綠堪染'과 '紅欲然' 6자는 色·態·光의 융합이 되고 있다. 특히 綠과 紅은 色을, 染과 然에서는 態를 그리고 있으며 제5·6구의 '論學'과 '鄕里賢'은 賢達의 態를, 그리고 제7·8구의 '相

---

21) ≪補閑集≫ 卷上: "陳補闕讀李春卿詩云, 啾啾多言費楮豪, 三尺喙長只自勞. 謫仙逸氣萬象外, 一言足倒千詩豪. 及第吳芮公曰, 逸氣一言, 可得聞乎. 陳曰, 蘇子瞻品畵云, 摩詰得之於象外, 筆所未到, 氣已呑詩畵一也."
22) 宋代 尤袤는 王維詩를 "維詩詞秀, 調雅, 意新, 理愜, 在泉爲珠, 著壁成繪. 一字一句, 皆出常境."이라 평함.(≪全唐詩話≫ 卷一) 그리고 淸, 盛大士는 畵의 設色은 高華를 위해 필요하다고 하여 "畵有六長, 所謂氣骨古雅, 神韻透逸, 使筆無痕, 用墨精彩, 布局變化, 設色高華是也. 六者一有未備, 終不得爲高手."(≪谿山臥遊錄≫)라 함.

見', '語笑'는 농촌의 인정을 그린 것으로 역시 態와 聲의 구성이다. 진화시에 있어서는, 그의 〈平沙落雁〉을 예로 들어 본다.

가을 자태 아득히 호수물결 푸르니
비 온 후 너른 모래 청옥을 폈구나.
두어 줄 훨훨 어디 가는 기러긴가!
강 사이로 끽끽 울어 서로 쫓는구나!
청산 그림자 차니 낚싯터 텅 빈데
시원한 빗긴 바람 성근 나무에 스쳐우네.
추위에 놀라 하늘 높이 날지 않으니
그 마음 갈꽃 깊은 곳에 깃들려 함인가!

秋容漠漠湖波綠, 雨後平沙展靑玉.
數行翩翩何處雁, 隔江啞軋鳴相逐.
靑山影冷釣磯空, 淅瀝斜風響疎木.
驚寒不作戛天飛, 意在蘆花深處宿.

이 시의 제1·2구는 色과 態를 그리어 가을의 자태를 그림처럼 표현하였고, 제3·4구는 態와 聲을 표현하여 遠景의 풍취를 실감 있게 하고 있다. 진화 시에서 이 같은 畵的 구사법을 강구한 면들이 수다하니 이제 그 표현처를 열거해 보면 다음과 같다.

　　(光)　　　(色)
坐待文明旦, 天東日欲紅.(〈奉使入金〉)
　　(聲)　　　(色)
人靜雙扉晝不開, 碧砌落花深一寸.(〈春晚題山寺〉)
　　(聲)　　　(聲)
無限狂風吹不斷, 惹烟和雨到秋深.(〈柳〉)

(聲)　　　　　(光)
風輕不用臙脂雪, 月冷潛驚玉露香.(〈海棠〉)
(聲)　　　　　(態)
鶯鶯雨脚斜穿院, 蜂把花心懶避人.(〈春日和金秀才〉其一)
(色)　　　　　(聲)
落葉埋金井, 疎砧響石樓.(〈秋日書懷〉)
(光)　　　　(光)
樓明初榜殿, 月落半庭陰.(〈次韻朝守〉)
(色)　　　　　(聲)
烟色籠溫樹, 風聲度舜琴.(〈次韻朝守〉)
(光)　　　　(光)
親月彎宮樹, 華燈上御樓.(〈夕守〉)
(色)　　　　　(色)
帆帶綠煙歸遠浦, 潮穿黃葦到前灣.(〈月桂寺晚眺〉)
(色)　　　　　(聲)
却春濃墨久含情, 忽喜凉風四面坐.(〈中秋雨後〉)
(色)　　　　　(光)
應爲天瓢洗空碧, 孤光全勝別宵明.(〈中秋雨後〉)
(色)　　　　　(色)
青雲路上初甘分, 白日光中也立身.(〈上琴承制〉)
(色)　　　　　(色)
魚兒滿籃酒浦瓶, 獨背晚風收錄網.(〈漁村落照〉)
(光)　　　　　(態)
滿眼秋光濯炎熱, 草頭露顆珠璣綴.(〈洞庭秋月〉)
(色)　　　　　(色)
飄飄淸氣襲人肌, 欲控靑鸞訪銀闕.(〈洞庭秋月〉)
(聲)　　　　　(態)
行人一聽一回首, 香靄濛濛片月斜.(〈煙寺暮鐘〉)

이러한 형식의 시의 구사는 진화시만이 갖는 성격은 아니지만, 규명하려는 목적에 따라 진화시를 王·孟詩의 한 단면적인 풍격에 比擬하여 특징지은 것이다.

漢文學界에서 진화의 시에 대해 관심을 기울여 왔다고 해도 韓中문학의 비교적 관점에서 조명하기가 용이하지 않을 것이다. 따라서 본고는 이미 여러 해 전에 시도된 것이지만 이번에 재조명하면서 수정보완의 입장에서 의미 있는 작업이라 할 수 있다. 진화시를 王·孟의 시와 한정적으로 비교하였으나, 기실 杜甫·李白·李商隱의 시와의 성격과도 상통점이 不少하다는 것을 밝혀 둔다.23) 진화시가 극소량만 전래되고 있는 이 시점에서 보다 더 다각적 면으로 분석한다는 것 또한 무리를 동반한 愚도 없지 않아 있다. 진화는 李奎報와 친교하고 崔滋의 존숭을 받은 문인의 입장에서 麗朝文壇에 일획을 그은 자취를 찾아서 음미하는 계기로 삼는다고 보아야 할 것이다. 진화의 시는 후대에 유학의 재흥으로 그 맥을 크게 잇지 못하였지만, 壬辰亂 전후의 三唐詩人에게 이어지는 하나의 계시적 의미가 있으며 고려 시단에 대한 본격적인 연구가 보다 진작되는데 있어 중문학계의 역할이 필요하다고 본다. 한문학의 탐구는 고려문학의 자료 개발과 체계적인 정리가 집중화되어야만 고대문학과 조선 문학과의 연계성이 더욱 확고하게 될 것이다.

---

23) ≪補閑集≫에 陳澕가 "杜子美詩雖五字, 氣吞象外, 殆謂此等句也."라 하고 李益齋는 ≪櫟翁稗說≫에서 "陳正言澕詠柳云, 鳳城西畔萬條金, 句引春愁作暝陰, 無限光風吹不斷, 惹烟和雨到秋深. 唐李商隱柳詩云, 曾共春風拂舞筵, 樂遊晴苑斷腸天, 如何肯到淸秋節, 已帶斜陽更帶蟬. 陳蓋擬此而作."이라 함. 李白과의 관계는 'Ⅱ. 陳澕詩의 形成'에서 쓴 바 있음.

金九容과 그 시의 唐詩 사조

　麗朝의 漢文學上에 자료의 미흡과 연구의 미비로 인해 거론되지 못한 작가별 기록이 수다한데, 惕若齋 金九容(1338~1384)에 대해서는 李崇仁을 논하면서 곁들인 것은 부회적이긴 하지만 다행한 일이다.[1] 詩話集과 史書, 文集類를 산견하면서 三隱의 高名에 가리어 간과해 버린 문인 중에 범상히 다룬다면 漢詩壇에 공허감을 주는 작가가 또한 金九容이라고 사료된다. 물론 紫霞 申緯는 〈論詩絶句〉의 제6수에서 김구용 시를 품평하여 짓기를,

　　복사꽃 핀 저 밖에 하늘가가 보이고
　　유난히 산이 푸른데 봄날이 기운다.
　　붓을 놀리면 안개구름 일구는 김구용은
　　능히 목은 선생도 그 재능을 감탄케 했노라.

　　桃花開外望天涯, 大別山靑春日斜.
　　下筆煙雲金惕若, 能敎牧老歎才華.

---

1) 例컨대, 金台俊의 ≪朝鮮漢文學史≫, p.110의 "淸瞻한 詩로서 …".

라고 하였지만, 근래까지 저술된 한문학사를 위시한 참고서류에서 김구용의 시집을 소개하고 있는 것이 적고 金台俊이 서술한 麗末의 문사에서도 역시 김구용을 가볍게 다루고 있는데(《朝鮮漢文學史》 p.106), 기실은 그의 시작을 고찰할 때, 그 가치상으로 보아 언급하지 않으면 안 되는 입지를 차지한다고 보아서 본고를 마련하게 된 것이다.

김구용의 《惕若齋先生學吟集》(啓明大學校 圖書館藏)은 목판본으로 보존상태가 불량하여 혹시 初版本이 아닌가 의심하는데,2) 한 점의 序跋이나 年記도 남아 있지 않아서, 부언의 여지가 없으나, 一冊二卷 중에 上卷에는 197제에 245수, 下卷에는 141제에 199수, 총 338제에 444수를 수록하고 있어 양적으로는 적지 않은 작품이라 하겠으니, 麗朝의 시집으로 이만한 자료도 흔치 않은데 하며 생각하던 차에 1933년 판으로 成均館大學 大東文化硏究院에서 《高麗名賢集》第4冊에 《惕若齋集》을 수록한 것을 보고 환호하여 일견한지 어언 10년이나 된 것이다. 그런데 1884년의 重刊本인 《惕若齋集》에는 《學吟集》과 《惕若齋遺稿外集》으로 구성되어 있고 河崙(1347~1416)과 鄭道傳(?~1398)의 原序와 子 金明理의「行事要略」, 李穡의「題惕若齋詩吟後」가 기재되어 있으며, 許傳(1797~1886)의 跋文과 鄭煥堯와 金相元의 序가 등재되어 있어서, 불명한 김구용의 행적과 시풍을 기술하는데 많은 도움이 되었다.

본고에서는 김구용의 간략한 생평과 교우, 시의 唐·宋風的인 성격

---

2) 十七世孫 金相元의 序에, "先祖學吟集二卷, 成川公編次之, 趙觀察公瑛刊布之江山雪月風花之什, 庶乎其耀人耳目而世級沈遠, 一任散逸, 片言隻辭無所徵焉者, 亦已有年永, ……何辛從叔秉湜甫宗人圭源甫曁迷子熺鳩屛興工竣刊, 役於若個月頃, 此特大鼎一臠瑞禽片羽, 先祖遺集燦然復行於世, 抑斯文之顯晦有數歟, 先美之幽闡有時歟, 不肖之感繼又切焉."

을 몇 가지로 살펴보려고 한다.

I. 生平과 교우

1. 生平

김구용의 子 金明理가 建文 2년(明 惠帝, 1400)에 지은 「先君惕若齋世係行事要略」 序頭에,

돌아가신 부친은 이름이 구용이시고 자는 경지로서, 옛 호는 제민, 호는 척약재이시며 거하시던 가당은 육우라 하고 안동인이시다.

先君姓金氏, 諱九容, 字敬之, 古諱號齊閔, 號惕若齋, 所居堂曰六友, 安東人也.

라 하니, 김구용의 字는 敬之, 號는 惕若齋, 本貫은 安東이다. 16세에 등과하여 德寧府主簿, 그리고 民部議郎과 成均直講을 지내고, 1367년 成均館이 重營이 되자, 鄭夢周·朴尙衷·李崇仁과 함께 程朱學을 일으키고 斥佛揚儒의 선봉이 되었다. 1375년 三司左尹으로 있을 때 李崇仁·權近·鄭道傳 등과 親明派로써 北元使를 배척하다가 竹州에 유배되었고, 禑王 7년(1381)에 左司議大夫과 大司成(1382), 그리고 判典校寺事를 거쳐 1384년 정월 15일에 명과의 국교를 타개하러 行禮使로서 明朝에 가다가 遼東에서 잡혀, 明帝의 命으로 大理衛에 유배 도중, 濾州 永寧縣 江門站에서 동년 7월 11일 병졸하였다. 鄭道傳의 序에 보면,

하루는 이미 고인이 된 척약재의 유고 약간을 얻어서 흐느껴 울며 읽다가 붓을 적시어 첫머리에 쓰기를 "이것은 동국의 시인 김경지가 지은 것이다."라고 하여 다 쓰지도 않았는데 객이 일러주어 말하기를 "김 선생의 학술과 의로운 언행은 어찌 단지 시인으로만 그치겠는가?"라 하였다. 선생은 세가로서 어려서 총민하여 취학에 포은 정몽주, 도은 이숭인 및 고인이 된 정언 이순경과 더불어 의로운 우애가 매우 돈독하여서 조석으로 강론하며 학문을 갈고 닦기를 적지 않게 하였으니 우리 동방의 도리와 정의를 중시하는 학문은 다 여러 공들에 의해서 주창된 것이다.

一日得亡友若齋遺藁若干卷, 泣且讀, 因濡翰書其端曰, "此東國詩人金敬之所作也." 書未訖, 客詰之曰; "金先生學術行義, 豈但詩人而止歟." 先生世族, 幼而聰敏, 就學與圃隱鄭公陶隱李公及故正言李順卿義愛尤篤, 朝夕講論, 切磋不少, 吾東方理義之學, 盡由數公倡之也.

라고 하여 김구용이 어려서 총민하고 학문을 가까이 하며 우의가 깊은 품격을 지녔음을 알 수 있으며, 李穡의 〈送江陵道按廉使金先生詩〉序 ≪惕若齋遺稿外集≫에서는,

경지는 곧 맑고 조용히 절로 은거하며 세상물정에 밝지 않고 공맹의 유학의 뜻에 깊이 심취하여 강목은 다 대학 책에 있다고 여겼다. 조석으로 반복하여 익히고 몸소 주밀하게 체득하여 사변에 응대하는 데 이에 한결같이 하여 행하니 고로 이른 바 스스로 만족하는 사람이라 하겠다.

敬之則恬靜自居, 不悟於物, 深有味於洙泗之旨, 以爲綱目盡在大學書. 朝夕反復, 體之周密酬應事變, 一於是而發之, 故其所謂自慊者已.

라 하여 김구용의 淸靜物外한 성품을 말하였고, 白文寶(?~1374)는 「惕若齋說」(≪惕若齋遺稿外集≫)에서 〈惕若〉이라 自號한 품은 뜻을 풀이하면서 김구용의 剛直한 浩然之氣를 추앙하였으니, 그 전반을 보면,

성균관 직강인 김군백은 역경 건 구십 삼 효의 척약 두 자를 기쁘게 취하여서 그 집의 편액으로 하여 나에게 설명을 부탁한 바, 어찌 족히 역경의 미묘한 뜻을 드러내어 그대의 집 이름으로 삼는 이유에 맞게 하겠는가. 무릇 집에 거하며 때론 쉬면서 맘대로 즐기며 물색의 고상함에 젖을 수 있으면 다 좋은 것이겠다. 그대는 오직 척약으로써 훈계를 삼을 것은 어찌 말 할 나위 있겠는가? 내가 일찍이 세상일에 매어 있었을 때에 남의 근심 보기를 자신의 근심처럼 여기고 남의 두려움 듣기를 자신의 두려움처럼 하는 것이 근심과 두려움의 진정한 마음이라고 여겼었다. 이런 생각을 편히 갖지 못하고서 나의 기개를 드러낸다면 곧 만족치 못하고 허전할 것이다. 나는 이런 것을 다 잊으려 하여 그 마음을 평안히 하고 그 기개를 바꾼 후에야 나의 기개가 넓어지고 이런 허전함이 없어지리라. 맹자가 마음을 닦아서 유익하게 하는 근본은 마음을 흔들어 움직이지 않는데 있다고 한 것이다. 이제 그대의 척약의 의미를 살펴보니 또한 이미 그대의 그 마음이 흔들리지 않음을 알리라.

成均直講金君伯, 聞取易乾九三爻惕若二字, 扁其齋而屬予說予, 何足發易之微意, 合乎君之所以名齋者也. 凡居齋, 或以游息, 或以嗜樂, 以至乎物色之尙皆是也. 君獨以惕若爲戒者, 豈無謂歟. 予嘗居乎世也, 見人之憂如己憂, 聞人之懼如己懼, 憂懼之誠心焉. 未安此念, 才發吾之氣, 便慊餕矣. 吾欲擧而忘此, 平其心, 易其氣. 然後吾之氣浩然, 無是餕矣. 孟子之所以養而無害者, 不動心也. 今觀君之惕若之意, 又不旣動其心焉.

라고 하여 김구용의 호가 지닌 의미와 그 심성의 지향하는 의지를 적

절하게 풀이하고 있다. 이런 의식의 김구용이 그 시대의 儒人과의 교유는 자연히 제한되어 나타나서 그의 작품을 통해 볼 때, 한정된 교유관계로 일관하고 있음을 알 수 있다. 그 가까운 친우는 李崇仁·鄭道傳·李集, 그리고 鄭夢周(字達可) 등과 비교적 번다했는데 河崙의 序에 보면,

> 내가 어린 시절에 목은 선생 문하에서 공부하였는데 좌객 중에 포은 정 선생, 척약재 김 선생, 도운 이 선생 여러분이 계셨는데, 그분들의 자태를 보고 그 담론을 들으면서 일대의 인물인 것을 알았다. 이로부터 마음으로 몰래 경모하여 그분들을 모시고 지내기를 20여 년이나 되니 서로 위하는 정분이 진실로 옅은 것이 아니었다.

> 予少也遊於牧隱先生之門, 坐客有若圃隱鄭先生, 惕若齋金先生, 陶隱李先生者, 視其容儀, 聽其談論, 知其爲一代之人物也. 自是心竊景慕焉, 與之遊從者, 二十餘年, 相許之分, 誠不淺矣.

라 하여 김구용이 당대의 명가와 우의가 후대하였음을 알 수 있고, 金明理도「行事要略」에서,

> 포은 정달가, 도은 이자안, 삼봉 정종지, 호정 하대임 등과 같은 분들과 교유하시면서 서로 강론하여 학문을 연마하시어서 우정이 좋고 더욱 돈독하시었다.

> 交遊如圃隱鄭達可, 陶隱李子安, 三峯鄭宗之, 浩亭河大臨, 相與講論切磋, 而友善尤篤焉.

라 하여 외조부인 及菴 閔思平(1281~1352)의 지교하에 학성한 고로, 才子의 출입 속에 성장한 이유로 볼 수 있다. 閔思平은 당대의 대가

로서, 李齊賢·鄭子厚와 문명을 같이한 문인이다.

2. 詩交 관계

　김구용의 시작에서 교유를 세분해 보면, 먼저 李崇仁과는 程朱學을 제창하였고, 北元使의 入朝를 반대하다가 유배를 같이 한 신세인 만큼, 풍격에 있어서 陶隱의 문사가 高古하고 精緻한 것(權近의 集序)과 비교된다. 그것은 김구용의 일반적인 풍격이 淸贍한 韻致를 갖는 것과 상관된다.[3]
　李·金 양인과의 관계는 김구용의 〈酬子安見寄次韻〉(其一首)를 보면 밝히 알 수 있게 된다.

　　　　멀리 이별하여 해가 지났지만
　　　　그리움에 맺힌 한 더욱 많구나.
　　　　잠시 어리석은 나 침 놓아 경계해 보이나니
　　　　어렵고 졸열하여 그를 이해 못했네.
　　　　통음하며 진정 세상일 잊고
　　　　오래 입 다물고 노래나 부르리라.
　　　　빈궁과 영달 그것 운명이러니
　　　　불운하다고 탄식한들 무엇하리.

　　　　遠別年仍隔, 相思恨更多.
　　　　砭愚聊復示, 艱拙莫知他.
　　　　痛飮眞忘世, 長銜乃當歌.
　　　　窮通渠有命, 未用嘆蹉跎. (卷之上)

---

[3] 許筠의 《惺叟詩話》의「詩甚淸贍」, 河崙序의「平澹精深」, 鄭道傳序의「淸新雅麗」, 道傳跋의「三百篇思無邪之遺響」과 相通.

그리고 〈驪江淸心樓上送李子安赴官上京〉는 李崇仁에 대한 깊은 私情과 心思를 읽을 수 있다.

    하루 밤 누각에서 머물고
    삼 년을 이별할 이 마음
    강산은 절로 온갖 경치 이루고
    풍월의 좋은 경치 속에 마음이 맑구나.
    들의 학은 여전히 날고
    모래 가의 갈매기는 영욕을 내맡긴 듯.
    만났다 또 헤어지니
    고개 돌려 서울을 바라보네.

    一夜樓中宿, 三年別後情.
    江山自萬景, 風月更飮淸.
    野鶴飛今古, 沙鷗任辱榮.
    相逢又分手, 回首望松京. (卷之下)

상기의 시에서 제3~6구는 淸淡한 경지에서 사물을 관조하는 시정을 표출하고 있어서, 李·金 양인의 영욕을 초월한 정의를 볼 수 있다. 李崇仁도 김구용에 준 시 3제 4수를 남기고 있는데,[4] 상기의 惕若齋詩에 차운한 유별시인 〈驪江樓留別金若齋次韻〉(≪陶隱先生詩集≫卷2)은 간절한 숨은 정을 표출하고 있다.

    누각이 강 구덩이에 서 있어서
    거기 올라가 세상의 정을 멀리하네.
    아침 햇살은 물결에 어리고

---

[4] 九容에 준 詩 : 〈寄若齋〉二首(卷一), 「驪江樓留別金若齋次韻」(卷二), 〈寄若齋〉(卷二)

나무 빽빽하니 여름 바람 맑구나.
젊어서 산천 을 즐겼나니
관리의 영화 뜬구름이로다.
어째서 낚시하는 손으로
말 채찍질하여 서울로 향하리오.

樓閣臨江坎, 登攀遠世情.
波光朝日上, 樹密暑風淸.
早歲湖山樂, 浮雲組綬榮.
如何釣竿手, 策馬向都京.

그리고 鄭道傳・權近(1352~1409)과의 관계는 동류의 親明崇儒에 섰기 때문에 또한 거론할 만 한데, 〈奉送權判書出尹鷄林〉을 보면,

계림의 나무 빛 푸르러 가는 데
한 점의 빛나는 별 서울에 지누나.
깃발 그림자 기우는 데 봄날은 따스하고
여럿의 노래 소리 은은한 중에 하늘에는 구름이 인다.
천년의 옛 나라 땅에 유적이 많아서
천년 두고 슬픈 이별의 정이 깃든다.
아득히 생각하며 풍루 위의 달을 보며
옥 피리 듣는 중에 맑은 마음 넘친다.

鷄林樹色望中靑, 一點文星降翼京.
旌旗影斜春日暖, 謳歌聲隱霄雲生.
千年古國多遺跡, 千載曾游慘別情.
遙想倚風樓上月, 聞吹玉笛有餘淸. (卷之上)

라 하여 淸心의 우의를 보여 주고 있으며, 〈寄鄭三峯〉은 鄭道傳과의

격의 없는 고원한 관계를 제시하고 있다.

주인이 누차 술이 막 익었다고 하는 데
창 앞엔 더구나 푸른 대나무 서 있다.
고요히 종일토록 세속 사람 없고
한강변엔 그윽한 골짜기 하나.
문을 나가 머리 돌려 그대 오기 기다리니
필마로 길게 노래하며 어서 오게나.
그대와 맞대고 앉아 잔을 머금으며
함께 성근 나무에 걸린 명월을 구경하세.

主人屢報酒初熟, 窓前況有靑靑竹.
寂寥終日無俗人, 漢江江畔一幽谷.
出門回首望君來, 匹馬長吟來要速.
與君相對坐含盃, 共看明月掛疎木.

鄭道傳은 김구용이 죽은 지 2년 후에 集序에서 亡友를 그리며 흐느껴 울며 쓴(泣書) 내용이 있어 더욱 그들의 우정을 엿볼 수 있다. (序文 이미 인용)

한편, 李集(1314~1387)과의 교류는 각별했던 것으로 보인다. 李集은 初名이 元齡이며 字는 浩然, 號는 遁村으로 本貫은 廣州인데, 만년은 浩然之氣로 麗州 川寧縣에서 보냈다. 김구용이 이집에게 준 시는 20수가 수록되어 있고, 이집이 김구용에 준 시는 11제에 16수가 ≪遁村遺稿≫에 수록되어 있으며 그 중에 12수는 김구용의 시를 차운한 것이 수록되어 있다.5) 이들 시의는 대개 隱逸과 閑寂이 스며있고 산수경물

---

5) 金九容이 李集에 준 詩 : 〈驪江五絶寄遁村李浩然〉·〈遁村寄詩累篇次韻錄呈〉·〈自淨土尋遁村寓居〉·〈寄遁村〉·〈次同年李典像韻賀同年李遁村之子之直登第小詩〉·〈同年李遁村長子之直擧進士第二名〉·〈答李遁村〉二首. 李集이 金九容에 준 詩 :

의 묘사를 주제로 한 景中有情의 경향을 보였다. 〈寄遁村〉을 보면,

뜰 앞의 푸른 오동 가을 서리 서리고
풀 밑에는 귀뚜라미 찍찍 울어댄다.
슬프게도 어찌 아녀자 흉내를 내려하는가
오직 해를 두고 아무와도 말 아니하리라.
문 닫고 베개에 의지코 등잔을 돋으니
밤새에 온 산에 부슬부슬 비 내린다.

庭前碧梧秋露棲, 草底唧唧寒蛩啼.
怊悵何須效兒女, 只爲年來無與語.
閉門欹枕一燈靑, 夜半瀟瀟萬山雨.

여기에서 경물과 자아의 합류 속에 담박한 시심을 묘사하고 있으며, 〈遁村寄詩累篇次韻錄呈〉은 이집이 川寧의 道義蘭若에 寓居하고 있을 때의 기증시인데, 제4수를 보면,

한 번 이별한 지 삼 년에 객은 돌아오진 않고
신선처럼 매년 만날 기약만 하노라.
그대와 함께 모름지기 강가에 지내기로 하고
문 밖의 고깃배를 버들가지에 매어 놓았지.

一別三秋客未歸, 神仙還有每年期.
與君須向江邊住, 門外漁舟繫柳枝.

〈寄敬之〉·〈病中寄敬之〉·〈寄敬之〉(Ⅱ)·〈病中寄敬之〉(Ⅱ)·〈寄敬之三首〉·〈寄若齋〉·〈病中寄敬之〉(Ⅲ)·〈次敬之舟次詩韻二首〉·〈次敬之韻四首〉·〈贈金敬之〉·〈立秋日寄敬之〉·〈七夕寄敬之〉. (≪遁村遺稿≫)

라고 하여 초탈한 非人間界에의 의취로써 이집을 상대하였고, 제5수를 보면,

> 누추한 문의 초가집에 느긋이 머물만한 데
> 가을 색과 산 경치가 어울려 아름답다.
> 종일토록 와서 두드리는 이 아무도 없거늘
> 창가에 기대어 한가로이 호연의 시에 화창하리.

> 衡門茅屋可棲遲, 秋色山光共陸離.
> 終日無人來剝啄, 倚窓閑和浩然詩.

여기서는 탈속의 경지에서 이집 시와 접하는 사모를 그렸으며, 〈驪江五絶寄遁村李浩然〉제3수를 보면,

> 달빛 어린 강물 소리에 더운 기운 가시는데
> 늙은 물고기 때때로 이끼 난 돌가에 가까이 한다.
> 밧줄 거두고 노를 젓는 사람 아무 일 없듯이
> 평온하게 가벼운 배 천천히 돌아간다.

> 月色江聲暑氣微, 老魚時復近苔磯.
> 收絲卷棹人無事, 穩放輕舸緩緩歸.

라 하여 완전히 속세와 단절된 愉樂의 仙味를 표출하여 이집과 심기가 상투하는 면목을 묘회하였다. 이집도 김구용에 준 〈贈金敬之〉(《遁村遺稿》卷1)를 보면,

> 늙어가며 벗과 왕래 없으니
> 인생에 좋은 회포 펼 곳이 없구나.

명산 남녘 가에 지음이 사나니
백발로 서로 몇 번이고 찾아보리라.

老去交遊莫往來, 人生無處好懷開.
勝山南畔知音在, 白首相尋得幾回.

라 하여 노후까지 불변의 깊은 정리를 읊고 있다.

그리고 鄭達可에게 보낸 시작이 12수 수록되고, 그 내용이 김구용의 시를 구명하는 의취를 지니고 있는 점에서 또한 金・鄭 양인의 관계를 중시한다.6) 〈浩院宴呈達可丈〉(卷上)을 보면,

사림의 고운 자리 지금은 없고
정숙한 분위기에 밤은 깊어간다.
누가 말하는가, 안회가 누추한 집에 거했음을.
오히려 왕길이 황금을 연금한가 하노라.

詞林綺席古無今, 秩秩周旋夜正深.
誰謂顔回居陋巷, 却疑王吉鍊黃金.

이 시는 회고와 현실을 표출하고, 〈贈達可〉를 보면,

복사꽃 피는 따스한 날 버들은 바람에 가벼이 날리고
사람이 산천의 비단 수놓은 속에 있구나.

---

6) 達可와 有關한 詩 : 〈夏日同達可宿靈通寺〉・〈贈達可〉・〈浩院宴呈達可丈〉・〈大倉病中寄達可司成〉・〈同達可送鄕僧悟上人歸金陵〉・〈龍江開有懷用達可韻〉・〈高郵州次達可韻〉・〈寄達可〉・〈燕灘上寄達可〉・〈遣興寄達可子安〉・〈原洲河公政成上京道境鑑上人思慕之餘以詩見寄河公分韻其詩爲贈搢紳諸公皆賦予與達可方面自江南河公請賦得南字作小詩二首〉. 鄭達可가 준 詩銘(《圃隱集》): 〈楊子渡望北固山悼金若齋〉(卷一)・〈至咸州次惕若齋〉(卷二)・〈惕若齋銘〉(卷三).

정말 좋은 밤에 가랑비 오고 나니
귀여운 푸른 잎이 고운 붉은 꽃을 샘내누나.

桃花暖日柳輕風. 人在山河錦繡中.
最好夜來微雨過, 可憐慢綠妬妖紅.

이 시는 차면 기우는 이치의 自然 無常과 虛無, 그리고 山水田園의 情趣를 묘사하고 있으며, 〈大倉病中寄達可司成〉(卷上)을 보면,

진작 몸에 병 많은 줄 알지만
어찌 나그네 신세에 병들 줄 알았으리.
아무도 찾아와 위문하지 않으니
밤새도록 홀로 신음한다네.
눈 가득히 부모 그리는 눈물
가슴 가득히 님 그리는 마음.
죽고 사는 것 신명께 맡긴데
만리 멀리서 지음을 만나다니.

早識身多病, 那知客裏侵.
無人來問慰, 永夜獨呻吟.
滿眼思親淚, 塡胸戀主心.
死生還有托, 萬里遇知音.

여기서는 만년의 心身 고통과 생에 대한 체념, 그리고 고독과 생의 비애를 묘사하였으며, 〈龍江開有懷用達可韻〉(卷上)을 보면,

깊은 단목이 비춰 마냥 푸르게 누대를 감싸고
보랏빛 밭이랑의 봄바람은 취하여 감돈다.
슬프게 아무러나 잠시 머물지니

숲새 산새들아 재잘거리지 말아다오.

沈檀珠翠擁棲臺, 紫陌春風醉幾廻.
怊悵無因留頃刻, 隔林山鳥不須催.

여기서는 풍물에 대한 관조, 자연에 동화를 희구하는 의식의 발로가 보이며, 나아가서 〈夏日同達可宿靈通寺〉(卷上)를 보면,

피서하러 산 속에 머무니
처량하면서 신선하도다.
솔 난간은 맑은 물가에 임해 있고
거친 오솔길엔 잔 먼지조차 없구나.
돌에 앉아 그윽한 새소리 듣고
대지팡이 짚으니 이 몸이 부끄럽다.
흰 구름이 먼 골에 짙게 드리운 곳에
혹시 깃털 옷 입은 신선이 있는지.

避暑山中宿, 凄凉與轉新.
松軒臨淨水, 苦逕絶纖塵.
坐石聞幽鳥, 扶筇愧此身.
白雲深遠谷, 恐有羽衣人.

여기서는 은둔의 仙味를 보여, 제3·4연의 의취는 郭璞의 遊仙詩的 특성인[7] 즉 이상 중의 神仙異人을 인간의 육안에서 가시할 수 있는 자연으로부터 찾으려는 의식이라고 평할 수 있다. 劉勰이 말한 바,

곽박은 염려하고 준일하여 우뚝 일어나 그 교부는 이미 온화히 크

---

7) 拙文「魏晉遊仙詩小考」(≪申泰植古稀論集≫, 1979)

게 드러나고 그 선시도 표연히 구름을 넘나든다.

> 景純艷逸, 足冠中興, 郊賦旣穆穆以大觀, 仙詩亦飄飄而凌雲矣. (≪文心雕龍≫才略篇)

라고 한 정도는 아니라고 하여도 김구용의 의식에는 麗末의 말세적 풍조에서 오는 현실도피와 은거의 의지가 잠재해 있었음을 살피게 된다. 達可와의 관계에서 김구용의 관념을 단계적으로 읽을 수 있는 점은 妙味롭다 하겠다.

Ⅱ. 金九容 詩의 현실도피적인 성격

1. 시의 淵源과 諸家의 평

김구용 시를 보면 麗末의 시풍이 唐에서 宋으로 넘어가는 과정에서, 儒冠詩人으로서의 김구용은 역시 그러한 풍조를 역행할 수 없었던 듯하니, 당송시의 양면을 병용한 점을 許筠이 평술한 바, "시가 매우 맑고 넉넉하다(詩甚淸贍)"(≪惺叟詩話≫)란 단문으로 밝히 알 수 있다. 김구용 시의 형성은 外祖인 及菴 閔思平에게 근거하는데, 李穡은 다음「題惕若齋詩吟後」의 일단에서 及菴의 시와 김구용이 외조 밑에서 親炙를 얻은 내용을 상술하고 있다.

> 급암 민선생의 시는 그 조어가 평담하고 용의가 정심하여 그 당시에 익재선생, 우곡선생과 죽헌 정승이 같은 마을에 거하매 이를 철동 삼암이라 불렀다. 급암은 죽헌의 사위인 것이다.

及菴閔先生詩造語平淡而用意精深, 其時益齋先生愚谷先生與竹軒政丞居同里, 號鐵洞三菴. 及菴, 竹軒堉也.

상기 인문은 及菴의 시가 平淡精深하며 益齋같은 大家之列에 있었음을 밝혔고, 이어서,

익재선생은 매양 감탄하여 이르기를, 급암의 시법은 절로 자연스런 흥취를 터득하고 있다.

益齋先生每嘆曰, 及菴詩法自得天趣.

라고 하여 성당의 天趣를 얻었음을 알 수 있으며,

외손 김경지는 급암선생 댁에서 생장하여 학문에 뜻을 두고 급암에게서 배웠고 익재와 우곡선생에게서 친히 가름침을 받았다.

外孫金敬之氏生長于及菴先生之家, 及志學, 又學于及菴, 得以親炙益齋愚谷.

라 하여 김구용이 당대의 대가에게서 親學했음을 명백히 알 수 있다. 이런 정통적인 역대 풍격을 배운 김구용 시는 풍격상 당시의 표본이라 하겠으니, 다음 河崙序와 鄭道傳序, 그리고 鄭煥堯의 序에서 논한 공통적인 시평을 믿을 수 있는 것이다.

*목은 선생은 중국에서 배워서 탁월하게 고명한 견식을 지니고 있어, 그 동국인의 시에 대해서 인정받는 자 적거늘 오직 선생의 작품에 있어서 만은 상찬하는 바 있으니, 이르기를: "평담하고 정심하여

급암과 흡사하다."라 하였으니 평담하고 정심한 경지에 이르기란 또 어찌 쉬운 일이겠는가? 또 여러 작품 중에 일찍이 선생의 시 한 구를 들어서 이르기를: "정수리 위의 하나라 말할 수 있으니(가장 뛰어나다), 정말이로다."라 하였다. 선생의 시격은 한 시대에 높이 뛰어났으니 다른 작가들이 비슷이 따를 수 없는 바이다.

牧隱先生學於中國, 卓爾有高明之見, 其於東人之詩, 少有許可者, 獨於先生之作有所嘆賞, 曰: "平澹精深, 絶類及菴." 而至於平澹精深, 亦豈易哉. 又於衆作之中, 嘗擧先生一句, 曰: "可謂頂門上一, 信乎" 先生之詩格高出於一時, 非他作者所能髣髴也.(「河崙序」)

*경지의 외조부인 급암 민공은 사학을 잘 하여 당율에 크게 뛰어나서 익재와 우곡 등 제공과 서로 창화하였는데 경지는 조석으로 옆에 모시면서 항상 눈으로 보고 귀로 들어서 그 감화를 받고 보고 느끼며 개발하여 스스로 얻는 바가 더욱 많았다. 나는 일찍이 경지의 시를 본 바, 그 사고에 있어 아득하여 헤아릴 바 없는 것 같고 그 터득에 있어서는 충만하여 스스로 즐겁게 그 붓을 노리는 것 같으며 가볍기가 구름 가고 새가 나는 것 같다. 그의 시는 청신하고 우아하여 유독히 그 사람됨에 비유되니 경지의 시도는 이루웠다고 말할 만 하다.

敬之外祖及菴閔公善詞學, 大長於唐聿, 與益齋愚谷諸公相唱和, 敬之朝夕侍側, 目濡耳染, 觀感開發而自得爲尤多. 道傳嘗見敬之作詩, 其思之也, 漠然若無所營, 其得之也, 充然若自樂其下筆也, 翩翩然如雲行鳥逝, 其爲詩也, 淸新雅麗, 殊類其爲人, 敬之之於詩道, 可謂成矣. (「鄭道傳序」)

*척약 선생의 아름답고 의젓한 품행은 백세 후라도 결코 지워지지 않을 것이다. 그 도덕이 그와 같으니 그 문장은 미루어 알 수 있다. 한 마디 언사도 계림의 가지이며 곤산의 옥이 아닌 것이 없으니 문원에 보배에 해당한 것은 덧붙여 더 말하지 않겠다. 주지의 평담하고

정심한 면과 격조의 청신하고 우아한 면은 지난날의 석학에게서도 보지 못한 논리를 지니고 있다.

　惕若先生姱節懿行, 炳朗華夏, 雖百世而必不泯. 其道德如彼, 其文章可推知. 片言牛辭, 無非桂林之枝・崑山之玉, 自應寶藏於文苑, 不待餘言而然矣. 至若旨義之平澹精深, 調格之淸新雅麗, 已有諸往碩不見之論.
　(「鄭煥堯序」―鄭煥堯는 達可의 十五世孫)

이상의 평어에서 河崙은 牧隱의 찬사대로 시가 平澹精深하여 及菴을 능가할 만 하다고 했으며, 鄭道傳은 及菴의 唐律을 익혀서 淸新雅麗하며 스스로 시도를 이루었다고 하였고, 鄭煥堯는 근세인이지만, 文以載道的으로 보아 宋風을 겸한 논리를 전개하였는데, 상기의 논평에서 김구용 시는 당풍에 출입하면서 송풍을 가미했음을 확신하게 된다. 따라서 본문에는 이런 관점에서 김구용 시를 조명하려는 것이다.

그런데 논시에 앞서 이미 기술한 唐詩니, 宋詩니 하는 분별은 明淸代에 이르러 성한 것인데, 풍격상의 특성이 "당시는 성정을 주로 하고 송시는 이지를 주로 한다.(唐詩主情, 宋詩主理.)" (明代, 楊愼의 ≪升菴詩話≫)라는 결론으로 내릴 수 없으나, 당과 송을 비교해서 송인이 자평한 바 같이8) 송시는 당에 비해 비장한 邊塞詩的 작풍, 感傷的인 사회파의 작풍, 그리고 閨怨宮體的 작풍, 纏綿活潑한 정시적 작풍 등이 희소한 것을 일견하게 된다.9) 그러나 시의 唐優宋劣을 감히 긍정할 수 없는 것이니, 송시는 나름대로 정련하고 세치하며 충담한 표현에다, 산문적・백화적 구법을 다용하는 점이 있기 때문이다. 당시가 정서적이

---

8) 嚴羽, ≪滄浪詩話≫ : "唐人與本朝詩, 未論工拙, 直是氣象不同." 劉克莊, ≪對床夜話≫ : "唐文人皆能詩, 柳尤高, 韓尙非本色, 逮本朝, 則文人多, 詩人少. 三百年間, 雖人各有集, 集各有詩, 詩各自爲體, 或尙理致, 或負才力, 或逞辨博, 要皆文人有韻者爾, 非古人之詩也."
9) 胡雲翼, ≪宋詩硏究≫第一章참조.

니, 송시가 이지적이니 하며 시대별로 풍격을 일괄하여 단정하는 품평은 합당한 분석에 무리한 우를 범할 수도 있으므로, 錢鍾書는 이 점을 다음과 같이 지적하였다.

　　당시는 대개 신운으로써 뛰어나고 송시는 다분히 격율과 사리로써 뛰어나다. 엄우는 처음으로 시대를 끊어서 시를 논하였는데 창랑시화에서 즉 송대인 은 이치를 높이 사고 당대인은 의취를 높이 산다고 하였다. 당이니 송이니 하는 것은 단지 대강을 거론하여 말하여 편의상 칭한 것일 뿐 당시는 반드시 당대인에게서 나오고 송시는 반드시 송대인에게서 나온다는 말은 아니다.

　　唐詩多以半神情韻擅長, 宋詩多以筋骨思理見勝. 嚴儀卿首倡斷代言詩, 滄浪詩話卽謂本朝人尙理, 唐人尙意與云云. 曰唐曰宋, 特擧大槪而言, 爲稱謂之便, 非曰唐詩必出唐人, 宋詩必出宋人也.(≪談藝錄≫, p.2)

　여기서 보듯 한 시대에 속한 시인을 동일한 풍격으로 규제해서는 안 된다는 논리인데, 이 점을 긍정한다면, 김구용 시가 당과 송의 풍격 전이기에 속한 양면성을 지녔다는 평가도 문제가 될 것이다. 따라서 본문은 확연히 선을 그어 김구용 시의 분석을 포괄적으로 唐宋風的인 면을 다루려 한다.

2. 隱逸浪漫과 脫俗

　먼저 김구용 시에서 은일낭만과 탈속성을 지적하겠는데, 이 풍격은 전원산수를 묘사하는 과정에서 표출되는 청담과 고아, 그리고 仙과 禪을 지향하는 허무와 초탈을 위주로 한 주정적 시취로서 성당시의 면모이기도 하다. 따라서 歐陽修는,

당대의 시에서 진자앙, 이백, 두보, 심전기, 송지문, 왕유 중에 혹은 그 순고하고 담백한 소리를 지니고 있고 혹은 온화하고 고창한 절조를 지니고 있다.

唐之詩, 子昂李杜沈宋王維之徒, 或得其淳古淡泊之聲, 或得其舒和高暢之節.(「書梅聖兪藁後」(≪歐陽文忠公集≫卷149)

라 하고, 魏慶之는,

시를 지으면서 맑고 깊으며 한가롭고 담백하게 쓰려면 마땅히 위응물, 유종원, 맹호연, 왕유, 가도 등의 시를 보아야 한다.

爲詩欲淸深閑淡, 當看韋蘇州·柳子厚·孟浩然·王摩詰·賈長江.(≪詩人玉屑≫卷十)

라 하여 농촌과 자연이 주는 시심을 중요시하였고, 胡應麟은,

참선은 반드시 깊이 들은 후에 깨달아 얻게 되니 시흥이 우러나도 여전히 깊이 스며드는 느낌이 있어야 한다.

禪必深造而後能悟, 詩雖悟後, 仍須深造.(≪詩藪≫內編卷三)

라 하여 시의 深造는 내심의 禪界에서 가능하다는 속탈을 강조하였다. 이것으로 보아 김구용 시에서 淸深閑淡과 仙禪味를 중히 보게 되는데, 〈偶題〉를 보면,

버들 빛 온 가지에 푸르고

복사꽃 온 나무에 붉구나.
우연히 술잔을 잡고 보니
봄비가 바야흐로 보슬보슬 내리네.

柳色千株綠, 桃花萬樹紅.
偶然成小酌, 春雨正濛濛. (卷上)

여기서는 산수의 景中有情을 음영하였고,〈明波亭次韻〉에서,

세상의 시비와 영욕을 머리에 텅 비우고
몸이 관동의 절경 속에 있도다.
도처의 우정은 맑고 속되지 않으니
가고 가며 달을 희롱하고 또 바람을 머금노라.

是非榮辱轉頭空, 身在關東絶景中.
到處郵亭淸不俗, 行行弄月又銜風. (卷上)

라 하여 탈속적 淸心을 읊고 있는데, 김구용 시에서 특히 淸心과 탈속을 묘사한 은일시가 적지 않으니, 그 예구를 들면,

自笑途來無世味, 竹根流水洗心聲. (《山居》)
淸風明月須饒我, 高舜君民始卜居. (《送族僧入山》)
花落時節送君歸, 紫陌淸風弄袖微. (《送李判官任西都》)
山靑雲白千餘里, 淸夜思君月獨明. (《寄朴潛之》)
兩絶風淸意欲秋, 夜深明月照書樓. (《寄仲賢》)
瀟洒山川共我淸, 樓臺到處管絃聲. (《醉題三除舍東上房壁》)
月滿長江秋夜淸, 繫船南岸待朝生. (《夜泊揚子江》)
千里相思共月明, 傍簷高樹露華淸. (《有寄》)
蕭然獨坐淸無寐, 挑盡寒燈夜轉深. (《延昌秋夜》)

明月君知何處好, 淸心樓在碧江頭. (≪次韻李淘≫)

등으로 모두 歸隱의 순담과 고아를 표출하였다. 시의 고아미는 시의 미감과 표일성을 증가해 주는 시취인데, 그를 통해 시의 생동과 입체감을 조장한다. 이것 역시 당풍에서 중시하는 묘법으로써, 周紫芝는 王維 시의 "오묘하여 말로 다 할 수 없음(妙不可言)"의 경지는 疊字에 있다고 강조하여,

시속에 쌍첩자를 사용하여 논에는 백로가 날고 여름 나무에는 꾀꼬리가 노래하네라는 시구를 쉽게 얻으니 이것이 이가우의 시이다.

詩中用雙疊字, 易得句水田飛白鷺, 夏木囀黃鸝, 此李嘉詩也.(≪竹坡詩話≫)

라 하고 葉少蘊도 시의 工妙를 이에 두고 말하기를,

시에서 쌍첩자의 사용은 매우 어려우니 반드시 칠언과 오언 사이에 제5자와 제3자를 제외시킨다면 정신에 흥이 일고 우아하여진 면이 두 구에 전부 드러나서 곧 공교롭고 오묘하게 된다.

詩下雙字極難, 須使七言五言之間, 除去五字三字外, 精神興緻, 全見於兩言, 方爲工妙. (≪石林詩話≫上)

라 하였다. 김구용 시는 疊語의 구사를 애용하였는데,[10] 산수의 묘회에 치중한 점은 성당에 근사하다.[11] 이제 몇 개의 예구를 들면,

---

10) 졸저 ≪王維詩比較硏究≫ 제3·4장 참조(北京 京華出版社, 1999).
11) 金九容詩 444首中 정확히 計數하여 52개처에 疊語를 사용하였음.

小雨濛濛牛未晴.(〈呈權右君〉)
習習江風透.(〈龍潭縣〉)
江草萋萋似喚愁.(〈燕灘上寄達可〉)
溶溶漾漾向西流.(〈樓上次韻奉呈菊軒相國〉)
秋水滔滔菊綻黃.(〈酬金少尹〉)
萋萋春草謝家池, 澈澈秋波葛井湄.(〈次韻〉)
嫋嫋秋風動客愁.(〈遁村寄詩累篇次韻錄呈〉)

그리고 김구용 시에 있어 仙的 시어와 시의를 통해 허무와 탈속을 표출해 주는 것이 禪인데, 그러한 것과 상시 동반되는 현상은 韓·中 양 시인에게 공통으로 표현되고 있으니, 〈江陵途中〉을 보면,

깃발은 휘날려 바닷 물결 비추니
자고새 놀래어 해당화를 박차도다.
흰모래 푸른 대나무 물섬 가에 서 있어
혹시 적송자와 왕자교의 집인가 하노라.

旌旗央央照海波, 鷓鴣驚簸海棠花.
白沙翠竹汀洲畔, 疑是松喬子弟家.

여기에서 말구의 표현은 작자의 의식이 仙界에 달도하여 있음을 보여 주며, 〈寄仲賢〉을 보면,

비 그치고 바람이 맑으니 가을을 느끼는데
밤이 깊으니 명월이 서루에 비추네.
발을 들어 바로 앉아 긴 휘파람 부니
감람나무 사이 벌레소리 더욱 수심을 자아내네.

雨絶風淸意欲秋, 夜深明月照書樓.
捲簾危坐發長嘯, 隔欖虫聲足貢愁.

　여기에서 제3구를 仙道의 경지를 놓고 속세의 우수를 떨치려 하였으며, 김구용에게 있어, 보다 강하게 禪에 귀의하면서 탈속을 희구한 경향이 짙은데, 그런 부류의 시가 32수 점유하고 있는 것은 崇儒者이지만, 정치·사회적 배경에 기인한 때문이라고 할 것이다. 이제 〈送栢庭上人〉(卷下)를 보면,

지팡이로 홀연히 가니
봄산이 몇 만 겹이나 되는지.
솔새 흐르는 시내에 명월이 비추고
초가집엔 흰 구름이 덮였구나.
눈감고 자려니 몸이 가라앉지 않아
마음을 모두니 세상 밖의 모습이라.
깨달아 막 도를 얻으니
맑고 깨끗함이 불심의 참뜻이로다.

一錫飄然去, 春山幾萬重.
松溪明月照, 茅屋白雲封.
合眠身無着, 收心物外容.
覺來方悟道, 淸淨是眞宗.

　여기에서 제3연의 '收心物外容'과 제4연은 脫塵의 忘我境에 진입한 詩趣를 현시하였다. 그리고 〈俗離寺禪堂〉을 보면,

달마대사 그림 옆에 하나의 밝은 등불

문을 닫고 향을 피우니 생각이 더욱 맑구나.
홀로 앉아 밤은 깊은데 잠 못 이루니
창 앞에 흐르는 물 솔가지에 나는 소리.

達磨圖畔一燈明, 閉戶燒香思更淸.
獨坐夜深無蒙寐, 窓前流水新松聲.

여기에서 제2·3구는 隱遁坐忘과 제4구는 합자연의 경지를 각각 그렸고, 〈香林蘭若〉를 보면,

골 입구의 길을 잃어 산 나무 촘촘하니
온 하늘이 푸르지만 밝게 개인 적이 없도다.
선방의 창이 적막한데 종일을 앉았더니
수많은 봄 새들이 갖은 소리 내도다.

谷口路迷山木合, 滿空蒼翠不曾晴.
禪窓寂寞坐終日, 無數春禽各種聲.

여기에서 제3·4구는 역시 속세와의 단절과 귀자연의 의취를 표현하고 있다. 그리고 〈淨土蘭若夜吟〉(卷下)를 보면,

어둠을 깨치고 연등이 밝아지니
온통 은하수에 비는 이미 개었도다.
홀로 뜰 안을 걸으면 아무도 모르는데
울타리 둘레에 풀벌레 우는 소리뿐이구나.

昏昏蒙破佛燈明, 滿目星河雨已晴.
獨步庭中人不識, 繞籬唯有草蟲鳴.

위에서 전체 시구가 합자연에 든 禪氣를 표출하면서 '以禪入詩'의 神韻을 지니고 있다.12) 이런 시들은 마치 王維와 李白에 출입하는 시정이니, 김구용의 시에서 道・佛의 의취를 융화한 장점은 더욱 시격을 제고시켜 주고 있다. 예시하건대, 〈字旣畢用其韻因書其後〉를 보면,

  온 하늘이 푸르다가 가랑비가 내리니
  즐겨 구름 사이로 돌아가는 외론 학을 보노라.
  누각에 올라 긴 날을 보내는 것 이상히 보지 마오.
  차 끓이는 소리 속에 앉아 세상일 잊노라.

  滿空蒼翠而霏微, 喜見雲間獨鶴歸.
  莫怪登樓消永日, 煮茶聲裏坐忘機.

위에서 한 자 한 구가 모두 眞境에 든 淸淨을 대언하고 있는 것이다. 그러나 김구용은 逼唐하였지만, 그 근원을 또한 陶潛과 謝靈運에 두어 연모하였음을 다음 〈子亦次韻〉(卷下)의 몇 자로 설명할 수 있다.

  산 속에 막 연명주가 익어가고
  연못에는 한가로이 사령운의 시를 읊노라.
  짧은 노와 절름대는 노새 모두 속되지 않으니
  천천히 방초를 찾는데 언제로 정할 건가.

  山中初熟淵明酒, 池上閑吟靈運詩.
  短棹蹇驢俱不俗, 緩尋芳草定何時.

여기서 陶・謝 양인은 韓・中 시인의 모체임을 새삼 인식하게 한다.

---

12) 嚴羽의 ≪滄浪詩話≫ 참조.

한편, 특기할 것은 시어의 俗化(白話化)를 지적하겠는데, 이미 전술한 바와 같이 이것은 중당에서 시발한 시의 평민화에서 나온 송시의 성격이다. 김구용 시에 다소 활용되는데, 그 예어를 몇 개 찾아보겠다.

  了應夜半穿雲霧, 更上高峰看日生. (《送浩然鄭先生》)
  早識身多病, 那知客裏侵. (《送浩然鄭先生》)
  無人來問慰, 永夜獨呻吟. (《大倉病中寄達可司成》)
  今日量竹又如此, 了應驚鵲未安棲. (《酬林同年次韻》)
  了應吹過紗窓畔, 似見嬌饒兩地愁. (《寄西原崔州判爲戲》)
  山那得似灉江, 秋水滔滔菊綻黃. (《酬金少尹》)

3. 詩의 畫意

시의 畫意에 대한 부각은 「詩中有畫」론과 함께 평상 거론하였는데, 특히 당시에서 구체화되어 (文人化) 송시에 이르러 만개되었다.[13] 시의 畫意는 시에 나타나는 색감이라고 하겠는데, 시 중의 畫的 結構와 選材도 중요하지만, 본문에선 김구용 시의 畫的 色感에 한정하여 그 예구를 제시하고자 한다. 이 화적 분석요소에 대한 상세한 설명은 이미 여러 졸문에서 논술한 바 있어,[14] 여기서는 약하려 한다. 요컨대, 시의 화적 색감은 '色·聲·光·態' 등 4개의 색채감각으로 분류되는데, 이것들이 共感覺의 형태로 묘회되는 예가 많으니, 김구용 시에서 그 예를 찾고자 한다. 먼저 聲과 色이 공감각되는 예구로는,

---

13) 胡雲翼, 《宋詩硏究》第二章 pp.20~22.
14) 졸문 「紫霞詩의 畫學的 考察」(《韓國漢文學硏究》 1輯·1976),「王維詩論에 依據한 申緯詩의 比較硏究」(《東西文化》 10輯·1977), 《王維詩比較硏究》(北京 京華出版社·1999) 등에 詩와 畫의 관계를 이론화함.

明月鐘磬絶, 身世兩茫然. (《題圓通蘭若》)
色・光・聲
山川滿瑟秋風起, 回首靑雲千萬里. (《上禹宰相》)
　　　聲　　　　色
雲谷問僧何處是, 溪流盡處白雲深. (《天磨山》)
　　　　　聲　　　色

등이 있고, 聲과 光이 共感覺되는 예구로는,

千巖積雪風吹緊, 萬壑層雲日出遲. (《松溪下院》)
　　　聲　　　　光
日照東窓夢未驚, 忽聞山鵲兩三聲. (《寄達可其五》)
　光　　　　　　　　　聲
柳陰楓影滿江秋, 一曲漁歌一葉舟. (《寄朴諫議》)
　光　　　　　　聲
江山縹渺一聲雁, 風月凄凉百尺樓. (《重送》)
　　　　聲　光
君家庭院不勝淸, 淑景遲遲烏雀聲.(《淸州季左尹赴官上京陪鄭副樞迎于
　　光　　　聲
其兄光聲判閣家次杜工部詩歌》)

등이 있으며, 색채의 一感覺으로 부각되는 예구로는,

柳色千株綠, 桃花萬樹紅. (《偶題》)
赤葉黃花九月時. (《四仙亭次韻》)
碧琉璃化白瑠璃. (《四仙亭次韻》)
白石滄從放浪, 紫萸黃菊得娛嬉. (《九日與朴宜司藝飮酒》)
門外綠楊垂地舞, 墻頭紅樹透簾明. (《淸州季左尹赴官上京陪鄭陪樞迎
于其兄判閣家次杜工部詩韻》)

등을 들겠다. 김구용 시는 분명히 唐과 宋의 이전 중에 양면을 동시에 투영하면서 문학과 사상의 혼융 속에 시의를 표출한 시대적으로나, 풍격상으로 요긴한 위치에 있는 것이다. 그 당시에 三隱을 중심한 문풍 중에 소홀시 되기 쉬운 한 시인의 작품이 한시단에 주요한 역할을 담당하고 있다는 예증이 되기를 바라면서 眼見의 혼미와 時空의 촉박으로 소요하며 거니는 한가하고 안일한 의식으로부터 탈피하여 學的 자세의 강인함이 요구되는 시기인 것을 강조하고 싶다.

≪明詩綜≫所載 高麗 문인의 시

문학교류에 있어서 한국과 중국이 불가분의 관계인 것을 재인식하지 않을 수 없는 또 하나의 자료가 곧 朱彛尊(1629~1709)이 편집한 ≪明詩綜≫100권 중의 卷94와 卷95인 것이다.(지금 ≪欽定四庫全書≫에 열입) 翰林院 檢討로 있던 주이존은 明朝가 망하고 淸朝가 건국되면서 御命에 의해 明代의 시를 망라하여 선정하고 편찬하는 과정에 安南과 日本의 문인시와 함께 同書 卷94에는 高麗 偰遜과 鄭夢周 등 9인의 11수와 朝鮮 鄭道傳과 曹庶 등 43인의 79수, 그리고 同書 卷95에는 조선 林悌·白光勳 등 39인의 47수를 각각 수록하였다.[1] 그 수록대상은 다양하여 정치가·문인·妻妾은 물론, 無名氏라는 명칭의 시까지 그 폭을 넓히고 있다. 선록한 시의 주제는 次韻이나 山水, 그리고 別贈이나 詠懷 등에 한정되어 있고, 그 시내용의 질양면에서 높이 평가되는 작품이 엄선되지 않은 점이 있다. 이러한 관점에서 볼 때, 주이존은 편찬 과정에서 다분히 주관적인 견해와 자료 수집의 한계를 극복하지

---

1) 同書 卷95에 高麗朝의 鄭知常과 李仁老의 시를 잘못 배열하고 있어서, 이후에는 「高麗朝 11人의 13首」로 記述함.

못한 것으로 볼 수 있다. 특히 다음절에서 거론하겠지만, 동서 권94와 권95에 수록한 고려·조선의 문인과 그 시에는 착오와 오기가 적지 않게 발견되고 있으니, 본고는 이런 점까지 지적하여 수정하고, 상호 교류적 입장에서 관심 있는 외국학자가 정확한 이해를 하도록 보완해 주려는 것이다.

본고에서는 양적인 면을 고려하여 주제를 「高麗人詩」에 국한시켰지만, 기실은 「朝鮮人詩」까지 포함하여 서술함이 타당하다고 본다. 그러므로 수록된 兩朝의 시인과 그 시 전체의 목록을 형식과 주지와 함께 분석하여 나열하는 것 또한 중요하다고 본다. 이런 점이 협의의 관점에서는 본고 자체의 범위에 열입되는 면이 적지만, 광의의 관점에서는 절대적으로 필요한 관련 내용이라고 보기 때문이다. 「朝鮮文人詩」면을 다음에 다룰 논고에서 포함시켜 거론하기 위해서도 우선 이런 과정은 요긴하다고 볼 수 있다.

그러니까 본고의 목적은 중국문집에 수록된 韓國 漢詩의 서술과 그 의미, 그리고 중국에게는 오기의 정정과 이해를 위해서 시도된 것이고, 양적인 한계로 인해서 「朝鮮文人詩」 부분은 다음에 연재할 것임을 밝혀둔다. 단지 본고에서는 조선문인시의 목록을 분류하여 제시하므로 해서, ≪明詩綜≫ 소재의 한국 한시의 전체 맥락을 파악하도록 하는 선까지 강구하고자 한다.

I. 朱彛尊과 高麗·朝鮮 문인의 詩 選錄上의 오류

주이존(1629~1709)은 淸初의 문호로서 문명을 천하에 떨쳤다. 字가 錫鬯, 號는 竹垞 또는 醧舫으로 만년에는 小長蘆釣魚師라고 칭하였다. 浙江 秀水人으로서 明代 思宗 崇禎 2년(1629)에 출생하여 淸代 康熙 48

년(1709)에 졸하였다. 박학다식하여 강희 18년(1679)에 博學鴻儒科에 응시하여 翰林院檢討를 除授받고, ≪明史≫를 修撰하였으며 ≪經義考≫를 지어서 황제에 드리니 '硏經博物'이라는 扁額을 하사 받기도 하였다. 王士禎과 함께 南北 兩大宗으로 일컬어질 만큼 시의 논지가 분명하였고2) 저서가 많아서, 문집으로는 ≪曝書亭集≫80권을 위시하여 ≪日下舊聞≫42권, ≪明詩綜≫100권, ≪詞綜≫34권, ≪經義考≫300권 등 다수의 저서를 남겼다.3) 주이존의 시문학에 대해서는 徐世昌의 ≪淸詩匯≫(권44)에 기록된 것을 보면,

등효위가 말하기를 석창 주이존의 시는 그 기격이 두보에 바탕을 두고 이백의 풍격을 겸하고 있으므로 홀로 우뚝 솟아 있다.

鄧孝威曰: 錫鬯詩氣格本於少陵而兼以太白之風韻, 故獨爲秀出.

라고 하여 李杜詩의 범주에 놓고 상찬하고 있다. 이러한 평어는 沈德潛이 주이존의 시 중에서 〈韋卽送其出塞〉에 대해서,

평조 속에 문득 비장한 감을 주는 변치 즉 변격의 소리를 내고 있다. 이것은 고적과 잠삼의 형식이나 이백과 두보의 변화 무쌍한 것과 또한 각각 다르다.

平調中忽作變徵之聲. 此高岑體與李杜之魚龍百變者又自各別.4)

라고 하던가, 〈雲中至日〉에 대해서는,

---

2) 鄭方坤 ≪淸朝詩人小傳≫(卷一): "新城長水屹然爲南北二大宗, 比於唐之李杜, 宋之蘇黃, 更千百年而勿之有改也."
3) 王士禎 ≪漁洋詩話≫卷下
4) ≪淸詩別裁集≫卷11

두보의 경지에 높이 들어갔으니, 시 전체의 기운이 능히 큰 힘으로 지고 나아간다.

高入杜陵, 通首一氣能以大力負之而趣.(上同)

라고 평을 가하였는데, 이 시를 직접 보기로 한다.

지난 해 산천은 붉은 구름 진 봉우리였거늘
금년에는 눈비가 흰데 누대에 올랐네.
가련하게도 오랜 세월 나그네 되었으니
무슨 뜻으로 하늘가에서 잔을 드는 건가
성내 저녁 피리 소리 안문의 요새에 들리고
변방이 찬데 말은 사막의 용퇴 지방으로 가도다.
고향의 뜰 그리워도 못 가고 강촌에 묻혔나니
가을인데 매화가 소곤대며 피어나다니.

去歲山川縉雲嶺, 今年雨雪白登臺.
可憐日至長爲客, 何意天涯數擧杯.
城晚角聲通雁塞, 關寒馬色上龍堆.
故園望斷江村裡, 秋說梅花細細開.(≪淸詩匯≫卷44)

이 시에서 제1연부터 대구법을 활용하여 시격이 충일하는데 제2연과 제3연에서도 그 대구법이 이어지고 있어서 논리적이면서 웅대한 시흥을 자아낸다. 제1연에서 시간개념과 색채감각을 대비시켰고, 제2연에서는 數 개념과 光 감각이 어우러져 있으며, 제3연에서는 聲色의 조화를 대비시켜서 소위 시의 회화미 즉 「詩中有畵」[5]의 기법이 드러나

---

5) 졸저 ≪王維詩比較硏究≫ 第4章(北京 京華出版社, 1999) 참조.

있다.
 그리고 〈謁大禹陵〉에 대해서도,

　　장율 4장의 논리가 정대하고 격율이 공교하며 다듬어져서 모두 두
　　보를 따를만 하다.

　　長律四章議論正大, 格律工整, 俱能步武少陵.6)

라고 하여 주이존의 시를 杜甫詩의 재출현에 버금가는 수준으로 평가하고 있다. 이같은 추숭은 ≪明詩綜≫에 부기형식으로 쓴 시화 ≪靜志居詩話≫의 논지가 宋詩의 「以議論爲詩」이거나 「以語錄爲詩」의 風氣를 반대하고 性情의 표달을 강조하여,

　　시로써 정감을 표달하는데 정감은 그 지극함을 귀히 여기므로 즐
　　거울 때는 즐거움을 다 표현해야 하고 슬플 때는 슬픔을 다 표현해야
　　한다.

　　詩以達情, 情貴極其所至, 故樂必盡樂, 哀必盡哀.(권94)

라는 논시 태도를 지니고서 그의 작시에 실지로 반영시키려 했음을 확인하게 된다. 주이존의 논시관이 이러할진대, 그가 편수한 ≪明詩綜≫에 4000여 수의 시를 선정하여 배열하는 데에 그 중요한 기준이 되었을 것으로 본다.
 이와 같이 ≪明詩綜≫의 권94와 권95에 수록된 고려 문인 11인의 13수, 조선 문인 82인의 124수는 또한 주이존의 논시 관점에 의해 주관적으로 선록되었다고 할 것이다. 따라서 문인과 그 시의 선정에 있어

---

6) ≪淸詩別裁集≫卷11

서 적지 않은 편견이 개재되어 있으며, 그 주요 작품이라기보다는 소재나 次韻의 연시적 성격을 지닌 시제가 다출하고 있으니, 예컨대 고려시에서는 산수와 산사를 위주로 한 것이라든지, 조선시에서는 차운형식과 소재상으로는 開城 太平館과 漢江樓를 대상으로 삼은 시제에 편중되어 있으며, 여인의 艶情詩도 수록하고 있다.7)

그리고 주이존은 선시과정에서 근방국의 시대와 문인에 대한 지식에 미흡한 점이 있었음을 지적하지 않을 수 없으니 그 문제점을 거론하고자 한다.

첫째는 문인의 조대구분 착오로서, 고려조의 鄭知常과 李仁老를 권95의 조선시대 壬辰亂 시기(1592년 전후)의 문인과 같이 수록하였고, 시대 순으로 나열한 것이 전후가 전도된 경우는 수다하니 다음절의 분류표에서 직접 확인할 수 있다.

둘째는 작자에 대한 생평 기록이 미상으로서, 權遇와 成侃의 伯氏인 成侃8), 그리고 鄭希良이 그 예가 된다.

셋째는 同人의 성명을 분별하지 못하고 號와 성명을 異人으로 분류했거나, 호만을 기재한 것, 그리고 남자를 여인으로 분류한 경우를 들 수 있다. 예컨대, 梅月堂 金時習의 시를 단지 「梅月堂詩」라고만 분류하였으며(〈和鍾靈山居詩〉), 蓀谷 李達은 '李達'이란 이름으로 칠절〈病中對雨〉시를 수록하고서, 또다시 '蓀谷集詩'라는 이름으로 〈渡淸川江〉시 등 5수를 수록하면서 '不詳其名'이라고 부기하고 있으니 이 얼마나 답답한 오류인가. 더구나 '月山大君婷'이란 이름으로 〈古寺尋花〉7절 한 수를 수록하면서, 주이존은 註解를 달기를,

---

7) ≪明詩綜≫에서 次韻詩는 申叔舟의 〈次韻登漢江樓〉 등 35수이며 太平館 소재시는 蘇世讓의 〈太平館次韻〉 등 8수, 그리고 權擥의 〈登漢江樓〉 등 13수가 된다.
8) 成侃에 대해서는 졸저 ≪中國唐詩硏究≫ 「眞逸遺稿와 成侃의 詩風」(p.1125~1149)을 참고.

시화; 정의 시 한 수가 오자어의 ≪조선시선≫에 보이는데, 근래 어떤 사람이 말하기를 응당 조선여인일 것이다라고 하였다.

詩話婷詩一首見吳子魚朝鮮詩選. 近有人云: 應是朝鮮女.(≪明詩綜≫ 卷95)

라고 하여 조선조 成宗(재위기간; 1470~1494)의 伯氏인 月山大君 李 婷을 여인으로 오기하고 있다. 주이존은 여기에 그치지 않고 婷의 字 義와 역대의 시어로 활용된 예구까지 거론하면서 여인의 이름인 것을 입증하려 하였으니, 우리의 문인시를 明詩 속에 열입한다는 것 자체 도 우리를 속국의식으로 간주한 관점처럼 보여 유쾌하지 않는데 더구 나 이와 같은 사실과는 다른 오기를 마다하지 않은 불찰을 간과해선 안될 것이다. 주이존의 사실과 다른 오기를 다음에 보기로 한다.

나의 견해: 설문과 광운에는 모두 婷자가 기재되지 않고 단지 옥편 에만 있는데 注에 도영의 반절이며 화색이라고 하였다. 악부시집에 한대의 신연년 우림랑편에 "뜻밖에 근위군이 멋지게 내집을 지나가 네."라 한데 娉婷 자의 쓰임이 여기서 비롯한다.……두보시의 "시집 못가니 미모가 아깝도다", 한유의 "휘장의 그림자가 곱게 짝하네", 백 거이의 "명비의 모습 가장 곱도다", 이상은 시의 "작은 뜰의 고운 자 태"……월산대군이란 말은 응당 동국의 존칭일 것이니 아마도 민간여 자는 아닐 것이다.

按說文廣韻均不載有婷字, 惟玉篇有之, 注徒寧切, 和色也. 樂府詩集 漢辛延年羽林郎篇; "不意金吾子, 娉婷過我廬." 娉婷字並用始此……… 杜甫詩 "不嫁惜娉婷" 韓愈詩 "帖影伴娉婷" 白居易詩 "明妃風貌最娉 婷" 李商隱詩 "娉婷小苑中"……以月山大君字當是東國尊稱, 殆非民間

女子也.(上同)

주이존은 '婷'자의 의미만을 가지고 역대 시인의 시구를 인용하기까지 하면서 '娉婷'(아름다움)의 뉘앙스에 의거하여 여인의 이름으로 단정하고 심지어 '月山大君'이란 명칭이 존칭어이므로 민간여자가 아니라 귀족여인일 것이라는 결론을 내리고 있는 것이다.

넷째는 주이존이 문인에 대해서 거의 아는 바 없이 선정했다고 보는 예증으로 작자와 시를 수록하면서 작자의 생평관계 기록이 전무하다는 것이다. 그 문인들을 거명하면 다음과 같다.

崔澱·李廷龜(이상 卷94)
白光勳·崔壽城·奇邁·金堥·申欽·權韠·趙昱·柳承吉·魚無迹·李嵘·金宗直·李承召·鄭碏·朴文昌·李達·李植·朴瀰·姜克誠·鄭之升·姜渾·金淨·鄭知常·李仁老(이상 卷95)

이러한 문제점이 내재되어 있는 주이존의 선록안목이지만, 그에 의해서 고려와 조선의 문인이 淸初에 소개되고 평가될 수 있었던 점과 후에 徐世昌이 ≪淸詩匯≫(卷200)에 조선의 중후반기의 문인시를 선록시킨[9] 선례로서의 근거역할을 하게 한 점 등은 韓中詩歌 교류사적인 차원에서 긍정적으로 평가한다.

---

9) 拙文「≪淸詩匯≫所載 朝鮮文人詩 考」(≪中國硏究≫卷23. 1999) 참고. ≪淸詩匯≫凡例: "明詩綜選朝鮮日本人詩. 玆編則以朝鮮安南越南琉球爲斷取其觀光上國曾與名人酬唱者."라 하여 ≪淸詩匯≫가 ≪明詩綜≫의 예를 따라서 조선시를 수록한 것을 알 수 있다.

Ⅱ. 所載된 두 王朝 詩의 형식과 주제 분류

朱彝尊이 《明詩綜》 권94와 권95에 고려 문인의 시 13수와 조선 문인의 시 124수 등 모두 137수를 수록하였다. 이것은 徐世昌이 《淸詩匯》의 권200에 조선 문인의 시를 수록한 것과10) 함께 중국시에서의 위상으로 볼 때 매우 의미 있는 자료라고 본다. 그러므로 본고가 고려인의 시에 국한시켜서 그 내용을 살피기 때문에, 직접적인 관계는 적지만 소재된 시의 목록이 상호 연계되어 있으므로 고려와 조선의 시 전체의 목록을 수록된 순서대로 아래에 나열하되, 시체와 주제를 분석하여 본고의 논지를 이해하는데 참고토록 한다.

(作者)	(詩題)	(詩體)	(主題)
偰遜	山雨	五言絶句	隱遁
鄭夢周	感遇	五言律詩	詠懷
	使日本書懷	〃	感懷
	偶題	五言絶句	山水
李穡	早行	五言律詩	〃
李崇仁	挽金太常	〃	哀悼
李詹	雜詠	五言絶句	山水
權近	題鶴鳴樓	七言律詩	應製
權遇	竹長寺	七言絶句	山水
金九容	江水	七言律詩	山水
趙云仡	卽事	七言絶句	隱遁(以上 高麗 文人)
鄭道傳	重九	〃	隱遁
曹庶	五靈廟	〃	懷古

10) 上揭 資料 참고(주9)

鄭希良	偶題	七言律詩	邊塞
朴原亨	登漢江樓次張黃門韻(2首)	五言律詩	感懷
	渡大同江次韻	七言律詩	詠懷
申叔舟	陽德驛	五言古詩	感懷
	次韻登漢江樓	五言律詩	感懷
權擥	登漢江樓(2首)	五言律詩	感懷
	楊花渡次陳給事韻	七言律詩	客愁
尹子雲	登漢江樓次韻(3首)	五言律詩	感懷
李克堪	登漢江樓次韻	〃	詠懷
徐居正	卽事	七言絕句	山水
申從濩	傷春	〃	虛無
許琮	登浮碧樓次韻	五言律詩	感懷
	安興道中次王黃門韻	七言絕句	景物
	登鳳山樓次韻	〃	詠懷
	松林晚照次韻	〃	山水
	所串館道中卽事次韻(2수)	〃	景物
成俔	擬古	五言古詩	虛無
成侃	囉嗊曲	五言絕句	詠懷
盧公弼	開城太平館次艾兵部韻	七言律詩	懷古
	鳳山樓次董內翰韻	七言絕句	詠懷
李荇	開城館次董圭峰韻	五言律詩	懷古
	過臨津江	〃	山水
	答鹿峰給事	七言律詩	寄贈
李希輔	蔥秀山次唐先生韻	五言排律	感懷
	次唐修撰夜宿太平館醉起韻	五言絕句	詠懷
蘇世讓	箕子操	七言古詩	懷古
	東方五章答陳給事(5首)	四言古詩(詩經體)	友情
	蔥秀山次唐先生韻	五言排律	感懷
	漢江陪宴	五言律詩	山水
	答鹿峰給事	七言律詩	友情

	良策道中次韻	〃	感懷
	太平舘次韻	五言絶句	詠懷
	初見杜鵑花次雲岡修撰韻	七言絶句	景物
鄭士龍	長虹	〃	詠物
金安老	望遠亭次韻	五言律詩	山水
	漢江陪宴次韻	七言律詩	山水
尹仁鏡	太平舘次韻	五言律詩	詠懷
	登漢江樓次韻	七言律詩	山水
金麟孫	次韻別吳副使	〃	送別
沈彦光	太平舘次韻	五言律詩	詠懷
許洽	漢江陪宴次韻	七言律詩	山水
金謹思	別吳副使次韻	〃	送別
尹殷輔	游漢江次韻	〃	山水
黃琦	開城	五言律詩	懷古
金安國	開城太平舘次韻	七言絶句	詠懷
申光漢	暮景	五言絶句	山水
林百齡	游漢江次韻	七言律詩	山水
李潤慶	漢江次韻	〃	山水
李滌	泛臨津江	五言律詩	山水
徐敬德	山居	〃	山水
	靈通寺題壁韻	七言律詩	詠物
辛應時	送歐大行還朝	七言律詩	送別
朴淳	太平樓次歐公韻	〃	詠懷
李珥	辱編修黃公示沿塗之作賦呈	〃	友情
	送黃公還朝	〃	送別
金瞻	送別正使黃公還朝	〃	送別
高敬命	別正使黃公	〃	送別
柳根	萬曆丙午月送朱蘭嵎太史還朝	〃	送別
李好閔	郊院別席	七言絶句	送別
許筠	熊州引	七言古詩	詠懷

234 제2편 高麗漢詩와 唐詩

	謝編修黃公惠詩扇	五言古詩	友情
	奉別正使黃公	七言律詩	送別
許筠	送參軍吳子魚還天朝	五言古詩	送別
	陪吳參軍子魚登義城	五言律詩	友情
	晚詠	七言絶句	詠懷
金尙憲	聞柝	五言律詩	詠物
	九日	雜言古詩(5・7)	山水
	早春	七言絶句	山水
	初至登州	〃	山水
崔澱	春日	〃	感懷
	贈人	〃	寄贈
李廷龜	崔彦沈輓詩	五言律詩	哀悼(以上 卷94)
林悌	中和途中	五言律詩	山水
白光勳	縣津夜泊	〃	詠懷
崔壽城	灩江	五言絶句	山水
趙希逸	謫中	七言律句	隱遁
林億齡	送友還山	七言絶句	送別
奇邁	直禁詠懷	五言律詩	詠懷
金墌	寄友	七言律詩	寄贈
申欽	寄友	〃	寄贈
權韠	清明	五言律詩	山水
趙昱	贈鑑湖主人	七言絶句	寄贈
李孝則	鳥嶺	〃	山水
柳永吉	福泉寺	〃	寺刹
魚無迹	逢雪	五言律詩	詠物
李嶸	贈僧軸	七言絶句	寄贈
金宗直	佛國寺	五言律詩	寺刹
李承召	詠燕	七言律詩	詠物
鄭碏	聞笛	五言絶句	詠物
朴文昌	題郭山雲興舘畫屛	七言絶句	詠物

李達	病中對雨	〃	感懷
李植	泊漢江	〃	感懷
朴瀰	平壤大同舘題壁	〃	詠物
姜克誠	湖堂早起	五言絶句	感懷
鄭之升	留別	七言絶句	送別
姜渾	贈妓	〃	寄贈
金淨	旅懷	〃	詠懷
鄭知常	醉後	〃	詠懷
李仁老	題杏花鸜鵒圖	〃	詠物
李子敏	賀聖節詩	七言律詩	應製
朝鮮主試官	詩	七言絶句	山水
蓀谷集詩	渡淸川江	七言律詩	山水
	題淸道李家壁	〃	詠物
	客懷	〃	詠懷
	贈樂師許億鳳	七言絶句	寄贈
	悼亡	〃	哀悼
梅月堂詩	和鍾靈山居詩	七言律詩	隱遁
洛師浪客	安定舘北驛	五言律詩	詠懷
無名氏	沈駙馬碧波亭	七言律詩	詠物
月山大君婷	古寺尋花	七言絶句	寺刹
成氏	竹枝辭	〃	詠懷
俞汝舟妻	別贈	五言律詩	寄贈
趙瑗妾李氏	采蓮曲	七言絶句	山水
	自適	〃	詠懷
許景樊	望仙謠	五言古詩	隱遁
	次伯兄高原望高臺韻	七言律詩	友情
	次仲兄筠高原望高臺韻	〃	友情
	效崔國輔	五言絶句	寄贈
	雜詩	〃	詠懷(이상 卷95)

위의 분류에서 고려인의 시는 9인의 11수가 수록되어 있는데 대개 영회와 산수 경물의 묘사를 주제로 하고 있다. 이 중에 고려 충신 鄭夢周의 시를 3수 수록하고 한국한문학에서 고려시대의 작품이 비교적 다수 일실되어 있는 상황에서, 朱彛尊이 편집하는데 난점이 적지 않았음을 확인하게 된다. 앞 절에서 지적한 바, 조선 시대에(卷95 중간) 배열된 鄭知常과 李仁老는 분명히 고려시대에 배열했어야 하는 것이다. 그리고 조선시대에도 鄭希良과 成侃을 "爵里未詳"이라 한 것이라든가, 梅月堂이 金時習이며 蓀谷이 李達인 것을 확인하지 못하여 이달의 시인 것을 "蓀谷集詩"(5수)라고 별도로 열거한 것 등은 지적하지 않을 수 없다. 더구나 月山大君 婷은 成宗의 친형인데도, 여인으로 말미에 배열한 것도 이미 지적한 사항이다.

시의 내용상 주지하듯이 한국 한시단에 큰 비중을 점하는 시인은 드물고 대개 소재별로 唱和詩에 가까운 작품을 모은 경향을 보인 점도 앞 절에서 거론한 바이다. 예를 들면, 漢江이나 太平館 등을 시제로 한 시들을 들 수 있으며, 그리고 영물시(17수)와 감회와 영회시(42수), 산수 경물시(33수), 송별시(13수) 등은 다소 편중된 분류의식의 발로가 아닌가 한다.

Ⅲ. 高麗 문인의 시와 그 譯析

《明詩綜》권94의 첫 부분에 고려 후기의 9인의 시 11제 11수와 동권95에 鄭知常과 李仁老의 시 각 1수 등 13수를 수록하고 있다. 고려 후기의 시문이 대체로 宋代 蘇軾을 숭상하는 경향을 보인 것은 性理學의 유입과 그 영향이 적지 않다고 하겠다.[11] 그래서 그 당시의 문풍이

---

11) 崔滋의 《補閑集》(卷中): "李學士眉叟曰杜門讀蘇黃兩集, 然後語遒然, 韻鏘然得

어떠했는지를 다음 李奎報의 〈全州牧新雕東坡文跋尾〉의 일단을 보면 알 수 있다.

> 무릇 문집이 세상에 알려져서 또한 각각 잠시 한 때 높이 받들어질 따름이다. 그러나 예나 지금이나 동파만큼 크게 알려지고 애호되는 사람은 없다. 어찌 표현이 화려하고 用事가 해박하며 우러나는 자양이 되는 샘 때문 만이겠는가? 용의 주도하고 결핍하지 않기 때문이다. 사대부로부터 신진후학까지 모름지기 그 손안에서 떠나지 못하고 그 그윽한 향내를 음미하는 것은 이 때문이다.

> 夫文集之行乎世, 亦各一時所尙而已. 然今古已來, 未若東坡之盛行, 尤爲人所嗜者也. 豈以屬解贍富, 用事恢博, 滋液之及人也. 周而不匱故歟. 自士大夫, 至于新進後學, 未嘗斯須離其手, 咀嚼餘芳者, 皆是.(≪東國李相國全集≫卷21)

이와 같은 관점에서 朱彛尊은 시의 편집과정에서 나름의 주견을 가지고 선정했다고 보는데, 그의 논시관이 송대 이래로 理學家들이 의론과 어록을 중시한 점에 대해서 주이존은 불만의 의식을 지니고 있었기 때문에, 그의 ≪靜志居詩話≫(人民文學出版社. 校點本. 1990)에서, "詩以達情, 情貴極其所至."(이미 인용)라고 하여 시의 達情의 중요성을 강조하였다. 그래서 그는 시화를 통해서 표절과 모의가 팽배하고 성정의 표달이 배제된 풍조에 대해 "眞詩亡"이라고 까지 지적하면서 竟陵派에 대하여는 "亡國妖孼"이라고 배척한 것이다.(근거; 상동) 따라서 앞 절에서 밝힌 바, 그의 편시 기준상 선정된 다음 13수 시의 풍격을 예상할

作詩三昧." 그리고 이어서 李仁老와 李奎報 등이 蘇軾을 배운 점을 보면, "林先生椿贈李眉叟書云復; 與吾子, 雖未讀東坡, 往往句法已略相似矣.……今觀眉叟詩, 或有七字五字, 從東坡集來. 觀文順公詩, 無四五字奪東坡語, 其豪邁之氣, 富贍之體, 直與東坡忽合."(上同)

수 있다.

1. 偰遜의 〈山雨〉

설손은 원래 回鶻人(宋元代에 蒙固 및 甘肅省 일대를 차지했던 부족으로 지금의 위그르족)인데도 주이존이 선시한 것은 그의 시가 고려말기의 시풍인 "新奇絶妙, 逸越含蓄."(새롭고 기묘하기 그지없으며 준일하고 함축적이다.)[12]이라는 점과 일치하고 한편 이방인으로서 귀화한 고려인이었다는 점도 상기할 필요가 있다.

> 한 밤중 산 속에 비 내리고
> 바람은 지붕의 띠 풀을 스친다.
> 시냇물 불어난 것을 모르고
> 단지 낚시 배가 높아지는 것만 느낀다.

> 一夜山中雨, 風吹屋上茅.
> 不知溪水長, 祗覺釣船高.[13](〈山雨〉)

이 오절은 한 은둔자의 심정을 토로한 것으로서, 合自然의 일체감을 느끼게 한다. 回鶻人이었던 설손이 恭愍王 7년(1358)에 고려에 귀화하여 高昌伯과 富原侯에 봉하여졌고 ≪近思齋逸稿≫가 있었다고 기술된 바, 그의 심정이 한결 귀소적 입장에서 볼 때 범상치 않았음을 헤아릴 수 있다.[14] 그 예증으로서 그의 〈宵夢〉(≪東文選≫卷10)의 제3·4연에

---

12) 崔滋의 ≪補閑集≫卷下
13) ≪東文選≫卷19에 〈中山雨〉로 수록됨. 제2구의 「茅」는 「茆」로 됨.
14) ≪明詩綜≫卷94에 偰遜에 관한 기록이 있으니, "遜, 回鶻人. 初名百遼, 世居偰輦河, 因以爲氏家世. 仕元順帝時, 中進士, 歷翰林應奉文字, 宣政院斷事, 官選爲端

서,

> 몸이 있은들 정말 너무 고단하고
> 여생을 의탁할 곳이 없도다.
> 적막한데 밤 꿈에 드니,
> 처량하게 고향 떠난 이 마음.

> 有身眞大累, 無地托餘生.
> 寂寞中宵夢, 凄凉去國情.

라고 하여 이국인으로서의 소외감과 노년의 초탈의식을 토로한 것이라든가, 〈船頭〉(상동 권16)의 제3·4연에서,

> 해 지니 고른 밭에 기러기들 모여드는데
> 하늘가에 지친 객이 한 몸 홀가분하다.
> 고향을 한 해 다 가도록 돌아가지 못하니
> 칼을 길게 뽑아본들 이제 그리운 마음 그지없구나.

> 日落平疇群鴈集, 天涯倦客一身輕.
> 故鄕歲晏不歸去, 拔劍長今無限情.

라고 하여 客心의 우울과 고향에의 그리움을 그려 놓았다. 설손의 시는 ≪東文選≫에 모두 16제 26수와 산문 〈金元吉名字說〉(상동 권17)이 수록되어 있어서,15) 귀화인으로서 문명을 얻은 것을 확인하게 되고

本堂正字. 恭愍王七年, 避兵東來賜第, 封高昌伯, 改富原侯, 有近思齋逸稿."
15) ≪東文選≫에 수록된 설손의 시의 詩題는 다음과 같다. 〈擬戍婦擣衣詞〉5수(권5), 〈岸上行〉·〈歲暮行〉·〈季冬行〉·〈瑤池會上南極老人授長生籙辭母親生日作〉(이상 권7), 〈宵夢〉(권10), 〈病中詠甁梅〉2수 ·〈三月晦日卽事〉·〈贈薛鶴齋·〈九日思家〉·〈船頭〉(이상 권16), 〈中山雨〉(권19), 〈村莊醉歸口號〉6수 ·〈過營城口號〉·〈

아울러 주이존이 ≪明詩綜≫(권94)에 선록하는데 ≪東文選≫도 주요 자료였음을 알 수 있다.

2. 鄭夢周의 〈感遇〉·〈使日本書懷〉·〈偶題〉

정몽주(1337~1392)의 3수 시를 ≪明詩綜≫(권94)에 선록한 근거를 보면, "觀於鄭麟趾高麗史, 夢周圖李成桂不克, 爲芳遠所殺."16)(정인지의 고려사를 보면, 정몽주가 이성계의 등극을 저지하려다가 방원에게 살해되었다.)라고 하여 정몽주를 明初의 方孝孺17)에 비견하면서 忠君정신을 높이 평가하여 선시한 것을 확인하게 된다. 정몽주의 시에 대해서는 許筠의 ≪惺叟詩話≫에서 이르기를,

정포은은 성리학과 절의가 한 시기에 뛰어날 뿐 아니라, 그의 문장도 호방하고 걸출하다.……음절이 호탕하여 성당의 풍격을 지녔다. 포은의 시는 풍격이 호탕하여 천고에 빛나며 그 시 또한 악부와 흡사하다.

鄭圃隱, 非徒理學節義, 冠于一時, 其文章豪放杰出, ……音節跌宕, 有盛唐風格. 圃隱詩, 風流豪宕, 輝映千古, 而詩亦酷似樂府.

七站途中〉·〈將赴春官途中自嘲〉(이상 권21)
16) 주이존은 이르기를, "詩話; 靖難君臣改修明太祖實錄, 因方孝孺而其父克勤循吏也. 乃没其實黄觀景淸修書, 傳會選而削其名. 且誣方先生叩頭乞哀, 觀於鄭麟趾高麗史, 夢周圖李成桂不克, 爲芳遠所殺."라고 하여 방효유의 明朝 불인정과 정몽주의 조선에 대한 不忠과 비교.
17) 「方孝孺(1357~1402), "字希直, 寧海人. 燕師入, 召使草詔, 孝孺衰絰至, 號哭徹殿陛. 成祖降榻勞之, 顧左右授筆札曰; 詔非先生草不可. 孝孺擲筆於地曰; 死卽死耳, 詔不可草. 遂磔於市, 宗族親友坐誅者數百人.'(≪中國文學家大辭典≫, p.994)

라고 하고 金錫胄(1634~1684)의 ≪玄湖瑣談≫18)에서는 "圃隱鄭夢周, 躍鱗淸流, 飛翼天衢."(포은 정몽주는 맑은 강물에 뛰노는 고기비늘이며, 하늘에 비상하는 새의 날개와 같다.)라고 하여 그 시의 은일낭만적인 풍격을 지적하였으니, 이로써 고려말의 성당 시풍의 조류에 근접하는 시를 지었음을 알 수 있다. 다음에 그 3수의 시를 개별로 보기로 한다.

>인심이 비구름 같아서
>뒤엎어지는 것이 순식간이라.
>흰 실에 그 색이 변하면
>어찌 그 본래 색을 되찾을 수 있으리.
>깍깍 무리 지어 날으는 까마귀가
>나의 밭가의 집에 모여 들도다.
>암수를 끝내 가리지 못하여서
>눈물 흘리며 공연히 한숨짓노라.

>人心如雲雨, 飜覆在須臾.
>素絲變其色, 安能復厥初.
>啞啞群飛烏, 集我中田廬.
>雌雄竟莫辨, 涕泣空欷歔.(〈感遇〉)19)

이 시는 圃隱이 麗末의 혼탁상을 지적한 것이다. 제2연은 마치 屈原의 심정처럼 세사와 비타협의 고결을 토로하였고 제3연은 소인배의 작태와 준동을 비유적으로 고발해주고 있다. 그래서 그의 문인 卞季良은 ≪圃隱文集≫의 序(卷首)에서,

---
18) 洪萬宗, ≪詩話叢林≫冬에 수록.(亞細亞文化社, 1973)
19) 이 시는 ≪圃隱文集≫과 ≪東文選≫에 수록되지 않은 바, 주이존이 수록한 근거가 不明.

시는 곧 그 밖의 일이다. 그 남아있는 것이 단지 약간일 뿐이지만 모두 성정에 바탕을 두고 사물의 이치에 맞으니, 왕왕 그 가슴속의 터득한 바를 표현하여마지 않았다.

詩則餘事也. 其存者僅若干篇, 然皆本之情性, 該諸物理, 往往有發其 胸中之所得, 而不能自已者焉.

라고 하여 포은의 시심의 바탕을 성정에 두고 있음을 밝혀주고 있으니 여기서 그의 견해에 동감하는 것이다. 포은의 시문에 대해서 鄭麟趾도,

천생이 지극히 고결하고 호매하기 그지없으니 충효의 큰 절개를 지녔다. 여려서 배우기를 좋아하여 지치지 않고 성리학을 탐구하여 깊이 터득한 바가 있었다. 지은 시문은 호방하고 준일하였다.

天分至高, 豪邁絶倫, 有忠孝大節. 少好學不倦, 硏窮性理, 深有所得. 所著詩文豪放峻潔.(≪高麗史≫卷117 列傳 第30)

라고 하여 시문의 호방함과 의절을 강조하였고 權採는 포은의 문학에 대해서,

문장을 지은 것이 웅대하고 깊으며 우아하고 건전하며, 온후하고 화평하며, 임금과 나라 사랑하는 마음 언사에 흘러 넘친다. 그의 인륜에 관하여는 세상에 교화가 매우 크니 어찌 사어가 정묘하고 성율이 공교할 뿐이겠는가?

發而爲文章者, 雄深而雅健, 渾厚而和平, 愛君許國之意, 溢於言詞之

表. 其有關於人倫, 世敎爲深大, 豈止辭語之精, 聲律之工而已哉.20)

라고 하여 정인지와 같은 맥락에서 평가하고 있다.

어촌에 봄빛이 출렁이는데
하늘 저 끝 멀리 있는 객은 가지 못하네.
풀빛 천리 멀리 이어져 푸르고
달빛은 고향에도 같이 밝으리라.
유세하면서 황금을 다 쓰고서
고향 그리며 백발이 돋았구나.
사나이 천하의 뜻 지니고서도
공명을 이루지 못했을 따름이라.

水國春先動, 天涯客未行.
草連千里色, 月共故鄕明.
遊說黃金盡, 思歸白髮生.
男兒四方志, 不獨爲功名. (〈使日本書懷〉)21)

이 시에 대해서 申緯는 〈東人論詩絶句〉(제35수)(≪警修堂文藁≫第9冊)에서 평하기를,

진정 성리학을 전수하여 동방에 으뜸이며
절의는 당당하게 백대에 전해질지라.
말할 나위 없이 문장도 탁월하니
봄비 소리에 집 창가의 이른 매화 피누나.

---

20) 權採 ≪圃隱文集≫ 卷首「圃隱先生詩卷序」.
21) ≪圃隱文集≫ 卷一(成均館大 大東文化研究院刊 ≪高麗名賢集≫ 第4冊內. 1980)과 ≪東文選≫ 卷10에 〈洪武丁巳奉使日本作〉其三으로 수록하는데 ≪明詩綜≫엔 〈使日本書懷〉라 改題하여 수록.

眞傳理學冠東方, 節義堂堂百世降.
不謂詞章兼卓犖, 雨聲板屋早梅窓.

라고 하여 정몽주의 이 시에서 내용상으로는 절개를 암시하면서 묘사상으론 매화처럼 고매한 운치를 보여준다고 직설하고 있다.

붉은 잎이 마을 길가에 뚜렷하고
맑은 샘은 대 뿌리를 씻고 있구나.
땅이 기울고 수레 말 드문데
산 기운 절로 황혼에 물들었네.

赤葉明村徑, 淸泉漱竹根.
地偏車馬少, 山氣自黃昏.(《偶題》)

이 시의 제2연은 陶潛의 〈飮酒〉시 제5수에서 '而無車馬喧'·'心遠地自偏'과 '山氣日夕佳'구를 선용한 시의 흥취가 흘러 넘치는 歸田園的인 심성이 드러나 있는 것이다. 丁仲祜는 陶潛의 이 시에 대해서 王安石의 말을 인용하여 "有奇絶不可及之語"(기이하고 절묘하여 따라갈 수 없는 어사가 있다)라 하고 또 東坡의 말을 인용하여서는 "陶淵明意不在詩, 詩以寄其意耳."22)(도연명의 뜻은 시에 있지 않고 시로써 그 뜻을 기탁할 뿐이다)라고 한 것은 정몽주의 시를 朝鮮 成俔이 "圃隱能純粹而不要"23)(포은은 순수하면서 대강 하지 않고 정밀하다)라 한 것과 상통한다.

---

22) 丁仲祜, 《陶淵明詩箋注》卷三(臺灣 藝文印書館, 1971)
23) 成俔, 《慵齋叢話》卷一

3. 李穡의 〈早行〉

이색(1328~1396)은 그 자신이 "文法漢, 詩法唐."[24](문은 한 대를 본받고 시는 당대를 본받는다)이라고 한 바, 이색의 시는 經史에 근본을 두고 있어서 雄渾하면서도 淡白하면서 典雅한 면이 있음을 徐居正은 그의 〈牧隱詩精選序〉에서 이미 다음과 같이 밝힌 바가 있다.

　　내가 일찍이 선생의 시에 대해서 언급한 바, 어느 하나에 얽매이지 않고 여러 체재가 고루 갖추어 있다고 하겠다. 웅혼한 것, 화려한 것, 담백한 것, 준일한 것, 호방한 것, 엄정한 것, 심오한 것, 전아한 것 등 두루 지니고 있다.……선생의 시는 경사에 바탕을 두어 법도가 엄정하지만 불가와 도가의 책에도 종횡으로 출입하고 패관소설에까지 널리 취하여 빠뜨리지 않았다.

　　竊嘗以謂先生之於詩, 不凝滯於一, 衆體皆備. 有雄渾者, 有麗藻者, 有沖澹者, 有峻潔者, 有豪以贍者, 有嚴以重者, 有奧以深者, 有典而雅者.……先生之詩, 雖本經史, 法度森嚴, 而亦復縱橫出入於蒙莊佛老之書, 以至稗官小說, 博採不遺(≪牧隱文集≫附錄)

라고 상세한 시 풍격을 기술하고 있다. 그런데 주이존이 ≪明詩綜≫에서 기술한 이색에 관한 생평의 초점을,

　　정몽주와 함께 이성계를 제거할 것을 도모하다가 한주에 추방되고 다시 금주에 추방되었다.

---

24) ≪牧隱文藁≫卷9「選粹集序」: "穡少也游中原, 聞搢紳先生之論曰; 文法漢, 詩法唐."

與鄭夢周同謀去李成桂, 放於韓州, 再放衿州.(卷94)

라고 하여 귀양과 은거에 두고 있음을 볼 때, 〈早行〉시는 그에 맞는 예시라고 할 것이다.

  이른 아침 갈 길을 물으니
  새벽빛이 아직 밝지 않구나.
  달을 지고 말머리에서 꿈을 꾸는데
  숲을 사이 두고 사람 말소리 들린다.
  나무 평평히 들의 안개와 어울리고
  바람 살랑대어 시내 구름에 감돈다.
  타향에서 수심을 지우랴마는
  남쪽 하늘엔 기러기 떼 없어라.

  凌晨問前路, 曉色未全分.
  帶月馬頭夢, 隔林人語聞.
  樹平連野霧, 風細繞溪雲.
  異國堪愁絶, 南天無鴈群.

이색(1328~1396)에겐 본래 〈浮碧樓〉시가 유명하지만[25], 이 시 또한 고독한 심경을 적절하게 묘사하고 있다. 위의 시에서 제2연은 자연의 경물과 합일된 의취의 표현이며 제3연은 자연현상의 변화에 대한 섬세한 관찰력을 보여주고 있으니, 權近(1352~1409)이 이색의 행장문에서 "風行水流, 略無凝滯, 辭義精到, 格律高古."[26](바람 불고 물 흐르듯 전

---

25) 〈浮碧樓〉: "昨過永明寺, 暫登浮碧樓. 城空月一片, 石老雲千秋. 麟馬去不返, 天孫何處遊. 長嘯倚風磴, 山靑江自流."(≪牧隱詩藁≫卷2) 許筠, ≪惺叟詩話≫: "李文靖昨過永明寺之作, 不雕飾不探索. 偶然而合於宮商, 詠之神逸. 許潁陽見之曰;你國亦有此作耶."
26) 權近, ≪牧隱文集≫附先生李文靖公行狀; "凡爲文章, 操筆卽書, 如風行水流, 略無

혀 막힘이 없으니 사의가 정밀주도하고 격율이 고상하고 고담하다.)라고 한 평어는 매우 적절하며 동감되어진다.

4. 李崇仁의 〈挽金太常〉

權近은 陶隱 李崇仁의 문학을 평하기를,

> 학문이 정밀하고 박학하여 염계 주돈이와 낙양의 정호 형제의 성리학설과 경사자집 제가의 책에 바탕을 두어 꿰뚫어 알지 못하는 것이 없다. 더구나 문장에 있어서는 고고하고 고아정결하여 매우 정밀하며 고시에까지도 미려하여 그 오묘함을 다하고 의연히 그 법도를 지니고 있다.

> 學問精博, 本之以濂洛性理之說, 經史子集百氏之書, 靡不貫穿……敷爲文辭, 高古雅潔, 卓爲精緻, 以至古律併麗, 皆臻其妙, 森然有法度.[27]

라고 하여 송대 성리학에 밝고 그 문장의 고아함과 표현의 정치한 양면성을 강조하였다. 그리고 주이존은 특히 생평 부분을 기록하기를,

> 이숭인의 자는 자안이며 경산부인이다. 공민왕 때 급제하여 관직이 첨서밀직사사·동지춘추관사에 이르렀다. 이성계가 찬탈하여 즉위하자 정몽주의 무리라 하여 관직을 삭탈하여 멀리 유배시켰으며 도은집이 있다.

> 崇仁字子安, 京山府人. 恭愍王時登第, 官至簽書密直司事, 同知春秋

凝滯, 辭義精到, 格律高古, 浩浩滔滔, 如江河注海."
27) 《陶隱詩集》卷首序

舘事. 李成桂簒立, 以鄭夢周黨削遠流, 有陶隱集.(≪明詩綜≫卷94)

이라 하여 정몽주와 함께 추방된 은둔자의 삶을 영위한 사실을 밝힌 것으로 보아, 따라서 徐居正이 "李淸新高古, 而乏雄渾."[28](이숭인은 청신하고 고고하지만 웅혼함이 부족하다.)라고 평한 것은 이러한 상통된 관점으로 볼 수 있다. 그러면 그의 시를 다음에 보기로 한다.

    예의로는 지금의 태숙이요
    사학으로는 옛날의 공양씨로다.
    사십의 세상 나이에
    천추의 지하낭군이 되었도다.
    텅빈 뜰에 시든 풀이 남아 있고
    늙은 나무에는 석양이 드리웠네.
    기거동작에 있어서 묵은 자취를 남겼으니
    지난 인생 오직 절로 상심하도다.

    禮儀今太叔, 史學昔公羊.
    四十人間世, 千秋地下郞.
    空庭餘敗草, 老樹逼斜陽.
    俯仰成陳迹, 經過只自傷.[29]

이 시의 제3연과 제4연은 시인 자신의 낙백한 초탈적인 의식의 표현이며 成俔이 말한 바 "陶隱能醲藉而不長"[30](도은은 넓고 온전하면서도 간결하다.)이라는 평가처럼 은근하여 인내하면서도 내면에 축적된 고

---

28) ≪東人詩話≫卷上: "李陶隱鄭三峰, 齊名一時, 而淸新高古, 而乏雄渾."
29) ≪陶隱先生詩集≫卷2에 〈挽金大常〉으로 수록. 여기엔 '太'가 '大'로, '樹'가 '屋'으로, '逼'이 '更'으로, '只'가 '每'로 각각 되어 있음.
30) ≪慵齋叢話≫卷1

결하고 일탈적인 의취를 보여준다. 그의 선시에서 〈挽金太常〉을 택한 것은 비록 애도시이지만, 그 이면에는 소외된 자신의 처지를 대언하는 自傷의 심정을 토로한 것이라고 본다.

5. 李詹의 〈雜咏〉

이첨(1345~1405)은 洪州人으로 恭愍王 때에 급제하고 藝文簡閱과 正言·知申事를 역임하였다. 이첨은 시문의 흥취를 중시하여 기술하기를,

> 풍아는 귀신을 감동시킬 만하고 문장은 인심을 감동시키기에 족하지만, 시경 삼백 편의 음율을 지녀야 남을 감화시킬 수 있다. 그 남을 감화시키는 것 또한 자연의 음향 절주가 있는 것이다.
>
> 風雅可以感鬼神, 詞章足以感人心, 然必有三百篇之遺音, 然後足以感人. 而其感人也有自然之音響節奏.(《東文選》卷103「朴判事日本行錄後」)

라고 하여 중국의 詩敎的인 전통시학의 맥을 잇고 있음을 본다. 이첨의 시를 보건대,

> 집 뒤에는 뽕나무 가지에 싹이 트고
> 서쪽 밭이랑엔 훈채 잎이 촘촘하다.
> 연못에 봄물이 가득하니
> 아이가 배를 저을 수 있으리라.

舍後桑枝嫩, 畦西薤葉稠.

陂塘春水滿, 稺子解撑舟.(〈雜咏〉)31)

이 시는 은거하여 전원의 경물을 소위 情景交融의 인심과 경물의 일체감을 조성하면서 섬세한 관찰력을 보여준다.

6. 權近의 〈題鶴鳴樓〉

≪明詩綜≫에서는 고려조에 열입하였지만, 麗末과 朝鮮初의 문인으로서 조선의 개국 초기에 경서를 정리하는데 큰 역할을 담당하였고32), 정도전과 함께 文名을 떨친 바, 許筠은 이르기를,

> 건국 초에 삼봉 정도전과 양촌 권근이 그 명성을 홀로 얻었으니, 문장이 이에 이르러서야 비로소 통달했다고 칭할 만하니 그 조탁의 경지는 찬란히 빛난다.

> 建國初, 三峰陽村獨擅其名, 文章至是, 始可稱達, 追琢炳烺.33)

라고 하여 그 위상을 확인하게 한다. 여기서 達(통달)34)이란 단순히 聞名의 수준이 아니라, 문학의 최고 수준에 도달한 의취라고 상찬한 것이 되겠다. 주이존의 ≪明詩綜≫(권94)에 시화를 인술하기를,

---

31) ≪東文選≫卷19에는 〈自適〉으로 수록. '榮'가 '葉', '稱'가 '抽', '稺'가 '稚'로 됨.
32) ≪世宗實錄≫卷40; "上語卞季良曰, 昔太宗命權近著五經吐." 成俔 ≪慵齋叢話≫ 卷1; "至我朝, 陽村梅軒兄弟能明經學, 又能於上文, 陽村定四書五經口訣."
33) ≪惺叟覆瓿藁≫券10,「答李生書」
34) ≪論語≫顔淵(제20장): "夫達也者, 質直而好義, 察言而觀色."라고 孔子가 子張에게 풀이한 것은 비록 士行에 관한 것이지만 人品의 경지를 詩品에도 적용이 가능하다고 본다.

≪明詩綜≫所載 高麗 문인의 시 251

    양촌이 연경에 이르니 고황제께서 그를 예우하여 접대하고 옷과 음식을 하사하며 이에 시 짓기를 명하셨다. 양촌은 먼저 본국의 흥쇠 원인과 그 상황과정의 일을 쓰고, 다음으로 본국의 이합 세태와 산하의 경치, 그리고 지방의 사정과 함께 조선인으로서 감화 받은 뜻을 아울러 서술하여 이미 지어내니 그 문체가 정밀하고 화려하며 아름다우면서 음절이 빼어났다.

    陽村至京師, 高皇帝優禮待之, 賜衣賜食, 爰命賦詩. 陽村先之以本國廢興之由, 道途經過之所, 次之以本國離合之勢, 山河之勝, 與夫郡境之情形, 兼述東人感化之意旣成, 精華炳蔚, 音響鏗鏘.

라고 하여 권근의 시가 精華하고 雄渾한 면이 있음을 간접적으로 제시해 준다. 다음에 〈題鶴鳴樓〉7율을 보기로 한다.

    학명루 위에서 오래 배회하다가
    패옥의 고리 울리며 느린 걸음으로 오네.
    이미 맑은 노래 즐기며 가야금과 어울리는데
    이에 고운 손을 보니 금 술잔을 바치도다.
    남으로 천자의 영토에 임하여 산하가 장엄하고
    북으로 천문을 대하여 일월이 열리도다.
    내신으로 천자의 성명하신 은택을 입으니
    대로에서 사흘을 취하여서 돌아오네.

    鶴鳴樓上久徘徊, 環珮珊珊緩步來.
    已喜淸歌和寶瑟, 況看纖手奉金杯.
    南臨帝甸山河壯, 北對天門日月開.
    得被內臣宣聖澤, 六街三日醉扶回.

    이 시의 내용을 보아서, 곧 중국의 京師(燕京)에 이르러서 황제와 화합하는 풍모를 연상시키는 그 풍격이 화려하고 豪邁하다.

7. 權遇의 〈竹長寺〉

권우(1363~1419)의 자는 慮甫, 호는 梅軒으로서 權近의 弟이다. ≪明詩綜≫에는 "遇爵里未詳"이라 하여 누군지 밝혀 쓰지 못하였다. 권우는 1385년에 文科에 급제하고 麗末에 吏曹佐郞을 지냈으며 朝鮮初에는 藝文舘提學에 올랐고 世宗의 賓客으로 經史를 강론한 대학자이다. ≪明詩綜≫(권94)에 실린 〈竹長寺〉를 보면,

관청이 파하여 틈을 내어 성곽 서쪽을 나서니
남은 스님의 옛 절에 길이 높고 낮도다.
제성단 가에 봄바람 벌써 부니
붉은 살구꽃 반쯤 피고 산새는 울도다.

衙罷乘閒出郭西, 殘僧古寺路高低.
祭星壇畔春風早, 紅杏半開山鳥啼.

권우의 시풍이 權近과 상사하다고 한다면, 이 시의 경우에도 淸華하면서도 탈속하여 합자연하는 감흥을 불러일으킨다. 陽春의 정경과 산사의 僧心이 어울려서 소위 情景交融의 조화미를 제시해준다.

8. 金九容의 〈江水〉

惕若齋 金九容(1338~1384)에 대해서 申緯는 〈論詩絶句〉(其六)에서 평가하기를,

복사꽃 핀 저 밖에 하늘가를 바라보니
크게 산은 푸르면서 봄날은 기울도다.
붓을 들어 경물을 그려낸 김구용은
이색에게 그 재능을 감탄케 할 수 있었네.

桃花開外望天涯, 大別山靑春日斜.
下筆煙雲金惕若, 能敎牧老歎才華.

라고 하였지만, 그의 시 자체에 대해서 필자는 이미 거론한 바가 있다.[35] 김구용의 문집으로는 ≪惕若齋集≫(≪高麗名賢集≫제2책 성균관대 출판부)이 있어서, 상권에는 197제에 245수, 하권에는 141제에 199수, 총 338제에 444수를 수록하고 있어 고려문인으로는 대단한 수량이라 하겠다. 이중에 〈江水〉시는 하권에 수록된 바, 먼저 김구용의 시풍에 대해서 개관하고 〈江水〉시를 보기로 한다.

김구용의 아들 金明理가 建文 2년(明 惠帝, 1400)에 지은 〈先君惕若齋世係行事要略〉(≪惕若齋集≫) 서두에,

선친은 성이 김씨이매 휘는 구용이시다. 자는 경지이며 옛 호는 재민, 호는 척약재이며 거하시던 집을 "육우"라고 하셨고, 안동인이시다.

先君姓金氏, 諱九容, 字敬之, 古諱號齊閔, 號惕若齋, 所居堂曰六友, 安東人也.

라 하니, 김구용의 初名이 齊閔이며 字는 敬之, 號는 惕若齋, 本貫은

---

35) 拙著 ≪中國唐詩硏究≫, pp.1105~1123 (國學資料院, 1994) 김구용 생평 등 상세히 기록.

安東임을 알 수 있다. 16세에 등과하여 德寧府主簿, 그리고 民部議郞과 成均直講을 지내고, 1367년 成均館이 重營이 되자, 鄭夢周·朴尙衷·李崇仁과 함께 程朱學을 일으키고 斥佛揚儒의 선봉이 되었다. 김구용의 시를 잠견할 때 麗末의 시풍이 당에서 송으로 넘어가는 과정에서, 儒冠詩人으로서의 김구용은 역시 그러한 풍조를 역행할 수 없었던 듯하니, 당송시의 양면을 병용한 점을 許筠이 평술한 바, 「詩甚淸贍」(≪惺叟詩話≫)란 단구에서 명지할 수 있다. 김구용 시의 형성은 외조인 及菴 閔思平에게 연원하는데, 李穡은 〈題惕若齋詩吟後〉에서 김구용이 외조 밑에서 학습하였음을 다음에 상술하고 있다.

> 급암 민선생의 시는 조어가 평담하고 용의가 정심하니 그 당시에 익재선생, 우곡선생, 죽헌 정승과 같은 동리에 거하여 철동삼암이라 불렀다. 급암은 죽헌의 사위이다.

> 及菴閔先生詩, 造語平淡而用意精深, 其時益齋先生愚谷先生與竹軒政丞居同里, 號鐵洞三菴. 及菴, 竹軒壻也.(≪惕若齋集≫ 詩吟後)

상기의 인문은 及菴의 시가 平淡精深하며 益齋 李齊賢같은 대가의 대열에 있었음을 밝혔고, 이어서,

> 익재선생은 매양 찬탄하기를 급암의 시법은 절로 천생의 흥취를 터득하였다.

> 益齋先生每嘆曰, 及菴詩法自得天趣.(상동)

라고 하여 성당의 天趣를 얻었음을 알 수 있으며,

외손 김경지는 급암 선생 집에서 성장하여 학문에 뜻을 두고서 급암에게 배우고 익재와 우곡에게서 친히 지도를 받았다.

外孫金敬之氏生長于及菴先生之家, 及志學, 又學于及菴, 得以親炙益齋愚谷.(상동)

라고 하여 김구용이 당대의 대가에게서 친학했음을 확인할 수 있다. 이런 정통적인 麗代 풍격을 배운 김구용 시는 풍격상 당대의 표본이라 하겠으니, 다음 ≪惕若齋集≫의 〈河崙序〉와 〈鄭煥堯序〉에서 김구용의 시를 논한 객관적인 평가를 볼 수 있다.

목은 선생은 중국에서 배워 탁월하게 고명한 견식을 지니고 있다. 동인의 시에 대해서 인정하는 자가 적지만 오직 선생의 시에 대해서만은 상찬하는 바가 있으니 "평담하고 정밀하여 급암시와 매우 닮았다."고 하였다. 평담하고 정밀한 경지에 이르기란 또한 어찌 쉽겠는가?

牧隱先生學於中國, 卓爾有高明之見, 其於東人之詩, 少有許可者, 獨於先生之作有所嘆賞, 曰 : 平澹精深, 絶類及菴詩. 而至於平澹精深, 亦豈易哉(〈河崙序〉)

척약 선생의 아름다운 절개와 언행은 중국에도 빛나서 백대 후라도 결코 사라지지 않을 것이다. 그 도덕이 그러하거늘, 그 문장도 추숭할 만하다. …… 그 문장의 뜻이 평담정밀하고 격조가 청신하고 우아하다.

惕若先生娉節懿行, 炳朗華夏, 雖百世而必不泯, 其道德旣彼, 其文章可推知,…… 至若旨義之平澹精深, 調格之淸新雅麗. (〈鄭煥堯序〉)

이상의 평어에서 河崙은 牧隱의 찬사대로 시가 平澹精深하여 及菴을 능가할 만 하다고 했으며, 鄭煥堯는 근세인이지만, 文以載道的으로 보아 宋風을 겸한 논리를 전개하였는데, 상기의 논평에서 김구용 시는 唐風에 출입하면서 宋風을 가미했음을 확인하게 된다. 그러면 구체적으로 김구용 시를 보면, 먼저 시의 隱逸浪漫과 脫俗性을 지적하겠는데, 이 풍격은 전원산수를 묘사하는 과정에서 표출되는 淸淡과 高雅, 그리고 仙과 禪을 지향하는 허무와 초탈을 위주로 한 主情의 詩趣로서 성당시의 면모이기도 하다. 따라서 歐陽修는,

> 당시에 있어 진자앙·이백·두보·심전기·송지문·왕유 등은, 그 순박·고담한 소리를 얻기도 하고, 그 화해롭고 고상한 절주를 얻기도 하였다.

> 唐之詩, 子昻李杜沈宋王維之徒, 或得其淳古淡泊之聲, 或得其舒和高暢之節. (〈書梅聖兪藁後〉·《歐陽文忠公集》卷149)

라 하고, 명대 魏慶之는 이르기를,

> 시를 짓는데 있어서 청심하고 한담하려 하면 마땅히 위응물·유종원·맹호연·왕유·가도를 알아야 한다.

> 爲詩欲淸深閑淡, 當看韋蘇州·柳子厚·孟浩然·王摩詰·賈長江. (《詩人玉屑》卷十)

라 하여 농촌과 자연이 주는 시심을 중요시하였다. 이것으로 보아 김구용 시에서 淸深閑淡과 仙禪味를 중히 보게 되는데, 〈偶題〉를 보면,

버들 색 천 가지에 푸르고,
복사꽃 만 그루에 붉도다.
우연히 작은 술잔을 들었더니,
봄비가 마침 부슬부슬 내리도다.

柳色千株綠, 桃花萬樹紅.
偶然成小酌, 春雨正濛濛. (卷上)

라고 하여 산수의 景中有情을 음영하였고, 〈明波亭次韻〉에서는,

시비와 영욕은 머리에 텅 비우고
이 몸은 관동의 절경 속에 있도다.
곳곳마다 우정의 객사는 청결하여 속되지 않아서
거닐며 달을 희롱하고 또 바람을 머금노라.

是非榮辱轉頭空, 身在關東絶景中.
到處郵亭淸不俗, 行行弄月又銜風. (卷上)

라고 하여 탈속적 淸心을 읊고 있는데, 김구용 시에서 특히 청심과 탈속을 묘사한 隱逸詩가 적지 않다는 증거가 된다. 그리고 김구용 시는 첩어의 구사를 애용하였는데,36) 산수의 묘회에 치중한 점은 성당에 근접되어 있다.37) 그리고 김구용 시에 있어 仙的 시어와 시의를 통해 허무와 탈속을 표출해 주는 것이 禪인데, 그러한 것과 상시 동반되는 현상은 韓·中 양국 시인에게 공통으로 표현되고 있으니, 예컨대, 〈江陵途中〉를 보면,

---

36) 拙著 ≪中國唐詩硏究≫, 韓中詩歌比較, 金九容 부분 참조.(국학자료원, 1994)
37) 金九容詩 444首中 정확히 計數하여 52개처에 疊語를 사용하였음.

깃발이 펄럭이며 바다 파도에 비추이니
자고새는 놀라서 해당화를 박차누나.
모래톱 가에 흰모래의 푸른 대나무 밭이
신선 적송자와 왕자교의 집인가 하노라.

旌旗央央照海波, 鷓鴣驚簸海棠花.
白沙翠竹汀洲畔, 疑是松喬子弟家.(上同 卷下)

여기에서 말구의 표현은 작자의 의식이 仙界에 도달하여 있음을 보여 주며, 〈寄仲賢〉을 보면,

비 멈추고 바람 맑아서 가을을 느끼나니
밤 깊어 밝은 달이 서루를 비추노라.
주렴을 거두고 바로 앉아서 긴 휘파람 부니
난간 사이의 벌레 소리가 더욱 수심을 돋구노라.

雨絶風淸意欲秋, 夜深明月照書樓.
捲簾危坐發長嘯, 隔檻虫聲足貢愁.(上同 卷下)

여기에서 제3구를 仙道의 경지에 놓고 속세의 우수를 떨치려 하였으니, 김구용에게 있어 보다 강하게 禪에 귀의하면서 탈속을 희구한 경향이 짙은데, 그런 유의 시가 32수 점유하고 있는 것은 崇儒者이지만, 정치·사회적 배경에 기인한 때문이라고 할 것이다. 그리고 〈淨土蘭若夜吟〉을 보면,

아득히 날이 어두우니 연등이 밝아지고,
눈 가득히 은하수 보이니 비는 벌써 개었구나.
뜰 안을 홀로 걸으니 아무도 모르는데,

울타리 감돌아서 오직 풀벌레만이 우는구나.

　　昏昏蒙破佛燈明, 滿目星河雨已晴.
　　獨步庭中人不識, 繞籬唯有草蟲鳴.(상동 권하)

　여기에서 전시구가 합자연에 든 禪氣를 표출하면서 「以禪入詩」의 神韻을 지니고 있다.38) 이런 시들은 마치 王維와 李白에 출입하는 시정이니, 김구용의 시에서 道·佛의 의취를 융화한 장처는 더욱 시격을 제고시켜 주고 있다.
　위의 이러한 시풍의 각도에서 보면, 아래 〈江水〉 시는 은둔과 초탈의 의식이 강하게 표출된 시인 것을 확인하게 된다.

　　강물은 동으로 흘러 다시 돌아오지 않고
　　구름 낀 돛대는 만리 멀리 서쪽으로 펴지네.
　　고비와 부들이 난 양쪽 언덕에는 산들바람이 일고
　　버들이 선 긴 둑에는 가랑비가 내린다.
　　이별의 꿈에 멀리 기자국을 잃어가고
　　여행의 수심으로 홀로 초왕대에 오르도다.
　　가고 가며 구경하면서 무산에 가까우니
　　원숭이 소리 듣자마자 슬픔에 젖노라.

　　江水東流不復回, 雲帆萬里向西開.
　　菰蒲兩岸微風起, 楊柳長堤細雨來.
　　別夢遠迷箕子國, 旅愁獨上楚王臺.
　　行行見說巫山近, 一聽猿聲轉覺哀.39)

---

38) 嚴羽의 ≪滄浪詩話≫ 참조.
39) ≪惕若齋集≫卷之下에 수록.「萬里」가「直欲」,「西開」가「西關」,「別夢」이「魂夢」,「旅愁獨上」이「襟懷才展」으로 각각 됨.

김구용 시는 분명히 唐과 宋의 이전중에 양면을 동시에 투영하면서 문학과 사상의 혼융 속에 시의를 표출한 시대적으로나, 풍격상으로 요긴한 위치에 있는 것이다.

9. 趙云仡의 〈卽事〉

≪明詩綜≫(권94)에 이르기를,

　　운흘은 고려 풍양현인으로 공민왕 6년에 급제하였다. 안동서기를 지내고 합문사인을 거쳐서 형부원외랑으로 왕을 수종하여 남쪽으로 순행하고 국자직강으로 전직하였으며 전라서해양광삼도안렴사를 역임하였다. 신우 3년에 좌간의대부를 제수 받고, 신창이 즉위하여 첨서별직사사를 받았으며 동지에 올랐다. 공양왕 2년에 계림부윤으로 출사하고 이방원이 찬탈하여 강릉대도호부사를 제수하나 병으로 사양하고 또 간교정당문학을 내렸으나 봉록을 받지 않았다.

　　云仡, 高麗豊壤縣人, 恭愍王六年登第. 調安東書記, 累轉閤門舍人, 以刑部員外郎, 從王南幸, 遷國子直講, 歷全羅西海楊廣三道按廉使. 辛禑三年起, 授左諫議大夫, 辛昌立, 召拜僉書密直司事, 升同知. 恭讓王二年, 出爲鷄林府尹, 李芳遠簒立, 授江陵大都護府使, 以病辭, 又拜簡校政堂文學, 不授祿.

라고 하여 그의 다양한 관직과 강직한 義節을 확인할 수 있다. 그의 〈卽事〉시를 보면,

　　　　가시나무 문을 정오에 사람을 불러 열고서

걸어서 임정에 나서니 돌에 이끼가 가득하다.
어제 밤 산중에 비바람 세더니
한 줄기 냇물에 꽃이 떠내려오누나.

荊門日午喚人開, 步出林亭石滿苔.
昨夜山中風雨惡, 一溪流水泛花來.[40]

이 시에 대해서 許筠이 이미 거론한 바 다음에 보면,

조운흘은 전왕조에서 이미 관직을 지냈다. 만년에 미친 듯이 노닐며 사평원의 국인되기를 바랬다. 하루는 임염당과 유랑자들을 만나 서로 이어서 말하다가 시를 지어 이르기를 ; 사립문을 정오에 사람 불러 열고서 걸어서 임정에 나가 돌이끼에 앉았노라. 어젯밤 산 속에 비바람 세더니, 냇물 가득 흐르는 물에 꽃이 떠오누나.

趙石磵云仡, 在前朝已達官. 暮年佯狂玩世, 求爲沙坪院主. 一日見林廉黨與流于外者, 相繼于道, 作詩曰; 柴門日午喚人開, 步出林亭坐石苔. 昨夜山中風雨惡, 滿溪流水泛花來.(≪惺叟詩話≫)

여기서 ≪明詩綜≫에 실린 시와는 '柴'가 '荊'으로, '坐石苔'가 '石滿苔'로 쓰여진 것이 서로 다를 뿐, 이 시는 말년에 망국의 심정을 표현한 것으로 본다.
이와 같은 세태에 대한 비감을 조운흘은 그의 〈題九月山小菴〉(≪東文選≫卷22)에서,

산 속에 아직 잔설이 남아 있는데

---

40) ≪東文選≫卷22에 수록. '荊'이 '柴', '步出'이 '徐來', '石滿苔'가 '坐石苔', '惡'이 '在', '一'이 '滿'으로 각각 됨.

버들눈이 움트니 바야흐로 봄이로다.
세상의 영화와 쇠퇴 나는 이미 보았거늘
이 몸 그지없이 빈궁에 부치노라.

山中猶在戊辰雪, 柳眼初開已巳春.
世上榮枯吾已見, 此身無限付窮貧.

라고 하여 인생살이를 무욕의 경지에서 자연에 맡기며 초월하겠다는 거의 絶命에 가까운 심정을 토로한 것과 상통한다.

10. 鄭知常의 〈醉後〉

이미 밝혔지만 주이존은 이 시를 李仁老의 시와 함께 ≪明詩綜≫(권 95) 조선시대 중엽의 문인 속에 잘못 열입시켜 놓은 바, 본고에서는 고려 문인 부분에서 다루게 된 것이다. 정지상의 시는 鄭麟趾가 기술한 바,

정지상의 시는 만당체로서 절구에 더욱 공교로우며, 어구는 청아화려하고 운격은 호방준일하여 절로 일가의 법도를 이루고 있다.

知常爲詩得晚唐體, 尤工絶句, 詞語淸華, 韻格豪逸, 自成一家法.(≪高麗史≫卷127)

라고 하여 晚唐의 唯美風을 따르면서 淸華하고 豪逸한 격조를 지니고 있음을 지적하였다. 그리고 李仁老도 같은 각도에서 "其語飄逸出塵"(그 어사가 표일하여 탈속적이다)(≪破閑集≫卷下)라 하고 崔滋도 정지상의 시에 대해서 상기 2인의 평어와 맥락을 같이 하고 있다. 보건

대,

　　어운이 청아하고 화려하며 구격이 호방하고 준일하여 읽게되면 답답한 가슴과 침침한 눈이 씻은 듯 깨어나게 한다. 단지 웅심한 거작의 풍이 부족할 따름이다.

　　語韻淸華, 句格豪逸, 讀之使煩襟昏眼, 灑然醒悟, 但雄深巨作乏耳.
　(≪補閑集≫卷上)

라고 하여 표현상의 工巧가 뛰어난 반면, 내용상의 흥취가 성당만큼 우러나지 않다고 직설하고 있다. 이런 면을 인지하면서 다음의 〈醉後〉 시를 볼 때, 의취는 낭만은일 하지만 묘사 속에 백화적 구어와 비유적 시어가 구사되어 있다.

　　복사꽃 빗속에 붉게 물들고 새들은 우는데
　　지붕을 감싼 푸른 산에는 산 기운이 넘친다.
　　(벼슬아치가 쓰는)검은 깁 모자 하나도 게을리 가누지 못하고
　　잠에 취해 꽃 둑에서 강남을 꿈꾸도다.

　　桃花紅雨鳥喃喃, 繞屋靑山間翠嵐.
　　一頂烏紗慵不收, 醉眠花塢夢江南.41)

11. 李仁老의 〈題杏花鸚鵡圖〉

이인노(1152~1220)의 자는 眉叟이며, 초명은 得玉, 호는 雙明齋이다. 문장과 서예에 능하였으며, 禮部員外郞 등 관직을 지냈으며 만년에는

---

41) ≪東文選≫卷19에 수록. '間'이 '閒', '收'가 '整'으로 각각 됨.

「竹林高會」의 1인으로 세속을 초탈하는 의식세계를 추구하였다.[42] 저서로는 《銀臺集》20권과 《雙明齋集》3권 등을 지었다고 하지만,[43] 현존하는 것은 시화서인 《破閑集》과 《東文選》에 辭 1수, 賦 2수, 古詩 22수, 律詩 16수, 絶句 36수 등 84수만이 수록되어 있을 뿐이다. 이인로는 자신이 《破閑集》(卷中)에 "自雅缺風亡, 詩人皆推杜子美爲獨步."(시경의 풍격이 사라진 후에, 시인들은 모두 두보를 추숭하여 으뜸으로 삼았다)라고 하여 杜甫를 推崇하였으나, 宋代 시풍에 젖어들면서 蘇軾과 黃庭堅을 선호하게 되니,[44] 그 자신이 《破閑集》(卷上)에서 다음과 같이 그 경향을 인정하고 있다.

> 소동파와 황정견에 있어서는 시 짓는 일이 더욱 정밀하여 준일한 기품이 솟아나서 다듬은 구절의 묘미가 두보와 더불어 나란히 갈 만하다.
>
> 及至蘇黃, 則使事益精, 逸氣橫出, 琢句之妙可以與少陵幷駕.

이 점에 대해서 崔滋는 "今觀眉叟詩, 或有七字五字, 從東坡集來."(지금 이인로의 시를 보건대, 혹 7자나 5자에 있어서, 동파집에서 따온 것이 있다)(《補閑集》卷中)라고 하여 동파시를 모방한 사실까지 구체적으로 지적하고 있다. 이러므로 이인로의 시풍은 그의 아들 李世黃이 "詞若湧泉, 略無凝滯."(어사가 솟구치는 샘물 같아서 거의 엉킴이 없다.)(《破閑集》卷末 後敍)라고 기록한대로 거침없이 흐르는 물처럼 氣

---

[42] 《破閑集·補閑集》解題 참조(아세아문화사. 1972)
[43] 《破閑集》卷下 後跋文에 "手自撰銀臺集"라고 하고 《東文選》卷84 〈海東後耆老會序〉에 기록.
[44] 宋代 문인들은 주로 陶淵明이나 杜甫에게서 淵源된 만큼 이인로가 蘇黃에 근접한 경향은 특이하지 않다. 송대 張戒는 《歲寒堂詩話》(卷上)에서 "黃魯直自言學杜子美, 子瞻自言學陶淵明, 二人好惡已自不同."라고 지적했음.

勝[45]하다고 할 수 있다. 그의 〈題杏花鸜鵒圖〉를 보면,

> 비가 올 듯 안 올 듯 봄 그늘 드리운데
> 살구꽃 한 가지 또 두 가지에 맺힌다.
> 뉘에게 물어 봄소식을 들을 건가
> 오라 오직 저 때까치가 있는 것을.

> 欲雨未雨春陰垂, 杏花一枝復兩枝.
> 問誰領得春消息, 惟有鸜之與鵒之.[46]

위의 시는 金錫胄가 평한 바, "雙明齋李仁老, 雲屛細雨, 水鏡涵天." (이인노의 시는 구름 병풍에 보슬비 머금고 물 거울에 하늘을 담고 있다)(≪玄湖瑣談≫)라고 한 것처럼 섬세하면서도 유연하고, 청아하면서도 함축미를 지닌 시의 興趣와 工巧를 겸전한 수작이라 할 수 있다.

본고에서 시 자체의 역석은 우선 고려 문인의 것에 국한시켰지만, ≪明詩綜≫(권94·95)에 소재된 고려시와 조선시 137수는 韓中文學의 상호교류적 차원에서 ≪淸詩匯≫(권200)에 소재된 조선시와 함께 간과할 수 없는 중요한 자료인 동시에 明淸代의 시와 동격의 위상으로 평가된다는 점에서 의미있는 근거가 된다.

주이존이 ≪明詩綜≫이란 방대한 편찬을 하는 과정에서 고려와 조선 문인의 시에 관한 참고자료가 극히 제한되고, 또 근거 불충분한 상황 하에서 편찬이 진행되었다는 증거들은 이미 지적한 바와 같다. 그럼에도 불구하고 명청대의 시총집으로서 ≪全唐詩≫나 ≪全宋詞≫와 동격으로 평가되는 이들 자료가 ≪淸詩匯≫와 함께 한국 한문학에서

---

45) 張戒 ≪歲寒堂詩話≫(卷上)에 "杜子美詩, 專以氣勝, 然意可學也, 味亦可學也, 氣有强弱, 則不可强矣."라 하여 「氣勝」이란 천부적인 재능을 의미함.
46) ≪東文選≫卷20에 수록.

거론되지 않았던 것은 그 소재되어 있는 시의 가치저하라든가, 편찬상
의 편견과 근거부족, 그리고 오류 등의 취약점을 지니고 있다 하여도,
다소간 무심하지 않았나 하는 감회를 떨칠 수 없다. 여하튼 지금이라
도 이 양대 총집에 소재된 이들 자료들을 개괄적이나마 거론하게 된
것은 다행이며, 특히 외국학자(중국학자 포함)에게 올바른 소재 인식의
기회를 부여한다는 점에서 의의가 있다고 자평하고 싶다. 본고를 통해
≪明詩綜≫소재 자료 및 주이존의 평어에서 나타난 몇 가지 장단점을
고려와 조선 시 모두 포함해서 다음에 총괄적으로 열거하고자 한다.

먼저 장점으로는, 첫째 선정기준이 다소 미흡하지만 다량의 작품을
수록했고, 둘째 고려와 조선에 대한 속국의식이 작용했겠지만, 선정 기
준과 평어에 있어서 비교적 큰 비중을 두었으며, 셋째 작품 내용이 일
관성이 있어서 주이존이 明末・淸初의 문인이었으므로 고려 말과 조선
초의 상황을 이해한 면도 있었음을 고려해 볼 때, 不事二君의 忠誠
心47)에 의한 정치체제 비판과 교유관계, 그리고 귀소 의식 등이 담긴
시를 선정하는데 주력하였다. 그리고 넷째는 ≪東文選≫ 등 조선조의
자료상의 수록 선정 기준을 고려하지 않았으며, 제3장의 분류표에서
확인한 바와 같이 문인시에만 국한하지 않고 무명 시인이나 아녀자의
작품도 폭넓게 수록하였다.

그리고 문제점으로는 이미 제2절에서 대개 지적한 바, 다시 정리하
여 보려고 한다. 첫째 선정 기준의 지나친 주관과 편견이 개입된 점이
다. 고려 시인 중에 李奎報, 李齊賢, 陳澕, 林椿 등의 시가 수록되지 않
은 것은 아쉽다. 둘째 시대구분의 인식이 부족하여 鄭知常과 李仁老를
조선 중기 이후에 열입시키고 누구인지 조차 파악하지 못하고 있으며
歸化人 偰遜 같은 문인을 먼저 거열한 의도 또한 석연치 못하다고 본

---

47) 예컨대, 鄭夢周의 〈感遇〉시는 朝鮮에 대한 비판과 격정의 내용 때문인지 조선
조에 편찬된 ≪圃隱集≫과 ≪東文選≫에 수록되지 않았음.

다. 조선조에서의 생존시기 무질서는 후설하겠지만 매거할 수 없을 정도이다. 그리고 金時習이 梅月堂인 것도 모르고 李達이 蓀谷인지도 분별 못하고서 나누어 각각 별도로 시를 수록한 점 등은 답답할 뿐이다. 셋째 역석 부분에서 기술한 바 시의 제목과 시문의 차이점이 다출하고 있다는 것이다. 넷째 작품 소재의 편협성으로서 聯詩나 太平舘, 漢江 등 제한된 주제의 시를 선정한 것이다. 다섯째 전반적으로 수준 높은 작품이라고 하기에는 미진한 시가 많다. 격조 있는 한국 漢詩는 중국의 것에 결코 못지 않거늘 우리의 문학 품격을 폄하하려는 主從的 의식에 의한 의도는 없었는지 의아스럽다. ≪全唐詩≫에 崔致遠의 시는 한 구도 수록되지 않은 愚가 여기에도 작용하지 않았는가 한다. 어떻든 이 자료는 우리가 올바르게 분석 평가하여 학술적 의미가 있도록 정리하여 ≪全唐詩≫와 ≪淸詩匯≫에 수록된 우리 선조의 작품과 함께 韓國漢文學에서 다루어져야 할 것이다.

제3편 朝鮮漢詩와 唐詩

成侃의 ≪眞逸遺藁≫와 그 시의 唐宋 풍격
李達 詩에서의 王維 詩風
鄭斗卿과 李白의 樂府詩
申緯 詩의 源流와 그의 交遊, 그리고 시조의 漢詩譯
申緯와 王維 詩의 神韻味와 繪畵技法
李白詩 諺解本의 구성과 그 예시
≪淸詩匯≫所載 朝鮮 後期 문인의 詩
玉山 李光秀 詩의 唐詩 풍격

成侃의 ≪眞逸遺藁≫와 그 시의 唐宋 풍격

韓國漢文學의 미정리 된 자료는 무수하며 이미 수록된 전적의 정리·분석도 그 체계적인 단계를 제대로 다지지 못한 상태이다. 필자가 1976년에 대구 계명대학 도서관에서 국내 유일본인 成侃(1427~1456)의 ≪眞逸遺藁≫四卷 一冊을 열람하게 된 것이 이 글을 쓰게 된 동기이다. 그리하여 1980년대 초에 한국한문학연구 논집을 통해 이미 발표하고 20여 년이 지난 지금에 와서 내용과 문맥을 다시 다듬어서 이 책의 일부로 열입하게 된 것은 다행스러운 일이다. 당초에 이 一冊의 열람은 문집이 적은 조선 초기의 문학 양상에 보탬이 되는 것은 물론, 다소 왜곡된 成侃의 생애와 문학관을 바르게 파악하는 중요한 계기가 되었던 것이다. ≪眞逸遺藁≫는 비교적 완전하게 보존되어 있으며 성간의 30년 일생의 주요한 작품을 망라하여 발간한 것으로 본다. 그 간에 성간 및 그 문집에 대해서는 구체적인 고증과 연구의 논저가 없고 더구나 그의 시론의 핵심은 논외로 하고 오직 宮詞·賦·傳 등의[1]

---

1) 李家源, ≪韓國漢文學史≫, p.175, 樂府類의 宮詞作者 기술에 생존연대를 1427~1460년으로 誤印되어 있으며, p.176, 國朝詩刪에서 뽑은 宮詞 二首詩의 序次와 시구가 ≪眞逸遺藁≫의 원시와 상이하니, 전자는 제1수를 "依依簾幕燕交飛"라

1·2편에 불과한 작품을 소개하고 있는 수준에 머물러 있었던 것이다. 다행히도 이 문집이 1970년대 말에 성균관대학 대동문화연구원에서 名賢集의 이름으로 열입시킨 일도 필자의 제의와 무관하지 않은 것이다. 그러니까 이 문집은 조선 초기 문학에 매우 중요한 위치를 차지하게 된 것이다. 그리고 ≪國朝刪詩≫ 및 ≪海東辭賦≫ 등에서 산견되던 성간 시도 이 문집으로 해서 시가 총 241수로 집약되게 된 것이다.

따라서 본고에서는 ≪眞逸遺藁≫를 상세히 분석·소개하고 성간의 생평과 시를 통한 교우관계를 전제한 후 3권까지 수록되어 있는 241수 시를 중점적으로 고구하여, 麗朝 시풍의 악부적 특성을 陶潛·謝靈運·顔延之·鮑照·王維 등의 풍격과 비교한 「華而不靡」의 시풍, 그리고 허무적인 비애, 朝鮮 初期의 禪과 仙的인 탈속미 등을 구체적으로 논술하려 한다.

I. ≪眞逸遺藁≫와 成侃의 生平

총 4卷 1冊의 ≪眞逸遺藁≫는 그 발간 연대가 명기된 것은 없으나, 늦어도 1467년, 즉 世祖 13년(丁亥)을 전후하여 나온 것으로 추정할 수 있다. 徐居正(1420~1488)의 叙文 말미에 기록하기를,

> 성화 기원 3년 세차 을해년 중양절에 자헌대부 형조판서 겸 예문관 대제학 달성 서거정 강중이 쓰다.

기재하고 있다. 그리고 金台俊의 ≪朝鮮漢文學史≫에는 成侃의 기술이 전무하며, 文璇奎의 ≪韓國漢文學史≫, p.153에 稗官文學으로 「慵夫傳」을, p.228엔 「新雪賦」를 작품 인용없이 소개하고 있을 뿐이다. 특히 文璇奎는 p.153에 成侃을 "或人은 麗末에 있었던 文人이라 推測하고 있다."라는 不明한 기술을 하고 있다.

> 成化紀元三年龍集丁亥重陽節資憲大夫刑曹判書兼藝文館大提學達城徐居正剛中敍.

라고 하였으며, 成侃의 弟 成俔(1439~1504)의 編文 末에 역시 기록하기를,

> 성화 3년 5월 초 길일에 제 예문봉교 성현 경숙이 편하다.
>
> 成化三年五月初吉弟藝文奉教成俔磬叔編.

라고 하였는데, 여기서 徐居正의 敍文 연대는 바로 成侃의 사후 11년인 1467년 世祖 13년 陰 9월 9일인 것이며, 成俔의 編文은 동년 陰 5월 초인 것이다. 한편 遺藁 卷4 말미에 수록되어 있는 胤保 李承召의 跋題文 연대를 보면,

> 무인 단오 후 3일(5월 8일)에 우인 양성 이윤보가 제를 쓰다.
>
> 戊寅端午後三日友人陽城李胤保題.

라고 하였는데, 戊寅이라면 1458년(世祖 4년) 陰 5월 8일에 해당하니, 이는 성간 졸후 2년이 경과한 연대에 해당한다. 위에 기록된 연대로 보아 그 발간 일시를 고증해 보면 곧 1467년 重陽節 직후라고 단정할 수 있다.

이 문집의 구성은 卷3까지 총 241수의 古詩・律絶・詞가 수록되어 있고 卷4엔 먼저 「新雪賦」・「閔雨賦」 등 2편의 賦와 「五禮序」・「九日登高詩序」・「送李秀才序」・「送梵師遊方序」 등 序 4편, 그리고 「遊冠岳

寺北岩記」・「訓鍊館射斤記」・「成均館記」 등 記와 기타 「病中雜說」・「書剛中詩藁後」・「慵夫傳」 등이 실려 있다. 성간의 문집으로서 그의 유작은 거의 다 수록하고 있다 하겠으니 특히 시작을 卷1에서 雜詩 3수를 처음 기재하여 樂府詩, 즉 唐古風의 전통 격률을 지닌 시를 제시하고, 각 수를 차례대로 "其一效陶徵君"(도잠을 본받음), "其二效顔特進"(안연을 본받음), "其三效鮑參軍"(포조를 본받음)라고 주를 붙인 것은 성간 시관을 고찰하는 첫 관점이 된다. 각 권마다 古風과 5・7율절을 혼재하였는데 卷1엔 송별과 산수 묘사를 주제로 한 시, 卷2에는 자연사물과 인사를 통한 〈淸江曲〉・〈美人行〉・〈採蓮曲〉・〈羅嗔曲〉・〈老人行〉・〈戰場行〉・〈惡風行〉・〈餓婦行〉 등 주로 악부시를, 卷3은 인사에 의한 〈寄徐剛中〉・〈寄任子深〉・〈寄盧正郎〉 등 기증시가 다수 실려 있다. 성간 생평과는 계년상 관계없이 시대별・작품 체재별・내용별로 편의적으로 편집한 문집이라 할 것이다.

《眞逸遺藁》상에 보이는 성간의 생애와 인품을 徐居正의 敍와 成俔의 編文 그리고 李承召의 跋題文과 成俔의 《慵齋叢話》, 그리고 특히 李陸(1438~1498)의 「靑坡劇談」(《靑坡集》 卷二) 등을 통해서 개관하고자 한다. 성간 행적에 관해서는 《端宗實錄》(卷11) 「二年甲戌七日章」에 간략히 기술하였으나 미약하며 이 문집의 「成俔編文」이 비교적 정확한 자료가 되고 있다.

成侃의 字는 和中, 號는 眞逸齋, 本貫은 昌寧이다. 恭惠公 成念祖[2] (1398~1450)의 仲子로서 1427년 世宗 9년(宣德丁未)에 京都에서 출생하여 13세(1493)까지 放蕩不羈한 생활을 하고, 13세에 취학하여 15세(1441・世宗 23년 辛酉)에 진사시에 합격하고 나서부터 면학하기 시작하였으니,

---

[2] 成念祖, 字 子敬, 1414년 進士, 1419년 增廣文科, 正言・持平・吏曹正郎・都承旨・知中樞院事 歷任, 《文宗實錄》參閱.

이로부터 뜻을 독실히 하여 힘써 배우니 밤낮을 쉬지 않고 일찍이 저고리를 풀고 잔 적이 없었다.

自是篤志力學, 夜以繼日, 未嘗解衣而寢. (「成侃編文」상동 권4)

라 한 바 같이 하였다. 16세(1442・世宗 24年 壬戌)에 伯氏 成任3)(1421~1484)과 함께 曉日寺에서 독서하고 17세(1443・世宗 25年・癸亥)에, 역시 伯氏와 冠岳寺4)에 거하였으며, 18세(1444・甲子)엔 伯氏와 衿州의 三藐寺에 머물고, 19세(1445・乙丑)에는 成任이 厚陵이 됨에 成侃은 蔡子休 등과 함께 興敎寺에서, 그리고 松都와 開慶寺에 유행하며 작품을 많이 남겼다. 성간의 〈遊松都〉제1수 (≪眞逸遺藁≫卷3)의,

잔 나무에 고개 돌리니 해가 지려하는데
고궁의 송백은 푸른 기운이 그늘 이루네.
유유히 오백 년의 일을
시인과 더불어 시 노래 가락 읊노라.

回首扶蘇日欲沈, 古宮松柏翠生陰.
悠悠五百年間事, 附與騷人長短吟.

과 〈松都次伯氏〉제1수(同 卷3)의,

---

3) 成任, 字重卿, 號逸齋・安齋, 左參贊까지 歷任, 律法에 뛰어나고 蜀體・楷草細書에 능함. ≪安齋集≫, ≪太平廣記≫詳節著述. ≪成宗實錄≫・≪筆苑雜記≫ 參閱.
4) ≪眞逸遺藁≫卷四「遊冠岳寺北巖記」頭文에 "夏六月, 予遊署于冠岳寺, 日與緇徒窮山之深林‥‥"라 하고 尾文에 "古之得山水之助者尙矣周言之信哉, 是月十六日記"라 하니 同年 夏季에 冠岳山에 居한 것임.

송도는 옛날 담긴 뜻이 많으니
하나 하나가 정말 우수어린 일이로다.
자동의 구름이 막 걷히니
황교의 해는 서녘으로 지려 하누나.
영웅은 단지 낡은 자취만 남기고
궁전은 이미 황폐한 터라네.
지난 일 누구에게 물을 건가
청산만이 제 그대로일 따름이라.

松都多古意, ——正愁事.
紫洞雲初歇, 黃橋日欲西.
英雄但陳迹, 宮殿已荒墟.
往事憑誰問, 靑山只自如.

는 그 당시를 회고하며 지은 작품이다. 20세(1446·丙寅)에 檜岩寺에 갔다가 이듬해(1447·丁卯)에 부친을 따라 다시 松都를 방문하였다.

24세(1450·庚午 世宗 32년) 부친상을 당한 상심으로 인하여 병을 얻었다가 이듬해 1451년(辛未)은 병을 치료하느라고 낙향하고 26세(1452·壬申) 여름 伯氏 成任·李子野 兄弟와 더불어 松都로 유람을 가서 天磨·聖居·五冠·松岳 등 여러 山境을 탐방하였다. 〈登聖居山上峯〉(卷3)은 바로 이 때의 작이다.

산행하며 점점 옥 같은 시내의 안개에 들고
뭇 산봉우리 내려다보니 새의 길이 옆에 있네.
길을 반도 못 왔으며 걸음은 더딘데
진짜 샘이 흰 구름 가에 있구나.

山行漸入玉溪烟, 俯視群峯鳥道邊.
莫到半塗遲一步, 眞源近在白雲巓.

1453년 27세(癸酉·端宗 元年) 봄에 增廣文科에 제3위로 등제하여 典農이 된 후 곧 集賢博士가 되었다. 28세(1454·甲戌) 修撰으로 승진되고, 30세(1456·丙子, 世祖 2年) 여러 간신히 선동하여 피해를 입어 集賢에서 司諫院左正言으로 이직하여 취임 못하고 그 해 7월 병졸하였다. 成侃은 그 編文에서 성간의 인품을 기술하기를,

> 공은 널리 학식을 익히는데 힘써서 무릇 사서의 육경, 제자서와 역사서 등을 정통하지 않은 것이 없으며, 천문·지리·의약·복서·서화 같은 것까지도 모두 밝히 통달하였다. 그의 총명이 뛰어나서 한번 보면 즉시 기억하여 일찍이 잊은 것이 없었으니, 남에게 일러 말하기를, 문장과 기예를 나는 모두 능통하다. 하지 못하는 것은 단지 음악 뿐이다.
>
> 公務於博覽, 凡四書六經諸子百史無不精熟, 至如天文地理醫藥卜筮書畵等術, 悉皆通曉. 其聰明過人, 一覽輒記, 未嘗遺忘, 嘗謂人曰, 文章技藝, 我皆能矣. 所不能者惟樂也.

라 하고 또,

> 옥당의 여러 동학들이 배우다가 의문나는 것이 있으면 모두 질문을 하면 공은 오묘한 이치를 갈라서 풀이하여 의논이 바람일 듯 하였다. 여러 동학이 서로 일러 말하기를, 우리의 배움은 단지 한 모퉁이만 알뿐이니 성간이 잡술까지 정통하여 무릇 문자를 보면 모두 척척 통하는 것 같은 점에 있어서는 도저히 따를 수가 없다.
>
> 玉堂諸輩學有所疑咸就質問, 公剖析玄趣, 議論風生, 諸輩相謂曰, 我輩於學, 只知一隅, 至如和仲幷通雜術, 故凡看文字觸處皆通, 終不可及也.

라 하여 전문은 성간 자신이 재주를 자신하였지만 단지 음악만이 불능한 방면이라 한 것을 알 수 있고 후문으로는 성간의 文才를 객관적으로 인정할 수 있는 내용이다. 더구나 성간이 졸하였다는 소문을 듣고,

> 동방에 문장의 별이 없어졌나니, 아는 것이든 모르는 것이든 모두 다 통달하였는데 그것이 아깝도다.
>
> 東方無文星矣, 知與不知皆通惜之

라 하였으니 요절한 애통 이상의 文才의 상실을 명백케 해주고 있다. 성간은 항상 선견지명이 있어서 자신이 30을 넘지 못하리라는 것을 알고 초연한 의식 속에 생애를 보냈다.[5]

한편 李陸(1438~1498)의 ≪靑坡集≫ 卷2의 「靑坡劇談」, pp.74~77 사이에 성간의 외모와 성품에 대한 일화로써 기록된 것이 산견되는데 다음에 기술하기를,

> 창녕의 화중 성간은 어려서 문장으로 이름을 날렸으며 진일집이 있어서 세상에 전한다. 집현전에서 연회를 열 때마다 반드시 화중을 불러서 좌객으로 삼았는데 그의 용모가 추하여 이를 사람들은 일컬어 좌객이라 하였다. 그 아우인 경숙 성현의 용모도 그 형(성간)과 비슷하였고 또한 문장도 있었다. …… 한산의 평중 이상파는 풍채가 당대 제일인데 면상에 수염이 있거늘 공을 희롱하는 자가 있어서 그를 윤선생에 비유하였다. 중추 이상파는 그것을 매우 나쁘게 여겼으니 대개 윤의 용모가 험하고 수염이 많았기 때문이다. 나의 집에서 연회가

---

5) 成侃, ≪慵齋叢話≫卷二 : 先生病在床, 大夫人垂涕問疾, 先生曰 : "我非夫人之子, 我兄弟終當爲宰相, 是孝夫人者也, 其後皆如其言" 又成侃의 ≪眞逸遺藁≫題: "又嘗自卜其命曰, 余年過三十足矣, 至是果合其數, 因皆服其有先知也".

있으면 정승 홍익성 및 이상파·성간, 그리고 여러 재상이 모이는데 그 때 성간은 사옹원정이었는데 이상파가 성간을 보고 읊어 말하기를, "객이 있도다. 객이 있도다."라고 하니 성간과 여러 사람들이 그 뜻을 이해하지 못하였다. 평중이 스스로 그 뜻을 풀이하여 말하기를, "객이 있다의 객은 좌객의 객이로다."라 하니 성간이 일어나 대답하여 말하기를, "힘내시오. 힘내시오. 윤선생."하니 만좌의 사람들이 실성 졸도하지 않은 자가 없었다.

　　昌寧成侃和仲, 少以文章鳴, 有眞逸集, 髥傳於世. 爲人貌不揚, 集賢殿有燕會, 必邀和仲爲坐客, 由是士林謂貌醜者爲坐客. 其弟倪磬叔貌似乃兄, 而亦有文……韓山李相坡平仲, 自以風彩當世第一, 而面上有髥, 有戲公者, 比之尹先生. 中樞李甚病之, 盖尹貌險而多鬚故也. 吾家有燕集, 洪政丞益城及李公成公與諸宰相盛會, 時成爲司饗院正, 李目成朗吟曰; 有客有客, 成饗正諸公不解其意. 平仲自釋之曰; 有客之客, 坐客之客也. 成立對曰; 于偲于偲尹先生. 滿坐無不失聲絶倒. (≪靑坡劇談≫ p.74 前)

라고 하였다. 비록 문장은 뛰어났으나 용모가 누추하여 좌객으로 초대받았으며 尹先生과 비교하였음은 오직 외모가 그 이유였다. 尹先生에 관해서는 자세히 알 수 없고 단지 ≪朝鮮王朝實錄≫6冊 p.268, 580, 7冊의 p.107, 232, 299, 414, 그리고 8冊의 p.8, 16, 35, 166, 201, 364, 511에 각각 행적이 보일 뿐이다. 더욱 그 용모를 진박하게 표현한 笑話를 인용하건대,

　　일찍이 의정부사인으로 한 재상 댁을 방문하였는데 부인이 창 틈으로 엿보며 웃었다. 성간이 한림으로 다시 그 댁을 들어갔는데 부인이 저도 모르게 실성하여 말하기를 전날의 사인은 누추하지만 사람 같더니, 오늘의 한림은 사람 모습 같지 않으니 어찌 웃지 않을 수 있겠는가?

> 嘗以議政府舍人詣一大相宅, 婦人自窓隙間窺笑之. 成以翰林亦進其宅, 婦人不覺失聲曰, 前日舍人雖陋而如人, 今之翰林不似人形, 安得而不笑. (≪靑坡劇談≫ p.74後)

라든가, 이어서 기록하기를,

> 세조가 일찍이 책사를 고르매 성간을 보고 웃으며 말하기를 "그대는 재주 있으나 모습이 누추하니, 다른 관직을 맡음이 좋겠는데 승지라는 직책이란 내 가까이 있는 것이니 고로 도저히 안되겠다"라고 하였다. 그래서 지금까지 성간을 어람좌객이라 부르게 된 것이다.

> 世祖嘗策士見成笑曰, 汝雖才貌其陋他職則可, 承旨地近必不可也. 至今謂成爲御覽坐客. (≪靑坡劇談≫, p.74後)

라 한 것으로 성간이 얼마나 외모가 보잘 것 없었나 하는 점을 인정하지 않을 수 없다. 그리고 李陸은 성간의 성품에 대해서도 다음과 같이 기록하였다.

> 창녕 성간은 어려서 문장으로 명성을 떨쳤으나 생김새가 시원치 않았다. 후에 집현전수찬이 되었는데 대제학에서 아뢸 일이 있어서 대제학이 좌의금부에 있단 말 듣고서 곧장 들어가 알현을 청하고 이미 예를 행하고 다시 길에 들어서니 모두 본금부의 당상들이었다. 성간이 쳐다보고 부끄러워 얼굴을 붉히며 창황하여 물러 나오매 만좌의 사람들이 매우 웃으니 때때로 사람들은 "성수찬의 알현"이라 일컬었다.

> 昌寧成侃和仲, 少以文章鳴, 然爲人歇. 後爲集賢殿修撰, 有白事於大提學, 聞大提學左義禁府, 直入請謁, 旣行禮而復入路, 則皆本府堂上也.

成仰視之憨板, 蒼黃而退, 滿坐爲之劇笑, 時謂成修撰謁.(≪靑坡劇談≫ p.77)

라 하였으니 그 위인이 헐하고 겁약한 것을 알 수 있다. 오직 文才만이 과인했을 뿐, 용모와 성격은 타인의 조소대상에 불과한 것이었다.

성간의 다양한 재조은 麗末 李穡에서 朝鮮初 柳方善(1388~1443)으로 하여 성간에게 계승된 것인 만큼 충분히 이해할 수 있다.[6]

≪眞逸遺藁≫의 가치는 문집의 희귀성에 앞서 그 시문 자체의 수준이 어떠하냐 하는 점이 보다 중요한데 시품에 관해서는 시론에서 상설하고 여기서는 단지 徐居正의 敍와 李承召의 跋題를 통해서 그 진가를 동찰할 수 있다. 徐居正은 기술하기를,

아아! 화중 성간이여, 내가 어찌 차마 그 시집의 서문을 쓸 수 있겠는가!

嗚呼, 和仲, 予尙忍序其詩乎.

라고 自謙한 마음으로 和仲 作의 序를 짓는 경의를 표하고 또,

화중 성간의 문장은 그 소양이 이미 깊고 소견이 역시 탁월하여 마음에 바탕을 두고 문사로 표현된 글이 고고하고 담백하며 온후하고 아섬하여 우뚝 일가를 이루고 옛 작가의 풍격을 지니고 있다.

和仲之於文章, 所養旣深, 所見亦卓, 根於心, 發於辭者, 高古沖澹, 溫厚雅瞻, 蔚然成一家, 爲古作者之風.

---

6) 李穡 門下에 柳方善은 鄭道傳과 함께 儒學·文學·醫藥 등 多才하였고 李朝詩壇의 기초적 역할을 하여, 徐居正 ≪筆苑雜記≫ 卷二에 "本朝開國以後, 詞學盡廢, 歲戊午, 始設進士科, 中場用詞賦, 自此詩學大成, 皆二先生訓誨之力也"라 함.

라고 하여 시풍의 특색을 眞評하고, 문집에 대해서는,

> 지금 이 문집이 전해지면 사람의 이목을 끌기에 족하며 후세에 거듭 빛나리라.
>
> 今是集之傳足以動人耳目, 重耀後世.

라고 극찬하고 있다. 그리고 李承召는,

> 화중의 시작은 기특하니 배운 것이 많고 소양이 크며 들인 노력이 숙달되고 풍부하거늘 전할 만하다. 후세에 화중 같은 자가 있어 나온들 이런 문장과 이런 글은 장독의 덮개도 되지 못할 것이다.
>
> 和仲之於爲詩奇矣, 可見所學之富而所養之大, 用功之熟而用功之豊矣, 可以傳矣. 後世有如和仲者, 出則斯文也斯詩也不至爲醬瓿之覆矣.

라고 성간의 遺藁가 후대에 必傳되어 그 가치를 발할 수 있기를 간원하였다. 이들 성간의 선배들은[7] 그 평가가 당대의 대문호인 만큼 의심 없이 믿어야 할 것이다.

Ⅱ. 詩友와의 교유

성간의 교우관계는 集賢殿博士 이후에 문인을 중심으로 왕래하였으

---

7) 徐居正, 李承召는 伯氏 成任의 友人이었다. 李承召云 : "吾友昌寧成重卿氏謂余曰, 弟和中自幼好學, 於天下書無所不讀"(《眞逸遺藁》跋題」), 又徐居正云 : "予與和仲之兄重卿氏相善, 和仲氏少予七八歲, 嘗兄予"(《眞逸遺藁》)

며, 伯氏 成任의 동료에 의한 연상의 선배와의 교유도 불소하였다고 본다. 成侃은 성간의 교우들에 대해 다음과 같이 親近者 名字를 기술하고 있다.

> 그의 평생에 더불어 교유한 사람은 김문양·서강중·이윤보·강경순·노자방·임자심·이자야·이평중·김희수·최세원 등으로 모두 한 시대의 명사들이다.
>
> 其平生所與交者, 金文良, 徐剛中, 李胤保, 姜景醇, 盧子胖, 任子深, 李子野, 李平仲, 金潤叟, 崔勢遠, 皆一時名士也. (≪眞逸遺藁≫ 篇文)

이들 외에도 ≪眞逸遺藁≫에 보이는 교제하던 교우로는 姜希顔·河應天 등과 외국인으로서는 明天使 倪謙·司馬恂과 일본 國僧 등이 있다.8) 그리고 集賢學士와의 교유는 賜暇讀書로서 세종의 은우를 입은 이들은 다음 許筠의 ≪惺所覆瓿藁≫의 일단에서 그 名字를 볼 수 있다.

> 세묘조에 비로소 서당을 마련하고 사가독서들을 두니, 처음엔 권채·신석조·남수문이고, 다음은 성삼문·신숙주·박팽년이며, 또 다음은 이석형·최항·성간·이영서·하위지·이개·김수온·서거정·이승소·강희맹 등이 이어서 맡았다.
>
> 世廟朝, 始設書堂, 賜暇讀書, 初則權採辛碩祖南秀文, 次則成三問申叔舟朴彭年, 又次則李石亨崔恒成侃李永瑞河緯地李塏金守溫徐居正李

---

8) ≪眞逸遺藁≫〈寄姜希顔〉(卷三),〈與家兄招河應千〉,〈應千至又題一首〉(卷三),〈送倪天使還京謙〉(卷一),〈送司馬天使恂〉(卷一),〈送日本國僧〉(卷一) 등 詩作이 수록되어 있음. ≪慵齋叢話≫ 卷一: "天使到我國者, 皆中華名士也,‥‥詢不善作詩, 謙雖能詩, 初於路上下留意於題詠, 至謁聖之日, 謙有詩云": "濟濟靑襟分左右, 森森翠栢列成行, 是時集賢儒士全盛."

承召姜希孟, 相繼爲之. (卷22「說部」一惺翁識小錄上)

성간은 이들 집현학사의 화해를 기원하면서〈怕寒不出吟得〉6수(卷1)를 지어 바쳤는데, 그 제2수를 보면,

취한 얼굴에 바람 부니 봄의 기운 짙고,
황혼의 거리에는 둥둥 땅 밟는 북소리.
물러나 누워서 서쪽 창가에 있으니
봄 강에 드는 꿈에 달무리가 보인다.

醉面宜風春意濃, 黃昏街鼓踏鼕鼕.
頹然倒臥西窓下, 夢入春江月一蓬.

라고 하여 春江에 녹듯이 화평을 꿈꾸는 심태를 토로하고 있다. 특히 집현전학사 간에 총애를 받아 그 시명을 떨쳤는데 成俔이《慵齋叢話》卷3에 기술한 고사내용이 그 좋은 실례가 되겠다.

집현전의 여러 학자들이 상사일에 성남에서 노는데 나의 화중씨(성간)도 같이 하였다. 화중이 방금 급제하여 명성이 있었기에 그를 초청한 것이다. 학사들은 운을 나누어 시를 짓는데 화중은 南자를 얻어 이르기를 "문필로 근래에 병을 이기지 못하는데 춘풍이 성남으로 이끌어 흥이 나네. 양지바른 언덕의 방초도 베짜 듯 가지런하니 때마침 푸른 봄 삼월삼일이라."고 하니 제공이 붓을 놓고 모두 시를 짓지 못하였다. 박사가 되어서 재학 백고와 난파에 있었는데 백고가 연구를 정하여 이르기를 "옥당에 봄은 따스하고 해는 이제 좀 길어지니 남쪽 창가에 기대어 졸면서 백치 같은 마음을 기르노라. 우는 새소리 몇 마디에 낮 꿈에서 놀라 깨고 살구꽃 교태 있게 웃는 속에 신시를 짓노라."라고 하니 화중이 차운하여 이르기를 "어린 제비와 우는 비둘기는 단청 누각에 늘어져 있고, 봄날은 찬데 태액지의 버들은 바보처럼

서있네. 난파에서 잠을 깨어 할 일이 없으니 때때로 전지(종이)를 펴서 짧은 시 쓰노라."라 하였다.

集賢諸學士, 上巳日遊城南, 我和仲氏亦與焉. 和仲新及第有文名, 故邀之也. 學士分韻爲詩, 和仲得南字云; 鈆槧年來病不堪, 春風引興到城南. 陽坡芳草又如織, 正是靑春三月三. 諸公 閣筆皆不能賦. 及爲博士, 與提學伯高在蠻坡, 伯高占聯句云; 玉堂春暖日初遲, 睡倚南窓養白癡. 啼鳥數聲驚午夢, 杏花嬌笑入新詩. 和仲次云; 乳燕鳴鳩晝閣遲, 春寒太液柳如癡. 蠻坡睡破無錄事, 時展蠻箋寫小詩.

이상 열거한 교우 중에 ≪眞逸遺藁≫에 보이는 시문 교류에 밀접하였던 徐居正·姜景醇·任子深 등과의 교유를 좀 더 고찰하겠다.

먼저 徐居正과의 관계는 敍에서도 기록된 바 성간보다는 7년 연상으로 伯氏 成任의 우인이었으나, 시문에 있어서는 상호 통정하는 바 있었으며 1451년(文宗 元年) 양인이 같이 賜暇讀書했다. 따라서 剛中의 膽大(南龍翼·≪壹谷詩話≫) 하고 浪漫的(許筠·≪惺叟詩話≫)이며 繁富한(申緯·≪警修堂集≫第9冊 東人論詩絶句) 시풍이 성간에게도 麗朝風과 함께 영향을 주어 〈次剛中詩〉 제2수(卷2)를 보면,

동궁의 학사의 허리에 찬 옥이 찰랑대니,
구슬 같은 문장은 막힐 것이 없도다.
봉각(중서성)에서 그대를 한대의 대가처럼 받드니,
산 남쪽에서 나를 대함이 넓고 한가롭네.

春坊學士佩珊珊,　　萬斛珠璣咳無間.
鳳閣推君西漢手,　　山陽容我占寬閑.

에서 富贍한 풍격을 토로하고 있으며 〈寄徐剛中〉 제2수(卷3)에서는,

서공은 어찌도 뛰어나신 지,
호방한 기상을 그 누가 당할 수 있으리오.
골격은 크지 않아도,
온갖 기특함이 창자를 채웠도다.

徐公何軒昻, 豪氣誰能當.
軀幹雖不長, 百怪充其腸.

라 하여 4구가 剛中의 호방한 풍모를 추숭하는 표현이다. 그리고 「書剛中詩藁後」(卷4) 글에는 剛中과의 친분을 서술하고 剛中의 "英敏秀發"함과 심성의 겸연함이 마치 "陟泰山而未知"(태산을 오르는데도 남이 알지 못함)라고 그 인품을 적고 있다. 그 머리글을 보면,

양자가 말하기를, 친구이면서 친구를 대하는 가식적인 마음이 아니고, 벗이면서 벗을 대하는 마음이 아니어서, 내가 강중과 가장 잘 알면서도 그의 마음씀이 지극한 것을 모른다.

楊子曰, 朋而不心面朋也, 友而不心面友也, 余與剛中相知最悉, 不知用心之所極, 是徒回焉.

라고 楊子의 朋友之心을 인용하여 상친한 관계를 적었다. 단지 徐居正의 ≪四佳集≫에 성간에 준 시작이 없는 것은 이런 관계로 보아 기이하고 유감스럽다.

姜景醇(名 希孟, 號 私淑齋, 1424~1483)과는 집현전학사 시절에 절친한 교우로서 ≪眞逸遺藁≫ 卷1에 〈興景醇兄弟携妓遊壯義寺洞〉란 시로 1453년 성간 27세 시기에 壯義寺洞에서 운을 놓고 여러 학사들이 작시할 때 지은 것이다. 여기서는 전면 ≪慵齋叢話≫ 卷3 인문에 삽입

되었는 바 인용을 약하기로 한다.
　任子深(1423~1500, 名 元濬, 號 四友堂)과의 교유는 각별한 것 같다. 성간의 〈泰山詩十首〉(권2)의 序에,

　　나의 벗 임자심을 자주 진계주라 칭찬하는데 지극한 효성이 있어서 노모를 모시고 전라도 태인현에서 거주하였다. 그리고 그 거처에 산 작으므로 낙이 있다 하여서 이락이라고 그 정자를 이름짓고 꽃과 대나무를 섞어 심었으니 무릇 그 모친이 기뻐하여 가까이 하게만 된다면 모두 갖추어 마련하지 않는 것이 없었다. 어느 날, 그 모친을 모시고 정자 위에서 기뻐하는데 그 왼쪽에는 지팡이를 끼고 오른쪽에는 술항아리와 술잔을 잡고 끊임없이 차마 하루라도 모친 좌우에서 떨어지지 못할 듯 하였다.

　　余友任子深數稱秦繼周, 有至孝携老母居全羅之泰仁縣. 居有山小之樂, 故以二樂名其亭, 雜植花竹, 凡所以娛親之, 具無不備焉. 日陪其親嬉于亭上, 左挈凡杖, 右執壺觴, 依依然若不忍一日離於左右者.

라고 하여 任子深의 효행을 찬하고 등용되기를 바라는 우의를 표시하였는데, 任子深이 1445년(世宗 27年)에 集賢殿撰書局에 뽑혀 1453년에 賜暇讀書하고 성간이 죽던 해인 1456년에 式年文科에 장원한 것으로 보아 양인의 교유는 10년 간 계속되었다. 윗 시에서는 任子深이 낙향하여 효행하는 효심을 기리고 상면을 희원하는 심회를 읊고 있다. 그 시 제1수와 제10수를 예거한다.

　　태산에 군자가 있는데,
　　지극한 효행을 그 누가 더불어 논하리오.
　　들창과 문을 어찌 바꾸겠는가,
　　고향에 두루 어진 마음 알려지네.

泰山有君子, 至行誰與論.
贏民一何易, 鄕關遍深仁. (其一)

성명하신 임금이 효도의 도리를 높이 사시어,
깊은 교화가 헌원황제에 비길 만 하네.
정성으로 높은 자취 바라보나니,
언제나 뛰어 날아 따라갈 수 있을까?

聖主敦孝理, 玄化升軒轅.
殷勤望高躅, 何日能飛騫. (其十)

아울러 성간의 〈寄任子深〉(卷3) 고시에는 任子深의 문장을 평찬하고 있는데 그 첫4구를 인용하면,

임후의 문장은 참으로 기특하나니,
붓을 들면 매양 많은 지면을 다하네.
세상의 무리들이 헐뜯고 아프게 해도,
몸가짐 곧기가 화살 같은 그 마음 어찌하겠는가.

任侯文章何崛奇, 落筆番番窮百紙.
世上群兒徒謗傷, 其奈持身直如矢.

라고 하여 義와 情이 있는 교의를 한 것이다. 성간의 시우는 집현전을 중심한 청년문관과의 교유가 많으니, 이는 성간의 단명에 상관된다.

Ⅲ. 成侃 詩의 「淨·雅·虛」 특색과 繪畵美

 조선 초기의 시문은 麗朝의 樂府風을 전승한 단계를 벗어 독자적인 풍격을 갖추지는 못하였다. 따라서 사기가 부려하며 공교를 숭상하여 만당체의 李商隱·溫庭筠의 풍모를 보였다. 그 위에 蘇軾과 黃山谷의 宋代 풍격을 본받아 高麗 시문의 계승적인 성격을 지니고 있었다.9)
 성간 시풍을 논함에 있어 상기한 풍조를 참작한다면 용이하게 고찰할 수 있겠으나, 그러나 성간 시의 일면에는 당시의 조류에서 독자적인 시계를 형성한 단면을 찾을 수 있다. 즉, 魏晋의 시위에 성당 王維 일파의 특성을 가미한 완미한 풍격을 지닌 것이다. 이것은 조선초의 시가 단지 절구 이외에는 5·7율 모두 성당에 진입할 능력이 없었던 것과 비교가 된다. 따라서 許筠은 《惺叟詩話》에서,

> 동방의 시에서 옛 것을 모방하지 않은 자는 오직 성중화 뿐으로 안 연지·도잠·포조 등 3인의 시를 본받아서 그 시법을 깊이 터득하였으며, 여러 소절구는 당악부체를 얻었다.
>
> 東詩無效古者, 獨成和仲, 擬顔陶鮑三詩, 深得其法, 諸小絶句, 得唐樂府體.(《惺所覆瓿藁》卷23「說部」4)

라 하여 顔延之·陶潛·鮑照의 3시인의 시를 골고루 터득한 위에 당대 古風을 특히 성당 王維·杜甫 그리고 만당 西崑體風을 학습한 시

---

9) 李家源은 《玉溜山莊詩話》, p.18에서 "芝峯日:本朝詩人能脫宋元習氣者無幾"와 喬山 鶴山樵談의 "本朝詩學, 以蘇黃爲主, 雖景濂大儒, 亦墮其窠臼, 其餘鳴于世者, 率啜其糟粕, 以造腐牌坊語, 讀之可厭, 盛唐之音, 泯泯無聞"을 인용하여 李朝初의 시풍을 밝히고 있다.

특성을 지적하고 있다. 徐居正이 ≪眞逸遺藁≫敍에서 말한 "高古沖澹, 溫厚雅贍"(시가 고아하고 고담하며 맑고 온후하며 우아하고 풍부하다.) 라고 성간 시를 평가한 것은 적절한 표현이라 하겠다.

본고는 성간 시의 특색을 '淨', '雅', '虛'로 구분하고 아울러 시의 회화성을 구명하여 약술하려 한다.

1. 淨

혼탁에 물들지 않은 자태, 청담한 의취, 閒靜한 경물, 자연 이상의 妙理가 없는 순수하고 質直함이 '淨'이다. 任璟은 ≪玄湖瑣談≫에서,

    진일재 성간은 학이 푸른 밭에서 날고, 봉황이 단혈에 깃든 것과 같다.

    眞逸齋成侃, 鶴飛靑田, 鳳巢丹穴.

라고 성간의 시 성격을 말하였는데 이것이 즉 성간 시의 '淨'적 특성이다. 이러한 성격은 陶潛에서 배운 바 크다 하겠다. 심태의 平靜, 이것은 자연으로 귀환하는 전원미를 그리는 것으로 표현되기도 하며, 仙的 세계를 추구하기도 한다. 〈除夜〉(卷1) 제1수를 보면,

    긴 밤 어두운 구름이 쌓이고,
    거센 바람에 눈발이 기우네.
    청담을 나누며 여전히 술잔을 재촉하나니,
    자네 집에 아부할 필요 없다네.

    永夜陰雲積, 嚴風雪勢斜.

淸談仍促酒, 不必阿戎家. (末四句)

그리고 제3수를 보면,

원단에는 봄이 되니,
소란한 중에 경물색이 더해진다.
일력으로 신년이 되면,
사람들은 (악귀를 막으려고) 묵은 도소주를 마시네.
신세가 새 장 속의 새이며,
인정은 지붕 위의 새로다.
인가가 적막하지 않지만,
굳게 앉아서 홀로 술항아리를 기우노라.

元日是春立, 喧中物色敷.
曆須新歲月, 人飮舊屠酥.
身世籠中鳥, 人情屋上鳥.
無人家寂寞, 堅坐獨傾壺.

여기에서 인생의 생활태도를 적극에서 소극으로, 動에서 靜으로, 靜에서 定으로, 최후에는 定에서 無我의 경지로 몰입케 하는 자연과 '나'의 전원세계를 표현한다. 출사를 원하는 것도 아니요, 다른 욕망이 있는 것도 아니다. 陶潛의 〈連雨獨飮〉(《陶靖節集》卷2)의 제6·7연을 보면,

구름 위에 나는 학은 기이한 날개로
팔방 밖으로 어느 새 휘날아 도는도다.
내가 이 고독을 품은 후부터
애쓰며 견디기를 사십 년이라.

雲鶴有奇翼, 八表須臾還.
自我抱玆獨, 黽勉四十年.

위에서 '나'의 존재에서 구할 수 있는 의식세계의 맑은 심태를 읽을 수 있다. 이 같은 淸逸은 성간의 다음 〈借人筆墨〉(卷1)에서 더욱 초탈적인 표현으로 나타난다.

나의 집에 본래 저선생(종이의 별칭)이 있는데,
오직 진현(먹의 다른 이름)과 관성(붓의 다른 호칭)만이 빠져있네.
기교 없는 빈 마음은 이름과 성을 적으려는 거고,
참된 공부는 오묘한 경전을 흠모하며 베끼려는 거다.

吾家本有楮先生, 只欠陳玄與管城.
無術空將記名姓, 眞功欲慕草玄經.

이 시의 제3구는 세속의 처신에 순수함을 지키고 제4구는 도가적 탈속의 경지를 추구하는 심서의 발로인 것이다. 즉, 속세에 물들지 않은 담박을 추구하는 것이다.
그리고 자연의 경물을 閒靜하게 묘사한 시로는 〈淡淡亭四時〉(卷2) 제1수 春을 들 수 없는데, 春節의 정경을 티없이 묘사하였다. 그 시를 다음에 보면,

방초를 감도는 안개는 들판에 이어졌고,
수양버들에 비추는 해는 강촌에 하늘거린다.
높은 사람 우물대며 돌아가지 않고,
한가로이 먼 다리에 일고 있는 흰 구름을 본다.

芳草籠烟連野店, 垂楊映日裊江村.
高人徙倚不歸去, 閑看遠橋生白雲.

그리고 〈淡淡亭四時〉(卷2)는 성간이 의식적으로 각 시의 말구에 「奧區」(제1수), 「芋荋區」(제2수), 「儒仙」(제3수), 「蘇仙」(제4수) 등 시어를 사용한 점은 더욱 실감케 하는 것이다. 이러한 점은 성당 왕유 시와도 비교된다. 이것은 老莊 사상과도 상관되겠는데, ≪後山詩話≫에,[10]

> 왕유와 위응물은 모두 도연명에게서 배웠지만, 왕유는 독창성을 지니고 있다.
>
> 右丞蘇州皆學于陶, 王得其自在.

라 한 말로 알 수 있으니, 陶潛詩의 「不文」한[11] 특성을 받은 때문이다. 왕유 시를 예시하면, 〈送綦毋校書棄官還江東〉(≪王摩詰全集箋注≫卷3)의,

> 가을하늘은 만리 멀리 맑고,
> 해 저무는 맑은 강은 공허하다.
> 맑은 밤 참으로 유유하니,
> 명월에 뱃전을 두드린다.
>
> 秋天萬里淨, 日暮澄江空.
> 淸夜何悠悠, 扣舷明月中.

위의 4구거나, 〈過李揖宅〉[12] 등은 모두 "右丞蘇州趣味, 證復淸流之

---

10) 何文煥編, 宋陳師道, ≪後山詩話≫十五.
11) ≪後山詩話≫十四: "鮑照之詩話華而不弱, 陶淵明之詩切於事情, 但不文耳."

貫達"(이미 인용.)13)라 한 것처럼 淸流의 순수를 토로한 것으로 성간 시대의 魏晉南北朝의 麗風 속에서 독특한 仙味的 개성이라 하겠다. ≪眞逸遺藁≫卷3 후반부 시의 대부분이14) 이 부류에 속한다고 할 것이다.

2. 雅

雅의 의미는 「華而不靡」15)이다. 精緻하면서 高潔한 의취다. 精巧하면서 俊逸하다. 이러한 학습은 謝靈運·顔延之·王維에게 왔다고 본다. 또한 「雅」는 고려조의 學杜蘇風(두보와 소식의 풍격을 배움)에도 영향이 크다. 그래서 徐居正은 기설한 바이지만 「溫厚雅贍」하다고 성간시를 평한 것이다. 여기에는 낭만과 미식이 있는 것이며, 체재가 주밀한 법이다. 그러나 속화한 것은 아니다. 謝詩는 超艶하고 高華하며 理趣를 갖추고 있다. 顔詩는 巧似를 숭상하고 情喩淵深(정이 은유적이며 깊은 것)하다.16) 王維詩는 高雅新俊(고아하고 청신하며 준일함)한 것이다.17) 성간은 상기 3시인의 '雅'의 장점을 공유하고 있다.

謝詩를 배운 것으로는 〈羅嗔曲〉 12수(卷2)를 들 수 있는데, 제2수의,

그리움의 눈물을 한번 흘리면,
쏟아져 강 위로 흐른다.
정성으로 두 세 번 축하드리니,

---

12) ≪王摩詰全集箋注≫卷三, p.30 參閱.
13) 上揭書卷之末詩評의 「司空圖與王駕詩評書」 인용.
14) 「園中三首」, 「畵松」, 「榮公柏三首」, 「蟬二首」, 「無題」, 「遊松都二首」 등.
15) ≪王摩詰全集箋注≫卷之末引用 ≪懷麓堂詩話≫, p.5.
16) 鍾嶸의 ≪詩品≫上 「謝靈運」, 同中 「顔延之」을 참조.
17) 宋尤袤, ≪全唐詩話≫: "維持詞秀調雅意新理愜, 在泉爲珠, 着壁成繪, 一字一句皆出常境."

언제나 신주에 갈 것인가.

　　一掬相思淚, 洒向江上流.
　　殷勤再三祝, 幾日到新州.

와 제 6수에서,

　　장안의 길을 묻고 싶지만,
　　청산이 천만 겹이라.
　　돌아갈 기약에 머물 곳이 없으니,
　　하늘가에 몇 마리의 기러기 떠가네.

　　欲問長安道, 靑山千萬重.
　　歸期無處卜, 天際數宴鴻.

　위의 구의 高逸함은 謝靈運의 放逐된 심회를 읊은 〈七里瀨〉[18] (≪謝康樂詩注≫ 卷4, 黃節注)와 표현법이 상통하며, 顔詩를 학득한 시로서는 〈首陽山三首〉(상동 卷2)인데, 수식이 觀美하고 문자가 유려하다. 특히 제1수의 '峨峨'·'悠悠'의 첩어와 말구의 '魑魅魑魅令人愁'의 중복어, 제2수의 '亭亭'·'步步'·'時時'의 첩어 그리고 색채감각, 제3수의 '憑憑'의 첩어와 '萬慮關心淚如雨'의 비유는 시의 조탁미를 직감케 하는데, 그 위에 매수마다 '嗚呼'시어를 구사하여 감정의 직핍함이 시의의 난해를 보충해 준다. 이제 그 제1수를 예거한다.

　　우뚝한 수양산에,
　　옛사람 거기에 머물러 놀았네.

---

18) 黃節注, ≪謝康樂詩註≫卷四「七里瀨」, "羈心積秋晨, 晨積展遊眺, 孤客傷逝湍, 徒旅苦奔峭".

홍이 나면 높이 자지곡을 부르고,
언덕에서 지팡이 짚으니 사립문이 그윽하다.
(진나라의 은둔자 商山의 四皓 중에) 夏黃公과 綺里季는
어찌하여 산 속에서 은거했는가?
저 푸른 수풀은 정말 그지없다.
아아! 산 속의 어둔 산골에 머물 수 없으니,
도깨비로 수심에 차게 하누나.

峨峨首陽山, 故人卜築於焉遊.
興來高歌紫芝曲, 岸上扶杖柴門幽.
黃綺胡爲在山中, 彼蒼樹林良悠悠.
嗚呼, 山中陰岑不可處, 魑魅魍魎令人愁.

위의 시와 〈惡風行〉(卷2)의,

폭풍이 서쪽에서 불어와서 대지를 말아 올리고,
눈꽃은 아득히 크기가 자리 같도다.
드문드문 이제 버들 솜이 날라서,
어느덧 뜰 계단에 한 자나 깊었구나.

惡風西來捲地吹, 雪花茫茫大如席.
踈踈初作柳絮飛, 俄頃庭除深一尺.

등 구의 악부에서 그 특징을 추출할 수 있다.
  王維는 근원적으로 '雅'의 풍을 謝詩에서 받은 때문에 謝詩를 논하면 아울러 포괄될 것이다. 단지 王維의 〈自大散以往深林密竹蹬道盤曲四五十里至黃牛嶺見黃花川〉시에서[19] 첩자의 이용과 정숙한 자연미를

---

19) 《王摩詰全集箋注》卷四引詩: "危徑幾萬博數里將三休, 廻還見徒侶, 隱映隔林邱, 颯颯松上雨, 潺潺石上流, 靜言深溪裏, 長嘯高山頭, 望見南山陽, 白日霧悠悠, 青皐

풍기는 精緻함은 보다 신선한 風氣라고 보아서, 성간의 〈回文寄郞〉(卷2)를 보면,

> 작은 창가의 차가운 달은 밝은데,
> 잘게 새어나오는 옥 소리는 딩동.
> 희고 고운 두 붉은 옷소매로,
> 거문고를 가로놓고 애달픈 소리 연주하네.

> 小窓寒月明, 殘漏玉丁丁.
> 皓腕双紅袖, 琴橫奏苦聲.

이 시는 그 近似性을 지닌다고 하겠다. 여기서 또 하나 부연할 점은 성간 시의 '雅中愁'적인 낭만성이다. 〈美人行〉(卷1)을 놓고 보자.

> 후원의 새소리 깍깍 울어대니,
> 미인은 새벽에 일어나 두 눈썹 찡그리네.
> 새 곡조 배워서 비파를 타니,
> 비파 한 곡은 백저가로다.
> 정을 머금고 홀로 푸른 창 비단에 기대니,
> 붉은 입술 꼭 다물고서 수심이 많도다.
> 밝은 등불을 대하고 앉으니 눈물이 강물처럼 흐르니,
> 명운은 겨울 나뭇잎 같은데 얼굴은 꽃과 같이 곱도다.
> 황혼에 젊은 그 님을 보고 싶은데,
> 이 조롱에 갇힌 앵무새는 어찌하면 좋을까!

> 後園鳥啼聲啞啞, 美人曉起嚬雙蛾.
> 學得新聲入琵琶, 琵琶一曲白苧歌.

麗已淨, 綠樹鬱如浮, 會是厭蒙密, 曠然消人憂."

含情獨倚翠窓紗, 朱脣掩抑愁思多.
坐對銀缸淚如河, 命如冬葉顔如花.
黃昏欲望年少家, 奈此籠中鸚鵡何.

이 시는 여인의 연정을 애수적으로 묘사하고 있다. 그러나 제4구의 「白苧歌」는 樂府解題上 "古辭盛稱 舞者之美, 宜及芳時爲樂"[20] (고가사에서 무녀의 미모를 칭하는데, 의당 꽃다운 좋은 시절을 노래함이라.)라 하여 본래 頌賀曲으로 채용하였다. 鮑照는 〈代白苧舞歌詞四首〉(《鮑參軍詩注》 卷2)와 〈代白苧曲二首〉(상동 卷2)등 始興王인 濬에게 봉헌한 찬양의 악부시를 지었는데 이 곡은 舞를 동반한다. 이러한 열악의 곡이 처정의 심회에서 화합될 때는 현실과 환몽이 이율배반의 상황에서 교차되는 인간심성의 기본효과를 표현한 시정인 것이다.

성간의 〈美人行〉(卷1)은 이 같은 시정을 精妙하게 활용하였다. 琵琶에 맞춘 〈白苧歌〉는 제5·6구로 표현되어 우수의 정감을 극대화하여 본시의 의취를 애수적으로 결구할 수 있게 매체역할을 하였다. 시정묘사의 미식화는 낭만적 유미주의 의식을 지각케 한다.

아울러 〈淸江曲〉(卷2) 악부도 은일낭만적인 기교로써 자연 경물을 우아하게 표현했다. 즉,

> 석양에 청강곡에 몰입하려 하니,
> 조각이 난 노을이 한 조각 고기 꼬리처럼 붉도다.
> 청산이 (물에 그림자 져서) 거꾸로 비추어 구슬처럼 부드럽고,
> 만경의 넓은 파도는 가을빛을 드러내네.
> 가로놓인 뗏목의 나무에는 행인이 드물고,
> 고기잡이 배 한 척이 아련히 떠있네.
> 그루터기의 고목은 물굽이에 서 있고,

---

20) 黃節注 《鮑參軍詩注》卷二, p.51 「代白苧曲二首」解題 참조.

까마귀가 어지러이 지저귀며 황소 위로 날아가네.
높다란 정자는 아득히 강 낭떠러지에 걸려있고,
높은 이는 수염 만지며 지는 햇빛에 기대어 있네.
백발의 어부가 안개를 흔들어 헤치니,
바다 가마우지는 엿보며 샘내고 있도다.
가을바람이 작은 강에 불어와 어둑한데,
서로 부르고 기대어서 가을 하늘 바라보네.
흰 갈매기는 호탕하게 자취도 없이,
한 쌍이 갈대 숲으로 날아드노라.

落日欲沒清江曲, 斷霞一片魚尾赤.
青山倒映琉璃滑, 萬頃波濤寫秋色.
橫槎渡口行人稀, 漁舟一葉泛渺瀰.
槎牙老樹臨灣磯, 寒鴉亂啄黃牛飛.
危亭逈絶江之涯, 高人掀髥倚殘暉.
白頭漁子搖烟霏, 鸕鶿覤眼仍猜疑.
秋風吹小江冥濛, 相呼相倚望秋空.
白鷗浩蕩尋無蹤, 一雙飛入蘆花叢.

위에서 제13구부터 말구까지는 秋景의 극치를 연상케 하는 직설적 은유법을 쓰고 있다.

3. 虛

인생무상의 허무, 탈속의 禪을 시상에 담고 있는 특색을 성간 시에서 중시해야 한다. 心虛하면 眞을 얻는다. 陶淵明의 만년의 시에서 이 虛의 심상이 뚜렷하여 그 62세 작인 〈形影神〉 3수[21], 즉 〈形贈影〉·

---

21) 陶澍注, 《陶靖節全集注》卷二, p.13 참조.

〈影答形〉・〈神釋〉은 인간의 肉體生命인 '形'과, 허무한 명분인 '影' 그리고 자연인 '神'을 각각 인격화하여 인생경계에의 극점을 구현하였다. 따라서 그 詩序에서,

    귀하건 천하건, 어질건 어리석건 이런 모든 사람들이 힘써서 살기를 애쓰는데 이것은 매우 미혹된 것이다. 그러므로 몸과 마음의 고통을 다 펼쳐놓고, 정신이 자연의 도리를 분별하는 것을 가지고 풀어나가야 할 것이다.

    貴賤賢愚, 莫不營營以惜生, 斯甚惑焉. 故極陳形影之苦, 言神辨自然以釋之.

라고 한 것이다.

  성간 시에 있어서 陶淵明의 이러한 경지를 터득한 면이 다소 보이는데, 그 20세(1446)의 작인 〈丙寅九月九日登高〉(卷2) 제7수의,

    남산은 참으로 그윽한 자태 드러내니,
    푸른 산 기운 여전히 짙도다.
    도연명은 천 년 전 사람이지만,
    이런 내 마음과 똑같도다.

    南山何幽出, 翠色終古濃.
    淵明千載人, 可與此心同.

위의 구는 자연과 '나'가 합일된 의식이며, 제3수의,

    뒤뚱대며 풀에 기대어 앉아서,
    천고의 수심을 씻어버리노라.

새장에 이슬이 짙게 내리니,
언뜻 하늘에서 부는 바람에 맡기리라.

跂踞藉草坐, 滌蕩千古愁.
鳥紗承露重, 一任天風吹.

위의 구는 삶의 고뇌를 '無我'로 망각함이며, 제5수의,

인생은 백년을 채우지 못하니,
만사가 마음에 교차하도다.
끝내 세상에 얽매이기를 마다하리니,
산림의 웃음거리가 되게 해선 안되네.

人生不盈百, 萬事心中交.
終須謝拘束, 莫使山林嘲.

는 삶의 굴레를 탈피하려는 眞虛의 심취인 것이다. '虛'의 풍격은 無欲과 哀樂의 무감각임이니, 〈雜詩〉(卷3)의 말4구에서 적절히 표현하고 있다.

삼가 분한 원망을 많이 가지지 말지니,
분한 원망은 죽은 뼈를 보이리라.
푸른 하늘이 어찌 어질지 아니하리?
피차의 도리가 곧 하나로다.

愼勿憤怨多, 憤怨見死骨.
蒼天寧匪仁, 彼此理則一.

이 의식은 죽음을 전제로 한다면 '나'의 존재를 초월하게 될 것이다. 작자가 시심으로 구현할 수 있는 달관된 경지에 이르렀다면 그것은 '虛'의 최상이 될 것이다. ≪莊子≫內篇 養生主文이[22] 제시한 造化翁의 순리를 각오한 것이겠다. 陶淵明은 그의 〈挽歌詩〉 제3수에서[23] 자신의 사후의 悽境을 담박하게 묘사하고 있으니, 그 말 6구를 보면,

   벌써 장송하고 간 사람들
   각각 자기 집으로 돌아가네.
   친척 중 혹은 슬픔이 더 남아 있으나
   남들은 벌써 노래한 것이라네.
   죽어 떠나면 무어라 말할 건가
   몸을 의탁하여 산두덩과 같은 것이라.

   向來相送人, 各自還其家.
   親戚或餘悲, 他人亦已歌.
   死去何所道, 託體同山阿.

라고 하였다. 성간은 비록 30세에 早逝한 삶을 영위했지만, 이미 이 도가적 삶을 예견했음을 알 수 있다. 〈龍門百年桐〉(卷1)를 보면,

   용문의 백 년 된 오동나무는,
   얼마나 벼락을 겪었는지.
   잘라서 무릎 위의 거문고 만들어 놓고
   쓸쓸히 함지곡을 품어 타노라.
   높이 노래하며 한번 타니,

---

[22] "適來, 夫子時也, 適去, 夫子順也, 安時而處順, 哀樂不能入也"(「養生主」· 淸, 王先謙 ≪莊子集解≫卷一, p.20)
[23] ≪陶靖節全集注≫卷四, p.69, 참조.

한밤에 산귀신이 흐느끼네.
군자도 이와 같으니,
관을 덮는 일 곧 마치리라.

龍門百年桐, 幾日凌霹靂.
裁爲膝上琴, 惋抱咸池曲.
高歌試一彈, 中夜山鬼泣.
君子亦如此, 盖棺事乃畢.

라 하여 제3·4구의 咸池曲, 제7·8구의 意表는 도연명의 위의 시와 같은 허무한 인생과 삶의 마감을 절실한 심정으로 묘사하였다.
한편 성간 시의 '虛'性은 佛家의 '禪'의 관조 속에 유로되고 있다. 佛頌인 〈淸泉軒偈〉(卷3)[24]은 芷蒻와 居士의 문답식으로 전개하였는데, 초탈의 경지에서 參禪하는 자세로 淸泉軒의 명칭대로 妙義를 淸을 위해 濁을 떨친, 그리고 떨치려는 眞心으로 표현하였다. 그리고 禪的 心虛를 묘술한 작으로 또한 〈山寺〉(卷3), 〈酬贈專師〉(卷3) 등을 예시컨대,

남아있는 스님 옛 절에 의지하니,
땅이 편벽되어 인적이 적도다.
뜰 앞의 탑이 하얗고,
비 온 후의 소나무 푸르도다.
석양에 죽장을 짚고서,
지는 달에 쓸쓸히 종소리 듣노라.

殘僧依古寺, 地僻少人蹤.
白愛庭前塔, 靑憐雨後松.
斜陽扶竹杖, 落月聽寒鍾.

---

24) ≪眞逸遺藁≫卷三 引詩.

欲學廬山趣, 專師肯許從. (〈山寺〉)

여기에서는 古寺를 매개로 不入俗의 희구를 표현한다. '空'에 접근하는 속계로부터 탈피하는 심태로 토로된다. 현세를 無로 돌리고 專師를 따르고 싶은 것이다. 이것은 일종의 "精大雄氏之學, 句句皆合聖教"25)인 탈속적 禪을 말함이다. 그리고 다음의 시를 보면,

송당에서 산뜻하게 잔 먼지(속세)를 떨치고,
당 아래 못의 연꽃엔 해 비치어 피누나.
높은 누대 종소리 들으며 밥 먹은 후에 하지말고
다과를 가져다가 마음을 달래는 게 좋을 거네..

松堂瀟洒絶纖埃, 堂下池蓮映日開.
莫使高鐘聞飯後, 好將茶果慰心懷. (〈酬贈專師〉 제2수)

라고 하여 가식이 없는 '觀'의 의식은, 즉 空虛와 神交가 있는 경지와 皮相의 見을 초월한 '眞相의 觀'이 不定不亂의 내심에서 표출되어 있다. 진실로 "詩高者似禪"(시가 높은 경지에 든 것은 참선의 경지와 같음)26)이 아닐 수 없다.

4. 詩 속의 그림

시의 畵的 의미는 문학에서 중시되는 것인데 성간 시에서도 그 성격을 찾을 수 있다. 먼저 〈道中詩〉27)(卷2)를 보면,

---

25) ≪王摩詰全集箋注≫之末詩評錄, P.3, ≪而菴說唐詩≫ 참조.
26) 上揭書, 卷之末詩評錄空洞子引用, P.4.
"詩高者似禪, 卑者似僧, 奉佛之應哉, 人心係則雜脫."

울타리 둘린 곳에 문을 반쯤 닫혀 있고
석양에 말 세우고 갈 길을 묻네.
어느 듯 가랑비는 푸른 안개 저쪽으로 빗겨가고
때때로 밭가는 노인이 송아지 모는 소리 들린다.

籬落依依半掩扃, 斜陽立馬問前程.
翛然細雨蒼煙外, 時有田翁犢叱行.

　위에서 4구가 繪畵의 選材上으로 상호간 襯映作用이 효과적으로 형성되어 있다. 즉 제1·3구는 경물에 대한 세밀한 관찰력이 표현되고 제2·4구는 작자의 體會가 심오하게 개입되어 있다. 이것은 의취를 결합하여 인심을 흡인하는 의경의 표현법이라 하겠으니, 작시의 관찰과 體會 및 회화적 수양이 삼위 일체된 결정체인 것이다.
　다음으로 시어의 色·光·態·聲 4점의 표현관계를 보면, 이상 4점이 서로 조화되어 표현된 성간 시가 산견되는데, 〈淡淡亭四首〉(卷2) 제2수의 일단을 보면,

푸른 소나무 열 길인데 잔잔한 호수에 드리우고
호수 위의 새 정자엔 때때로 수레가 멈춘다.

蒼鬖十丈映平湖, 湖上新亭時駐車.

　위의 구는 '蒼'의 色과 '映平湖'의 光·態, '駐車'의 態 등 3점이 융화되어 있으며, 〈春雨寄伯氏演雅〉(卷2)의 일단을 보면,

---

27) 李家源, 《玉溜山莊詩話》, P.20에 「道中詩」를 說景如畵라 旣說함.

저녁 산에는 푸른 구름은 뭉게뭉게
봄비 부슬부슬 두견새 우는 소리.

蒼雲如狗暮山中, 杜宇數聲春雨濛.

위의 구는 '蒼'의 色, '暮山中'의 態, '數聲'의 聲, 그리고 '春雨濛'의 態 등 3점이 역시 조화되어 시의 미감을 색채화하고 있다. 또한 〈怕寒不出吟得〉(卷1) 제6수를 보면,

허리 사이의 금 허리띠 반짝이는데
오늘 아침 북망산으로 돌아간다.
도리 만발한 봄바람 마침 훈훈한데
잠시 말에 붉은 안장을 실게 하노라.

腰間金帶耀注注, 祖送今朝歸北邙.
桃李春風正爛漫, 須敎紫馬馱紅妝.

위에서의 제1구에서 色(金字)과 光(耀字), 제3구에서는 態·色·光(爛漫)이 동시에 발현되어 있고, 제4구는 色(紫·紅字)가 조화되어 시의 화적 색감을 느끼게 한다. 그 외에 단순한 '色'을 주는 시로는 〈詠蟹〉(卷3) 제3·4구를 보면,

알 밴 배의 붉은 기름 달기가 꿀과 같고
온몸의 푸른 껍질은 맑기가 구슬 같구나.

實腹紅膏甘似蜜, 渾身靑殼淨如瓊.

위의 구와 〈山寺〉(卷3) 제3·4구를 보면,

뜰 앞의 탑이 하얗고
비 온 후의 솔은 파랗다.

白愛庭前塔, 靑憐雨後松.

등이 있으며, '聲'에는 〈絶句〉(卷3) 제4수 제3·4구의,

황혼에 비바람은 북쪽 창가에 세찬데
꿈에 성군이 되니 산에 소리가 작도다.

黃昏風雨鬧北牖, 夢作聖君山小聲.

위의 구는 對偶에서 다용된다. 성간 시는 생애에 비하여 그 의취가 높고 깊다. 그 생애는 시작형성에 직접관련을 맺고 있다. 그러나 생평과 시의 繫年를 정리할 수 없기 때문에 그 양자 모두 완전한 고구와 평가가 불가능하다. 당시의 사조와 가계의 배경, 그리고 시작 자체의 중국문학적 영향을 추구하여 대체적이나마 여러 갈래의 특성으로 구분하여 분석할 수 있었다. 《眞逸遺藁》의 徐居正敍는 《四佳集》 제5책에서 마멸부분을 보완하였다. 총 241수 시를 시풍의 개성별로 선별하여 서술해 나갔다. 분석정리에 있어 주관적 해석이 다분히 첨가된 점은 자료의 미완비, 그리고 추후 개술 등 여지를 두고 과감히 논술한 것이다. 특히 詩作 繫年의 작성, 시론에 있어 '淨'·'雅'·'虛'의 특색 고증을 보다 심도 있게 고찰하려 한다. 그리고 성간의 악부시에 나타난 唐古風의 用韻과 平仄 문제를 정리할 과제로 하겠다. 솔직한 평가로는 성간 시는 成任이나 성현보다 월등히 발출하였다. '雅'的, '淨'的 개성이 더욱 특출하여 麗朝의 전습에서 탈피하지 못한 풍조에서 陶

潛・謝靈運, 그리고 성당시풍을 獨成하였다는 점을 인정하지 않으면 안 된다. 성간 시의 정당한 이해와 그 가치 설정의 정확성이 필요하다고 본다.

李達 詩에서의 王維 시풍

　朝鮮의 壬辰亂은 국운에 관계되는 중요한 사건이지만, 그 시기를 전후한 조선 문단의 변화는 한국한시에 획기적인 전환을 초치하였으니, 즉 조선 시학이 蘇東坡와 江西詩派의 핵심인 黃庭堅을 중심으로 이어온 상황에서 임진왜란 전후의 三唐詩人(李達·崔慶昌·白光勳)이 출현하면서 唐風으로 詩學이 탈바꿈하기 시작한 것이다.
　이 현상은 당 玄宗의 開元 天寶 연간에 安史亂이 있고, 내란이 접발하는 상황에서 오히려 당시의 황금기를 맞이한 것과 비교할 수도 있다. 이 三唐 중에서 가장 당풍에 접근하고 출중한 李達은 이 시대적 변화를 주도한 문단의 주요인물이 아닐 수 없다. 이달의 字는 益之, 號는 蓀谷·東里·西潭 등이며 本貫은 洪州(지금의 洪城)로서 李詹(1345~1405)의 庶子라는 정도로만 알려졌고 정확한 생졸년대와 일생을 명증하지 못한 상태에 있었다. 그럼 본고는 이달의 생졸관계를 가능한 한 구명하고 아울러 사적도 파악하면서 그의 교우관계도 개관하고, 그 후에 삼당 중에서 이달만을 성당에 접근했다는 근거와 연계성을 고찰하고서 이어서 이달 시를 특징짓고자 한다. 이달의 시를 특징짓는 것은 단순한 삼당시인이라는 어구상의 의미 이상의 내면을 찾기 위해서는 부득이 한중시론의 비교적인 성향을 띠게 될 것이며, 그 중에도 성당대의 孟浩然과 王維를 중심으로 한 산수전원시와의 상교도 중요한 초점이 되게 할 것이다. 삼당 중에 이달을 가장 높이 평가한 점은 南龍翼의 ≪壺谷詩話≫에서 다음과 같이 기술한 데서 명지할 수 있다.

> 최경창과 백광훈의 우열은 간이 최립의 서에서 이미 최씨와 백씨를 일러 말하기를 밝게 남국의 외로운 빛이라 하고, 백씨를 말하기를 가을 벌레를 읊은 것은 흰 머리에 이르러 뜻을 가히 알만하다. 절구에 있어 최는 과연 우수하나 칠률은 전할만한 것이 없는데 "붉은 연꽃 핀 연못에 바람이 뜰에 가득하니, 어지러이 우는 매미 나무들에서 노래하는데 비가 마을에 오도다."의 한 연은 백씨에게 양보해야 할 것이다. 율절로 가장 뛰어난 자는 손곡인 것이다.
>
> 崔白優劣, 簡易序已定謂崔白, 炯然南國之照孤謂白日 ; 吟作秋蟲, 到白頭, 意可知矣. 絶句崔果優而七律無可傳者, 至若 "紅藕一池風滿院, 亂蟬千樹雨歸村" 一聯, 則崔讓於白矣. 律絶最優者其蓀谷乎.

라고 하여 이달 시의 출중함을 평가하였으며, 당시를 전개한 것에 대해 역시 허균은 ≪惺叟詩話≫에서,

> 우리 왕조의 시는 선조에 이르러 크게 수정되니 노소재는 두보의 법을 얻어 황지천이 이어 일으키니 최·백씨가 당을 본받고서 이익지가 그 조류를 열었다.
>
> 我朝詩, 至宣廟朝大修, 盧蘇齋得杜法, 而黃芝川代興, 崔白法唐, 而李益之闢其流.

라고 하여 이달의 시단상의 위치를 단적으로 기술하였다. 비록 서자 출신이지만 그의 한시학상의 가치는 지대하다고 할 것이며, 이의 증명을 위해 본고는 논술되어 질 것이다. 본고에서 王維詩의 부분은 가능한 한 축소하고 이달에게 비중을 둘 것이며, 단지 왕유는 졸문들을 참조하길 바란다.

I. 李達의 삶과 그 사람됨

이달의 생졸년대는 아직 미상이라고 하는 것이 솔직한 표현이다. 단지 근사한 논고가 근자에 나왔기에 본문에서 재론하는 자료로 삼을 수 있겠다.[1] 먼저 출생년대를 고찰컨대, 梁慶遇의 ≪霽湖詩話≫를 보면,

> 나는 마침 기유년(1609)에 제술관으로서 유상 서경을 수종하여 용만으로 가던 중에 평양에 이르니 손곡 이달이 나이 칠십이 넘어 객으로 성안에 거하매 평양의 늙은 관기·관노들이 자못 그의 젊은 시절의 행락을 말할 수 있었다.
>
> 余於己酉, 以製述官, 隨柳相西坰, 向龍灣行, 至平壤, 李蓀谷達, 年逾七十, 客居城中, 平壤之老官妓官奴, 頗能說少年時行樂云.

여기서 己酉年이라면 光海君 2년(1609)으로서 이때 70세가 넘었다면 최소한 1539년 이전으로 소급할 수 있다. 이 시기는 같은 三唐인 白光勳이 1537년, 崔慶昌이 1539년인 것과 같은 연배에 속해 있어 양씨의

---

1) 李鍾虎의 「蓀谷李達과 三唐詩」(成大碩士論文, 1980)에서 생존년대를 매우 根據 있게 구명한 것은 깊이 참고할 만한 好資라 하겠다. 따라서 李達의 이 부분을 참고하였음을 附記한다.

기술을 믿을 수 있다면 이달의 생년은 1539년 전후가 확실시 된다.
　그리고 졸년을 추정컨대, 李睟光이 「西潭集跋」에서 밝힌 것을 보면,

　　전세에 최경창, 백광훈이 처음으로 당시를 창도하니 자못 과거의
　습관을 변화시켰다. 이 때 서담 이달이라는 사람이 있어 그들과 상하
　를 다투어 일세에 떨쳤다. 내가 태어남이 뒤이니 최·백의 얼굴은 보
　지 못하고 단지 서담만 약관에 홍양에서 만나 알게 되었다. 비록 난
　리로 소원했지만 서로 의지하여 마음으로 교류한지 이십 년이 넘었
　다.

　　頃世有崔孤竹白玉峯, 始以唐倡之, 頗變向來之習, 時則有西潭李達者,
　與之頡頏上下, 能以詩名噪於一世, 餘生也後, 不及見崔白之面, 獨于西潭,
　弱冠遇於洪陽識也. 雖亂離契闊, 而彼此托之神交者, 餘二十歲矣.(≪芝峯
　集≫)

라 하였는데 여기서 亂離란 壬辰亂(1592)이니 그 후 20년이라면 1612
년 전후로서 일단 그의 졸년에 가까운 연대로 나타났으며, 또 동문에
서,

　　지금 해서절사 유형은 최경창의 표질로써 어려서 이달에게서 배워
　그 지은 시를 모아 ≪서담집≫이라 하여 한 권으로 모아 간행하려 하
　매 곧 나에게 보여서 시를 뽑고 발문을 써 주길 바랬다.

　　今海西節師柳公珩, 以崔之表姪, 少學李, 乃取其所爲詩, 目曰西潭集
　者, 總一卷將入梓, 便以示余, 欲使余選且尾之.(≪芝峯集≫)

라 하여 柳珩(1566~1615)이 海西節使가 된 것이 1613년경이니 이달의
문집 발간년대에 맞춘다면, 이 시기는 이미 이달의 사후가 되매, 이달

의 졸년은 대개 1610년 전후로 추정하면 억설이 아닐 것이다.
이달 자신에 대하여는 허균의 「蓀谷山人傳」에 다음과 같이 묘사되어 있다.

> 이달의 용모는 우아하지 않았고, 성품도 호탕하여 구속되지 않았으며 또한 예속을 익히지 않아 이로써 시대에 꺼림을 받았다. 그러나 고금의 일과 산수의 경물을 잘 얘기하였으며 술을 좋아하고 진서를 잘 썼다.

> 達貌不雅, 性且蕩不檢, 又未習俗禮, 以此忤於時, 而善談今古及山水佳致, 喜酒能晉人書.

라 하여 이달의 출신과 그에 따른 自若的인 처세관을 알 수 있는데 한편 그가 退溪의 문하에 출입하였다는 증거가 있는 것은 그의 儒學에 대한 상당한 심취 흔적을 엿볼 수 있다.[2]

그리고 그의 출신성분은 庶子라는 것이 공통적이니 다음 세 가지 자료에서 공지할 수 있다.

> 李達, 洪州人, 副正李秀咸, 畜州妓所生者.(≪芝峰類說≫, p.174) — 홍주 기녀 소생
> 蓀谷山人李達, 字益之, 雙梅堂李詹之後, 其母賤。不能用於世.(「蓀谷山人傳」) — 그 모친 천함
> 李達, 字益之, 號蓀谷, 副正秀咸庶子, 母洪州官妓, 其生也邑鎭月山草木皆枯. 來居原州蓀谷, 因以自號. (沈鋅, ≪松泉筆譚≫卷六) — 홍주 관기

여기서 이달이 州妓의 소생이며 洪州를 본관으로 둔 점은 같으나,

---

2) ≪陶山門賢錄≫卷四: "李達, 李益之, 號蓀谷, 洪州人, 居京以文章著世, 又能詩, 每天使來輒以公爲遠接使從事官, 先生有答論學書."

그 부친에 대해서 許筠은 李詹이라 하였는데, ≪洪州李氏族譜≫에는 李秀咸(永宗僉使)이라 등재된 것으로 보아, 착오로 보여진다.3) 그리고 자손의 계통표시는 대개 右男左女인데 이달의 경우는 左男右女의 배열이어서 庶出임에는 의심의 여지가 없다고 할 것이다.

 판본에 있어서는 奎章閣本 6卷을 주본으로 하는데, 그에는 許筠의 舊序(光海君 10年, 1618)가 있고 任相元의 序(肅宗 19年, 1693)가 부기되어 있어 그 출간년대를 추정할 수 있으나, 초간은 미견하니 柳珩에 의한 본이라 볼 때 현금 그 자취를 알 수 없다. 任序의 본은 10行 20字로 총 369수의 시를 재록하고 있어 卷一은 五絶, 卷二는 七絶, 卷三은 五律, 卷五는 古風, 卷六은 歌로 형식의 분류를 하고 있다.

 이 판본 외에 一山文庫本이 있으나 위 양인의 序가 없으며 체재가 9行 15字로 갖추어져 있고 분류도 卷一은 古風, 卷二는 歌, 卷三은 五律, 卷四는 七律, 卷五는 五絶, 卷六은 七絶로 구성되어 있다.

Ⅱ. 朝鮮漢詩의 唐風 興起와 李達 詩와의 관계

 조선의 전반 시풍은 杜甫·蘇軾에 의한 것이라고 해도 과언이 아니다. 許筠은 이에 대해서, 그 풍토를 ≪鶴山樵談≫에서 다음과 같이 서술하고 있다.

> 조선의 시학은 소식과 황정견을 위주로 해서 경렴대유라도 그 구렁에 빠졌고 그 밖에 세상에 이름을 냈던 자도 그 찌꺼기를 먹으며 썩고 못된 말을 만들곤 했다. …… 융경·만력간에 최가운, 백창경,

---

3) 李鍾虎의 논문(旣紹介), p.13에 ≪洪州李氏族譜≫卷一의 부분을 인용하여 再言한 것임.

이익지 등이 당의 개원을 열어서 정화에 힘써 고인에 닮으려 했으나, 골격이 불완전하고, 기미한 점이 매우 심하여 당법에 넣기는 창피하니 문득 그들로 이백과 왕유의 지위를 뺏게 할 수 있으리오? 그러나 이로 인해 학자는 당풍이 있음을 알게 되니 삼인의 처음 업적은 가히 덮어 내릴 수 없다.

　　李朝詩學, 以蘇黃爲主, 雖景濂大儒, 亦墮其窠曰, 其餘鳴于世者, 啜其糠粕, 以造腐牌坊語. ……隆慶萬曆間, 崔嘉運·白彰卿·李益之輩, 始攻開元之學, 黽勉精華, 欲逮古人, 然骨格不完, 綺麗太甚, 置諸許李間, 便覺傖夫, 頃目乃欲使之奪李白摩詰之位邪, 雖然由是, 學者知有唐風. 則三人之初亦不可掩矣.

　여기서 三唐까지 宋詩風의 조류가 초기의 조선시단을 풍미하고 있었고, 삼당에 이르러 以情爲主의 당풍이 일기 시작했음을 알 수 있다. 이런 풍격의 흥기가 보다 구체적으로 일게 된 내력을 허균의 ≪蓀谷集≫의 「舊序」에서 또한 밝히고 있다.

　　삼가 우리나라의 문운을 생각하면 영명한 학사대부 중에서 시명이 있던 자 수백이나 된다. …… 그러나 우유돈후하고 율격이 정고하여 개원·천보·대력의 궤도를 잡은 자가 거의 없었다. 식자는 그 유감된 바 있었는데 지난 홍정년간에 망헌 이위지가 처음 당시를 배우기 시작하여 기려한 데 빠졌고 충암 김정이 이어 일어나 위응물·전기의 음을 지으니 두 공이 일반이라 할만 하다. 그러나 애석하게도 연명이 한정되니 읍만년간에 사암상 박순이 이백을 존중할 줄 알았으니 그가 읊은 것이 자못 맑으니 본받음이 만족치 못해도 고무되는 바 있다. …… 같은 때에 손곡옹이 있어 처음엔 호음 정사용에게서 두보·동파를 배워 그 음풍이 이미 넓고 순수하였다가 崔·白과 교류하고서 깨달아 땀을 흘리며 그 배운 바를 다 버리고 당시를 배웠다.

恭惟我國家文運, 休明學士大夫, 以時鳴者, 數十百家, …… 然其優游
敦厚, 響正格高, 定軌於開天大曆者世尠其人, 識者猶有所憾云, 往在弘
正間, 忘軒李胄之始學唐詩, 沈著綺麗而沖庵金文簡公繼起爲韋錢之音,
二公足稱一班而惜也年名限之, 逮在隆萬間, 思菴相知尊盛李, 所詠頗淸
邵, 模楷雖不足而鼓舞收賴. …… 同時有蓀谷翁者, 初學杜蘇於湖陰, 其
吟諷者, 旣鴻續純熟矣. 及交崔白, 悟而汗下盡其所學而學焉.

여기서 당풍이 壬亂을 전후하여 일기 시작하고 이달이 그 주요인물
로 등장했음을 명지하게 된다. 특히 김정4) 정사룡5)은 조선 중기의 시
단 사걸 중에 속한 문인으로서 이달에 지대한 시적인 영향을 끼쳤다.6)
그러나 이달에 영향을 준 사승관계에서 정사룡 자신이 풍부한 당풍을
지니고 있었던 것은 아닌 것 같으니 ≪惺叟詩話≫에서 淸의 吳明齊의
평을 보면 알 수 있다.

절강인 오명제는 보고 평하였는데, 즉 이 곧 용을 잡으려다 오히려
개를 잡았다. 아깝도다. 대개 당을 배우지 않았으나, 또한 어찌 그것
을 적게 볼 수 있겠는가?

浙人吳明齊見之批曰, 爾才屠龍, 乃反屠狗. 惜哉, 蓋以不學唐也, 然亦
何可少之?

이같이 湖陰은 정통적인 당풍을 따랐다기 보다는 海東江西派의 하
나로서 黃庭堅의 江西詩派의 입장을 취한 것으로 볼 수 있다. 이 당시
의 사승으로서 또 思菴 朴淳을 제외할 수 없는데, 朴淳은 비교적 당풍

---

4) 金淨(1486~1521), 字는 元沖, 號는 沖菴. ≪沖菴集≫, ≪濟州風土錄≫ 지음.
5) 鄭士龍(1486~1521), 字는 雲卿, 號는 湖陰. ≪湖陰雜稿≫.
6) 조선 중기의 시단 四傑이란 朴祥(1474~1530), 申光漢(1484~1555), 金淨, 鄭士龍
등으로 이들은 李朝初期의 蘇東坡·黃庭堅의 風에서 탈피하려는 과정에 있던
문인들이다.

을 추급하는 노고를 기울인 점을 알 수 있으니, 이달이 직접적인 격려를 받은 자는 곧 朴淳을 우선으로 해야 할 것이다. 그 예증을 다음 인용구에서 확인할 수 있다. 즉, 朴淳의 狀文을 보면,

> 현옹이 그의 문장을 논해 말하기를 청초하고 담백하며 시 또한 경발하여 당을 따르니 후에 최경창·백광훈·이달들이 그 원류가 공에서 창시된 바이다.

> 玄翁論其文章曰, 淸邵淡潔, 詩尤警發, 力追李唐, 後來崔慶昌白光勳李達之流, 其源自公所倡始.(≪思菴先生文集≫卷五)

라 하여 당을 따르고자 하였음을 알게 되며, 이달도 이에서 연유한 것을 인정하게 된다. 보다 구체적인 관계를 설명하는 許筠의「蓀谷山人傳」에서의 다음 글은 명쾌한 확증이 될 수 있다.

> 이달은 마침 소동파를 본받아 따라 한번 붓을 쥐면 문득 수백 편을 썼으니 그 모두가 화려하고 풍염하여 가히 읊을만 하였다. 하루는 사암 박순이 이달에게 일러 말하기를 "시도는 마땅히 위당을 정도로 해야 할 것이니, 소동파가 비록 호방하다 해도 이미 제이의로 떨어졌다."라고 하고는 드디어 서가에서 이태백의 악부와 왕유와 맹호연의 근체시를 골라 보여 주니, 이달은 놀란 듯 정법이 이에 있음을 알고 지난날에 배운 학문을 모두 버리고 옛 은거하던 손곡의 집으로 돌아와서 ≪文選≫, 이태백 및 성당의 12 문인을 취하고 유장경과 위응물, 그리고 ≪唐音≫을 접하여 엎드려 외우며 밤낮으로 열심하니 무릎 꿇고 좌석을 떠나지 않음이 무릇 오년이었다. 황홀히 깨달음이 있는 듯하여 시험삼아 시를 지으니 시어가 매우 청절하였다. 옛 모습을 씻고 제가의 시체를 본받아 지으니 장단편과 율절구에 성율이 세련되어 도리에 합당하지 않음이 없었다. 무릇 십여 편을 지어 나아가 여러 사람에게 읊으니 제공들이 감탄하여 이상히 여기며, 최·백이 모두 따

를 수 없다고 하였다. 그리고 고경명과 허봉은 당대의 명가로서 모두 이달을 성당으로 추대하였다. 그 시의 청신하고 아려함이 뛰어난 것은 왕유·맹호연·고적·잠삼에 출입할 만 하고 낮은 것도 유장경·전기의 운을 잃지 않았으니, 신라·고려 이후 당시를 하는 사람으로 누구도 이달을 따르지 못할 것이다.

 達方法蘇長公得其隨, 一操筆輒寫數百篇, 皆穠贍可詠, 一日思菴相謂 運曰; "詩道當以魏唐爲正, 子瞻雖豪放, 已落第二義也." 遂抽架上太白樂府歌吟·王孟近體以示之, 達罿然知正法之在是, 遂盡捐故學, 歸舊所隱蓀谷之庄, 取文選太白及盛唐十二家, 劉隨州韋左史, 曁伯謙唐音, 伏而誦之, 夜以繼晝, 膝不離坐席凡五年, 悅然若有悟, 試發之詩, 則語甚淸切. 一洗舊日態, 卽倣諸家體而作, 長短篇及律絶句, 鍛字鍊聲揣律, 靡有不當於度, 則歲改之. 凡著九餘篇, 乃出而詠之諸公間, 諸公嗟異之, 崔白皆以爲不可及, 而霽峰荷谷, 一代名爲詩者, 皆推以爲盛唐. 其淸新雅麗, 高者出入王孟高岑, 而下不失劉錢之韻, 自羅麗以下, 爲唐詩者, 皆莫及焉.

여기서 손곡의 문학이 성당을 터득하게 된 내력을 기술하고 그 객관적인 근거로는 고경명(1533~1592)과 허봉(1551~1588)의 말을 인용하여 그 품평을 분명히 하였다.

Ⅲ. 李達 詩의 盛唐詩와의 비교 개연성

상기에서 거론한 바와 같이 이달의 시풍은 이제 성당시에 놓고 입론해야 그 가치를 바르게 할 수 있게 되었다. 물론 한문학의 독자적 성격을 정립하기 위하여 중문학에만 단순히 부회시키는 논조는 가능한 한 피해야 하겠지만, 이달의 시는 역시 왕유의 시와 상관시켜 봄이 그의 시를 가장 높이 평가할 수 있는 근거가 되리라 본다. 허균은 다음의 이달 시에 관한 논술에서 더욱 그 이유를 밝혀 주고 있는 것이다.
(≪蓀谷集≫「舊序」)

    그의 시의 본원은 왕유와 유장경에 출입하여 기취가 온일하고 미려하며 고담하다. 그 미려함은 진의 미인 남위와 같이 고운 옷에 밝은 화장을 한 듯하며, 그 온화함은 봄볕이 백화를 덮은 듯하고, 그 청백하기는 서리가 흘러 큰 계곡을 씻는 듯하며, 그 밝게 울리는 음은 하늘의 생황을 타는 학이 오색 구름에 드러난 듯하여 끌면 안개가 아름답고 바람이 씻어 가는 듯, 펴면 구슬에 앉아 있는 듯하며, 울려 더하면 금슬이 슬피 나며 쇠소리 나는 듯하며, 눌러 놓으면 준마가 둔하고 용이 칩거하는 듯하며 서서히 나아가면 평평한 파도가 도도히 천리에 뻗으며 태산의 구름이 돌에 닿아 흰옷과 푸른 개 모양이 되나니 이런 변화무쌍한 기교는 개원·천보·대력 등 성당시대에 갖다 놓아도 왕유·잠삼의 대열에서 빠지지 않는다.

    其詩本源供奉, 而出入乎右丞隨州, 氣溫趣逸, 芒麗語澹. 其艶也若南威西子, 袚服而明粧, 其和也若春陽之被百卉, 其淸也若霜流之洗巨壑, 其響亮也若九霄笙鶴, 彷像乎五雲之表, 引之霞綺風淪, 鋪之璧坐璣馳. 鏗而厲之, 則瑟悲而球戛, 抑而按之, 則驥頓而龍蟄, 徐行其所無事, 則平波滔滔然千里朝宗, 而泰山之雲觸石, 爲白衣蒼狗, 置在開天大曆間, 瑕不厠王岑之列.

    이러한 평이 다소간 과대한 면이 있다 해도 이달 시를 고구할만한 몇 가지 특성을 요약할 수 있다. 즉 왕유시와 상관해 볼 때, '氣溫趣逸'과 '其和也……'구에서 이달시의 淳淡한 면을 찾을 수 있고 '其艶也……'구와 '引之霞綺風……'구에서 우아한 면을 보게 되며, '其淸也若……'구에서 淸新超脫한 일면을 또한 간과할 수 없다. 그리고 '其響亮也若……'구에서 시가 갖는 畵意的 색채를 유의하게 되니 이달 시

369수에서 왕유시파를 중심한 공유점을 추출할 수 있는 하나의 근거로서의 인증들을 제시하고자 한다.

성당시는 陶淵明과 謝靈運의 영향을 배제할 수 없으니[7] 嚴羽의 시론의 근거가 바로 성당에 있고 그것이 宋·明代로 이어 오면서, 楊萬里의 風趣, 姜夔의 韻度, 李東陽까지 滄浪이 말한 바 "시를 논함은 선을 논함과 같으니 한위진과 성당시는 곧 제1의 으뜸이다. 대저 선의 도리는 오직 묘오에 있고 시의 도리도 역시 묘오에 있다. 사령운에서 성당의 제공에까지는 투철한 묘오의 경지를 얻은 것이다.(論詩如論禪, 漢魏晉與盛唐詩, 則第一義也. 大抵禪道惟在妙悟, 詩道亦在妙悟. 謝靈運至盛唐諸公, 透徹之悟也.)"(≪滄浪詩話≫「詩辨」)라는 논지를 이어 왔고, 이것이 이달 시대의 시풍에 변혁을 가져오는 밑거름이 되었다고 본다. 성당에서도 왕유와 孟浩然에 대한 추숭은 李·杜에 지지 않아서 근인 郭紹虞는 ≪滄浪詩話校釋≫(p.37)에서 그 점을 강조하고 있다.

> 창랑의 흥취설은 마침 왕사정의 신운의 뜻과 같은데 어째서 창랑이 이백과 두보를 표본으로 들고 왕유와 맹호연을 종주로 하지 않았는가? 이 점은 모순이 있는 것과 같다. 실은 이것이 창랑의 시를 논하는 요지이다.
>
> 滄浪興趣之說, 正同於王士禎所謂神韻之義. 何以滄浪又標擧李杜, 而不宗主王孟呢? 此點似有矛盾, 實則也是滄浪論詩宗旨.

이와 같이 성당시에 대한 중국시학상의 비중은 정통적인 맥으로 정착이 되면서 조선 초기의 蘇·黃的인 송시풍이 중엽의 사회혼란과 함께 퇴조하고 당시의 재흥을 불러 온 시점이 이달 시대를 낳게 한 것이

---

7) 졸저 ≪王維詩與李朝申緯詩之比較硏究≫(亞細亞文化社, 1980) 참조.

다.
 이달과 특히 王·孟을 연결시키는데 있어 李東陽의 다음 평은 시풍상 더욱 상사점을 명백히 하고 있다.

> 당시는 이백과 두보 이외에 맹호연·왕유도 대가로 칭하니, 왕유시가 풍요하면서 화미하지 않는데 맹호연은 오히려 고담하여 유원하고 심후하여 빈한하고 검박하며 메마른 병폐가 없다.
>
> 唐詩李杜之外, 孟浩然王摩詰足稱大家, 王詩豐縟而不華靡, 孟卻專心古澹, 而悠遠深厚, 自無寒儉枯瘠之病.(≪懷麓堂詩話≫)

 그리고 王漁洋의 다음 평어는 이달이 왜 5년씩이나 두문불출하여 성당시에 심취했었는지를 분별할 수 있으리라 본다.

> 엄창랑은 선으로 시를 비유하여 그 설을 깊이 고찰하면 오언시가 더욱 그에 접근한다. 예컨대 왕유의 망천 절구는 글자 마다 선에 들고 있다. 또 "빗속에 산과일 떨어지고 등아래 풀벌레 울도다" "명월이 솔새로 비치고 밝은 샘이 돌 위에 흐르네" 맹호연의 "초자를 잃으니 풀벌레 차거이 들리지 않네" 등은 오묘하고 기이한 말로서 석가가 꽃을 보이니 가섭이 미소지었다는 것과 다를 것이 없다.
>
> 嚴滄浪以禪喩詩, 全深契其說, 而五言尤爲近之. 如王維輞川絶句, 字字入禪. 他如 "雨中山果落, 燈下草蟲鳴"; "明月松間照, 淸泉石上流" ……浩然 "樵字暗相失, 草蟲寒不聞"……, 妙諦微言, 與世尊拈花, 迦葉微笑, 等無差別.(≪帶經堂詩話≫卷3)

 시의 入禪的 성격은 이달 시가 궁극적으로 추구하는 목표였음을 후장에서 상설하려 한다.

Ⅳ. 李達 詩 속의 王維 시풍

이달 시를 왕유와 상관시켜 볼 때, 기술한 바, 淳淡하고 華雅하며 仙과 禪的인 면에서의 탈속의식 등으로 시 내용상의 특색을 지적할 수 있다. 단지 왕유시에서 강조되는 이른바 詩中有畵的 의미는 추후에 별도로 상논하고자 하여 본절에선 약하려 한다.

1. 淳淡

시의 순담한 맛은 온화한 전원미와 상통한다. 歐陽修는 왕유의 이런 면을 직설하고 있으니, 보건대,

　　당의 시는 진자앙·이백·심전기·송지문·왕유의 시인 중 혹은 순박담백한 소리를 얻었고 혹은 온화고창한 절주를 얻었다.

　　唐之詩, 子昂李杜沈宋王維之徒, 或得其淳淡泊之聲, 或得其舒和高暢之節. (「書梅聖兪藁後」≪歐陽文忠公集≫卷149)

라 하였고 陳師道는 또 이르기를,

　　도연명의 시는 사랑에 절실하나 수식이 없을 뿐이다.…… 왕유와 위응물은 모두 도연명에게서 배워, 왕유는 자득함이 있다.

　　陶淵明之詩, 切於事情, 但不文耳. ……右丞蘇州皆學于陶, 王得其自在.(≪後山詩話≫)

라 하여 왕유 시의 순담한 맛이 전원산수시에 묘사되어 시어가 省淨하고 陶潛에 출입하고 있음을 명시하고 있다. 왕유 시에서 예거컨대,

    닭과 개가 마을에 흩어 있고
    뽕과 느릅은 먼 밭에 무성하네.

    鷄犬散墟落, 桑楡蔭遠田.(〈千塔主人〉≪王右丞集箋注≫卷3)

그리고 또,

    아침 닭은 이웃 동네에 울고
    여럿이 움직여 일에 힘쓰네.
    농부는 밭에 나가고
    부인은 일어나 비단 짜네.

    晨鷄鳴鄰里, 群動從行務.
    農夫行餉田, 閨婦起縫素.(〈丁寓田家有贈詩〉卷3)

이들 구들은 전원의 餘閑과 농촌의 소박함을 직서하고 있는데 이달 시의 〈題畫〉(≪蓀谷集≫卷1)를 보면,

    두 부부 서로 기뻐하며
    봄이 오매 밭갈이 일삼으니
    높은 수레 말 탄 이들이여
    뉘 전원의 즐거움 알리오.

    翁婦相欣欣, 春來事耕作.
    高車駟馬人, 誰識田家樂.

여기에서 강한 전원생활의 意趣를 표출하고 있으며, 농촌의 경물을 묘사한 것으로는 〈祭塚謠〉(상동 卷3)를 보면,

흰 개가 앞서 가고 누런 개가 따르는데
들과 밭 풀 새에 무덤이 닿아 있네.
늙은이 제사 끝내고 밭 새 길 따라
저물 녘에 술 취해 아이에 부추겨 돌아오네.

白犬前行黃犬隨, 野田草際塚纍纍.
老翁祭罷田間道, 日暮醉歸扶小兒.

라 하여 孤村의 遠境을 소탈하게, 그리고 사실적으로 그리고 있어 景中有情의 전원미를 풍기고 있다. 그리고 〈撲棗謠〉(卷2)를 보면,

이웃집 아이 와서 대추를 터니
노옹이 문을 나와 아이를 쫓네.
아이도 노옹에게 하는 말이
내년 대추 익을 때까진 못 가리오.

隣家小兒來撲棗, 老翁出門驅小兒.
小兒還向老翁道, 不及明年棗熟時.

라 하여 전원의 秋村을 그리면서 유모러스한 대화형식을 구사하였고 평화로운 농촌의 溫逸한 정취가 깃들어 있다. 이달 시의 강한 전원적 의취는 그의 〈秋山夕懷〉(卷3)에서 더욱 표출되고 있으니,

빛 되 비치어 골목에 들고
깊은 골엔 가을 모습 일도다.

안개 짙게 냇물에 가까이 하고
구름 일어 산봉우리와 멀리하니
이곳엔 두루 관상하며
고뇌를 씻으니
영안이 마침 무사한 중에
잔 잡고 앉아 흔쾌 하도다.

返照入閭巷, 洞壑生秋客.
煙沈近溪水, 雲起遠山峰.
對此騁遊目, 可以盪心腦.
營中適無事, 觴爵坐高眷.

여기에서 제1·2연은 秋景의 경계를 그렸고 제3·4연은 작가의 情懷를 묘사하여 전반은 생명력이 넘치는 자연의 물태를 입체적으로 나타내었다. 이 시의 후반에서는 자신의 고뇌를 가을의 경계 속에서 융화시켜 情中有景의 平靜한 심태를 나타내었으니, 이는 정경이 交融하는 산수전원의 淳淡味의 극치라 할 것이다. 그것은 왕유의 〈歸輞川作〉(≪王右丞集箋注≫卷7)을 보면,

계곡 입구에 성근 종 울리니
고기잡고 나무하는 일 또 뜸하네.
유유하게 먼 산에 저녁이 깃든 데
홀로 흰 구름 향하며 돌아오네.
마름 풀 약하여 고정되기 어렵고
버들 꽃 가벼이 쉬 날리도다.
동쪽 언덕 봄 풀의 빛인데
슬프게 사립문을 닫도다.

谷口疏鐘動, 漁樵稍欲稀.

>   悠然遠山暮, 獨向白雲歸.
>   菱蔓弱難定, 楊花輕易飛.
>   東皐春草色, 凋悵掩柴扉.

여기에서 제1연은 농어촌의 정경을 묘사하고 제2연은 주위환경의 自然境을 제3연은 자연들의 세심한 觀察을, 제4연은 俗界를 떠난 孤寂을 각각 묘사하고 있어 이달의 기법이 近唐한 면을 부인할 수 없다.

2. 華雅

이달 시의 우아한 특성은 淸代 潘彦輔가 말한 바,

> 무릇 '雅'라는 것은 말의 순치만이 아니다. 시를 짓는 연유가 반드시 세리를 벗어난 후에야 雅라고 할 수 있다. 지금 여러 가지의 화미와 미려함을 다투는 시는 모두 세리를 쫓는 마음이 유로되어 있다. 말이 우아하더라도 마음이 우아하지 않는 터이다. 마음이 우아하지 않으니 말 또한 그것을 덮을 수 없는 것이다.

> 夫所謂雅者, 非第詞之雅馴而已. 其作此詩之由, 必脫棄勢利. 而後謂之雅也. 今種種鬪靡騁妍之詩, 皆趨勢弋利之心小流露也. 詞縱而心不雅矣. 心不雅則詞亦不能掩矣.(≪養一齋詩話≫)

라고 한 의미와 상통하고 이것은 왕유와 밀접한 상사점을 갖는다. 이달의 〈江行〉(卷2)을 보면,

>   길이 강을 감돌아 십리에 뻗었고
>   낙화 말발굽에 파고들어 향기롭네.

호수와 산에 공허히 왕래한다 말마오.
신시 얻어 비단주머니에 가득 채우겠오.

路繞江干十里長, 落花穿破馬蹄香.
湖山莫道空來往, 贏得新詩滿錦囊.

여기에서 자연물인 路・落花・湖山 등을 擬人化하여 興의 용법으로 시의 품위를 상향시켰고, 〈道中感懷〉(卷4)를 보면,

용천은 궤에서 슬피 울부짖고
시월 서풍은 귀밑 털실에 건듯 부네.
노란 잎 산 가득한데 가을의 절 닫혔고
흰모래는 물가에 이어 있고 작은 다리 위태롭네.
외론 돛배 지난 후 천봉이 하도 하고
필마 갈 때에 온갖 풀이 시드네.
쓸쓸한 옛집은 공허히 꿈에 들고
어지러운 등나무와 성근 대죽은 초옥에 서 있네.

龍泉鳴吼匣中悲, 十月西風兩鬢絲.
黃葉滿山秋寺廢, 白沙連渚小橋危.
孤帆過後千峰多, 匹馬行時百草衰.
牢落故居空入夢, 亂藤疎竹有茅茨.

여기에서 제1・2구의 龍泉과 西風이 擬人化하여 인간과 동시적 감정을 표현하고 제3・4구는 黃白色의 조화가 秋山의 경치를 미화하고 盛衰의 양면적 의미를 예술감각으로 묘사하였으며 제5・6구는 孤帆과 千峰, 匹馬와 百草가 각각 연계되어 경물의 전이를 겹치게 하는 묘법을 강구하여 시 전체의 회화적인 면이 풍섬하면서 단아한 색채를 보여

주고 있다. 이런 면은 왕유의 〈山居秋暝〉(卷七)의 제1~4구가 자연경물의 탈속적인 고결미를 보여주는 예와 상관된다고 하겠다.[8]

이달 시의 고아는 시어의 활용과 밀접한 관계가 있으니 즉 疊語와 重言을 통하여 시의 미감과 飄逸性을 조장하고 시의 생동감과 입체감까지 구사할 수 있었다. 이것은 왕유 시의 특징이기도 하니 周紫芝의 다음 서술은 그 좋은 인증이 될 만 하다.

> 시중에 쌍첩자를 쓰면 "논에 백로가 날고, 여름 나무엔 꾀꼬리 우네" 구를 쉬 얻을 수 있으니 이것이 이가의 시다. 왕마힐의 아래 네 구는 두보 처럼 가장 온전하니 즉 "바람 부니 나그네는 날로 곤아가고 나무는 시끄러이 이별의 생각 아득하네. 끝없는 낙목은 쓸쓸히 지고 한없는 장강은 출렁이며 흘러오네."이니 즉 또한 오묘하여 말로 표현할 수 없다.
>
> 詩中用雙疊字, 易得句水田飛白鷺, 夏木囀黃鸝, 此李嘉詩也. 王摩詰四字下得最爲穩若杜少陵, 風吹客日果果, 樹攪離思花冥冥, 無邊落木蕭蕭下, 不盡長江滾滾來, 則又妙不可言矣.(≪竹坡詩話≫)

疊字를 잘 활용하면 오묘하고 형언키 어려운 의취를 표출할 수 있다는 점에서 첩어의 선택이 시의 고아함과 중요한 관련이 있음을 알 수 있다. 이달 시의 첩어를 예거하고자 한다.

積雪滿山逕蕭蕭(〈詠畵〉·卷一)
秋荷太多死蕭蕭(〈蓮塘夜雨〉·卷一)
蕭蕭客行孤(〈芳林驛〉·卷一)

---

8) 「山居秋暝」句: "空山新雨後, 天氣晚來秋, 明月松間照, 淸泉石上流."

芳草又萋萋(〈送人〉·卷一)
曠野沈沈謝(〈上柳西坰〉·卷一)
翁婦相欣欣(〈題畫〉其二·卷一)
古澗水冷冷(〈題金醉眠山水障子面〉·卷一)
遙遙望家山(〈題畫〉其二·卷一)
指下冷冷秋水, 雪間裊裊織譚.(〈寄妓生〉·卷一)
寂寂古軒下, 冷冷秋竹根.(〈定山東軒〉·卷三)

이들 첩자는 한결같이 시의 묘사를 유화하고 섬세한 지경에까지 이르게 하고 시취가 화사하면서도 청준한 기풍을 조성함을 간과할 수 없다.

3. 道佛的인 脫俗

이달 시의 속탈의식은 시인의 한 공통점이기도 하지만, 이달 시의 道佛的인 접근은 종교적인 특성보다는 시계의 묘사에서 그 특점을 찾을 수 있다. 이달의 遊仙的인 시는 19수, 禪的인 시는 27수에 달하는데, 이것은 王漁洋이 말한 왕유시의 神韻味와 상근한 부분이기도 하다.

먼저, 시의 遊仙的이라면, 長嘯하면서 장생을 추구하고 의식의 高妙를 터득하는 자연과의 합일하는 시적 경계로 볼 수 있다. 唐代 孫廣은 그의 ≪嘯旨≫에서,

휘파람이 맑음은 귀신을 감화할 수 있어 죽지 않는 경지에 이른다.

嘯之淸, 可以感鬼神, 致不死(≪叢書集成≫)

라 하니, 이는 곧 초월적인 시의에 응용되는 것이다. 왕유 시에서 대

표적인 예는 〈竹里館〉(卷13)을 들 수 있는데9), 이달 시에서는 〈題金醉眠山水障子面〉(卷1)의 제3수를 보건대,

> 학 위에 보라 연기 옷 입은
> 표표한 옛 선인이
> 구름에 들어 아득한데
> 바람이 그지없이 불어오누나.

> 鶴上紫烟衣, 飄飄古仙子.
> 去入雲冥冥, 天風吹不已.

이 시는 仙人의 의식에서 合自然의 帝鄕을 희원하고 있으며, 仙界로 몰입하고 있다. 아울러 보다 더 강렬한 仙境을 주제로 한 이달의 〈步虛詞〉8수는(卷2) 시어는 물론 詩感까지 완전히 승화된 초탈에 이르고 있음을 보게 된다. 그 제 8수를 예거하면,

> 삼단에서 한밤에 진경을 말하니
> 다 모인 뭇 선인 아래 뜰에 줄지었고
> 오직 노군이 있어 별궁을 지어
> 구름에 써서 진경을 보내네.

> 三壇中夜講眞經, 大集群仙列下庭.
> 唯有老君修別殿, 手書雲兼送玄眞.

한편, 이달의 禪 시풍은 仙的 요소보다 더 짙은 경향이다. 이것은 왕유를 두고 볼 때 양인의 불가분한 경지이다.(졸저 《王維詩比較硏究》

---

9) 「竹里館」의 「獨坐幽篁裏, 彈琴復長嘯」, 「見黃花川」의 「靜言深溪裏, 長嘯高山頭」 句.

第5章 참고, 1999) 이 시계는 神韻의 극치이며 양인의 최장처이다. 이 경계에 대해서 胡應麟은,

> 선은 필히 깊이 이룬 뒤에야 깨달아질 수 있고 시는 깨달아진 후라도 여전히 깊이 이루어져야 한다.

> 禪必深造而後能悟, 詩雖悟後, 仍須深造.(≪詩藪≫卷三)

라 하여 시와 선의 불가분의 관계를 강조하였고 魏慶之는 더욱 밝혀서,

> 시도는 불법과 같으니 대승·소승을 나누고 사악한 마귀의 외도를 아는 자만이 이것을 말할 수 있다.

> 詩道如佛法, 當分大乘小乘, 邪魔外道, 惟知者可以語此.(≪詩人玉屑≫卷五)

라 하여 佛法의 정신세계를 작시에 이입하고자 하였다. 왕유 시의 〈胡居士臥病遺米因贈〉은 佛語, 禪理, 禪境의 묘법을 고루 활용하여 해탈과 忘我의 세계를 추구하고 있다. 그리고 〈謁璿上人〉(卷3)도 皮相의 見을 떠나 진상의 觀으로 神交하는 悟境을 묘사하고 있는데, 이 시의 말4구를 보면,

> 方將見身雲, 陋彼示天壤.
> 一心在法要, 願以無生獎.(이미 인용)

라 하여 一心을 法要에 둔 탈속을 희구하고 있다. 이달에 있어서 〈題

湖寺僧〉(卷2)을 보면,

> 옛 절 찬 종소리 울리는데 산색은 저물고
> 자규새 우니 한이 끊이지 않네.
> 남호의 마름 풀 벌써 뾰죽한데
> 삼월에 가신 이는 돌아오는지 아니지!

> 古寺寒鐘鳴翠微, 子規啼歇恨依依.
> 南湖菱角已成刺, 三月行人歸未歸.

이 시는 묘오의 禪趣를 풍기어 인사로써 이치를 밝히고 사물로써 도리를 살펴 色에서 空을 보이고 喧에서 靜을 쫓는 佳趣가 농후하다. 이런 禪趣에 대해 李重華는 이미 왕유 시를 놓고 다음과 같이 서술한 바 있다.

> 완정 왕사정의 삼매집에 오언은 선에 드는 절경이 있고, 칠언은 구법이 건승해야 하니 선으로 구할 수 없다고 했다. 나는 말하노니 왕마힐의 칠언은 어째서 입선하는 곳이 없단 말인가? 이것은 성정의 근접하는 바일 뿐이다. 하물며 오언의 지극한 경지는 또한 입선으로만 묘오를 얻는 것이 아니다.

> 阮亭三昧集, 謂五言有入禪絶境, 七言則句法要健, 不得以禪求之. 余謂王摩詰七言何嘗無入禪處? 此係性所近耳. 況五言至境, 亦不得專以入禪爲妙.(≪貞一齋詩說≫)

이 말은 입선은 정신의 자세이니 만큼 시의 묘오와는 개념적 차이로 봐야 한다고 본 것이다. 왕유의 〈送別詩〉(卷3)를 보면10), 제5·

---

10) 〈送別〉: "下馬飮君酒, 問君何所之. 君言不得意, 歸臥南山陲. 但去莫復問, 白雲無盡時."

6구는 도연명의 〈飮酒詩〉의 '採菊東籬下, 悠然見南山'과 같은 奇趣를 지니고 있으며 제3·4구가 문답형식으로 어의가 曲折하여 妙悟의 旨意를 표출하고 있다. 이런 경계를 더욱 분명히 한 논지로 吳喬의 다음 말은 중요한 시적 의경을 설명하고 있다.

　　동파는 말하기를 시는 기취를 으뜸으로 삼으니, 상정에 반하되 도에 합당하면 시취를 이룬다. 이 말은 가장 훌륭한 것으로 기취가 없이 어찌 시를 쓸 수 있겠는가? 상정에 반하면서 도에 합하지 않으면 어지러운 말이라 하겠다. 상정에 반하면서 도에 합하면 문장이 된다.

　　子瞻曰: 詩以奇趣爲宗, 反常合度爲趣. 此語最善, 無奇趣何以爲詩? 反常而不合道, 是謂亂談, 不反常而合道, 則文章也.(≪圍爐詩話≫卷一)

여기서의 기취는 신운적인 경계라 해도 가할 것이다.

이달 시에서 선취를 표출한 것으로는 〈題僧軸〉(卷2), 〈次僧軸韻〉(卷2), 〈贈鑑上人〉(卷3), 〈經廢寺〉(卷3), 〈贈性行上人〉(卷3) 등 적지 않으며, 이와 함께 佛理를 통해 시의 妙境을 묘사하는 작법도 왕유와 함께 탈속의 경지에 이른 작품이라 하겠으니, 이런 禪理的인 詩境에 대해 沈德潛은 이미 상설한 바 있다. 보건대,

　　두보시의 "강산은 예와 같고 꽃버들은 절로 사사롬이 없도다. 물 깊은데 고기 매우 즐겨하고 숲 무성한 데 새 돌아올 줄 알도다. 물 흘러 마음 조급치 않고 구름 있는데 뜻 모두 느긋하네." 이 모두가 이취에 들고 있다. 소옹이 말하기를 "한 양이 움직여 만물 생성되기 전에 이취의 말로써 시를 지었다." 왕유의 시는 선어를 쓰지 않고 때로 선리를 터득했다.

杜詩, "江山如有時, 花柳自無私, 水深魚極樂, 林茂鳥知歸, 水流心不競, 雲在意俱遲." 俱入理趣 邵子則云; "一陽初動處, 萬物未生時, 以理語成詩." 王右丞詩, 不用禪語, 時得禪理.(≪說時晬語≫卷下)

선리시는 佛說의 實理를 정통해서 문학관념을 가하여 고아한 정감을 표출하는 것이므로 偈語와 상사하다. 그러나 왕유나 이달에 있어서는 禪語를 쓰지 않고 禪理를 표출한 점에서 상기의 沈氏說과 일치한다. 왕유의「登辨覺寺」(卷8)와「夏日過靑龍寺謁操禪寺」(卷7)가 대표적인 선리시인데, 전자를 보면, 첫구는 '將登', 제2구는 '正登', 제3·4구는 '旣登'을, 제5·6구는 '寺'를 중심한 이웃의 사물을 묘사하고 말2구는 선리로써 '遊寺'의 의취를 밝혔다.[11]

이달 시에선 〈贈僧〉(卷3)을 보면,

투숙하자 보리심의 경지에 들매
여래가 초석에 같이 하도다.
춘산은 꽃 그림자 속에 묻혔고
옛 절은 나무 소리 속에 서 있는데
법심은 환영 같고
선심은 空이로다.
싸움 아직 평정 못하여
동서로 표류하도다.

一宿招提境, 如來草席同.
春山花影裏, 古寺木聲中.
問法心如幻, 探禪性卽空.
干戈時未定, 漂泊各西東.

---

11) 「登辨覺寺」: "竹徑從初地, 蓮峯出化城. 窓中三楚盡, 林外九江平. 軟草承趺坐, 長松響梵聲. 空居法雲中, 觀世得無生."

이 시의 의경은 春山의 古寺에서 참선에 의한 득도를 묘사하였는데 제1연은 菩提心의 경지에서 諸佛과 합심한 심태를 보리경에 불러들이고 如來와 동석한다는 佛理를 인용하고 제3연은 심성이 如幻의 지경에 이르러 空界를 터득한 것을 法心이 如幻하고 禪性이 空하다고 하였다. 따라서 제1·3연은 선리를 가지고 탈속의 심층을 더하고 있다. 이 같은 入禪이 극치에 이르면 탈속과 忘我, 그리고 入禪에 드는 시취를 묘사하게 되니, 이달의 〈宿道泉寺明月寮〉(卷3)을 가지고 볼 수 있다.

> 범종 듣는 중에 중이 불원에 돌아가고
> 다상엔 객이 마침 깃들었네.
> 공산엔 명월에 차고
> 심야에 자규 우는데
> 은은히 들리는 목탁소리
> 냉냉히 흐르는 석계수 보내네.
> 옷 걸치고 황폐한 섬돌 걸으니
> 풀 이슬 쓸쓸히 젖어 들도다.

> 鐘梵僧歸院, 茶床客定棲.
> 空山明月滿, 深夜子規啼.
> 隱隱來金鐸, 冷冷送石溪.
> 披衣步荒砌, 草靈瀑淒淒.

이 시는 은거에서 나아가 回歸自然의 淸淨無塵한 靜境으로 몰입하고 있다. 이것은 徐增이 말한 바 "禪須作家, 詩亦須作家."(≪而菴詩話≫)라는 평구와 상합한다 할 것이다.

삼당시인의 조선 시단에서의 위치는 시의 당풍을 보여주고 있다는 데에서 그 특징을 인정할 수 있으며 그 중에 이달 시는 조선 중엽 이후의 시풍을 탈바꿈시킨 것으로 재삼 강조해도 가할 것이다.

이달 시는 신분을 초월하여 오직 시의 경지에서만 일생을 지낸 조선 시단의 유일하다고 할 순수한 시인이다. 그의 시가 왕유와 상통한 점을 전원적, 수사면, 그리고 道佛的인 각도에서 비교하였다.
　이달 시는 어떤 면에서 王維詩와 상이한 면도 있으니, 이달 시는 묘사의 관점이 직선적인데 반해 왕유는 간설적이며 수식적인 면 또한 많고, 이달의 우인시가 불소한데, 왕유는 한정되어 있으며, 이달이 生의 고뇌가 보다 진핍한 것이 왕유보다 강하다 할 것이다. 그러나 왕유는 회화적인 시정이 출중하고 시의 미감이 이달의 추종을 불허하며 또한 시어의 연박함도 가히 백미라 하겠다.

鄭斗卿과 李白의 樂府詩

Ⅰ. 李白과의 비교 蓋然性

　朝鮮代는 儒敎를 국교로 했던 시기였기 때문에 老莊風의 文風이 자리 매김 하거나 중시될 만큼 중요한 대상이 될 수 없었다. 이러한 여건 속에서 유독히 鄭斗卿 만은 이단자와 같이 道家에 심취하고 문학 또한 그 사상을 바탕으로 창작하였으니 본고에서는 그 점을 제기하여 그 근거와 특성을 논하고자 한다. 특히 이백을 師承하고 접근해 가는 의지와 그 詩作力은 조선의 漢文學에서 특이한 영역을 차지했다고 본다.
　鄭斗卿(1597~1673)은 字가 君平이고 號는 東溟이며 溫陽人이다. 仁祖 7년(1629)에 別試甲科에 壯元及第하고 成均館의 典籍直講·禮曹佐郎·司諫掌令·禮曹參議 등을 거쳐서 大提學과 工曹參判에 이르렀다. 저서로는 《東溟集》11卷과 현존하는 시는 1204수에 달한다.[1]

---

1) 除外 《東溟集》之尹新之序, 鄭斗卿生平別無可信之資料, 又不可探見其行狀或墓碣銘也.但可比較參考者唯有姜彬〈鄭斗卿言行錄〉一篇而已.(《國朝人物考》二十一

본고의 제목처럼 한국 漢詩壇에서 道家風인 李白 시풍2)과 결부시켜서 거론할만한 시인이 의외로 적다는 점을 지적하지 않을 수 없다. 그럼에도 1999년 초에 중국 李白學會에서 발표할 이 글을 작성하기 전에, 성균관대학교의 宋載邵 교수의 의견에 의해서 다행히 鄭·李 양인의 시를 비교할 수 있게 된 것을 감사한다. 아울러 尹米吉 교수의 논문「鄭斗卿硏究」(1987)과 성균관대학의 정두경 관련 박사학위 논문을 입수하여 참고 한 것을 큰 소득으로 여긴다. 특히 정두경의 擬古樂府의 목록은 전적으로 이 박사논문 p.125에 근거하였음을 밝혀준다. 이와 같이 조선조에서 道家的 풍격의 시인을 비교적 차원에서 찾기가 어려운 이유는 역사적으로 보아 新羅가 佛敎文化를 창출한 데다가 활동하던 문인들이 그 영향권 하에 있었으며 高麗는 국교로 불교를 택한 위에 여말문인에 그 범위가 한정되어 있었던 반면 조선시대는 儒家를 숭상하여 도가사상의 터전이 형성될만한 조류를 탈 수 없었기 때문이다. 그런데도 드물게 정두경은 가문의 풍토상 道敎와 친화한 맥락을 이어 왔으니 姜彬의 〈言行錄〉(≪東溟集≫附錄)에 보면,

>진정 그의 선인적이고 도가적인 풍골이 있는 뛰어나고 기이한 선비라고 할 수 있다.
>
>眞可謂仙風道骨卓犖奇偉之士.

라고 단언적으로 피력하였다. 그의 道家 전승과정을 도표로 제시하면 다음과 같다.

---

p.1125)
2) 姚鼐 ≪五七言今體詩鈔序目≫: "盛唐人, 禪也; 太白則仙也. 于律體中以飛動縹姚之勢, 運廣遠奇逸之思, 此獨成一境者."

1) 鍾難權→崔承祐→李清→明法→慈惠→權清→俍賢→金時習→鄭希良→僧大珠→鄭礦3)
2) 鄭礦(號北窓)→鄭之升(北窓의 從子)→鄭晦(鄭之升의 子)→鄭斗卿(鄭晦의 子)→洪萬宗(鄭斗卿의 弟子)

정두경 자신도 道家의 唯一性에 대해서 다음과 같이 그 논거를 제시하고 있다.

무릇 도는 하나일 뿐이다. 나의 도 이외에 무슨 도가 있겠는가? 주시대에 노자가 그 도를 지어서 천하에 크게 유행하였으니 천하는 이것을 도교라고 한다.

夫道一而已矣. 吾道之外, 有何道哉? 周時老佛氏, 作其道, 大行於天下, 天下謂之之敎.(《東溟集》卷十一〈海東異蹟序〉)

라고 하여 조선의 사회풍토에서 이질적인 의식을 지녔고 그것이 그의 문학사상의 근거가 되었음을 유추하게 한다. 미약한 근거이지만 이같은 방향을 통하여 정두경 시를 이백 시와 접목시켜서 비교할 수 있는 관점을 마련하였다고 보고서, 그 후대의 여러 평구들을 다음에 열거하여 비교고찰의 객관적인 입론점으로 삼고자 한다.

*정두경은 높은 재주가 빼어났다. ……세상의 명리에 급급하지 않았고…… 시에서는 오직 이백과 두보 그리고 성당의 여러 명가를 취하여 표준으로 삼았다.

---

3) 李圭景, 《五洲衍文長箋散藁》下卷三十九(明文堂, 1959)

尹新之〈東溟集序〉; "公有高才逸......不汲汲於世路名利,......於詩則獨取李杜及盛唐諸家爲之標準."(≪東溟集≫)

*시는 오직 한위의 악부와 이백·두보 등 성당을 법도로 삼아서 그 이후의 것은 거론하지 않았다.

姜彬〈言行錄〉; "詩則唯以漢魏樂府及李杜盛唐爲法, 以下不論."(≪東溟集≫附錄)

*나는 일찍이 동명에게 묻기를 "그대의 시는 옛 것의 누구를 본받았는가?"하였더니 동명이 웃으며 말하기를 "이백과 두보는 감당할 수 없다. 고적과 잠삼은 혹시 비견할 수 있을 것이다."라고 하였다. 그의 청심루 시의 "송별하는 높은 누각의 가을밤이 깊은데 한 쌍의 백로가 앞의 개울에 있도다. 술을 마시며 일어나 저 푸른 경물을 보노라니 달은 지고 강은 맑은데 서리가 차구나."는 운격이 빼어나고 청아하여서 마치 이백을 불러온 듯하니 내가 보건대 고적이나 잠삼 보다 더 높다 하겠다.

金得臣≪終南叢志≫; "余嘗問於東溟君平曰, 子之詩於古可方何人. 君平笑曰, 李杜則不敢當矣. 至於高岑輩或可比肩. 其淸心樓詩一絶, 送客高樓秋夜闌, 一雙白鷺在前灘. 酒酣起望蒼蒼色, 月落江淸霜露寒. 韻格高絶淸爽若喚紀太白, 以余觀之, 可出高岑之上."

*오언율시와 칠언절구에 모두 뛰어난데 칠언가행 같은 것은 이백과 두보를 닮았으니 우리나라에 전에 아직 없도다.

南龍翼≪壺谷詩話≫; "五律七絶皆其所長, 而至若七言歌行, 則彷彿李杜, 我國前古未有也."

*동명의 준일하고 호장함은 마치 맑고 밝은 하늘에 뇌성벽력이

치는 것과 같으니 동명의 「海上日雲間」에서 "푸르른 개골산에 산승이 지팡이 쥐고 가누나."구는 준일한 중에 매우 우아함이 있다. 시의 정신과 풍격이 이백과 흡사하다.

 洪萬宗 ≪洪萬宗全集≫下; "東溟發越俊壯如晴天白日霹靂轟轟, 至若東溟之海上日雲間; 蒼蒼皆骨山, 山僧飛錫去. 逡逸中極閒雅. 風神骨格酷似太白."

여기서 제가들의 평어가 일관되게 東溟 시풍이 이백에 근접해 있음을 알 수 있으니 이로 본고의 논리가 충분하다고 할 수 있다. 여기에 李家源이[4] "東溟發揚蹈厲之氣勝"(동명은 분발하여 힘쓰는 기세가 대단하다.)라고 한 것은 동명의 확고한 주관이 그 시대의 逆風的인 시풍을 창출케 했음을 대변한다고 보아 이백과의 관계를 충분히 맺어 놓을 수 있다.

Ⅱ. ≪東溟詩說≫로 본 鄭斗卿의 詩觀

정두경은 독서를 창작의 바탕이 된다고 주창하여 그 규범을 ≪東溟詩說≫에서 구체적으로 다음과 같이 밝히고 있다.

 시는 정도로써 으뜸을 삼으니 마땅히 시경이 종주가 되어야 하고 고시와 악부는 한위대에서 나온 것이 아니다. 조식·유정·포조·사령운 등 명가들과 도연명·위응물 등의시는 담백하고 순수하여 자연에서 나왔으니 늘상 읽으며 애송할만 하다. 율시는 정해진 체재에 얽매어서 실로 고체시의 고원함만 못하지만 애우와 음율이 또한 문사의

---

4) 李家源 ≪玉溜山莊詩話≫ 本論上 p.19(乙酉文化社, 1972)

정수인 만큼 마땅히 성당의 제가들을 법도로 삼아야 한다. 송대의 시
에서는 대가가 많기는 하지만 시의 정통이 아니니 꼭 배울 것까지는
없다. 처음 배우는 선비가 익혀서 깊이 빠지면 시의 격조가 점점 떨
어지게 된다.

　　詩又以正爲宗, 當以三百篇爲宗主, 而古詩樂府無出漢魏. 曹劉鮑謝諸
　名家, 暨陶靖節韋右司, 沖澹深粹, 出於自然, 可以尋常讀誦. 律詩拘於定
　體, 固不若古體之高遠, 然對偶音律亦文辭之精者, 當以盛唐諸子爲法.
　趙宋諸詩, 雖多大家, 非詩正宗, 不必學也, 初學之士, 熟習浸吟, 則體格
　漸墮.

위의 글을 요약하여 보면 첫째로 시는 "以正爲宗"이라는데 시경을
시의 바탕이 되게 한다는 것이다. 여기서 正이란 正道로써 詩序에서의
"正得失, 動天地, 感鬼神, 莫近乎詩."라 하여 시의 공용성을 중시하고
있다. 둘째는 古詩와 樂府는 漢魏代를 바탕으로 삼지 않고 詩經을 宗
旨로 해야 하며 曹植·劉禎·鮑照·謝靈運·陶潛·韋應物 등 沖澹味
를 본받아야 한다는 것이다. 셋째는 고체시를 특별히 선호하여 율시의
구속을 싫어하였다. 그리고 끝으로는 宋을 받들지 않고 漢魏晉과 盛唐
까지를 本師로 하였으니 이것은 滄浪의 지론과 상통한다. 나아가서 동
명은 學唐 사조를 강조하기를,

　　우리나라의 시체가 같지 않으나 대개 당송이 섞여 있는데 송대가
　많은 편이다. 가정·만력 년간에 최경창·이달 등 3인이 당시로 자처
　하였는데 내가 그 시를 보건대 기력과 격조가 미치지 못하는 바가 있
　지만 당을 배웠다고 말하지 않을 수 없다. 3가 이후에는 이수광 같은
　이가 그 시를 계승하여 역시 최이체라 하겠다. 지봉 이후에는 시가
　청완하여 운치가 있으니 군택은 진정 지봉의 일파라 하겠다.

　　國朝詩體雖不同, 大抵雜唐宋, 宋多焉. 嘉靖萬曆間崔孤竹白玉峯李蓀

谷三子以唐自任, 余觀其詩, 氣力調格, 雖有所不逮, 不可謂不學唐者矣.
三子者後, 有李芝峰者繼出其詩, 亦崔李體也. 芝峰後, 申君澤繼出, 其詩
淸婉有味, 君澤眞芝峰之雁行哉5)

이와 같이 詩才가 성하고 문물이 크게 겸비되니 이 모든 것이 學唐의 풍조가 자리매김한 상황이었고 구체적으로는 李杜에 접근한 풍격이 주류를 이룬 때였기 때문이다. 상기한 3 시인의 출현은 더욱 동명의 시론을 순수문학적인 위상에 두고서 전개시키는 계기를 만들었으니 芝峰 李晬光의 다음 글에서 보면,

최경창과 이달은 한 때에 시에 능한 사람들이다. 그 시가 당시에 가장 가까워서 당인의 문자를 많이 이어받았으니 혹은 전체 시구를 절취하여 쓰기도 하였다.

崔慶昌李達, 一時能詩者也. 其詩最近唐, 多襲唐人文字, 或截取全句而用之.6)

라고 三唐 시인의 摹唐 의식을 극평하였는데 동명은 삼당시인의 맥락을 시론적으로 승화시켜서 자신의 시관으로 정리하는 단계에 올려놓았으니 작가정신의 정도를 기술한 다음 논지는 매우 중요한 대목이 된다.

작가라 칭할 자는 작시에 있어서 먼저 모름지기 입의해야 하니 의취가 한적한데 있으면 담아로써 표현되고 의취가 애상한데 있으면 처완으로써 표현되며 의취가 회고에 있으면 감개로써 표현되는 것이다.

---

5) ≪東溟集≫卷十一, 「申泥翁詩序」
6) ≪芝峯類說≫卷二

方稱作者至於作詩, 先須立意, 意在閑適, 則以淡雅之言發之, 意在哀傷, 則以悽惋之言發之, 意在懷古, 則以感慨之言發之.(≪東溟詩說≫)

라고 하여 立意의 삼종법에 따라서 興趣의 묘미가 달라진다는 논법은 嚴羽의 다음 詩辨과 상통하게 보아야 할 것이다.

무릇 시를 배우는 자는 선인들이 남긴 귀한 지식을 바탕으로 삼아야 한다. 시를 배우는 단계에 들어감에는 모름지기 올바라야 하고 시학의 뜻을 세움은 모름지기 높아야 한다. 한위진·성당대의 시를 사표로 삼되 성당대의 개원·천보년간의 시인 이후의 것은 익히지 않는다.

夫學詩者以識爲主, 入門須正, 立志須高. 以漢魏晉盛唐爲師, 不作開元天寶以下人物. 若自退屈, 卽有下劣詩魔入其肺腑之間, 由立志之不高也.(≪滄浪詩話≫詩辨)

동명은 또한 작시상의 시어 용법을 논하기를,

시 한 편에서 반드시 먼저 의취를 터득해야 한다. 의취가 있는 곳에 반드시 먼저 그에 맞는 시구를 찾아야 한다. 시구에서는 반드시 먼저 그에 맞는 자를 찾아야 한다. 자는 살아있어야 하고 구는 원활해야 하고 의취는 참신하며 이치는 깊어야 하며 재사는 거침없되 조급해선 안 되며 언사는 간결하되 애매해서는 안된다. 마음과 경지가 만나고 경지와 자연이 만나며 음율이 절로 어울려서 꽃과 열매가 두루 갖추어야 한다.

一篇之中, 必先得意. 一意之句, 必先得句. 一句之中, 必先得字. 字欲活而句欲圓, 意欲新而理欲深, 才欲縱而欲不急, 言欲簡而事欲不晦. 心

興境會, 境與天會, 宮商自諧, 華實兼備.(≪東溟詩說≫)

동명은 이처럼 섬세한 논리를 전개하였으며 詩興과 인심의 일치한 조화를 강조하여 詩有說의[7] 시관을 제시하고 있다. 동명은 시의 구조에 대해서도 밝히기를,

의취를 다룸이 바람 타고 구름을 거느리듯 하고 절주를 몰아댐이 번개를 때리고 비를 내리듯 하며 펴냄이 모래주머니를 처음 터트리고 큰 물결이 하늘을 치 듯하며 거둠이 일격을 가하는 소리에 만기가 발굽을 하나로 모둠 듯 하다.

弄意則如乘風御雲, 促節則如鞭霆行雨, 之則如囊沙初決, 巨浪排空, 收之則如析聲一擊, 萬騎斂蹄.(上同)

라고 하여 氣가 충일하는 생동적인 작시 구도를 제시하였다. 더구나 시의 妙悟에 해서는,

이것은 시인의 큰 열쇠로서 오직 시의 묘오를 터득한 자만이 할 수 있다. 만약 초연히 신의 경지에 들어서 삼매경을 터득하여 문사 밖의 경지에 있으면 신하라도 그 경지를 왕에 바칠 수 없고 아버지도 자식에게 그것을 전해 줄 수 없다.

此是詩家大關鍵, 唯妙悟者能之. 若夫超然入神, 得其三昧, 又在言語之外, 而臣不得獻之於君, 父不得傳之於子.(上同)

이것은 嚴羽의 ≪滄浪詩話≫〈詩辨〉에서의 "禪道惟在妙悟, 詩道亦在妙悟."(참선의 도리는 오직 묘오에 있으며 시의 도리 또한 묘오에 있는

---

[7] 졸저 ≪淸詩話硏究≫, pp.150~153, 참조

것이다.)라는 논리와 매우 상통한다고 할 것이다.

Ⅲ. 鄭斗卿 詩의 道仙 풍격

金萬重은 동명 시를 평하기를[8],

> 정두경의 가행과 오율·칠절이 가장 격조가 높고 칠율이 그 다음인데 문선체만은 겨룰 자가 없다.
>
> 鄭東溟歌行及五律七絶最高, 七律次之而惟選體不競.

라고 하면서 이어서 칠절〈楚宮詞〉(其五)를 인용하였는데 그 시를 보면,

> 밝고 화려함 멀리 흰 구름 새로 드러나고
> 옥 가마는 봄 놀이 하는데 밤에도 돌아오지 않네.
> 한수의 넓은 지역이 모두 초 땅인데
> 군왕은 오직 무산에 순행 간다네.
>
> 章華逈出白雲間, 玉輦春遊夜不還.
> 漢水方城皆楚地, 君王只自幸巫山.

현실을 의식하지 않는 방종적인 세계를 묘사하여 道仙을 추구한다. 동명은 특히 당시를 추숭하여 金得臣과의 문답에서 이르기를,

---

8) 金萬重 ≪西浦漫筆≫, p.623(通文館, 1971)

백곡이 일찍이 자신의 작품을 동명에게 보여 주었다. 동명이 말하기를 그대는 항상 당시를 배우면서 어찌 송시어를 쓰는가? 백곡이 말하기를 무엇을 송시어라 하는가? 동명이 말하기를 내 평생 읽고 암송한 것은 당 이전의 시이다. 그대의 시속의 문자는 일찍이 보지 못한 것으로 필시 송대의 것이니라. 백곡은 웃으면서 긍정하였다.

柏谷嘗以已作示東溟. 東溟曰; 君常謂學唐, 何作宋語也. 柏谷曰, 何謂我宋語耶. 東溟曰; 余平生所讀誦唐以上詩也, 君詩中文字有曾所未見者必是宋也. 柏谷笑而服之.9)

이같이 동명은 嚴羽의 지론처럼 성당 이전의 시를 제일의적이라고 한 맥락을 따랐다.10) 그래서 唐代 仙詩, 특히 이백 시에 심취할 수 있었을 것이다. 金台俊은 동명의 시풍이 성당과 東坡 詩에 근거하고 있다고 한 바가 있다.11) 그의 제자인 洪萬宗의 東溟 시문에 대한 평구는 동명시의 진면을 이해하는데 중요한 간설적인 비유가 된다. 보건대,

정두경은 기세가 사해를 삼키고 안목은 고금을 다했으며 문장은 태두여서 일대의 선도로서 진한과 성당의 유파를 열었으니 달마대사가 서방에서 와서 홀로 선교를 천명함과 같다고 말할 수 있다. …… 그의 갈매기를 읊은 시에 이르기를 갈매기는 강마다에 있는데 둥실 떠있음이 여름 겨울 따로 없다. 새들도 겨울이 아닌 게 아니지만 나는 이 새들을 좋아하노라. 해마다 기러기와 남북으로 같이 하지 않고 날마다 항상 물결 따라 오르내리네. 갈매기에 부치는 말 의심하지 말지니 나 또한 바다에서 세속을 잊는 자로다. 우리 동방의 고금시인을 보건대 이 시어처럼 마음에 와 닿는 것이 있을까?

---

9) 任璟 ≪玄湖瑣談≫(≪詩話叢林≫, p.456, 아세아문화사)
10) 嚴羽 ≪滄浪詩話≫ 詩辨, 참조
11) ≪朝鮮漢文學史≫, p.155

鄭東溟斗卿, 氣呑四海目無千古, 文章山斗一代其手, 劈秦漢盛唐之派, 可謂達磨西來獨闡禪敎.(中略) 其咏白鷗詩曰, 白鷗在河河, 泛泛無冬夏. 豻族非不冬, 吾憐是鳥也. 年年不與雁南北, 日日常隨波上下. 寄語白鷗莫相疑, 余亦海上忘機者. 試看吾東古今詩人心敢道得如此語麽?(≪洪萬宗全集≫下, p.155)

이 평가는 동명 시에 대한 가장 적합한 비유인 것이니 이런 풍격 속의 동명시가 보여주는 특성을 다음에서 살펴보고자 한다.

1. 淳淡

동명시는 淳淡한 풍격을 보여 주고 있어서 宋代 歐陽修는 이르기를,

당대의 시는 진자앙과 이백·두보 등이 그 순박하고 고담한 소리를 얻기도 하였고 온화하고 고아한 절주를 얻기도 하였다.

唐之詩, 子昂李杜之徒, 或得其淳古淡泊之聲, 或得其舒和高暢之節.12)

라고 하여 이백 시의 淳淡性이 전원산수시를 묘사하는데 있음을 알 수 있으니 〈宿五松山下荀媼家〉를 보면13),

나는 오송 아래에 사는데
적막하여 기쁜 것이 없도다.
농가에서 가을에 고생하고
이웃 여인은 추운 밤까지 절구질하도다.

---

12) ≪歐陽文忠公集≫卷百四十九書簡卷第六,「書梅聖兪藁後」
13) ≪李太白全集≫卷二十四

무릎 굽혀 거친 밥 드리는데
달빛이 소반에 밝구나.
빨래하는 노파에 부끄러우니
세 번 사양하며 먹을 수가 없구나.

我宿五松下, 寂寥無所歡.
田家秋作苦, 隣女夜舂寒.
跪進雕胡飯, 月光明素盤.
令人慚漂母, 三謝不能餐.

이 시에 대해서 謝榛은 ≪四溟詩話≫에서 평하기를,

　　이백이 밤에 순노파 집에 머물렀는데 이웃에서 절구질하는 소리가 들리거늘 시흥이 일어서 마침내 이웃 여인이 추운 밤에 절구질한다는 시구를 얻게 된 것이다. 그러나 본운의 '반·찬' 두 글자는 첫구 '夜宿五松下'로 응용해서 시작한 바, 아랫 구의 뜻은 중하나 문사가 쓸모없게 되었으니 환운으로 압운할 필요가 없는 것이었다.

　　太白夜宿荀媼家, 聞此隣舂臼之聲以起興, 遂得隣女夜舂寒之句. 然本韻盤餐二字, 應用以夜宿五松下發端, 下句意重詞拙, 使無後六句, 必不押歡韻.

그리고 ≪李太白詩醇≫에 또 이르기를,

　　엄우가 말하기를 이것은 뛰어난 어구로서 법어가 아니니 착오해서는 안 된다. 촌가의 고생하는 정황이 귀로 듣고 눈으로 보듯이 묘사되어 있다.

　　嚴滄浪曰, 是勝語, 非法語, 不可錯會. 村家苦況, 寫出如耳聞目見.

또 이백의 〈田園言懷〉(상동 卷24)를 보면,

가의가 삼 년간 유배되었고
반초 장군은 서역 만리의 제후가 되었도다.
흰 송아지 끌고 감이 어떠한가.
물을 마시며 맑은 시내 대하고 있노라.

賈誼三年謫, 班超萬里侯.
何如牽白犢, 飮水對淸流.

이 시에 대해서 王琦는 주석을 붙이기를,

시의 뜻이 벼슬하면서 가의처럼 뜻을 얻지 못한 것과 반초처럼 뜻을 얻은 경우를 일러주고 있다. 또 모두 타향에 매여있음이 소부와 허유의 은거하며 홀로 즐겁게 지냄만 못하지만 전원에 안주함이 좋음을 말해준다. 그 시의 뜻이 깊다.

詩意謂仕宦而不得志如賈誼一流, 得志如班超一流, 皆羈旅異方, 不如巢許隱居獨樂, 安步田園之爲善也. 其旨深矣.(≪李太白全集注≫卷五)

이 주석은 매우 정확한 분석으로서 위의 두 시에서 농촌전원의 沖淡味를 표출해 준다. 동명 시에서 전원 경색을 묘사한 〈田園卽事〉[14]를 보게 되면,

수양버들 그늘 속에 희미한 오솔길 하나,
나무에 어지러이 꽃피고 풀은 향기롭네.

---

14) ≪東溟集≫卷七

시인은 홀로 술 마시며 시구를 다듬고,
마을 노인들 서로 만나서 시비가 없구나.
봄물의 물고기 팔락이고 들판의 참새는 절로 날도다.

垂柳陰中一逕微, 雜花生樹草芳菲.
騷人獨酌有詩句, 村老相逢無是非.
春水白魚爭潑潑, 野田黃雀自飛飛.
翟公未解閑居興, 枉恨門前車馬稀.

이 시는 외로운 마을의 遠景을 묘사하고 또 전원과 시인의 閑靜한 심경을 그려 놓은 것이다. 동명의 전원시는 田家의 경색을 묘사하면서 그 내면에는 옅은 수심이 깃들어 있어서 시의 미감을 더해 준다. 그리고 동명의 〈泊澄波渡〉(상동 권2)를 보면 첫 구의 「羽化高臺」는 극히 적막한 意趣가 되며 제3·4구는 一葉片舟에 외로이 정박하고 있는 적막감을 묘사하여 繪畵的인 흥취를 상징해 준다.

우화등선하여 높은 누대에 올라 떠나려하니,
골짜기에 흐르는 물 앞 여울로 내리도다.
외론 매가 곧장 징파 나무를 거슬러 올라서,
한밤에 청산을 대하니 달빛이 차구나.

羽化高臺送別離, 峽中流水下前灘.
孤舟直泝澄波渡, 夜對靑山月色寒.

또 〈閑中偶吟〉(상동 권3)을 보면,

꽃피고 밤비 내리는데,
잎새에 가을바람 스치누나.

세상 길은 장안골에 있지만,
나는 변새의 노인을 본받으리.
어찌하여 안장말 끊어짐을 근심하리오,
단지 술항아리가 텅빌까 두렵노라.
길이 돌아와 베개를 높이 하리니,
인생 길 다했지만 이 흥취는 그지 없도다.

花開從夜雨, 葉下任秋風.
世路長安陌, 吾師塞上翁.
寧愁鞍馬絶, 但畏酒樽空.
永日還高枕, 途窮興不窮.

시속의 高枕은 高足之士로 자기를 비유한 것이며 제5·6구는 속된 일과는 무관한 의식세계를 강조하고 추구하려고 하였다. 그 對偶法이 매우 심묘하다. 그리고 말구는 가시적인 것과 불가시적인 것이 正反合이 되는 구법으로서 尹新之가 〈集序〉에서,

찬란하게 깨달아 밝아오고 가볍게 내달려서 꿰뚫 듯하니 능히 생동하면서 알차고 졸렬하면서 호방하며 평이하면서 기험한 것이다. 이것이 곧 그의 시 특성인 것이다.

瑩瑩其悟徹也, 焱焱乎其馳突也, 能動能實, 能拙能豪, 能平能險. 是乃其特性也.(上同)

2. 合自然의 超脫

동명시에서 脫俗性을 말함은 그만의 특성이 아니고 거의 대부분의 시인에게서 찾을 수 있는 현상이다. 동명에게서 仙과 禪의 脫俗美를

찾는 것은 李白詩15)와 상근시킨다는 의미로 받아들이는 것이 된다. 동명은 조선에 드문 道敎에 정통한 시인이었으므로 道家列仙에 심취하였다. 그의 〈崔學士孤雲碑序〉(상동 권11)의 기술을 보면,

　　나는 성을 둘린 호수와 광야에서 장자의 소요를 생각하고 영수와 기산에서 허유 나그네를 꿈꾼다. 유향의 열선전을 읽고 굴원의 원유를 읊노라.

　　余濠梁曠野, 憶莊叟之逍遙, 潁水箕山, 夢許由之嘉客, 讀劉向列仙之傳, 誦屈原遠遊之詞.

라고 하여 문학상의 隱逸浪漫的인 道家風의 인물들을 열거하였으며, 〈祭亡弟文〉(상동 권13)에도 이르기를,

　　마음을 비우고 담백히 하고 맑게 자연과 어울리며 추호의 욕망도 없으매 속된 만물밖에 빼어나온 것에 대해서는 오직 나와 외종형인 호정옹 만이 알 것이다. 일찍이 그대는 세속인이 아니라고 말하리니, 도가를 배움에 있어서 장생하여 투시하는 경지를 터득했다고 할 수 있다.

　　至於沖虛恬憺, 淸淨自然, 無一毫之欲, 出萬物之表, 惟我及外從兄壺亭翁知之, 嘗謂君非塵世人, 若學道, 可以得長生久視, 勸之讀黃庭道德.

라고 하였으니 동명의 생활방식이 儒家를 멀리하고 道家를 가까이하였던 의식과 깊이 상통하였음을 알 수 있다. 이같이 동명시도 그러하였으니 洪萬宗은 동명의 〈送楓岳悟山人〉(상동 권1)을 놓고 다음과 같

---

15) 方東樹, ≪昭昧詹言≫: "太白詩與莊子文同妙; 意接詞不接, 發想無端, 如天上白雲, 卷舒滅現, 無有定形."

이 평할 수 있었던 것이다.

　　　　至若東溟之海上日雲間, 蒼蒼皆骨山. 山僧飛錫去. 笑問幾時還. 俊逸
　　　　中極閒雅. 風神骨格酷似太白.16)(이미 인용하였으므로 한역을 생략)

위의 시는 전반부로서 그 후반부를 이어서 보면,

　　　친구는 보이지 않고,
　　　소식은 구름 끝에 끊겨 있도다.
　　　이별 후에 그리는 마음을,
　　　석도안을 통해 전해주오.

　　　故人不可見, 音信隔雲端.
　　　別後相思意, 憑傳釋道安.

이 시는 隱逸한 중에 한가함이 스며 있다. 李重華가 이백 시를 두고서,

　　　이백의 묘처는 오직 준일한 기세가 솟아남에 있다. 그의 오언고시
　　　는 조식과 완적에서 창출되어 나왔으니, 결코 사조를 본받거나 진자
　　　앙을 뒤따를 것이 아니다.

　　　太白妙處, 全在逸氣橫出. 其五言古從曹阮二家變出. 並不規撫小謝.
　　　亦非踵武伯玉.(《貞一齋詩說》)

라고 한 기술과 의미상통한다. 동명의 道家風의 대표적인 시가를 열거하면 다음과 같다.

---

16) 《洪萬宗全集》, p.157, 小華詩評.

〈閑居卽事〉(上同卷二)・〈寄靑霞子〉(上同卷四)
〈試院作〉(上同)〈遊仙詞〉十一首(上同卷九)
〈讀莊子〉(上同卷九)・〈讀道書〉

그 중에서〈寄靑霞子〉시를 보기로 한다.

텅 빈 방은 본래 희고,
찬 솔은 항상 푸르도다.
속된 물 다 흘러가는데,
그대는 홀로 가라앉아 있도다.
마름과 연꽃 옷을 걸치고서,
용호경 고문을 읽는도다.
까닭 없이 남극을 향하여
공허히 노인성을 보는도다.

虛室本生白, 寒松常自靑.
俗流盡奔走, 之子獨沈冥.
初服芰荷製, 古文龍虎經.
無由向南極, 空望老人星.

동명은 友人 靑霞 權克中(1585~1659)이 龍虎經에 심취한 것을 극찬하고 있다. 이 시의 제1구는 ≪莊子≫〈人間世〉의 "瞻彼関者虛室生白"구, 그리고 제5구는〈離騷〉의 "製芰荷以爲衣兮", 제7구는 ≪莊子≫〈逍遙遊〉의 "是鳥也, 海運則將徙於南溟."구에서 각각 근원하고 있으니 동명의 이 시는 완연한 遊仙詩라고 할 것이다. 다음에〈試院作〉7절을 보기로 한다.

흰 산에 푸른 구름이 겹겹 덮여 있는데,
밤새의 찬비가 연못에 가득하구나.
옆 사람은 겨울 우뢰 치는 것을 이상히 여기지 말지니,
물고기 서른 세 번 변하여야 용이 된다네.

白岳蒼雲一萬重, 夜來寒雨滿池中.
傍人莫怪冬雷動, 三十三漁變作龍.

이 시는 孝宗 3년(1652)에 試會를 기념하여 지은 것이다. 동명은 이 시에서 龍虎를 인용하여 기세를 상징해 주었으니 姜彬의 다음 서술은 동명의 仙骨風을 잘 표현하고 있다.

공은 진정 "선풍도골"이라 말할 수 있으니, 탁월하고 기위한 선비인 것이다. 거하는 양쪽 벽의 오른편에는 구름 탄 용과 바람 탄 호랑이의 모습을 그렸고, 왼편에는 "장강의 달빛이 매우 곱고 솔 소리난다." 여덟 자를 써놓았으니 그 모두가 그 기상을 스스로 비유한 것이다.

若公眞可謂仙風道骨, 卓犖奇偉之士矣. 所居兩壁右畵雲龍風虎之狀, 左書長江月色太華松聲八字, 皆所以自況其氣象也.(≪東溟集≫下 言行錄)

그의 〈遊仙詞〉11수를 보면 매 수마다의 旨意를 다음과 같이 개관할 수 있다.

제1수: 신선이 인간 俗界를 내려다 봄.
제2수: 천년 후 정영위가 요동성에 내려 왔는데 산천은 같지만 인걸은 남아 있지 않음.
제3수: 진시황이 안기생을 보내어 선약을 구하게 함.

제4수: 곤륜산의 경물을 묘사.
제5수: 봉래산의 경물을 묘사.
제6수: 한중이 백록을 타고 금고는 잉어를 타고서 선계에서 놀음.
제7수: 나부산의 신인을 묘사.
제8수: 광성자의 불로장생을 묘사.
제9수: 용백국의 신령한 거북이를 묘사.
제10수: 신선이 산의 연못에 있는데 도안공이 붉은 용을 타고 승천함.
제11수: 곡신이 심목인을 상봉.

이상의 11수 遊仙詩의 내용상의 思潮를 종합적으로 분석해 보면,

제1·2수: 세속인에 대한 비판.
제3수: 불로장생하는 약을 구하는 것을 반대.
제4~9수: 선계에의 사모.
제10수: 소진을 털고 선계를 추구.
제11수: 선계에 들어서 자연과 함께 즐김.

이 같은 내용은 이백의 遊仙詩를 본받은 경향이 있으니 淸代 趙翼은 이백의 學仙을 평하기를,

이백이 어려서 신선 배우기를 좋아하였으니, 그런고로 진정 속세를 초월하는 뜻을 지녀서 시 열 수중에 아홉 수는 모두 천성이 이것을 좋아하는 바에 따라서 나온 것이다. 수식하여 기교를 부려서 나온 것이 아니다. …… 그런 연유에 옷을 털고 산에 돌아와 신선을 배워 장생을 추구하였다.

靑蓮少好學仙, 故登眞度世之志, 十詩而九, 皆出於性之所嗜, 非矯托也. …… 然後拂衣還山, 學仙以求長生[17].

이백과 정두경의 學仙에 있어서의 상근점에 의해서 동명의 遊仙詩 제11수를 살펴보고자 한다.

> 산신은 본래 죽지 않으니,
> 이것을 현빈문이라 하네.
> 속세는 그것을 크게 비웃으니,
> 누가 천지의 근본을 알리오.
> 집을 버리고 오악에서 놀며,
> 달인과 담론하기 바라네.
> 길에서 심목국의 선비 만나면,
> 머리 숙여 말 한마디 바라네.
> 나를 보고 활짝 웃고서,
> 팔뚝 들어 흰 구름으로 드네.
> 어린애에게 가르치노니,
> 가거라 곤륜산에서 수도하라고.

> 谷神本不死, 是謂玄牝門.
> 下土大笑之, 誰知天地根.
> 棄家遊五嶽, 庶與達者論.
> 路逢深目士, 稽首乞一言.
> 顧我粲然笑, 擧臂入白雲.
> 孺子可以敎, 去矣修崑崙.

이 시는 仙語를 다용하고 있으니 谷神은 ≪道德經≫ 제6장 "谷神不死, 是謂玄牝"에서 연원하고 深目人은 ≪山海經≫ 〈海外北經〉의 "深目國在其東, 無腸國在深目東."에서 연원하고 있다. 동명의 遊仙詩가 일면은 선계를 추구하고, 또 일면으로는 塵世의 현실의식을 중시하고 있으

---

17) ≪甌北詩話≫ 卷一

니, 이것은 正反合의 妙悟라고 할 수 있다.

Ⅳ. 鄭斗卿 詩의 李白 樂府에 대한 모의

명대 王世貞은 李白 樂府를 평하기를,

 이치가 심원하고 실의에 차며 종횡무진하여 환상적이어서 재인의 극치를 다했다. 그러나 나름의 태백악부인 것이다.

 太白古樂府, 窈冥惝怳, 縱橫變幻, 極才人之致, 然自是太白樂府[18]

라고 하였고 馮班은 그 歌行을 논하기를,

 이태백의 가행시는 초사와 시경에서 처음 본받아서 양 나라 진나라의 칠언시까지 포용하지 않은 것이 없으며, 기이한 중에 또한 더 기이하고 글자마다 근원이 있으며 풍자가 매우 절실하니 자고로 아직까지 이만한 것이 없다.

 李太白之歌行, 祖述騷雅, 下迄梁陳七言, 無所不包, 奇中又奇, 而字字有本, 諷刺沈切, 自古未有也(≪鈍吟雜錄≫)

 이와 같이 동명은 이백의 악부를 경모하였으니, 동명〈古樂府行贈權子敬〉시는 이백의 악부를 그의 시의 전범으로 삼고 있음을 밝히고 있다.

---

18) 王世貞 ≪藝苑卮言≫ 卷四

어지러이 여러 곡조가 노래로 읊어지어
한대 이래로 얼마나 성행했는가!
건안 칠자는 동경을 휩쓸고,
조조 부자의 재주는 거칠 것이 없었네.
육조의 포조와 사령운이 이어서,
각자의 이름을 날렸도다.
당대의 작가들이 구름처럼 일어났는데,
산동의 이백이 가장 출중하였도다.

紛紛諸曲入歌詠, 自漢以來何其盛.
建安七子擅東京, 曹氏父子才縱橫.
六朝鮑謝輩, 繼出各有名.
有唐作者起如雲, 山東李白超其群. (상동 권11)

그리고 尹新之와 金昌協은 동명의 악부가 이백에 근접함을 다음과 같이 논술하고 있다.

尹新之; "樂府似漢魏, 歌行似李杜."(악부는 한위대 같고 가행은 이백과 두보 같다.)《東溟集序》)
金昌協; "鄭東溟古詩樂府爲可法, 歌行長篇步驟李杜."(정동명의 고시악부는 본받을 만하고 가행장편은 이백과 두보의 자취를 밟는다.) (《農巖集》〈農巖雜識〉)

그러면 동명의 樂府 創作論은 어디에서 근거하는 것일가? 《東溟集》의 〈筆寫評語〉에는 그 근거를 거론하기를,

정두경은 고대시가와 좌전·전국책·사기를 널리 읽어서 악부에 고가를 소재로 하고 소박하며 뜻이 진실하니 장가행·고행로난·행로난 19수 등 작품은 후세의 작가들이 따르지 못한다.

君平爛讀上古歌詩及左國戰策史記, 故其爲樂府材古詞, 樸而意眞, 如 長歌行·古行路難·行路難十九首等作, 非後世詞人所及.

라고 하여 당 이전의 고시와 악부를 탐독했음을 강조하였다. 동명의 擬古樂府는 모두 117수이니 郭茂倩의 12분법에 의해 117수를 분류하면 다음과 같다.

漢郊祀歌― 日出入行·天馬行 2首(3首)
鼓吹曲辭― 鼓吹入朝曲 2首·君馬黃·上之回(4首)
橫吹曲辭― 將進酒·戰城南·折楊柳·洛陽陌·白鼻䯀·紫騮馬(6首)
相和歌辭― 江南曲·公無渡河歌 2首·短歌行 2首·東武吟·陌上桑·猛虎行·白頭吟·相逢行·梁甫吟·玉階怨 2首·怨歌行·從軍行·蜀道難·對酒行·上留田行·野田黃雀行·豫章行·長歌行·北上行·燕歌行·楚宮行·報恩行·白登行·金臺行(27首)
淸商曲辭― 大堤曲·鳳凰曲·烏夜啼·丁都護歌·採蓮曲 6首·陽春歌·襄陽曲·鳳臺曲·鳳笙篇·上雲樂 6首·陽叛兒·烏棲曲·子夜吳歌 4首(26首)
琴曲歌辭― 雙飛燕·淥水曲 2首·山人勸酒·幽澗泉·秋思·雉朝飛(7首)
舞曲歌辭― 白紵詞 2首·東海有勇婦 2首(4首)
雜曲歌辭― 結客少年場行·結襪子·苦行路難·發白馬·白馬篇·北風行·少年行2首·樹中草·俠客行 7首·枯魚過河泣·空城雀·久別離·君子有所思行·獨不見·沐浴子·西門秦女·長干行 3首·長相思·前有樽酒行·于闐采花·秦女卷衣·千里思·妾薄命·春日行·出自薊北門行·邯鄲才人嫁厮養卒·行行且遊獵篇·朗月行(37篇)
新樂府辭― 擣衣·靜夜思 2首(3首)

이상에서 이백의 樂府題를 擬古하지 않은 것은 단지 4편 뿐으로 〈楚宮行〉·〈金臺行〉·〈報恩行〉·〈白登行〉 등이다. 이제 동명의〈邯鄲才人下嫁厮養卒〉(상동 권9)를 보기로 한다.

   옛적에 금병풍을 두르고,
   긴 눈썹으로 먼산을 쓸었다네.
   지금은 옥 계단에 떨어지고,
   홍안은 노인이 되었다네.
   천문은 푸른 구름에 격해 있고,
   자취가 멀어서 꿈에도 가기 어렵다네.
   근심이 나면 높은 누대에 올라서,
   멀리 바라보며 방초를 원망하네.
   해 저물어 행인에게
   어디가 한단 가는 길이냐고 묻노라.

   昔日侍金屛, 長眉遠山掃.
   今日落玉階, 紅顏爲君老.
   天門綠雲隔, 迹遠夢難到.
   憂來登高樓, 目極怨芳草.
   日暮問行人, 何處邯鄲道.

위의 시를 이백 시와 비교하면서 다음 이백의 同題를 보겠다.

   첩은 본디 홍대의 여인으로서,
   미모를 뽐내며 궁궐에 들었다네.
   스스로 꽃 같은 얼굴을 믿었는데,
   어찌 시들 줄을 알았겠는가.
   한번 옥 계단 아래 내려가니,

떠나감이 아침구름 가듯 하도다.
매양 한단성 있을 때를 생각하면,
깊은 궁궐의 가을달을 꿈꾸도다.
군왕을 볼 수 없으니,
슬픈 마음속에 날이 밝는다.

妾本叢臺女, 揚蛾入丹闕.
自倚顔如花, 寧知有彫歇.
一辭玉階下, 去若朝雲沒.
每憶邯鄲城, 深宮夢秋月.
君王不可見, 惆悵至明發.19)

이 시에 대해서 淸代 馬位는 평술하기를,

오요함은 목전의 고통에 토로하는데 있지 않고 단지 궁중의 즐겁던 곳을 회상하고 있다. 문장은 공허한 속에서 신선을 추구하고 있어서 초탈함이 무릇 신성한 경지에 들 따름이다.

妙在不說目前之苦, 只追想宮中樂處, 文章於虛裏摹神, 所以超凡入聖耳.(≪秋窓隨筆≫)

라고 한 바, 동명 시와 이백 시를 시어상의 의취와 비교하면서 동명이 모의한 정도와 그 의도를 동시에 다음 도표에서 확인할 수 있을 것이다.

---

19) ≪李太白全集≫卷五

	李白詩	鄭斗卿詩
第一聯	丹闕	金屛
	揚蛾	長眉
第二聯	顔如花	紅顔
	彫歇	君老
第三聯	去若	迹遠
	朝雲沒	綠雲隔
第四·五聯	邯鄲城	邯鄲道
	何處	不可見
	惆悵至明發	目極怨芳草

(이 두 시인의 詩意는 서로 깊이 상통한다.)

여기에 다시 양인의 〈北風行〉을 통해서 그 풍격을 비교해 보기로 한다. 먼저 이백 시를 보면,

촉용이 한문에 서식하니,
광채가 또한 아침에 열리네.
일월은 어째서 여기에 미치지 못하고,
오직 북풍이 성난 하늘 위에 있는가?
유주에서 일 년 내내 그리는 부인,
노래 멈추고 웃음 그치어 두 눈썹이 꺾였네.
문에 기대어 나그네 보며
님이 장성에서 고생함을 생각하며 진정 슬프도다.
이별할 때 칼을 뽑아 변방을 구하러 갔다가,
여기에 범 무늬 황금 칼집만 남았도다.
화살은 비었는데,
님은 지금 전사하여 돌아오지 않도다.
차마 이 물건 못보고,
태워서 재가 되었네.

황가가 흙을 모아 막아주기 바라면서,
북풍의 눈비를 잘라내기 어려운 것 한하노라.

燭龍棲寒門, 光曜猶旦開.
日月之何不及此, 唯有北風號怒天上來.
燕山雪花大如席, 片片吹落軒轅台.
幽州思婦十二月, 停歌罷笑雙蛾摧.
倚門望行人, 念君長城苦寒良可哀.
別時提劍救邊去, 遺此虎紋金鞞靫.
箭空在, 人今戰死不復回.
不忍見此物, 焚之已成灰.
黃河捧土尙可塞, 北風雨雪恨難裁.

이 시에 대해서 謝榛은 ≪四溟詩話≫에서 평하기를, "燕山雪花大如席, 片片吹落軒轅臺, 景虛而有味."(연산의 눈꽃이 자리처럼 크고, 조각마다 헌원대에 떨어지네 에서 경물이 가식 없이 맛이 있다.) 라고 한 바, 唐汝詢이 ≪唐詩解≫에서 평한 바 "此因塞外苦寒, 故爲戍婦之詞以諷上也."(이것은 변새의 고생과 추위 때문에 수 자리 아녀자의 말로 윗전을 풍자한 것이다.)라 한 것과 의미가 상통한다. 이제 동명 시를 들어 본다.

세모의 북풍이 거세어,
성난 소리 사막을 치네.
때때로 북녘 산의 돌이 불리어,
선우대에 흩어 떨어지네.
월굴은 밤에 뽑히고,
곤륜산은 하늘 저 멀리에 꺾여있네.
검은 얼음 백길 되게 갈라지고,
얼어죽은 고래 높이 서있는 듯 하네.

歲暮北風壯, 怒號沙漠來.
時吹陰山石, 散落單于臺.
月窟夜中拔, 崑崙天外摧.
玄氷百丈裂, 凍死鯨崔嵬.

　　郭茂倩은 〈北風行序〉에[20] 이르기를, "若鮑照北風凉, 李白燭龍棲寒門, 皆傷北風雨雪, 而行人不歸."(포조의 북풍이 차구나 라는 시와 이백의 촉용이 한문에 깃들다라는 시는 모두 북풍의 눈비 내리는데 나그네는 돌아오지 않음을 슬퍼한 것이다.) 그러나 동명의 이 시는 내용이 이백 시와 일치하지 않으니 북방의 沙風과 한기를 통하여 苦寒 속의 강인성을 상징하고 있다. 다음에는 〈戰城南〉을 가지고 양인의 시를 비교하기로 한다.

　　　　(이백)지난해 싸움은 상건원에서 하였고, 금년의 싸움은 총하도에서 하였네.
　　　　조지 호수의 파도에 병기를 씻고, 천산의 눈 속의 풀을 말에게 먹이네.
　　　　만리장성의 싸움으로 군사들은 모두 지쳤도다.
　　　　흉노는 살육을 농사짓는 일로 여겨서 옛부터 보이는 건 황사벌판의 백골뿐이네.
　　　　진나라에서 쌓은 성은 오랑캐를 막았던 곳이 한대에도 봉화가 타고 있도다.
　　　　봉화는 타서 꺼지지 않고, 전쟁은 그칠 때가 없도다.
　　　　들판에 싸우다가 죽으면, 패한 말은 소리쳐 울며 하늘 향해 슬퍼하네.
　　　　까마귀와 솔개는 사람의 창자 쪼아서 물고 날아올라 마른나무 가

---

20) 郭茂倩 《樂府詩集》卷十八

지에 걸도다.
　　병졸은 죽어 풀밭을 더럽히고, 장군은 부질없는 짓만 하도다.
　　알겠나니 병기는 흉한 도구이지만 성인은 부득이해서 썼다네.

　　去年戰, 桑乾源. 今年戰, 葱河道.
　　洗兵條支海上波, 放馬天山雪中草.
　　萬里長征戰, 三軍盡衰老.
　　匈奴以殺戮爲耕作, 古來唯見白骨黃砂田.
　　秦家築城避胡處, 漢家還有烽火然.
　　烽火然不息, 征戰無已時.
　　野戰格鬪死, 敗馬號鳴向天悲.
　　鳥鳶啄人腸, 銜飛上挂枯樹枝.
　　士卒塗草莽, 將軍空爾爲.
　　乃知兵者是凶器, 聖人不得已而用之.(李白)

　이 시에 대해 嚴羽는 평술하기를[21], "此篇乏雄深之力, 成語有入詩似詩者, 生割不化, 典亦成俚."(이 글은 웅심력이 부족하여 생기가 일지 않고 속되다.)라고 평가 절하하고 있지만 淸代 愛新覺羅는 ≪唐宋詩醇≫에서 말하기를, "白詩亦本其意, 而語尤慘痛, 意更切至."(이백 시는 그 의취에 바탕을 두고 어사가 매우 침통하고 의경이 더욱 간절하다.)라 하여 그 흥취가 자못 절실함을 밝히려 하였다.

　　(정두경)성 남쪽에 전쟁하니 수많은 원정군인 여기서 죽었도다.
　　다만 보이는 건 전쟁의 피 흘러 장성굴 물에 더하여지는 것을
　　황사에는 달밤에 귀신의 휘파람 소리나고 푸른 도깨비불은 연기도 없이 명멸하도다.
　　슬픈 바람 어찌도 쓸쓸한지, 만리에 흰 풀이 꺾였네.

---

21) 嚴羽, ≪評點李太白詩集≫卷二古樂府

전사는 모두 땅강아지와 개미의 밥이 되었고, 장군은 다 기린각으로 돌아갔네.

 戰城南, 幾多征人此地死.
 但見戰血流, 添作長城窟中水.
 黃砂夜半鬼嘯月, 靑火無煙暫明滅.
 悲風何蕭條, 萬里白草折.
 戰士盡爲螻蟻食, 將軍歸盡麒麟閣.(鄭斗卿)

이 시는 대개 血鬼靑火 등 기어를 사용하여 동명시의 奇險[22])이 李賀에 뒤지지 않는다고도 한다. 작시형식도 三五七雜言體를 채용하고 押韻에서는 변화를 시도한 바, 전4구는 上聲의 紙韻을, 후6구는 入聲의 月韻을 쓴 것이 그 예이다. 다시 양인의 〈丁都護歌〉를 들어서 그 특성을 살펴보고자 한다. 먼저 李白 시를 보면,

 운양위로 가니,
 양 언덕에 상인이 많구나.
 오 땅의 소가 달 뜰 때까지 헐떡이며,
 배를 당기느라 참으로 고생이로다.
 물이 흘러 마실 수 없어서,
 항아리에 담은 물 반이나 흙이로다.
 정도호가를 한바탕 부르니,
 마음이 찢어져 눈물이 비 오듯 하네.
 만인이 반석을 뚫어도,
 강가에 닿을 도리 없도다.
 그대 거친 돌 보게 되면,
 눈물 닦으며 오래두고 슬퍼하리라.

---

22) 朝鮮李肯翊 《燃藜室記述》; "顯宗嘗曰, 孝廟嘗謂鄭斗卿之詩, 不下於李長吉."

雲陽上征去, 兩岸饒商賈.
吳牛喘月時, 拖船一何苦.
水濁不可飮, 壺漿半成土.
一唱督護歌, 心摧淚如雨.
萬人鑿盤石, 無由達江滸.
君看石芒碭, 掩淚悲千古.

丁都護歌의 擬古作은 여러 편이니, 宋武帝・王金珠・李白 등의 시가 있다. 宋武帝詩 5편중 전2수는 北征의 역경과 객고를, 후3수는 都護女人을 사모하는 정을 묘사하고 있다. 그리고 王金珠詩는 여인의 征夫相思를 읊었으며 이백 시는 落筆이 침통하고 含意가 심원하여, 胡震亨23)은 이를 다음과 같이 높이 평가하였다.

이백의 정도호가에서 읊은 바, 양수의 길 배가기가 어렵다는 고통은 대개 제한이 개척한 새 운하일 것이다. 내 의견으로는 윤주는 옛날에 강이 통하지 않았는데 제한이 개원년간에 자사가 되어서, 비로소 물길을 경구단 아래로 옮겨 곧 강에 이르게 하였다. 고로 이백의 이 노래는 그 고통을 토로하여 정도호가라 명명한 것이다.

白丁都護歌所詠云陽水道舟行難碍之苦, 蓋爲齊澣所開新河作也. 按; 潤州舊不通江, 澣 開元中爲刺史, 始移漕路京口塘下, 直達于江, 立埭收課. ……京口岸高, 水淺濁, 用牛曳舟爲難. 故白有此歌, 以言其苦, 其名丁都護歌者.

한편 정두경의 同題 樂府는 宋武帝의 전2수24)에서 題旨를 취용하였

---

23) 明代胡震亨 ≪唐音癸籤≫卷九
24) 宋武帝〈丁都護歌〉其一; "督護北征去, 前鋒無不平. 朱門垂高蓋, 永世揚功名." 其二; "洛陽數千里, 孟津流無極. 辛苦戎馬間, 別易會難得."

으니 그 시를 들면 다음과 같다.

지쳐 노닐던 나그네가,
계문 길에서 배회하네.
홀로 곽의대에 올라서,
정도호가를 슬피 부르네.
외딴 성에 지는 해에 노래 한곡 부르니,
오히려 북산의 본래 색깔 이는구나.
북방의 기러기 슬피 울고,
원정길 장부는 눈물이 가슴을 메우도다.
정도호가를 그대는 연주하지 마오,
곡조가 끝나기 전에 백발이 되리라.

客有倦遊者, 徘徊薊門路.
獨登郭隗臺, 悲歌丁都護.
孤城落日動一曲, 側起陰山萬古色.
朔鴈爲哀號, 征夫淚橫臆.
丁都護君莫奏, 不待曲終成白首.

이 시는 원정간 자의 고통을 묘사하였는데 제4연은 고생의 눈물을 짓는 意趣가 숨어 있다. 정두경은 오직 시제를 차용하여 시작하였지만 시의 주제는 달라서 작시의 독창성을 지니고 있다.

韓中 양국의 역사와 문화를 볼 때 그 관계성이 매우 오래어서 한자문화권이라는 관점에서 동일성을 지적하지 않을 수 없다. 그 연원에 있어 중국문학이 한문학이라는 이름으로 전래되었지만 한국에서의 한문학은 독자적인 발전과 변천을 하였기 때문에 한자로 표기했을 뿐 宋元代의 문장이나 漢唐代의 문장이 아닌 순수한 한국의 문장인 것이다. 고로 이백 시와 정두경 시를 비교함에 있어서 그 생존시기와 배경이

서로 다르지만 시풍의 相似와 相異라는 면에서 나름대로의 비교가치를 인정하게 된다. 정두경이 가문으로 道家를 중시한 것이 그의 사상과 문학에 老莊과 浪漫隱逸의 특성을 지니게 하였으니 그의 시 특성을 가름해 보면 다음과 같다.

첫째, 전원산수를 묘사하는데 景中有情의 意境을 현시하여 꾀꼬리(黃鳥)·白魚·수양버들(垂柳) 등 동식물로 擬人化하여 인생의 무욕을 상징하였으니 이것이 풍격의 淳淡處이다. 정두경은 서민의 순박을 강조한 바 중시할만한 현상이라 할 것이다.

둘째, 정두경은 시의 脫俗風格을 표현하는데 道仙사상을 이입시키고 있는 것은 이백과 동일하다. 이백이 작시에 있어 도선 관념을 취택하여 시의 悟境을 제고시켰는데 정두경도 그 경계에 도달하고 있으니 이 점에 있어 조선의 으뜸가는 시인이라 할 수 있다.

셋째, 정두경의 擬古樂府는 이백 악부의 재현이라 말할 수 있다. 그의 시제와 意趣는 그대로 模擬인데 작품성의 독자성을 지니고 있어서 차별화가 가능하다. 정두경이 이백에 심취하였지만 모의를 통한 재창조를 모색하려고 각고의 노력을 기울인 것이다.

申緯 詩의 원류와 그의 교유, 그리고 시조의 漢詩譯

　　본고는 기존의 정리된 자료를 다소간 보충하여 제시하고자 한다. 그리고 申緯 詩의 초점을 중국의 시와 상관되게 하는데 두고 있음을 먼저 언급해야 하겠다.

　　申緯는 朝鮮 英朝 45년(1769) 少論 일가에서 출생하였다. 字는 漢叟, 本貫은 平山이다. 號는 紫霞라 하였음은 滄江 金澤榮[1]의 ≪紫霞詩集≫ 卷首 「年譜」에서 그 自號한 연유를 다음에서 알 수 있다.

　　　　아울러 시흥 자하산장에서 거하니 자하는 곧 공의 선영의 근처로서 공이 어려서 일찍이 여기서 독서하였으므로 고로 자호로 한 것이다.

　　　　幷居于始興紫霞山莊, 紫霞卽公先壟近地, 而公少嘗讀書於此, 故取以自號.

---

[1] 字, 于霖. 號, 滄江 혹은 韶濩堂主人(1850~1927). 著書; ≪韓國小史≫, ≪韓史綮≫, ≪韶濩堂集≫.

자하는 31세인 正朝 23년(1799)에 비로소 文科에 급제하여 抄啓文臣이 되었으나, 늦게 급제한 데에다, 성격상 自慢과 豪宕으로 인해 예법에 매이지 않고 詩·酒·佳人과 墨竹으로 자적하며 10여 연간 한직을 내왕하였다. 그러나 자하 시를 불멸의 시 세계로 승화시킨 44세의 일을 간과해서는 안 된다. 즉 純朝 12년(1812) 7월 書狀官의 직분으로 陳奏兼奏請正使 李時秀와 副使 金銑을 수행하여 淸 燕京에 간 때에 당시 생존 중이던 覃溪 翁方綱2) 부자와의 교류가 맺어진 것이다.「交遊篇」에서 상설하겠으나, 覃溪를 알고부터 자하의 시학은 급변하여 學盛唐에서 學蘇3)로 전향하고 滄江이 편한 《紫霞詩集》全六卷에 43세 이전 작품은 수록되어 있지 않고 있는 것으로 보아 자하 자신이 그 이전의 시를 폐기한 것으로 사료된다. 그 후 그의 詩名은 국내외에 높아지어 谷山府使, 春川府使, 江華留守, 平薪鎭僉使의 외직을 거치면서 특히 시작이 다출했으며, 말년의 참소와 병고 속에서도 초탈적 작품을 끊이지 않고 내었다. 憲宗 11년(1845) 서울 長興坊에서 77세를 일기로 파란 많은 생애를 마칠 때까지, 저작으로 자선록한 《警修堂集》十二冊,「紫霞山人鈔」二卷一冊, 《唐詩絶句選》이 있고, 그리고 본론의 주시집이 되는 《紫霞詩集》 六卷 二冊은 제자인 滄江이 乙巳保護條約으로 인해 淸으로 망명 중에 《警修堂集》에서 시만을 발록하여 光緖 33년 3월 하순(1907말), 江蘇省 通州에서 당시 翰林院修撰 張謇의 호의로 共印一千本4)으로 간행되어 있다. 동시집에 실린 시의 수는 전3권 508수, 후3권 416수가 古今體로 연대순으로 총 924수 수록되어 있다. 본론에서 다룰 논점을 시의 특성을 주안으로 하여 자하 생애의 내면과 시상 표

---

2) 淸 大興人. 字, 正三. 號 覃溪. 《兩漢金石記》, 《精義考補》等有.
3) 紫霞가 覃溪 만난 후 蘇東坡詩를 본받음. 《紫霞詩集》 年譜 참조.
4) 《紫霞詩集》 六卷二冊의 署는 徐鋆이 하고 題는 山陰諸宗元이 했고, "丁未三月 中國江蘇通州翰墨林代印"이라 하고 左下端에 小字로 "共印一千本'이라고 部數를 記載했음.

출의 배경을 밝히고 정리 분석하는데 두고자 한다.

Ⅰ. 申緯 詩의 源流

자하 시의 가치와 내용을 논하기 앞서 조선 시학의 조류를 살펴볼 필요가 있다. 壬辰亂을 전후하여 그 이전에는 東峰 金時習, 四佳 徐居正, 佔畢齋 金宗直5), 容齋 李荇6), 翠軒 朴誾7) 등을 비롯하여 도덕자로서 陶淵明, 杜甫의 시풍을 영향 받은 退溪 李滉을 거쳐서 五峯 李好閔8), 五山 車天輅9), 孤竹 崔慶昌10), 玉峯 白光勳11)이 문명을 내고 三唐派 蓀谷 李達12)과 그리고 東岳 李安訥13), 石洲 權韠14), 東溟 鄭斗卿15) 등 제가는 魏晉·盛唐의 풍격을 배워 隱逸自然的이며 낭만적 색채와 艶麗하면서도 嚴規에 매인 시감을 보였다. 英祖代에 이르러 풍기가 변화하여 奇峭한 풍조를 보여 惠寶 李用休16), 錦帶 李家煥 父子, 雅亭 李德懋17), 冷齋 柳得恭18), 楚亭 朴齊家19), 薑山 李書九20)를 배출하였는데

---

5) 字 季溫, 號, 佔畢齋, 《佔畢齋集》, 《靑丘風雅》有(1431~1492).
6) 字 擇之, 號 容齋, 《容齋集》有(1478~1534).
7) 字 仲說, 大漢詩人, 《挹翠軒遺稿》(1479~1504).
8) 字 孝彦, 《五峰集》有(1553~1634).
9) 字 復元, 漢詩에 能하여 韓濩, 崔岦과 함께 松都三絕. 《五山集》, 《五山說林》 (1556~1615).
10) 字 嘉運, 白光勳, 李達과 같이 三唐詩人. 《孤竹遺稿》(1589~1583).
11) 字 彰卿, 永和體 능함. 《玉峯集》(1537~1582).
12) 字 益之, 《蓀谷集》有
13) 字 子敏, 《東岳集》(1571~1637).
14) 字 汝章, 《石洲集》(1596~1612).
15) 字 君平, 詩·書 能, 《東溟集》(1597~1673).
16) 僉知中樞府事 지냄.
17) 字 懋官, 號 炯庵·雅亭, 詩·書能함, 《靑莊館全書》 있음(1741~1793).
18) 字 惠風. 北學派. 《冷齋集》(1749~?).
19) 字 次修, 北學議. 《貞蕤詩稿》(1750~?).

이 중에 錦帶와 楚亭이 참신하고 예리한 사상의 시를 썼다. 상기한 바의 조류 속에서 자하는 제가의 장점을 터득하여 자신의 독특한 시상을 형성하였다. 그것이 후에 秋琴 姜瑋[21], 寧齋 李建昌[22], 梅泉 黃玹[23], 滄江 金澤榮에 영향을 주는 高峰의 신분이 되었다. 이러한 국내의 제가의 힘 이상으로 자하시에 깊이 관련된 시인은 宋의 蘇東坡로서 소위 學蘇의 詩觀·詩法을 본받음은[24] 물론 당풍 특히 성당도 깊이 흡수하고 있다. 다음 〈奉睿旨選全唐近體訖恭題後應命作〉(《紫霞詩集》卷6)의,

  두보는 사례에 의거함 엄하였고,
  서릉은 옥대신영에 섬세한 재조 다 하였네.
  성인 뽑은 가지 드리워,
  상복의 소리 꺼림 없이 이남 누리에 퍼지도다.

  杜甫操持史例嚴,　徐陵才調玉臺纖.
  聖人刪後垂柯則,　桑濮無妨幷二南.

또 상동 시의,

  신운으로 당을 논해도 아마 다 못하리니,
  사실을 듣지 않고 어찌 참을 알리오.
  왕유. 위응물. 한유. 두보 그 어느 것 못 버리려니,
  함께 문 열어 두루 밟으리라.

---

20) 字 洛瑞, 《疊山集》(1753~1825).
21) 字 仲武. 慷慨詩 能함. 《東文子母分解》, 《庸學解》, 《古懽堂集》(1820~1884).
22) 字 鳳朝, 《明美堂稿》(1852~1898).
23) 字 雲卿, 韓日合邦時 國恥를 痛歎하여 絶命詩 4篇 作後 自殺. 《東匪紀略》 (1855~1910).
24) 覃溪 翁方鋼의 영향이 至大함(《中國詩史》, 陵侃如等).

神韻論唐恐未臻, 罔聞實事詎知眞.
王韋韓杜難偏廢, 共是開門合轍人.

라 한 것을 보면 두 예시에서 자하는 杜甫의 史에 대한 嚴正함과 徐陵의 纖巧한 재조를 기리고 당조의 王維・韋應物[25]・韓愈・杜甫를 모두 존숭하여 본 받고 있음을 알 수 있다. 상설컨대, 자하의 〈冠嶽迎送神辭〉(≪紫霞詩集≫卷4)[26]는 왕유의 〈魚山神女祠歌〉[27]의 성조와 어의를 활용한 것이라 볼 수 있으니, 시어 구사상 자하 〈迎神詩〉의 "香俎豆脂兮潔酒"(향그런 제물 살지고 술은 맑도다) 구와 왕유 동제시의 "陳瑤席湛淸酎"(옥자리 펼쳐 놓고 맑은 술에 잠기도다)구가 각각 의미 상통하고 있으며 자하 〈送神詩〉의 "靈之來兮如雲"(영혼 오심이 구름 같다)구와 "巫哀唱兮鼛乎"(무녀가 슬피 노래하며 북 치도다)구, 그리고 "鼓聲兮坎坎"(북소리 둥둥), "屢舞兮僛僛"(두루 추는 춤 덩실덩실)구는 왕유 〈迎神曲〉의 "神之來兮不來"(신인 오는 듯 오지 않고), "坎坎擊鼓"(둥둥 북 치다), "女巫進粉屢舞"(무녀가 나아와 어지러이 춤추다)구와 또한 각각 의미 부합하여, 자하의 왕유 시에서의 영향을 규찰하게 된다. 구체적으로 더 비교컨대, 시체 면에서 楚辭體와 樂府의 騈儷를 기본형으로 하여, 擬聲과 擬態에 있어 첩어 즉 '冥冥', '蹌蹌', '忡忡', '坎坎', '僛僛', '闐闐', '屯屯', '菲菲', '晰晰', '穰穰', '瀰瀰' 등을 다용한 것은 기타 많은 시에서도 마찬가지겠으나, 시어가 표출하는 표현

---

25) 唐 東北人. 詩風이 閑澹簡遠하여 陶潛에 比喩. ≪韋蘇州集≫(≪唐才子傳≫上).
26) 「迎神」: "歲功成兮滌場穆將愉兮靈堂倏彼嶽之冥邦兮齋吾民使福無疆上巃秀兮嶽下崒下兮魁岡草樹摴輵兮冥冥獸悲鳥鳴兮蹌蹌我思夫君兮忡忡渺不知其何方簋殘餘兮薦馨香俎豆脂兮潔酒漿神所餘以饗神冀監兮榮康."
27) ≪王摩詰全集箋注≫ 卷一에 收錄. 「迎神曲」: "坎坎擊鼓 魚山之下 吹洞簫 望極浦 女巫進 粉屢舞 陳瑤席湛淸酎風凄凄兮夜雨 神之來兮不來 使我心兮苦復苦."

의 동작, 상태가 넘치고, 또 미적 추구를 강렬케 하려는 회화적 묘사로는 가장 요긴한 자하 시의 구성요소이다. 이것은 표현을 隱切케 하고, '妙不可言'의 경지로 승화시키는 시법인 것이다. 여기서 또한 자하 시의 표일성과 미려감을 직시하게 한다. 이것은 자하가 화가적 위치에서 시를 보는 관점과도 직결되는 것으로, 왕유와 같은 공통점을 새삼 강조하게 된다. 자하에게 준 왕유의 시성을 명확히 하기 위해 왕유 시의 연원과 특성을 약술할 필요가 있겠다. (졸저, ≪王維詩比較硏究≫, 北京 京華出版社, 1999 참고.)

왕유 시의 근원은 道·佛에서 자연주의와 낭만성 그리고 탈속의 초연성을 배워 왔으며 陶淵明·謝靈運의[28] 산수를 테마로 한 은일하고 무구한 자연에 대한 찬미를 따르면서, 특히 謝靈運의 書畵理論을 자신의 南宗畵論에 혼용하여 시에 도입한 시법과 新俊한 기법을 썼다. 따라서 ≪文獻通考≫에서,

　　왕유는 청아하고 준일함을 지니면서 도연명과 사령운에 가깝다.

　　維持淸逸追逼陶謝.[29]

라고 한 것은 적확한 평구이다. 왕유 시의 산수와 전원을 주제로 한 시는 '淳'·'淡'·'雅'·'愁'의 특징을 보여주며, 그의 시의 회화성은 자연의 생명인 입체감과 渲淡을 중시하여 精妙하고 幽寂한 맛을 더하고 있다. 예시컨대, ≪輞川集≫ 20개 絶句中 〈孟城坳〉[30]를 보면,

　　맹성 입구에 새집 지으니,

---

28) 康樂, 南朝宋人. 詩·畵能함. ≪謝康樂集≫.
29) ≪王摩詰全集箋注≫ 卷末 詩評.
30) 上仝 卷十三.

수양버들 고목 시들도다.
올 자 그 뉘일 가,
공연히 옛사람이 슬퍼지네.

新家孟城口, 古木餘衰柳.
來者復爲誰, 空悲昔人有.

여기에서 불과 20자 5절이지만 함축된 시대의 명백 즉 과거·현재·미래의 변천을 표현하고 인사의 무상을 토로한 향기가 工巧의 극치를 이루고 있다. 한편 왕유 시에게서 자하가 자기 시의 생명을 찾는 데 힘쓴 점은 청대 漁洋 王士禎을[31] 사숙한 것으로 보아 명확히 할 수 있다. 어양은 자신을 神韻派[32]에 열입시키고 그 파의 종을 왕유로 추숭한 연관성을 지니고 있다.[33] 거기에 자하의 〈後秋柳詩〉(≪紫霞詩集≫卷2) 20수의 풍운이 어양의 맛을 지니고 있고 또 〈東人論詩絶句〉[34](≪警修堂集≫十一冊)가 어양의 〈論詩絶句〉의 성조를 참용한 곳이 많다. 자하 시의 정화는 국내외 명가의 장점을 소화하여 나름대로 창출한 데에 그 結晶體가 있다 하겠다.

그리고 신위 시의 원류와 함께 그의 시의 격조를 개관하면, 滄江 金澤榮이 자하 시의 풍격을 ≪紫霞詩集≫ 序에서 다음과 같이 요약하고 있다.

번쩍이도다. 그 오득과 관철, 날래도다 그 내달림이여. 요염할 때는 요염하고 야할 때는 야하며 환상적일 때는 환상적이고 박실할 때는

---

31) 淸人, 號 阮亭. 別號 漁洋山人. ≪漁洋詩文集≫.
32) 蘇雪林, ≪唐詩槪論≫第九章, p.64, "王士禎主神韻說常以王孟一派詩爲證."
33) 上仝書「漁洋詩話問答」: "問右丞鹿柴木蘭諸絶自極深遠, 不知向他題亦可用否答 摩詰詩如曹洞禪, 不犯正位, 須參活句, 然鈍根人學渠不得."
34) (五) 詩의「詩中有畵」論釋에서 詳說함.

박실하고 졸렬할 때는 졸렬하고 호탕할 때는 호탕하며 평이할 때는 평이하고 험악할 때는 험악할 수 있다. 만상을 마음대로 다루어 활동하지 않음이 없이 안전에 무성하다. 독자로 하여금 눈이 아찔하며 마음이 취하여 마치 만무가 바야흐로 펼치는 듯 오제가 익는 듯 광세의 기재로서 일세의 극변을 다 한 가벼이 춤추는 만년의 대가라고 일컫겠다.

瑩瑩乎其悟徹也, 淼淼乎其馳突也. 能艷能野, 能幻能實, 能拙能豪, 能平能險. 千情萬狀, 隨意牢籠, 無不活動, 森在目前. 使讀者目眩神醉, 如萬舞之方張, 五齊之方釀, 可謂具曠世之奇才, 窮一代之極變, 而翩翩乎其衰晩之大家者矣.

창강의 이 평어를 실례를 들어 생각해 보고자 한다. 〈西京次鄭知常韻〉(《紫霞詩集》卷1)을 보면,

끊을 듯 빠른 피리소리에
술잔에 담긴 이별의 정 가득한데,
술도 취지 않고 노래마저 안 되네.
절로 난 강물 서쪽으로 흘러가서,
님 위해 동쪽으로 안 넘나네.

急管催觴離思多, 不成沈醉不成歌.
天生江水西流去, 不爲情人東倒波.

여기에서 이 시의 격조가 왕유의 〈送元二使安西〉(《王摩詰全集箋注》卷14)를 보면,

위성의 아침 비가 가벼운 먼지 적시는데
객사의 푸른 버들 새롭도다.

380 제3편 朝鮮漢詩와 唐詩

그대에 권하노니 술 한 잔 더 들게나
서쪽 양관으로 떠나고서 벗은 여기 없구나.

渭城朝雨浥輕塵, 客舍青青柳色新.
勸君更進一杯酒, 西出陽關無故人.

여기서 陽關格을 활용한 것인데 왕유시의 성조에 '一'자의 仄聲과 '無'자의 平聲의 '平仄'상의 拗救法을 강구한 것이 기교 있다. 다시 말하면 이 陽關格에서 평성을 지녀야 할 '一'이 측성으로, 측성을 지녀야 할 '無'자가 평성으로 되어 있다는 점이다. 이 변법을 다음 고려조 鄭知常의 시와 비교해 보면,

비 그친 둑 풀빛 더한데,
남포서 그대 보내며 슬픈 노래 간절하다.
대동강 물 언제 다 하리오,
이별의 눈물 해마다 푸른 물결 이루네.

雨歇長堤草色多, 送君南浦動悲歌.
大同江水何時盡, 別淚年年添綠波.(李齊賢, 《櫟翁稗說後集》)

위에서 제4구의 '添綠波'의 '添'平聲이 왕유의 것처럼 仄聲 위치에, 제3구의 '何'仄聲이 平聲 위치에 각각 처해 있는 詩律法을 강구하였다. 자하의 이미 인용된 〈西京次鄭知常韻〉은 바로 위의 鄭詩를 차운한 것으로 제3구의 '西'자가 平聲으로 仄聲處에 있으며, 제4구는 어김없는 율법을 쓴 만큼 소위 '半陽關格'의 기교를 발휘한 것이다. 이것은 자하 시가 갖는 얽매이지 않는 호방한 풍격에서 오는 작시법으로 시의 생명력이 넘치는 요인이기도 하다.

Ⅱ. 詩友와의 교유

　자하는 그 교유의 범위가 超黨的·超國的이라 하겠는데 다시 말하면 어떠한 이해관계도 배제하고서 적극적인 교류를 하였다는 의미이다. 따라서 시우와의 우의를 매거함에 있어 시상에 부각된 교유의 사실을 주된 내용으로 삼아야 할 것이다. 자하는 기설한 바와 같이 少論 출신이지만 문학교류에 있어 오히려 타당 인사와의 교류가 왕성했다 할 것이다. 自黨 내에는 평소 존경하는 선배인 經山 鄭元容35), 후배인 橘山 李裕元36)이 있고 南黨에는 茶山 丁若鏞과 酉山 丁學淵 부자를 위시하여 粤山 韓致應37), 澹寧 洪義浩38), 洛下 李學逵39) 등과 막역한 우의를 맺고 있었으며 老黨엔 楓皐 金祖淳40), 阮堂 金正喜가 가까이 하고 있었다. 이를 상설컨대, 자하는 일찍이 茶山의 回婚에 축시41)를 보낸 일과 다산과 龍門寺에서 藝會를 약속하고서 실천치 못한 것을 읊은 〈陽根倅李稚行書致香蔬索余紫霞山莊圖以詩答之〉(≪警修堂集≫九冊)에,

　　　　용문산 빛 선창에 물드니,
　　　　삼십 육 년 만에 협강에 들다.

---

35) 字, 善之. 號, 經山. 書藝에 능함. ≪經山集≫, ≪黃閣章奏≫, ≪北征錄≫(1783~1873).
36) 字, 晝春, 日本 花房義質과 濟物浦條約, 調印. 隸書 능함. ≪林下筆記≫, ≪嘉梧藁略≫, ≪橘山文稿≫ 등 著(1814~1888).
37) 字, 後甫 號. 粤山. ≪粤山集≫(1760~1824).
38) 字, 養仲. 號, 澹寧. 著書: ≪靑邱詩誌≫, ≪澹寧集≫(1758~1826).
39) 字, 亨叟. 號, 洛下, 文猗堂. 著로는 ≪名物考≫, ≪嶺南榮府≫, ≪文猗堂稿≫ (1770~?).
40) 字, 士源. 號楓皐. 永安府院君. ≪楓皐集≫有.
41) ≪警修堂集≫ 第十一冊 "丙申春二月二十二日 籜翁承旨哲配洪夫人合졸之是年是月是日也 重開牢宴詩以賀之."란 詩題에 祝詩有.

탁옹과 시예를 논하자 했더니,
불당에 머물며 홍등 만 끊네.

龍門山色掠船窓, 三六年曾下峽江.
擬與籜翁論藝去, 佛菴信宿剔燈江.

라 하고 自注에서,

나는 정탁옹과 용문산 절에서 만나기로 약속하였는데 끝내 말을 실천하지 못하였다.

僕與丁籜翁, 一會龍門山寺, 有約訖未踐言.

라 하여 다산과의 관계를 엿보게 한다. 粤山과 澹寧과의 교유도 자하 시속에 〈逆韓粤山尙書致應賀之行〉(≪警修堂集≫六冊)과 "送上使洪澹寧義浩"(상동 五冊) 등이 있어 그 교우를 일편이나마 규지하겠으며, 특히 洛下와의 관계에 있어 그가 錦帶 李家煥의 생질이며42) 茶山의 수제자라는 점에서 각별하였다 본다. 洛下는 錦帶가 순교당한 純祖 元年(1801) 天主敎에의 辛酉迫害로 연계되어 金海에 유배된 24년 후 (1824년) 귀환 길에 병몰하자, 자하는 애도하는 시구를 〈哀李醒叟學逵〉(≪警修堂集≫一冊)에서,

그대와 다산은 일세의 천재로니,
시품을 논하자면 구양수, 매성유와 같도다.

君與茶山一代才, 若論詩品似歐梅.

---

42) 字, 廷藻. 號, 錦帶. 李承薰과 같이 辛酉迫害 때 殉敎. ≪錦帶遺稿≫有.

라 하여 茶山·洛下를 宋代 歐陽修와 梅聖兪[43]에 비견하여 시품을 상찬하였고 또한 自注하기를,

  성수는 시에 있어서 일찍이 다산과 연관하여 늦게까지 헛되이 어그러지지 않았다.

  醒叟於詩, 蚤契茶山, 晚合不俟.

라 하여 洛下의 시풍을 다산·자하의 중간적 위치에 놓고 있다. 한편 楓皐와의 교유를 보건대, 자하 보다는 4세 연상(1765년생)이고 純祖妃 純元 왕후의 부친인 永安府院君으로서 피차간 직분을 달리하면서도 楓皐의 문장과 竹畵에 능한 상통점을 지녀서 양인의 인간적인 교류가 가능하였다. 환언컨대, 滄江의 ≪紫霞詩集年譜≫에서,

  김조순은 자하와 젊어서부터 알았는데 그의 재능을 알고 애호하기 그지 없었다.

  金公祖淳, 與紫霞小少相識, 知其才華, 傾倒不已.

라 한 말과 또 滄江[44]의,

  金公祖淳, 自動少時, 與公同關相善, 服其才華, 及爲純祖國舅, 多汲引之. 至是, 孝明世子以純祖不豫, 代理國政, 嗜好文詞, 數引詞臣, 與之唱和, 金公薦公尤力.

---

43) 歐의 字, 永叔. 號, 六一居士. ≪新唐書≫, 文集, ≪六一詩話≫有. 梅의 字 堯臣이며 歐陽修의 詩友. ≪宛陵集≫有.
44) 滄江의 ≪韶濩堂集≫卷14, 「紫霞申公傳」引出.

라 한 데서 金祖淳의 자하에 대한 경애심과 면려를 알 수 있다. 그리고 阮堂 金正喜와도 간과치 못할 우의를 지니고 있어서, 완당이 생부 金魯敬을 수행하여45) 燕京에 가서 阮元46)과 翁方綱을 만나서 자하의 詩·書·畵를 소개한 일은 평소 완당이 자하를 존경한 소치이며 후에 자하 시에 큰 전환을 가져오는 계기가 되기도 하였다. 자하는 〈屬秋史〉(≪紫霞詩集≫卷1)에서,

    밝은 때 더불어 바른 말 퍼치고,
    함께 모여 깊은 정 품고 있다.
    내 이제 영준을 논하기 귀찮으니,
    청매주 덥히는 일 후생에 맡기리라.

    昭代春容播正聲, 蒐羅揚抱有深情.
    吾今倦矣論英俊, 煮酒青梅屬後生.

라고 하여 티 없는 소박한 후생에 대한 신뢰를 담고 있으며 才華를 아끼는 畏心을 엿보게 한다. 한편, 자하의 교유에서 특기할 것은 淸 문인과의 관계로서 자하 시풍에 중대한 함수관계를 갖고 있다. 전기한 바와 같이 純祖 12년(1812) 자하가 書狀官으로 淸에 가 翁方鋼을 만난 것이 계기가 되어 자하 시는 學蘇 즉 성당 王維에서 송대 蘇東坡로 풍격의47) 변화를 가져온다. 翁方綱은 자하를 보고 "所見勝所聞"(만나본 것이 듣던 것 보다 낫다)(滄江의 ≪紫霞年譜≫)라고 극찬하고, 자하 또한 覃溪야말로 당대의 眞才라고 추숭하여,

---

45) ≪紫霞詩集≫ 年譜 참조.
46) 淸, 儀徵人. 字, 伯元. 號 藝臺. ≪孼經室集≫有.
47) ≪紫霞詩集≫ 序참조.

진재 실학 그 사람 찾으니,
속세 멀리 담옹뿐이로다.
고금으로 한·송을 거울삼으신 데,
문밖을 나서지 않아도 명성이 새로우리.

眞才實學訪其人, 只有覃翁逈絶塵.
鏡古鑑今平漢宋, 不將門戶立名新.(《出柵次斗室扇頭韻》)

라고 옹씨에 대한 경의를 표출하고 있다. 그리고 覃溪가 小照에 써 준 시를 받고 차운한 다음 시에서[48],

노파 선게는 주빈에 답하여,
재명을 지어 참을 썼노라.
오백간 집에 걸상이 단지 몇 개뿐이니,
청풍으로 맑게 쓸어 이 분을 모시리라.

老坡禪偈答周邠, 取作齋名寫作眞.
問五百間第幾榻, 淸風淨掃置斯人.

라 한데 이 중의 '五百間'과 '淸風'은 담계가 자하에게 '淸豊五百間'과 '警修堂'의 두 편액[49]을 내린 데서 연유된 말이다. 純祖 18년(1818) 자하 50세 때 옹방강의 부음을 접하고,

진벌은 멀리 강변에 이른데,
소문 칭제가 새벽녘 격해 있는 듯 하네.

---

48) 《紫霞詩集》卷二, "次韻翁覃溪方綱題餘小照."
49) 《紫霞詩集》卷二 "覃溪書淸風五百警修堂二篇雙鉤掌成喜題一首"에 명기되어 있음. 즉 "書到香光救弊難, 故須力斡一重關, 靑藍忠惠邑師際, 圭臬僧虔子敬間, 古法收歸珠黍妙, 今人揣作篇盤看, 雙鉤未可經憑眼, 明月神來湧指端."

津筏遙遙到岸邊, 蘇門稱第隔晨然.50)

라 하여 처절한 哀心을 단적으로 토로하고 있다. 옹방강과의 교유가 자하에게는 가장 기름진 관계였던 것이다. 다음에 옹방강 아들 星原 翁樹崑과의 교유 또한 시상에 보이는데 자하의 다음 시구51)에서 星原을 묘사하기를,

성추하벽이 별처럼 흩어지니
장을 에이도다
소재의 사립 쓰고 나막신 신은 모습이여.

星秋霞碧如星散, 腸斷蘇齋笠屐圖.

라 하여 그들의 교계를 짐작케 하는데 金澤榮이 詩註52)하여 「星秋霞碧」의 유서를 설명하기를,

옹성원은 그 당에 제하여 이르기를 성추하벽의 방의 성은 자기를 가리키고 추는 추사를, 하는 자하를, 벽은 유정벽을 각각 가리킨다.

翁星原, 題其堂曰, 星秋霞碧之室, 星自指, 秋指秋史, 霞指公, 碧指柳貞碧.

라 하였으니 격의 없는 동락의 시우인 것을 알 수 있다. 끝으로 담계

---

50) 《警修堂集》 十二冊 "覃溪以今年正月卄七日亡訃至以詩悼之."
51) 《紫霞詩集》卷一 "十二月十九日 重摹趙松雪畵東坡遺像仍以星原舊贈蜀石二十三枚新溪紗羅江石四十枚沈水銅盆作東坡生日有詩."
52) 上仝

의 제자 蘭雪 吳崇梁과의 두터운 사귐을 시상에서 일견할 수 있다. 자하는 〈寄謝吳蘭雪〉(《紫霞詩集》卷3)을 시제로 하여 칠율 4편을 지었는데 그 머리 구에서,

마음으로 맺은 교우 멀리 붉은 비늘 이은 듯,
동해의 동향에서 목 빼며 그리네.
소재의 시 제자 그리나니,
청문 누각의 송대 유민이라.

神交邈邈締紅鱗, 東海東鄕引領頻.
宿望蘇齋詩弟子, 淸門架閣宋遺民.

라고 하여 이 4구는 양인의 神交를 자백한 것이며 蘭雪夫人 琴香閣이 그린 山水扇을 자하에게 보냈을 때 답례한 시53)에서,

좋은 벗 절로 규방의 미녀로서,
아름다운 글 진정 재주 놀라와라.

良朋自有閨房秀, 麗句眞驚異代才.

라 하여 蘭雪夫人의 才藝를 극찬하면서 우의에의 정을 담고 있다.

---

53) 《紫霞詩集》卷四, "吳蘭雪屬配琴香閣於面畵山水寄余以詩答謝" 참조.

Ⅲ. 申緯 시조의 漢詩譯

자하 시에는 우리 고래의 시조를 칠언절구로 漢詩譯한 것이 ≪紫霞詩集≫卷5에 집성되어 있는데 이 시조의 한시역은 고려 李益齋 이후의 특별한 경지라 하겠다. 자하는 시조를 한시역하여 "小樂府"라 명칭하고 곡명도 악부식으로 붙였는데 그 시조 40수의 곡명을 열거하면 다음과 같다.

〈人月圓〉,〈奉虛言〉,〈滿庭芳〉,〈宜身至前〉,〈白馬青娥〉,〈梅花訊〉,〈紅燭淚〉,〈竹謎〉,〈神來路〉,〈子規啼前腔〉,〈子規啼後腔〉,〈公莫拂衣〉,〈秋山淸曉〉,〈玉斧桂樹〉,〈影波〉,〈掌中杯〉,〈蝴蝶青山居〉,〈沒下梢〉,〈漁樂〉,〈實事求是〉,〈醉不願酷〉,〈慣來賓〉,〈碧溪水〉,〈綠草淸江馬〉,〈祝聖水〉,〈冶春〉,〈落花流水〉,〈一杵鍾〉,〈夢踏路〉,〈枕邊風月冷〉,〈櫻寧」,〈雙玉筋〉,〈春去也〉,〈鷗盟〉,〈金爐香〉,〈響屧疑〉,〈小桃源〉,〈人生行樂耳〉,〈十洲佳處〉,〈冷之永夜〉

이상의 것들은 시제부터 애염하고 자연스럽다. 번역의 난관을 극복한 자하의 천재를 칭찬하면서, 상기 40수 중,〈影波〉,〈漁樂〉,〈碧溪水〉등 3수를 예시하고자 한다.

〈影波〉
추산이 석양을 띠고 강심에 잠겼는데,
일간죽 둘러메고 소정에 앉았으니,
천공이 한가이 여겨 달을 좇아 보내도다.〈柳自新(1533~1612)作〉

秋山夕照蘸江心, 釣罷孤憑小艇吟.
漸見水光迎棹立, 半彎新月一條金.

〈漁樂〉
우는 거시 벅국이냐,
푸른 거시 버들숩가.
어촌 두 세 집이,
묘연에 잠겨세라.
아해야 새 고기 오른다,
헌 그물 내여라. (尹善道作)

鳴者鶷鳩靑者柳,　漁村煙淡有無疑.
山妻補網纔完未,　正是江漁欲上時.

〈碧溪水〉
청산리 벽계수야 수이 감을 자랑 마라.
일도창해하면 돌아오기 어려우니,
명월이 만공산하니 쉬어 간들 어떠리. (黃眞伊作)

靑山影裡碧溪水,　容易東流爾莫誇.
一到滄江難再見,　且留明月影婆娑.

　　자하는 "小樂府"의 自序에서 시조를 한시역한 취지와 필요성, 그리고 그 의의를 상세히 다음과 같이 피력하고 있다.

　　　동국의 언어문자가 번거롭고 간략함이 매우 특별하다. 옛날의 詞曲이 모두 언어문자를 결합하여 이루어졌다. 그러므로 처음부터 질서정연한 평측과 구두의 엽운이 없고 단지 후음의 장단과 순치음의 경중으로 혹은 빠르고 혹은 늘리고 뻗어서 그 가사의 刻數에 준하였다. 그런 후에 墜는 羽聲이 되고 抗은 商音이 되었다. 그 詞를 채우고 곡을 붙이는 법이 가위 비속하다 할 것이다. 그렇지만 관현에 붙이면

저절로 律呂를 이루어 슬프고 즐거운 변화하는 양태는 사람의 마음을 감동시키니 이것은 천지간에 원래 자연의 음악을 지니고 있어 가히 限地와 分疆으로 논할 바 아님을 알 수 있다. 지금 그 辭를 뽑아 시를 옮기려 하나 혹은 그 장단을 다르게도 해야하고 혹은 그 운을 바꾸어 놓아야 할 때도 있다. 굳이 고체로 했으나 읊고 되새겨 보는 동안에 성향이 어긋나서 사곡의 본색을 회복할 수가 없으니 손대기 매우 힘들다 하겠다. 이리하여 文苑의 제공이 못들은 듯 방치하여 역대 가요가 점점 흩어져 없어지고 전하지 못하니 개탄을 못이기겠다. 고려 이익제 선생이 곡을 골라 七絶로 만들어 소악부라 칭했다. 지금 선생 문집에 있는데 대부분의 오늘 악가가 그 곡을 전하지 않고 그 사만이 망실되지 않음은 이 시가 있기 때문이다. 문인의 글이 어이 귀중치 않으리오. 내가 이를 몰래 기뻐하여 우리 소곡 중에서 기억하고 있는 것들을 또한 7절구로 지으려 한다. 비록 그 사조가 전혀 선생에 못 미친다 해도 시대를 달리하면서도 뜻을 같이 하여 나라의 민가를 채집하는 일은 같다 하겠다. 대개 우리나라 충신·지사·철인·거장·고명·은자·재자가인들이 득의하던, 불우하던 그 감회를 영탄하여 읊었던 것을 대략 여기에 마련해 놓았다. 비록 황하원상54)의 사만 못해도 旗亭에는 견줄만 하고 또한 거의 일대의 풍아가 있어 시가의 글을 보충할 만 하니 후인이 풍전이나 달 아래에서, 또는 향촛불, 등불에서 한번 읊을 때 반드시 음악을 타는 것 같지 않지만 감상할 만 하다. 시대가 다르게 수시로 기록하고 지은 것인 고로 다시 차례를 정하지 않았다.

　　東國言語文字繁簡懸殊, 古來詞曲皆參合言語文字而成也. 故初無秩然之平仄句讀之葉韶, 但以喉嚨間長短, 脣齒上輕重, 或促而斂之, 或引而伸之, 以準其歌詞之刻數, 然後隆之爲羽聲, 抗之爲商音. 其視塡詞度曲之法, 亦可謂鄙野之極矣. 雖然, 被之管鉉, 自成律呂, 哀榮變態, 感動心志, 是知天地間原有自然之榮, 有不可以限分疆而論也. 今欲採其辭入詩,

---

54) 唐 王之渙, "凉州詞"에 "黃河遠上白雲間, 一片孤城萬仞山"句. 이는 "凉州詞"를 말함.

則成可以長短其句, 散押其韻, 强名之日, 古體然吟咀嚼之間, 頓乘聲響, 非復詞曲之本色,儘可謂憂憂乎其難於措手矣. 是以文苑諸公置若罔聞, 將使昭代歌謠, 聽其散亡而不傳, 可勝慨哉. 高麗李益齊先生採曲爲七絕, 命之曰. 少樂府. 今在先生集中, 擧皆今日管絃家不傳之曲, 而其辭之不亡, 賴有此詩. 文人命筆, 顧不重歟. 余竊喜之, 就我朝小曲中餘所記憶者, 亦以爲七絕句. 雖藻采萬萬不逮先生, 而異化同調各採其國之風則一也. 凡我朝忠臣志士哲輔鴻匠高明幽逸才士佳人得志不遇, 出於詠歎嚬呻之餘者, 略備於此 縱不得與黃河遠上之詞, 甲乙於旗亭, 亦庶幾存一代之風雅, 補詩家之闕文, 後之覽者於風前月下, 香燭燈光試一吟諷, 未必不如品竹彈絲, 而亦必有賞音者矣. 若其時代先後則隨記隨作非出於一時者, 故不復詮次云爾.

Ⅳ. 申緯 詩의 繪畵的인 묘사

자하 시의 격조는 이미 거론한 바 시의 예술성을 중시한다. 그래서 여기서는 개괄적으로만 서술하고 다음 장 왕유 시와의 비교 부분에서 구체적으로 상술하려고 한다. 자하가 시인, 서도가, 화가, 그리고 정치인이란 점에서 왕유와 상통하고 있는 바대로 시풍 또한 특히 회화적 시에의 도입면에 양자의 관계가 밀절하다 할 것이다. 창강은 ≪紫霞詩集≫序에서,

　　신공은 나면서 직접 강산 제가의 자취를 접하여 시·서·화 삼절로써 천하에 이름을 얻고 그 시에 있어 소동파를 스승 삼아 서릉·왕유·육유 사이에 출입했다.

　　惟申公之生直接薑山諸家之踵, 以詩畵書三絶, 聞於天下而其詩以蘇子瞻爲師, 旁出入于徐陵, 王摩詰·陸務觀之間.

라고 말하였듯이 자하 시의 회화적 시론에 있어 왕유 시의 「詩中有畵」이론을 도입하여 방법상으로 분석하여 자하 시의 예술미를 지감하려는 것이다.

먼저 자하 시의 「詩中有畵」에 대한 의미부터 규정해 보자. 蘇東坡의 ≪東坡志林≫에 왕유 시와 畵를 상호 특징짓기를,

> 왕유의 시를 맛보면 시속에 그림이 있고 왕유의 그림을 보면 그림 속에 시가 있다.

> 味摩詰之詩, 詩中有畵, 觀摩詰之畵, 畵中有詩.

라고 하여 詩·畵의 일치성을 강조하고 있다. 자하의 화풍이 수묵을 주로 하여 평원한 산수를 묘사하며 특히 墨竹이 神妙하였음은 왕유의 南宗畵法을 닮은 것이다. 南宗畵는 왕유의 「畵學秘訣」(≪王摩詰集≫ 卷28)에서 "遠景煙籠, 深巖雲鎖"라 함 같이 渲淡을 종지로 하여 灑落한 출세와 隱逸의 감흥을 일으키며 工巧하여 산수에 입체적 화풍을 가미한 것인데, 자하의 〈達雲古城〉(≪紫霞詩集≫卷1)의,

> 그윽한 곳 찾아도 뜻 어이 다 하리,
> 서운한 정 여운 남기네.
> 창연히 먼 빛 비쳐 오니,
> 석양은 고성으로 지네.

> 幽尋意何極, 怊悵有餘情.
> 遠色蒼然至, 落暉下古城.

여기에서 제3·4구의 묘사는 南宗畵風의 詩化인 것이다. 이것은 "筆

墨可謂造微入妙"55) (필묵이 오묘한 지경에 들음을 일컬음)과도 일치되고 또 "靡不畢備精妙罕見(정묘함을 다 갖추어 보기 드물다 하지 않을 수 없음)과도56) 상통되는 한 폭의 畵的 표현으로, 자하 시의 平遠性과 神妙가 여기에 있다. 또 예컨대, 〈山頂花〉(≪紫霞詩集≫卷2)를 보면,

    뉘 산정 험한 곳에 꽃 심었오,
    붉은 꽃 비 오듯 지네.
    솔이 구름 속 푸른 곳에,
    집 한 채 있어라.

    誰種絶險花, 雜紅隕如雨.
    松靑雲氣中, 猶有一家住.

여기에서 제3·4구가 仙境의 '淡'적 묘사를 하고 있으며, 〈淸平洞口〉(≪紫霞詩集≫卷2)를 보면,

    큰 강 꺾여 흐르는 곳에,
    작은 시내 와 모여드네.
    선계는 여기서 경계되니,
    시내 지나며 내 절로 의심하네.

    大江折流處, 小溪來會之
    仙凡此爲界, 過溪吾自疑.

여기에서 제1·2구가 漸層法으로 입체적 工巧美를 다 하였고 제3·4구에서는 자하 자신의 入妙와 탈속을 대변하고 있다. 자하 시의

---

55) ≪王摩詰全集箋注≫卷之末 畵錄, p.21.
56) 張彦遠, ≪歷代名畵記≫卷二,「論山水樹石」.

「詩中有畵」는 그의 예술성인 것이다. 詩情畵意한 평범한 어구에서 詩畵와 情意의 밀절한 관계를 규지할 수 있는 바 같이 시는 「以情爲主」즉 정을 주로 삼는 것을, 그리고 畵는 「以意爲主」즉 뜻을 주로 삼는 것의 두 일반적 개념 하에 情을 虛, 意를 實에 비유할 수 있다. 따라서 시는 언어를 매개체로 해서 靈活하고 풍부한 虛構를 형성케 하고 畵는 顔料와 線을 매개로 해서 선명하고도 구체적인 實事 묘사를 하게 한다. 자하라는 입장에서 상기한 詩와 畵와의 관계를 충분히 구사되어 터득할 수 있었다는 점이 자하 시의 특출한 미인 것이다.

한편, 자하는 청초의 신운파 시인 王漁洋(1634~1711)을 본받은 증거가 〈後秋柳詩〉 20수(《紫霞詩集》 卷2)와 〈東人論詩絶句〉(《紫霞詩集》 卷5)에서 산견되는데, 전자의 제7수를 보면,

　　　　만고에 끝없이 송옥의 슬픔이 깃들고,
　　　　자산의 부 후엔 완정의 시로다.
　　　　먼 물가 참으로 가을 수양과 어울리는데,
　　　　광막한 강루에 오롯이 기대어 있네.

　　　　萬古無端宋玉悲, 子山賦後阮亭詩.
　　　　遠汀何與秋陽柳, 曠莽江樓徒倚時.

그리고 후자의 〈金淸陰論詩〉를 보면,

　　　　맑은 구름 속의 보슬비 소고사에 내리니,
　　　　국화 빼어나고 난초 시드는 팔월이네.
　　　　마음에 왕어양의 담론을 꺾었으니,
　　　　이제 중국은 뉘에 속하리오.

　　　　淡雲微雨小姑祠, 菊秀蘭衰八月時.

心折漁洋談藝日, 而今華國屬之誰.

위의 두 시는 숭앙하는 王漁洋을 거론하고 있으며 또 청대 梁章鉅[57]가,

어양이 藝를 논하여 典・遠・諧・則을 말하였는데, 眞字가 빠져 있는 것이 애석하다.

漁洋談藝四字典・遠・諧・則, 惜欠一眞字[58]

라고 한 것과 더불어 漁洋 자신이 왕유를 孟浩然[59]과 함께 신운파로 추숭한 사실로써 자하가 어양의 畵的 시풍을 배운 것이 왕유와 직결되는 계통이 되므로 자하 시의 畵性을 방증한다 하겠다.
다음으로 繪畵의 六法 중 하나인 位置運營인 結構를 詩 해석에 도입하는 것이다. 즉 繪畵의 여러 跡象을 위치組合의 妙에 의해 한 완전한 조형을 이루는 바와 같이 시에 이 畵學的 특색을 취용한 것이다. 〈春盡日對雨〉(《紫霞詩集》卷5)를 보건대,

조화는 사사롬 없고 만물 유한하니,
봄빛 결국 뉘에 많이 속하려나.
정 가는 것 제비와 꾀꼬리 소리,
득의한 것 도화와 행화로다.
잔 마련해 병 막으려니,
몰아치는 비바람 화사함 덜도다.

---

57) 淸代 建福烏樂人. 字 閎中. 《夏小正通釋》, 《淸書錄》, 《浪跡叢談》等著.
58) 王夫之, 《淸詩話》, 「退菴隨筆」, 中國泰順書局.
59) 《唐才子傳》卷二,「孟浩然傳」:「浩然, 襄陽人, 少好節義, 詩工五言, 隱鹿門山.」
   (689~740)

작년 이러 하고 올해 또 이러하니,
사람의 수명 꽃향기 같이 스러짐에 맡기리다.

造化無私物有涯, 春光畢竟屬誰多.
關情燕語酬鶯語, 得意桃花殿杏花.
準備杯觴防疾病, 折除風雨損華奢.
去年如此今年又, 人壽芳菲任共磨.

이 시는 자하가 64세(壬辰年 1832)인 관직을 떠나 始興의 紫霞山莊에 은거하던 시기의 작이다. 다시 말하면, 庚寅年(1830)에 평소 자하의 詩·畵를 아끼던 文祖가 서거한 후, 당시 江華留守의 직에서 퇴임하고 그 이듬해 辛卯年(1831)의 刑曹參判 제수 또한 병을 빌미로 불부하던 중 壬辰年의 都承旨 제수가 결국 타당의 극심한 투기를 받아 그 불여의한 傷心을 토로한 작인 것이다. 제7, 8구가 자하 자신의 不遇身世와 生의 行休를 절감한 묘회인 동시에 현실염오를 표현한 기탁인 것이다. 제6구까지로는 시제에 부합한 형상을 나열하고 제8구의「人壽芳菲」4자의 낙점이 전시의 구성을 和諧하고 구체적인 詩情과 畵意를 結構組成하고 있다. 이러한 結構 현상의 특성을 지닌 시로서〈象山四十詠〉(≪紫霞詩集≫卷1)은 組詩의 기능을 뚜렷이 하고 있다. 이것은 왕유의 ≪輞川集≫ 五絶 20수와 상호 비교·고찰하므로써 자하시의 결구성을 분명히 할 수 있다. 輞川絶句는 초당 宋之問의 輞川別莊에서 왕유의 만년을 기탁하면서 裴迪과[60] 和唱한 시인데 다음과 같이 組詩上의 분류를 전개하고 있다.

즉 A류로서 관직과 사회생활을 염오한〈柳浪〉,〈漆園〉, B류로서 우미한 경색과 건강한 생활기식을 묘사한〈文杏館〉,〈斥竹嶺〉,〈木蘭柴〉,

---

[60] 王維의 裴迪과의 관계는 졸문「王維의 詩를 통한 교유관계 考」(≪이문논총≫21집, 2001.12) 참조.

〈茱萸沂〉, 〈臨湖亭〉, 〈南坨〉, 〈欹湖〉, 〈欒家瀨〉, 〈白石灘〉, 〈北坨〉, C류로서 고독한 심정, 淸淡한 경치, 神仙의 지향, 人生虛幻의 감상을 표현한 〈孟城坳〉, 〈華子崗〉, 〈鹿柴〉, 〈宮槐陌〉, 〈金屑泉〉, 〈竹里館〉, 〈辛夷塢〉, 〈椒園〉 등으로 세분되는데 이는 밀절한 內在聯繫를 지니면서 결구상으로 A류를 畵學의 線索으로 삼아서 B.C류와 연결되어 전체가 組詩된다. 따라서 輞川 20경색의 조화된 全景이 이루어지는 회화적 특색을 보이고 있다.

이와 같은 방법에 의해, 〈象山四十詠〉이 비록 자하의 현직상태에서 작품화된 것이지만, 현실을 초월한 純淨한 심태에서 자신의 심회를 자연과 同樂하며 묘회하고 있는 점에서 우선 내용상으로 〈輞川詩〉와도 상통하는 시정을 보여주고 있다. 이는 성격별로 다음과 같이 구분하여 분석되겠다.

    A류: 〈滌暑樓〉, 〈淸水芙蓉閣〉, 〈葫蘆泉〉, 〈月卦嶺〉—관직 및 현실에 대한 隱喩的 비판 및 염증. 위에서 〈滌暑樓〉를 보면,

    버들 달 냇물에 황금색 물들고,
    솔 구름 고개머리에 푸르도다.
    장관이 본디 더운 줄 모르니,
    응당 씻어 낼 더위도 없구나.

    月柳漾溪黃,   松雲屯嶺碧.
    長官本不熱,   應無暑可滌.

그리고 〈淸水芙蓉閣〉를 보면,

연꽃 본디 깨끗이 나니,
맑은 물은 空의 성품이로다.
결백한 몸 사물 비추니,
군자가 보고 표본 삼네.

芙蓉本淨植, 淸水是空性.
潔身兼照物, 君子視爲政.

B류: 〈白羽山〉, 〈柏松亭〉, 〈摩訶灘〉—자신의 신세에 대한 비유적 懷疑. 여기에서 〈白羽山〉을 보면,

명산이 관부에 들어 와,
나에게 교만하지 않구나.
흰 깃처럼 희여,
하늘 높이 설봉을 쌓았구나.

名山入官府, 不與我偃蹇.
故作白羽白, 穹窿堆雪巘.

C류: 〈梧桐島〉, 〈達雲古城〉, 〈烏音洞〉, 〈紫霞潭〉, 〈釰岩閣〉, 〈高達窟〉, 〈銀心嶺〉, 〈斗掛嶺〉—詩境속에 현실소외 내지 속탈의 意趣. 여기에서 〈梧桐島〉을 보면,

두 물 감도는 곳,
오동도 뜰 듯 하오.
거문고 재목 다 타 버렸지만,
내 응당 옛 뜻 찾으리라.

二水潆洄處, 梧桐島欲浮.

琴材雖已爨,   古意吾當求.

그리고 〈烏音洞〉을 보면,

대 현인 옛적 길 떠나,
여기에 초가집 얽었다 하오.
야사가 의심스러우나,
내 꼭 연보 찾아보리라.

大賢昔播越,   云此結茅宇.
野言然疑作,   吾當訪年譜.

D류:〈明琵園池〉―淨,〈柳橋〉―자연의 喜樂,〈柳林石塔〉―靜動美,〈大龍阪〉―秋哀,〈霧山〉―자연의 雄壯,〈馳〉―자연의 眞實性,〈峨眉山〉―자연의 純美,〈烏淵〉―자연의 妙趣,〈觀寂寺〉―禪

이상의 공통점은 산과 나의 同樂하는 자연에 대한 景物 묘사로서, 이 중에서 〈明琵園池〉를 예시하면,

못에 작은 티끌조차 없이,
온갖 시름 맑게 씻도다.
한 점 밝은 비파를 튀기듯,
비취새 고기 물고 날라 간다.

無物隔維塵,   栖神燈百慮.
一點破明琵,   翠鳥銜魚去.

그리고 〈柳林石塔〉를 보면,

어느 해 숲이,
변하여 양유원 되었는가.
장광설 빌린 듯이,
꾀꼬리가 탑 돌며 수없이 지저귀네.

何年祇樹林, 化作楊柳院.
如借廣長舌, 繞塔鶯百囀.

E류: 〈小杉榻〉—孤高, 〈洗硯池〉—仙淡, 〈尋詩經〉—晉人風의 仙界, 〈資考寺〉—노후의 脫俗, 〈黃姑灣〉—淸澄, 〈蟠桃石〉—仙界遊觀, 〈白鷗灣〉—浩氣, 〈桃花洞〉—神仙風

이상은 공통적으로 속세로부터의 초월과 인생애환에 대한 맑은 표현을 하고 있는데 〈尋詩經〉을 보면,

남들은 시 찾아 간다 하나,
나는 약초 캐고 오네.
홀연 또 시의 경지에 들면,
푸른 이끼에 자취 남기리.

人謂尋詩去, 我自行藥來.
忽又入詩境, 印破靑莓苔.

그리고 〈白鷗灣〉을 보면,

갈갈 갈매기 두리 두둥실,

출렁이며 너울너울 떠 노네.
이 몸 백구에 비기리니,
물결 위에 한바탕 호탕하여라.

拍拍仍汎汎, 溶溶復漾漾.
將身比白鷗, 波上一浩蕩.

　상기의 5분류에서 A류를 畵法上의 구도로 삼고 B・C류를 畵面의 大意로 부각해서 D류에서 채색과 명암을 가필하고 E류에서 화폭의 眞率과 詩情을 표백하여 消極・感傷의 품을 자연스럽게 그리고 있다. 자하시의 畵的 결구는 連詩에 있어 중요한 의미를 가진다.
　다음으로 자하 시에서 보이는 시어 구사상 聲・光・色・態의 의미를 살피려고 한다. 왕유의「畵學秘訣」(≪王右丞集箋注≫卷末)에 보이는 다음과 같은 이론에서 시어의 畵的 특색을 季節感에 입각해서 찾을 수 있다.

　　아침 경치는 천산이 밝아 오려는데 안개와 아지랑이 뽀얗게 아롱대고 몽롱한 초생달에 기색이 혼미하다. 저녁 경치는 산에 붉은 해가 맞부딪고 돛은 강가에서 접으며 길가는 사람 급하고 사립문 반 닫는다. 봄 경치는 안개 자욱하고 연기 흰 실처럼 솟고 물은 남색 물들었으며 산색은 푸르러 간다. 여름 경치는 고목이 하늘 덮고 녹수는 물결일지 않고, 구름 뚫고 흐르는 폭포, 산 가까이 유한한 정자 있다. 가을 경치는 하늘이 수색 같으며 촘촘하고 그윽한 숲, 기러기 노니는 秋水, 갈대 우거진 沙汀이 있다. 겨울 경치는 땅을 빌려 눈 삼으며 초동은 나무 지고 고깃배는 연안에 닿아 물은 얕고 모래 평평하다.

早景則千山欲曉, 霧靄微微, 朦朧殘月, 氣色昏迷. 晚景則山銜紅日, 帆卷江渚, 路行人急, 牛掩柴扉. 春景則霧鎖煙籠, 長煙引素水爲藍染, 山色漸靑. 夏景則古木蔽天, 綠水無波, 穿雲瀑布, 近水幽亭. 秋景則天如水色, 簇簇幽林, 雁鴻秋山, 蘆蓼沙汀. 冬景則借地爲雪, 樵者負薪, 漁舟倚岸, 水淺沙平.

그리고 宋代 魏慶之의 ≪詩人玉屑≫ 卷2「瞿翁詩評」의,

왕유는 가을 물에 뜬 연꽃처럼 바람 따라 절로 웃는다.

王右丞如秋水芙蓉, 倚風自笑.

이상의 구를 통해 왕유의 詩語 특색을 보는데 자하 시에 이어법이 강구되어 있다. 〈宿今陵懷舊書事〉(≪紫霞詩集≫卷4)를 보면,

단풍 잎 건너 사람 소리 소근소근,
화루엔 피리 소리 구슬프다.

人語蕭蕭紅葉外, 角聲咽咽畵樓前.

위에서 '人語'와 '角聲'의 '語'와 '聲' 각 1자가 '人'과 '角'의 두 조화되는 '聲'의 對語이다. 그리고 〈客舍葉〉(≪紫霞詩集≫卷5)를 보면,

우수수 낙엽 지는 하늘,
기러기 소리 잦아진 골에 새벽 등불 가물대네.

淅瀝蕭森葉落天, 雁聲窮處曉燈前.

위의 구는 '淅瀝'과 '雁聲'의 어법에 의해 가을 바람과 기러기의 계절적 감흥을 돋우는 기교를 쓴 동시에, '天' 즉 가을 하늘과 '燈' 즉 등불의 간절한 靜態는 시어의 '色'과 '態'를 아울러 그린 것이다. 그리고 〈釣臺望月〉(≪紫霞詩集≫ 卷2)를 보면,

> 물결 위에 달이 출렁이고,
> 꼿꼿한 잎 사이 서리가 맺혔네.
> 서리 빛과 달빛,
> 함께 안개 속에 묻혀 아득하다.
> 낚시터의 한 조각 돌이,
> 물 속에 솟아 있다.
> 밤이 깊었는지 아닌지는 몰라도,
> 점점 사람의 그림자 길어지네.

> 溶溶波上月, 淦淦葉間霜.
> 霜光與月色, 併墮煙渺茫.
> 釣臺一片石, 據此水中央.
> 不知夜深淺, 漸見人影長.

여기에서 '霜光'과 '月色'의 '光'과 '色'은 畫家的 意趣가 없어서는 직감키 어려운 조화이다. 이러한 '色'의 시어는 용이하게 발견되니, 다음 〈始興雜詩〉(≪紫霞詩集≫ 卷2)의 일단을 보면,

> 행인은 모래 위에 희고,
> 옛 기와는 나무 사이로 푸르다.

行人沙上白, 老瓦樹間靑.

위에서 '白'과 '靑'의 色, 그리고 〈九月旣望雅集〉(《紫霞詩集》卷5)의 일단을 보면,

붉은 잎에 서리 아직 없는데 산 기색은 변하였고,
푸른 구름은 물처럼 맑은데 밤이 처음 서늘하네.

紅葉未霜山氣變, 碧雲如水夜凉初.

위에서 '紅'과 '碧'의 色, 그리고 〈雙檜亭賞花〉(《紫霞詩集》 卷6)의 일단을 보면,

바위굴에 물든 붉은 꽃 비단 같고,
산 뜰 안에 우거진 푸른 풀은 자리가 되었구나.

岩洞蒸紅花似錦, 山庭茸綠草爲茵.

위에서 '紅'과 '綠'의 '色', 그리고 〈芙蓉堂夜宴憶安陵舊遊吟成短律奉按使〉(《紫霞詩集》 卷1)에서 다음 구절을 보면,

감도는 푸른 물에 연꽃이 줄기 뻗고,
곱다란 붉은 난간엔 초생달이 떠 있네.

縈回綠水荷留柄, 宛轉朱欄月上弦.

여기에서 '綠'과 '朱'의 色 등 이들 모두가 詩語의 色을 대조적으로 구사하는 것을 보게 된다. 한편 상기의 인용시에서 '縈回'와 '宛轉'은 圓形의 '態'를 표현하고 있고, 다음 〈黃姑灣〉(≪紫霞詩集≫ 卷1)의 구절을 보면,

    냇물을 흘려 보내기 싫다고,
    별나게 거울같이 맑은 물웅덩이 만들었구나.

    不肯放溪流, 特作鏡澄潋.

여기에서 上·下 구가 '溪水'의 흐름을 가지고 맑은 '態'를 묘사하고 있다. 시어의 맛은 자하 시의 悟境을 깊이 이해할 수 있게 하고 「詩中有畵」의 왕유적 詩性을 삼절인 자하 시에서 고구됨은 나름대로 타당성이 있다고 본다.

자하시는 韓·中 양국의 전통적 시류를 관통하고 있다. 특히 淸 翁方綱과의 교유를 기점으로 學蘇의 계통을 밟음으로 해서 시의 豪放과 飄逸의 양면성을 지니게 된다.

三絶이란 지칭처럼 시에도 詩學 이상의 독창적인 예술미가 蘇東坡의 왕유 시에 대한 적평 「詩中有畵」와 같이 詩意 속에 충일되고 있다. 더우기 시의 예술성으로서의 畵的 관념은 자하에게서는 중요한 시의 특성으로 부각시키지 않을 수 없다. 시의 구도를 畵의 것에서 강구하고 시의 眞味를 시어의 '色·光·態·聲'적 주해에서 일층 지감한다는 접근법도 유효한 것으로 본다. 자하시는 조선 漢詩壇에 高峰의 위치를 지켜 나가리라 믿는다. 시론은 평면적 서술 이상의 입체적 논법을 심화할 전환의 시점에 당도한 것이다. 자하의 시 자체에 대해서는 孫八洲 교수가 ≪申紫霞詩文學硏究≫(1984)를 위시하여 다년간 연구해 온

바, 본고에서는 자하 시의 일반론과 唐詩와의 연관성에 주안점을 두었음을 밝힌다.

申緯와 王維 詩의 神韻味와 繪畵技法

　앞장에서는 申緯 그 자체와 그의 시의 淵源, 그리고 그의 詩歌가 지닌 일반적인 성격을 살펴보았다면, 본고에서는 王維와의 비교적 각도에서 고찰하는 데에 그 초점을 맞추려 한다. 王維 시론이라는 한정된 논리 하에서 조선 중만기의 시, 그 중에도 자하 申緯(1769~1845)시를 비교적 심도 있게 고찰하려는 것은 신위가 조선 중기에 浪漫隱逸的인 성당시풍이 유행하면서 조선 만기에 이어지는 과정에 생존했던 시대적인 여건과 신위 개인적으로는 詩・書・畵 三絶로서[1] 한국한시사상에 독특한 上品의 위치를 점유한다는데 있다. 이에 관해서는 왕유와 신위의 생애와 일반문학에 대해서는 필자의 졸문에[2] 각각 개괄되어 있으

---

1) 滄江 金澤榮은 《紫霞詩集》 卷一「年譜」에 "公少長博學, 尤工於詩, 以及書畵之妙, 亦無不透"라 하고, 同序에 "以詩書畵三絶, 聞於天下", 그리고 同卷四 金祖淳의 紫霞墨竹跋에 "紫霞老友, 自十餘歲時, 已臻三絶, 古今鮮有其匹, 蓋亦天生其才歟. 紫霞之詩, 自創其妙, 非人人所可窺, 畵亦奇妙淸秀, 非雲林石田之儔, 無可與對, 惟書藝差不及詩畵. 然此就自家三絶而論, 若專指而言, 亦已絶於人矣."
2) 「王維詩考」(1969), 「王維詩友에 관한 硏究」(1975), 「王維詩之畵・樂的特色攷」(1976. 中文), 「紫霞詩의 特性」(1976), 「紫霞詩의 畵學的 考察」(1976), 《王維詩與李朝申緯詩之比較硏究》(亞細亞文化社, 1980), 《王維詩硏究》(臺彎 黎明出版社,

므로 본고에서는 재언하지 않으련다.

단지 여하히 신위 시에서 왕유 시풍의 특성을 구명할 것이냐 하는 문제는 결코 용이하지 않다. 왕유 시의 "好用佛語"(불교 시어), "淸遠閑澹"(청원과 한담), "綺麗如畵"(기려함이 그림 같음), "趣味雋永"(시의 흥취가 준영)한 특색이 신위 시에 여하히 용해되어 있느냐 하는 점을 고구하는 해결의 실마리가 풀려야 하는 것인 만큼, 신위 시의 연원에서 왕유시(盛唐)의 영향을 살펴봐야 할 것이다.

신위의 畵는 南畵로서 墨竹에 능하여 시중에 節竹의 畵題가 산견되는데3) 남화의 宗이 왕유라는 점은 새삼 강조할 필요가 없을 줄 안다. 따라서 '詩中有畵'론적인 점을 왕유 시의 畵性에 부회하여 본고에서 신위 시를 '詩中有畵'적 의미와 화적 結構·選材, 그리고 시어의 色彩感覺 등으로 세분하여 고찰하려 한다. 이 회화적인 관계는 앞 절의 신위시의 풍격 부분에서 개관하였기에 여기서는 왕유와의 직접적인 연관성을 작품을 위주로 해서 접목시켜 보려는 것이다. 그래서 내용 서술에 있어서 다소 중복되는 면이 있다 해도 궁극적으로는 보다 심도를 가한 서술이 되리라 본다.

그러면 신위 시에 대해서 보면 寧齋 李建昌(1852~1898)이 「申霞詩鈔跋」(≪明美堂集≫卷十二)에서 이르기를,

> 자하의 시는 처음에는 우리 집의 참봉군에게서 나왔는데 그 후에 중국에 들어가서 옹방강을 받들면서 비로소 동파에서 두보로 들어갔다고 본다.
>
> 紫霞之詩, 始蓋出於吾家參奉君, 其後入中國, 服事翁潭溪, 始自命由

1987) 등으로 主要 參考文獻目錄을 要閱.
3) 「題王載淸寄惠傲孫雨居畵」(≪申紫霞詩集≫卷一), 「碧蘆舫淸供圖自題五首」(同卷三十), 「十一月十日始雪自題墨竹」(同卷五)等.

蘇入杜.

위에서 보면 신위가 옹방강을 服事하고, 李參奉(月巖 李匡呂)에서 初學한 점에서 신위는 神韻과 性靈을 습득하였을 것이다.[4] 왕유에서 옹방강까지, 그리고 신위에로의 영향관계는 다음 장에서 거론하려 한다. 물론 「學蘇」한 것이 신위 시를 대변하는 논리이지만 滄江 金澤榮이 신위의 연보에서 기록한 것을 보면,

　　공은 시에 있어 처음에는 성당시를 배웠다가 나중에는 소동파로 바꾸어 배웠다.

　　公於詩, 始學盛唐, 後改學蘇東坡.(≪紫霞詩集≫卷首)

라고 하여 「始學盛唐」에만 의미를 부여한다면, 신위 자신이 피력한 다음 두 수의 시에서 더욱 성당의 제가와 동파에 출입을 입증할 수 있다.

　　두보는 역사에 의거함 엄하였고,
　　서능는 ≪옥대신영≫의 섬세 다 하였도다.
　　성인이 시경을 산정한 후 가지 드리워서,
　　상복의 음란한 음악에도 순조로이 이남에 떨쳤네.

　　杜甫操持史例嚴, 徐陵才調玉臺纖.
　　聖人刪後垂柯則, 桑濮無妨幷二南.[5]

---

4) ≪明美堂集≫ 卷十二의 「參奉祭文」에 "不屑爲鉅, 矧以爲好." 또 "承襲國初三百年之文敎, 惟月巖而已.", 그리고 李德懋(1741~1793)가 匡呂를 추앙하여 "李進士匡呂, 字聖載, 雅重深潔, 名滿一國." ≪淸脾錄≫라 함.
5) 「奉睿旨選全唐近體詩恭題卷後應合作」八首中 二首引詩(≪申紫霞詩集≫ 卷四).

신운으로 당을 논해도 아마 다 하지 못하리니,
실사를 듣지 않고 어찌 참을 알리오.
왕유·위응물·한유·두보
그 어느 것 버리기 어려우니,
함께 문 열어 더불어 같이 하리라.

神韻論唐恐未臻, 罔聞實事詎知眞.
王韋韓杜難偏廢, 共是開門合轍人.

이처럼 신위 시의 淸逸하고 脫俗함은 왕유 시의 산수전원에6) 대한 淳·淡·雅·愁의 특징을 공유하고 있으며 禪과 畵의 幽味를 첨가하여 신운을 형성하였다. 본고는 이런 관점에서 신위 시로부터 순수한 자연 경물 묘사상에 나타난 '淳淡'·'高雅'의 개성을 추출하고 禪·仙的인 입신이 가미된 류로서 '不入俗'의 성격을 규명하려 한다.

I. 申緯와 王維 詩의 神韻味

왕유와 신위에 있어 시의 신운적 성격에서 상통점의 근거를 먼저 고찰하여야 하겠다. 시의 神韻說은 이미 주지하는 바와 같이 漁洋 王士禎(1634~1711)이 시론에 도입한 것으로7) 어양은 이 시론의 근거를 唐

---

6) 《文獻通考》云「維持淸逸追逼陶謝.」(《王摩詰全集箋注》卷之末「詩評」)
7) 鈴木虎雄著, 洪順隆譯, 《中國詩論史》, p.146(三)漁洋的神韻說的由來에 "漁洋的詩論受諸家的影響. 然而所以與他家有分別者. 在他的神韻說.「神韻」二字是他領悟所得的詩趣的標準. 漁洋論詩用神韻二字, 蓋始於康熙元年, 當時他在揚州, 於家塾選唐詩五七言律絶, 名神韻集, 課其子啓及涑. 如皐冒丹書據此書抄去七言律, 名爲唐詩七言律神韻集."라 함.

司空圖와 宋 嚴羽에 두고 있다. 嚴羽는,

> 시의 극치는 하나가 있으니 일러서 입신이라 한다. 시가 입신의 경지에 이르면 극치이며 다 표현한 것이니 더 보탤 것이 없다.

> 詩之極致有一, 曰入神. 詩而入神, 致矣, 盡矣, 蔑以加矣.[8]

이라 하고 이어서,

> 시를 논함은 선을 논함과 같아서 한위진과 성당시가 곧 가장 으뜸인 것이다.

> 論詩如論禪, 漢魏晋與盛唐詩, 則第一義也.[9]

그리고 또 이르기를,

> 대개 참선의 도는 오직 오묘한 깨달음에 있고 시의 도도 역시 오묘한 깨달음에 있다.

> 大抵禪道惟在妙悟, 詩道亦在妙悟.

라고 하였는데 어양의 신운설은 청대 시단을 풍미하였다. 어양은 신운설의 근원을 성당 왕유와 孟浩然에 두고 있는데 그 몇 가지 입증을 하려 한다. 먼저 嚴羽는 이르기를,

---

8) 《滄浪詩話校釋》 詩辨, p.6
9) Ibid, p.10

성당의 제가는 오직 흥취에 있어서 영양이 뿔을 나무에 걸면 그 자
취를 찾을 수가 없는 격이다. 고로 그 오묘한 점은 투철하고도 영롱
하여 멈출 바를 모르니 마치 공중의 소리, 얼굴의 빛, 물 속의 달, 거
울 속의 모습과 같은 것이다. 묘사상 언어로 다 하여도 그 숨은 의취
는 다 드러나지 않고 이어진다.

> 盛唐諸人惟在興趣, 羚羊掛角, 無跡可求. 故其妙處透徹玲瓏, 不可湊
> 泊, 如空中之音, 相中之色, 水中之月, 鏡中之象. 言有盡而意無窮.[10]

라고 하였는데 엄우의 「興趣」의 설은 어양의 신운의 義이며[11] 그 興趣가 오직 盛唐 諸人에 있다 함은 王維 일파를 지칭함이 타당하다. 그리고 어양 자신도 그 당시 學詩의 경향이 宋·元의 시풍에만 치중하여 質直하고 有韻語錄이 되기 쉬우며, 대구의 小調로 흐르는 것을 지적하여 王·孟의 淸新俊逸을 요구하였는데 근인 蘇雪林은 이를 더욱 중시하여,

> 왕사정의 신운설 주창은 항상 왕유와 맹호연 일파를 증거로 한다.
>
> 王士禎主神韻說常以王孟一派詩爲證.[12]

라 하고 어양은 「詩話問答」에서[13] 왕유시를 마치 「參曹洞禪」과 같다

---

10) *Ibid*, p.24
11) 郭紹虞는 ≪滄浪詩話校釋≫, p.37에서 "滄浪興趣之說, 正同於王士禎所謂神韻之義, 何以滄浪又標擧李杜, 而不宗主王孟呢? 此點似有矛盾, 實則也是滄浪論詩宗至."
12) ≪唐詩槪論≫, 第九章 p.64
13) 漁洋은 ≪師友詩傳續錄≫ 第三十一問答에서 "問: 右丞鹿柴, 木蘭諸絶, 自極淡遠不知移向他題, 亦可用否. 答摩詰詩如參曹洞禪, 不犯正位, 須參活句, 然鈍根人學渠不得." 또 同第十五問에 "問: 王孟詩假天籟爲宮商, 寄知味於平淡, 格調諧暢, 意興自然, 眞有無迹可尋之妙, 二家亦有互異處否. 答: 譬之釋氏, 王是佛語, 孟是

고 한 것으로써 어양의 신운설은 王維 일파에서 嚴羽의 ≪滄浪詩話≫로 이어지고 王漁洋에 계승되어 시론화 되면서 그 제자 黃叔林에게[14] 전수되고 결국 翁方綱에서 완성되었다. 옹방강은 바로 신위와 직접적으로 밀접한 교우관계를 맺었다. 신위 또한 왕어양을 사숙한 바 작품 상에도 표현되어 있다.[15] 옹방강은 신운을 확대하여 격조와 신운을 동일시하여 기술하기를,

    신운이란 풍치와 정운을 말하는 것이 아니다.

    神韻非風致情韻之謂.(≪坳堂詩集≫序大意)

라고 하였고 이어서 말하기를,

    신운은 해당되지 않는 것이 없어서, 격조에도 신운이 보이고 음절에도 신운이 보이며 자구에도 신운이 보이고 있으니 어느 한 가닥을 잡아서 이름 지을 수 없는 것이다.

    神韻無所不該, 有於格調見神韻者, 有於音節見神韻者, 亦有於字句見神韻者, 非可執一端以名之也.(上同「神韻論」下)

라고 하였는데, 이것은 어양의 "格謂品格, 韻謂風神."(≪師友詩傳續錄≫제28조 劉大勤의 問에 答함)와는 견해상의 차이가 있으나, 주류는

    菩薩語, 孟詩有寒儉之態, 不及王詩天然而工. 惟五古不可優秀."라 함.
14) 翁方綱, ≪小石帆亭著錄≫의 王文簡古詩評仄論序에 "古詩平仄之有論也, 自漁洋先生始也……方綱束髮學爲詩. 得聞先生緖論於吾邑黃詹事, 因得先生所爲古詩聲調譜者"라 하였는데 여기서 王詹事는 大興黃叔林의 官職.
15) 申緯의 「後秋柳詩」(≪紫霞詩集≫卷二) 二十首는 王漁洋의 「秋柳詩」(≪漁洋精華錄≫卷五) 四首와 상관됨.

동일하다.

　신위가 옹방강과 초대면한 시기는 그의 44세(1812년·純祖 12年) 7월 18일 奏請使書狀官으로 陳奏兼奏請正使 李時秀, 副使 金銑을 수행하여 淸의 燕京에 갔을 때이다. 양인이 상면하기 전에 阮堂 金正喜를 통해 시문을 교환하던 차라, 양인이 상면 시에 옹방강은 신위를 「所見勝所聞」(金澤榮·≪申紫霞詩集≫연보)라 극찬하였고, 신위는 阮堂의 권고에 따라 필히 옹방강을 만나 시화를 전습할 결심이었던 관계로 가까운 교유를 맺게 된 것이다.16) 따라서 신위는 옹방강을 주제로 한 시가 적지 않은데, 그 중에서 〈出柵次斗室扇頭韻〉(≪警修堂集≫ 5冊)의,

　　　　진재 실학 그 사람 찾으니,
　　　　속세 멀리 담용뿐이로다.
　　　　고금으로 한·송을 거울삼으신 데,
　　　　문밖을 나서지 않아도 명성이 새로우리.

　　　　眞才實學訪其人, 只有覃翁廻絶塵.
　　　　鏡古鑑今卒漢宋, 不將門戶立名新.

라든가, 〈次韻翁覃溪方綱題余小照〉(≪申紫霞詩集≫卷1)에서는,

　　　　노파 선게는 주빈에 답하여,
　　　　재명을 지어 참을 썼노라.
　　　　오백간 집에 걸상이 단지 몇 개뿐이니,

---

16) 藤塚隣著 ≪淸朝文化東傳の硏究≫ 第四章,「翁覃溪と阮堂」p.151에 阮堂은 紫霞에게 翁方綱을 만나도록 권하는 文을 인용하고 있다. 즉 "紫霞前輩, 涉萬里入中國, 瑰景偉觀, 君不知其千萬億, 而不如見一覃溪老人也, 古有說偈者曰, 世界所有吾盡見, 一切無有如佛者, 余於此行亦云, 遂次蘇齋題天際烏雲帖絶句韻以奉贐, 了無一語相涉, 惟是蘇齋實事, 擧一詩可徵一事, 而成筆話一段, 對榻風雨之辰, 飛觴劈箋之際, 以此作知道老馬觀, 可耳."

청풍으로 맑게 쓸어 이 분을 모시리라.

老坡禪偈答周邲, 取作齋名寫作眞.
問五百間第幾榻, 淸風浮掃置斯人.

라고 하여 신위의 옹방강에 대한 존경과 우의를 직감할 수 있다. 더구나 신위는 50세(1818·戊寅年) 정월 27일 옹방강의 訃告를 접하고 〈覃溪以今年正月二十七日亡訃至以詩悼之〉5수(상동 권2)를 지었는데 그 제3수를 보면,

잠시 뗏목 벽 한 변에 매었더니,
선생이 돌아보고 웃으시던 일 꿈에 뚜렷하오.
동경은 대대로 멀어, 옛일 징험하기 어렵고,
남극성 떨어지니 이미 신선을 장사했네.
필묵으로 맺은 깊은 인연 경오년 후인데,
유림의 닥친 액운 무인년이로다.
곡원은 오묘하여 소가의 맥락 전하나니,
시의 뜻 미묘하여 전각에 뚜렷하네.

少繫浮槎碧漢邊, 先生顧笑夢依然.
東京世遠難徵古, 南極星漂已葬仙.
翰墨緣深庚午後, 儒林運厄戊寅年.
谷園秘妙傳蘇脈, 詩旨微茫刺刷箋.

라고 하여 비통한 심회를 묘사하였다. 신위가 옹방강으로부터 받은 영향이 얼마나 컸는가는 그가 燕京에 가기 전 시작은 거의 소실시키고, 金澤榮이 편한 현존 ≪申紫霞詩集≫2冊 6卷은 대부분이 40세 이후의 작품인 것으로도 알 수 있다.[17]

이 같은 양자의 관계에서 신위는 옹방강의 肌理說이 신운설에 대해 보는 입장을 습득하였으며 이 근원이 王維 일파에서 시작된 만큼, 본론에서 비교하고자 하는 왕유 시론을 통한 신위시의 신운적 특성에 접근할 수 있는 명분은 서게 된 것이다. 한마디로 신운설의 특질을 규정할 수 없으나 일반적으로 ①平靜(心理狀態) ②廣遠(外界) ③妙茫(物象) ④春秋(時節) ⑤高雅(意態) ⑥不卽不離(佛) 등의 類로 표현한다고 보아[18], 다음 논구할 내용을 (1)淳淡 (2)高雅 (3)脫俗으로 포괄하여 전개하려 한다.

1. 淳淡

신위 시에 있어서 자연의 산수와 田園美의 묘사는 그 시풍을 고찰하는데 文學感情의 이입상 지극히 중요한 위치를 차지한다. 신위가 성당을 배운 시의 핵심은[19] 바로 시의 隱逸浪漫的 서정의 소재인 것이다. 신위시가 蘇東坡를 추종하였지만, 蘇詩는 陶淵明과 王維의 풍격을 절대 학습한 만큼 그 연원은 동일한 것이 되겠다.

신위시의 순담은 淳朴과 정적이며 동적인 시풍을 의미한다. 왕유 시의 표현에 있어서, 순담적 성격은 唐詩 전체의 경향이라 하겠으니, 宋代 歐陽修는,

> 당대의 시는 진자앙, 이백, 두보, 왕유 등은 혹은 그 순박하고 고담

---

17) 金澤榮의 「紫霞年譜」 참조.
18) 鈴木虎雄의 《中國詩論史》, p.163 참조.
19) 金台俊은 《朝鮮漢文學史》, p.155에 "그 詩風은 盛唐과 蘇東坡를 根據로 삼고……"라 하고 金澤榮은 《韶護堂文集》 補卷一 p.26, 「紫霞詩集序」에 "旁出入于徐階王摩詰陸務觀之間"이라 함.

하며 담백한 소리를 얻었다.

> 唐之詩, 子昂李杜王維之徒, 或得其淳古淡泊之聲.20)

라고 평한 것이나, 魏慶之가 ≪詩人玉屑≫「詩評」에서,

> 시를 짓는데 맑고 깊으며 한가롭고 담백하게 지으려면, 위응물, 유종원, 맹호연, 왕유, 가도를 본받아야 한다.

> 爲詩欲淸深閑淡, 當看韋蘇州·柳子厚·孟浩然·王摩詰·賈長江.

라고 평한 것이든지, 그리고 陳師道가,

> 왕유와 위응물은 모두 도잠에게서 배웠는데 왕유는 그 독자적인 것을 얻었다.

> 丞右蘇州皆學于陶, 王得其自在.(≪後山詩話≫ 15)

라고 한 평구로부터 왕유의 산수전원에 대한 서사의 특성을 淳淡性이라고 의미부여할 수 있는 것이다. 이것은 왕유 시가 '不文'한21) 詩味가 있다는 의미이니, 宋 胡仔의,

> 산곡 노인이 말하기를, 내가 근래에 산에 오르고 물가에 다니며 왕유의 시를 읽다 보면 물이 다하는 곳까지 이르곤 하였다.

> 山谷老人曰, 余頃年登山臨水, 未嘗不讀王摩詰詩, 行到水窮處.22)

---

20) ≪王摩詰全集箋注≫卷之末附錄三條詩評, "歐陽修書梅聖兪藁後."
21) ≪後山詩話≫: "陶淵明之詩, 切於事情, 但不文耳."

라는 문구에서 더욱 사실에 眞迫하고 동화되는 시경에의 몰입을 지감할 수 있다. 왕유의 〈田園樂〉(《王摩詰全集箋注》卷14) 제5수의,

　　산아래 외로운 연기 피는 먼 마을이 보이고
　　하늘 가 홀로 선 나무의 높은 언덕이 보인다.

　　山下孤烟遠村, 天邊獨樹高原.

라는 구와 그리고 〈千塔主人〉(동 권9)의,

　　닭과 개가 빈 마을에 흩어져 노닐고
　　뽕나무와 느릅나무는 먼 밭에 무성하다.

　　鷄犬散虛落, 桑楡蔭遠田.

라는 구, 또 〈丁寓田家有贈〉(동 권3)의,

　　새벽에 닭이 이웃 마을에 우니
　　뭇 사람들 일어나 힘써 일하네.
　　농부는 나가 밭에서 밥 먹고
　　아낙네는 일어나 바느질하네.

　　晨鷄鳴隣里, 群動從行務.
　　農夫行餉田, 閨婦起縫素.

---

22) 胡仔撰 《苕溪漁隱叢話》 評句를 《王摩詰全集箋注》卷末에 인용된 것을 재인용.

등의 시구들은 농원의 순박한 전원미를 표현하여 '淳淡'의 淳的 의미를 제시하였는데, 신위의 〈盧家莊〉(《申紫霞詩集》 卷1)를 보면,

외 딴 마을 연기와 불,
넓은 들판에 아른거리고,
산은 먼 하늘에 들어 안개 한 점 없네.
기억하는가!
이곳에 일찍이 수레 머문 일을,
노가장의 수양버들 셋째 그루.

孤村烟火隱平蕪, 山入遙天淡靄無.
記否停車曾此地, 盧家楊柳第三株.

라 든가, 〈潘家莊〉(동 권2)를 보면,

외딴 마을에 외다리 가로놓이고,
저무는 해에 쌍 절구 걸려 있네.
가을 물은 맑게 사람 맞고,
돌 벽엔 제서 붙이려네.
차 끓이며 단풍 쓸고,
구름에 쉬며 녹주 술잔 기울여라.
안개 낀 교외 보아도 끝없으니,
돌아갈 길 아득히 어디인가.

孤村橫一橋, 落日懸雙杵.
秋水澹迎人, 石壁堪題序.
烹茶掃紅葉, 憩雲傾綠醑.
烟郊望不極, 歸程杳何許.

라고 한 표현들은 또한 왕유의 '淳'적인 詩興을 보여주고 있다. 왕유와 신위에서 농촌의 경물을 소재로 삼고 있는 것이 많은데, 신위에서는 왕유에 있는 생활 風俗味를[23] 적게 다룬 것은 오히려 왕유 보다 더욱 浪漫隱逸的인 특성이 강한 시풍의 인상을 주기 때문이다.

따라서 신위 시에는 왕유 못지 않게 '淨'적 詩意가 강렬히 표현된다 하겠다. 이것은,

> 왕유와 위응물의 취향은 멀리 맑은 냇물이 뚫고 지나가는 것과 같다.

> 右丞蘇州趣味, 證夐淸流之貫達.[24]

라고 평한 왕유 시와 어떻게 상통하는가 주목해야 할 것이다. 즉 왕유는 시의 '淨'적 풍격에서 仙·佛的 종교이념을 隱遁的이며 孤高와 脫塵의 仙界와 융화하고 있다. 이 선계는 靜과 淨, 閒淡과의 동일한 자의로 특징지을 수 있다. 왕유에게서 보면〈戱贈張五弟諲〉(≪王摩詰全集箋注≫卷2) 제3수 중의,

> 내 삶에 청정을 좋아하고
> 채소를 먹으며 정든 세상 멀리한다.

> 吾生好淸靜, 蔬食去情塵.

그리고〈晦日游大理韋卿城南別業〉(동 권4)의,

---

23)「涼州郊外遊望」(≪王摩詰全集箋注≫卷八)의 "婆娑依里社, 簫鼓賽田神"의 例句.
24) ≪王摩詰全集箋注≫ 卷之末詩評. 司空圖與王駕詩畵引文.

> 세상과는 담담히 아무 일 없으니
> 자연스레 강과 바다의 사람이로다.

> 與世澹無事, 自然江海人.

구는 자연으로 歸去하려는 직설적 표현이며, 더구나 〈冬日游覽〉(동 권 4)의,

> 사마상여가 늙고 병들매
> 홀로 무릉으로 돌아가 지냈도다.

> 相如方老病, 獨歸武陵宿.

구는 武陵桃源의 선계를 묘사하고 있는데 시어 구사상으로도 산수에 대한 묘사에 있어 '淳'·'淡'·'靜'·'閒'·'淨'의 자를 다용하고 있는 점이 특이하다. 예컨대, 왕유 시에 있어 '靜'으로는 〈秋夜獨坐懷內第崔興宗〉(동 권2)의,

> 밤은 고요하여 뭇 것 다 쉬는데
> 귀뚜라미 소리만 은은히 들려온다.

> 夜靜群動息, 蟋蚌聲悠悠.

'閒'으로는 〈過李揖宅〉(동 권3)의,

> 한가한 문에 가을 풀빛 어리고
> 하루 종일 수레와 말이 없도다.

閉門秋草色, 終日無車馬.

'淨'으로는 〈綦毋潛送校書棄官還江東〉(동 권3)의,

가을 하늘 만리 멀리 맑고
해는 저무는데 맑은 강은 공허하다.

秋天萬里淨, 日暮澄江空.

등의 구들에서 보인다. 한편 신위에서는 〈題淸水芙蓉閣〉(≪申紫霞詩集≫ 卷1)를 보면,

서늘한 바람 따라 청수부용각에서,
홀로 읊조리니 붉은 연꽃이 푸른 못 덮었구나.
이곳 대하니 삼복 더위 잊겠으니,
문득 육조의 시 생각케 하누나.
새가 날아 한 점 푸른 빛 스치며,
고기는 놀아 일천 금빛 띠고 있네.
작은 관부에 밝은 경치를 펼쳐 놓아,
바람 없는 숲 그림자 푸르듯이 요란하다.

追凉淸水芙蓉閣, 獨詠朱華冒綠池.
對此不知三伏熱, 令人却憶六朝詩.
禽飛一點翠光去, 魚戲千頭金色披.
小署自開明瑟境, 無風林影碧參差.

여기에서 제2구는 '獨詠'구가 '靜'적 意趣를, 그리고 제5·6구에서 禽과 魚의 동태를 각각 묘사하여 시의 '閒'적인 표현을 했는가 하면,

〈九月旣望之夜共與賦〉(동 권5)를 보면,

　　　진의 죽림과 한의 석거 같은 분들,
　　　풍류와 문채 쓸쓸한 초가 비추네.
　　　가을 맞아 시구 다듬으니 뜻대로 잘 되고,
　　　달 대해 술잔 잡아 병 치른 몸을 견줘 보네.
　　　단풍은 서리도 없이 산 기운 변하고,
　　　물 같은 푸른 구름 밤이 처음 서늘하다.
　　　요즘 시인들 모아서,
　　　불러내어 갈대꽃 깊은 곳에 낚시나 하세.

　　　晉竹林兼漢石渠, 風流文采照寒廬.
　　　逢秋鍊句多神助, 邀月開樽試病餘.
　　　紅葉未霜山氣變, 碧雲如水夜涼初.
　　　詩家近日得君重, 喚起蘆花深處漁.

　　위의 시는 신위가 壬辰年 9월 보름날밤 雨蕉 朴侍郞, 石見 李明府, 酉山 丁學淵, 東樊 李晩用, 春山 洪祐吉, 藥農 洪成模와 함께 養硯山房에서 《吳蘭雪集》에서 차운하여 詩會를 열었을 때의 작으로 은유와 色感에 의해 자연의 仙的 시흥을 담박하게 표출하였다. 은유에 있어서는 晉竹林이라 하여 魏晉竹林七賢과 동일시하였고 碧雲을 池水에 불러 仙界의 경치를 강하게 묘사하였으며, 말구에서는 人과 魚가 동락하자는 자연과의 동화를 설파하였다. 이러한 은유적이며 상징적인 표현과 魚의 擬人化, 人의 擬魚化의 역설적 시의는 金澤榮이 평한 신위의 풍격[25]과 깊이 상통한다.

---

25) 《韶濩堂集》卷十雜記에 "申紫霞之詩以神悟馳騁, 萬象具備, 爲吾韓五萬年之第一大家, 是以變調, 而雄者也"라 하고 《紫霞詩集》卷首序에 "瑩瑩乎其悟徹也, 猋猋乎其馳突也, 能艶能野能動能實, 能拙能豪, 能平能險."

왕유는 「靜」자를 시어로 다용한데 반해 신위는 극히 적게 사용하고 있을 뿐이며26) 그 대신 詩想의 처리에서 그 妙意를 표출하고 있다. 〈戲題男彭石畵東坡象〉(동 권1)의 제2수의 '翰墨家家結淨因'구의 '結淨因', 〈偶愛羅兩峰聘桃花鎭曲演成四絶句來知明童按歌兩峰度曲亦復合度否〉(동 권1)의 '一例斜陽淡抹烟'구의 '淡抹烟', 〈寄謝吳蘭雪〉(동 권3) 제5수의 '伴石墨池含雨氣, 當窓蘆葉助秋聲'(돌 벗한 묵지는 비 기운 머금고, 들창 갈잎은 가을 소리 더하도다.)구에서 '含雨氣', '助秋聲'은 그 詩想의 예가 되는 것이다.

2. 高雅

시의 고아는 고결하면서 精緻한 의취인 것이다. 그리고 정교하면서 준일한 것이다. 특히 '雅'의 의미는 '華而不靡'27)이니 묘사에 있어 경건한 정경을 襯托하여 艶語 中에 경박한 神氣를 노출하지 않는 詩性이다. 즉 염어를 썼으나 품격이 갖추어져 있는 것이다. 청대 潘彦輔는 ≪養一齋詩話≫에서,28)

> 소위 아라는 것은 단지 문사의 바르고 숙련 된 것만을 의미하는 것은 아니다. 그 이런 시를 짓는 아유는 반드시 세리를 탈피한 이후에야 아라고 할 것이다. 지금 여러 화려하고 고운 것을 추구하는 시들은 모두 세리를 쫓는 마음이 드러나는 것이다. 문사는 아를 따르지만 마음이 아를 지니고 있지 않다. 마음이 아를 지니고 있지 않으니 문사 또한 가려서 덮을 수 없다.

---

26) 「靜聽落葉語」(「後落葉詩三百又用初白」 第五首, ≪申紫霞詩集≫ 卷三), 「人靜香烟尙在爐.」(「初雪酒後自題黃不黃米不米幀側」)
27) ≪王摩詰全集箋注≫卷末附錄引, ≪懷麓堂詩話≫.
28) ≪中國文學欣賞擧隅≫ 十八雅鄭與淳漓, p.152.

夫所謂雅者, 非第詞之雅馴而已. 其作此詩之由, 必脫棄勢利, 而後謂
之雅也. 今種種鬪靡騁姸之詩, 皆趨勢戈利之心所流露也. 詞縱雅而心不
雅矣. 心不雅則詞亦不能掩矣.

라고 '雅'의 의미를 밝히고 있다. 이러한 詩性은 명대 李東陽의 ≪懷
麓堂詩話≫에서,

    왕유의 시는 풍요하면서도 화미하지 않다.

    王詩豊縟而不華靡.[29]

라고 평한 바 같이 왕유 시의 특성인 것이다. 이것은 金澤榮이 ≪申
紫霞詩集≫序에서,

    자하는 대개 모두 풍부하고 우아하며 고사하고 화려함을 바탕으로
한다.

    大抵皆主豊雅高華之趣.

라고 신위를 논하고 마치 盛晩唐과 같다고 한 점으로 보아 신위시에
서 왕유적 '雅'풍을 찾아 볼 수 있는 것은 합리적이라 할 것이다. 왕
유에 있어서, 〈藍田山石門精舍〉(≪王摩詰全集箋注≫ 卷3)의,

    시내 물 향내가 옷에 스며들고,
    산 달은 돌 벽에 비추인다.

---

[29] ≪王摩詰全集箋注≫卷之末, p.4.

澗芳襲人衣, 山月映石壁.

라고 한 구라든가, 〈西施詠〉(同卷5)의,

빈천한 시절 어찌 남과 달랐으리오만
귀히 되니 비로소 소중함을 깨닫노라.

賤日豈殊衆, 貴來方悟稀.

라고 한 구와 같이 非俗의 雅正과 〈山居秋暝〉(동 권7)의,

텅 빈 산에 갓 비가 온 후에,
날씨가 어느새 가을이구나.
밝은 달 솔 사이로 비치고,
맑은 샘은 돌 위로 흘러가네.
대숲이 부스럭 빨래하는 여인 돌아가고,
연꽃 출렁 고깃배 지나가네.
멋대로 봄 향기 다 시들었는데,
귀한 님 더 머물려나 보다.

空山新雨後, 天氣晚來秋.
明月松間照, 淸泉石上流.
竹喧歸浣女, 蓮動下漁舟.
隨意春芳歇, 王孫自可留.

와 〈歸嵩山作〉(동 권7)의,

맑은 강물 길게 뻗어 아득히 보이고,

수레 말은 한가로이 가는구나.
흐르는 물 제 뜻대로 가는 듯,
저녁 새들도 더불어 돌아오네.
쓸쓸한 성내의 옛 나루터에 서 있으니,
지는 해가 가을 산에 가득하네.
아득히 숭산 높은 아래로,
돌아 와서 빗장을 걸도다.

淸川帶長薄, 車馬去閒閒.
流水如有意, 暮禽相與還.
荒城臨古渡, 落日滿秋山.
迢遞嵩高下, 歸來且閉關.

과 같은 秋暮의 경물을 精麗하면서도 순수히 과장없이 묘사한 점이 그 예가 되겠는데 신위에 있어서는, 〈還赴象山路中書事〉(《申紫霞詩集》 卷1)의,

가인을 작별하고 마음 총총히,
잠시 성문에 들었다 돌아가네.
한식 청명에 봄이 저물 때,
강촌 산 마을로 객이 길 가네.
고기잡이 항구는 따뜻해 오리 떼 놀고,
나물 캐는 밭에 향기로운 나비바람.
여기 풍경속 내 여생 맡기면서
편안히 쉬며 물 주기나 배우리라.

家人慘別意忽怳, 暫入城闉又轉逢.
寒食淸明春暮節, 水村山廓客程中.
撈魚港暖鳧鷖日, 挑菜田香蛺蝶風.

是處烟光招我老, 息機須學灌園翁.

　위의 시는 精工한 수사로써 티 없는 眞色美를 표출하여, 제2구의 工巧한 시어 사용, 제5·6구의 精緻한 묘사, 제7구의 동화된 點描法은 오히려 왕유의 기법을 능가할만 하다. 그리고 〈閏六月十五日夜月極明〉(동 권1)의 제1수를 보면,

　　　　온 땅은 금물결 비는 산색을 씻었고,
　　　　수정궁전은 서재 되었네.
　　　　창 둘린 발새로 살며시 스며들어,
　　　　다시 비단 막 넘어 베개머리 비치네.

　　　　滿地金波雨洗嵐, 水晶宮殿化書龕.
　　　　縈窓漏箔如無隔, 更透紗幬到枕函.

　여기서는 환상적인 표현법으로 淸雅한 詩意를 표현하고 아울러 제3구(如無隔)와 같이 비유적 虛字 사용을 통해 화려한 수식에 의한 孤高함을 밝히고 있다.
　한편 신위는 美麗難解한 수사를 가미하여 더욱 풍부한 심적 雅正을 고답적으로 그리고 있는 예를 보는데, 다음 〈初雪酒後自題黃不黃米不米幀側〉(동 권6)에서는 人名과 典故를 임의로 활용하여 그 뜻을 적절히 묘사하였다.

　　　　햇발 얼어붙고 바람은 성난 듯 부는데,
　　　　누각 그늘과 산색이 어울려 흐릿하네.
　　　　꿈에서 돌아오니 술기운 씻은 듯 사라지고,
　　　　인적은 고요한 데 향불 연기 아직 화로에 있네.
　　　　한 점의 눈 비껴 날아 따스한 벼루에 녹아지고,

마른 바람소리 모여 와 찬 갈대 변케 하네.
우연히 수묵이 황정견과 미불에 끼여,
홀연 시혼이 방대도에 노닐도다.

日脚凝氷風怒呼, 樓陰山黛合模糊.
夢回酒氣全消席, 人靜香烟尙在爐.
一點斜飛融暖硯, 乾聲驟至變寒蘆.
偶然水墨參黃米, 驀地神遊訪戴圖.

이상의 시 전구에서 '黃米'는 宋代 黃庭堅과 米芾 양인을 말함이며, '訪戴圖'는 王羲之가 戴逵를 방문하는 그림인데, 이런 시어로 해서 전시의 眞迫한 意趣가 신선하게 묘출되어 있다. 기설한 바 같이 金澤榮이 신위시의 풍격을 평한 의미는 豪宕과 雄壯이기도 하지만, 실은 시의 精妙하고 華麗한 작법과 아울러 시율의 변격을 다소 강구한 詩法으로서, 이 중에 소위 「華中眞雅」(필자의 말)의 특성을 함유하고 있는 것이다.

이제 王·申 양인의 律格面에서 비교해 보면, 신위의 〈西京次鄭知常韻〉(≪申紫霞詩集≫ 卷1)과 王維의 〈送元二使安西〉(≪王摩詰全集箋注≫ 卷14)를 예로 들기로 한다. 전자를 보면,

> 촉박한 피리소리, 술잔에 이별 하도 하니,
> 술도 취지 않고 노래마저 안되네.
> 자연히 흐르는 강물 서쪽으로 흘러가,
> 님 위해 동으로 안 넘나네.
>
> 急管催觴離思多, 不成沈醉不成歌.
> 天生江水西流去, 不爲情人東倒波.

에서 제3구의 '西'자가 平聲으로 仄聲處에 있으며, 제4구의 '東'자는 平聲字 본래를 사용하고 있는데, 이것은 왕유의 위의 시에서,

> 위성의 아침비가 먼지를 적시니,
> 숙사의 파란 버들 빛이 더욱 새롭네.
> 그대여, 이별주 한잔 더 권하고 나니,
> 서쪽으로 양관으로 떠난 벗은 없구나.

> 渭城朝雨浥輕塵, 客舍青青柳色新.
> 勸君更進一杯酒, 西出陽關無故人.

라고 한 것을 보면 제3구의 平聲 '一'자가 仄聲處에 있고, 제4구의 仄聲 '無'자가 平聲處에 있어서 孤平拗救 현상에 의해 合律하고 있다. 왕유의 이 陽關格에 비해, 신위는 半分活用인 고로 半陽關格이라 하겠다. 신위의 위의 시는 원래 鄭知常 시를 次韻한 것인데 이 정시가 바로 왕유의 陽關格을 강구하고 있으니[30], 이렇다면 왕유에서 정지상으로, 그리고 신위에게 전법된 과정을 보게 된다.

다음으로, 신위 시에 다용되는 시구상의 疊語는 시의 飄逸性과 美麗感을 직시케 하는 高雅의 특색이 된다. 첩어의 사용은 시를 生動하게 하고 立體感을 주는 작용을 한다. 따라서 시의 情趣를 증가시킨다. 신위시의 高雅性은 특히 산수전원을 묘사하는 첩어를 통해 擬聲과 擬態를 수반되는 데서 더욱 적절히 표현할 수 있다. 표현이 隱切하면서 '妙不可言'의[31] 극미를 준다. 왕유 시에 있어서의 疊字 사용은 音

---

30) 鄭知常詩 "雨歇長堤草色多, 送君南浦動悲歌. 大同江水何時盡, 別淚年年添錄波." (李齊賢, 《櫟翁稗說》後集)에서 第四句의 「添錄派」의 「添」平聲이 王維의 것처럼 仄聲位置에, 제3구의 「何」仄聲이 平聲位置에 각각 처해 있는 陽關格律法을 강구함.

31) 《歷代詩話》, 《竹坡詩話》(周 芝)云: "詩中用雙疊字, 易得句水田飛白鷺, 夏木

調와 文彩의 美를 주고 있어 왕유가 시의 精巧와 優雅를 첩어를 통해 중히 여김을 알 수 있다.32) 예를 들면,

靄靄植色深, 嚶嚶鳥聲繁. (《同盧拾遺韋給事東山別業二十韻》·《王摩詰全集箋注》 卷2)
颯颯松上雨, 潺潺石中流. (《自大散以往深林密竹蹬道盤曲五十里至黃牛嶺見黃花川》·同卷4)
丁丁漏水夜何長, 漫漫輕陰露月光. (《秋夜曲》·同卷15)

등이 擬聲 및 擬態가 對偶하여 묘사되어 있다. 신위에 있어서는 金澤榮이 集序에서,

온갖 정감이 멋대로 우러나와 맺혀서 활발히 연상되어 눈앞에 넘친다. 그래서 독자로 하여금 눈이 어른거리고 정신이 취하게 하여, 온갖 춤들이 전개되는 듯, 온통 사방이 술에 잠긴 듯 하도다.

千情萬狀, 隨意牢籠, 無不活動, 森在目前. 使讀者目眩神醉, 如萬舞之方張, 五齊之方釀.(《申紫霞詩集》序)

라고 한 평에서 역시 직접 강하게 그 특성을 파악하게 된다. 신위 시에서 예거하면,

溪風瑟瑟水仙冷, 梅雨脩脩紅豆然. (《題汪載淸寄惠倣孫雨居畵》·

囀黃鸝, 此李嘉詩也, 王摩詰四字下得最爲穩若少杜陸, 風吹客衣日杲杲, 樹攪離思花冥冥, 無邊落木蕭蕭下, 不盡長江滾滾來, 則又妙不可言矣."
32) 宋, 葉少蘊, 《石林詩話》上(《歷代詩話》 第八冊): "詩下雙字極難, 須使七言五言之間, 除去五字三字外, 精神興致. 全見於兩言, 萬爲工妙, 唐人記水全飛白鷺, 夏木囀黃, 爲李嘉祐詩, 王摩詰竊取之非也, 此兩句好處, 正在添漠漠陰陰四字, 此乃摩詰爲嚴祐點化以自見其妙."

≪申紫霞詩集≫卷1)
　　拍拍仍汎汎, 溶溶復漾漾 (≪白鷗灣≫・同卷1)
　　桃實靑靑杏子黃, 鶯雛恰恰燕兒忙. (≪小園絶句第一首≫・同卷4)
　　人語蕭蕭紅葉外, 角聲咽咽畫樓前. (≪宿金陵懷舊書事≫・同卷4)
　　帆側側船猶去, 征旗悠悠我亦行. (≪金陵道中≫・同卷4)
　　片雲却下浪浪雨, 薄晩翻成冉冉晴. (≪雨蕉書云趣碧桃末謝當一就晤今見雨後花事已非悵然題寄雨蕉≫・同卷5)
　　夕陽淡淡闌珊酒, 芳草萋萋送別人. (≪次韻竹坨桐士餞春≫・同卷6六)
　　貧家歲色堂堂去, 臥榻春光日日融. (≪梅花≫・同卷6)

　이상 모두가 자연의 景色을 미화하기 위한 韻律的 상징어라고 본다.

3. 仙과 禪의 不入俗

　신위시의 脫俗은 그 만이 갖는 특성은 아니다. 어느 시인에게도 그 요소는 있다. 신위에게는 道家의 '仙'과 佛家의 '禪'의 탈속이 있다. 이것은 왕유시에서 강하게 표출하고 있다. 王・申 양인의 생애상의 기복에서도 탈속의 상관성을 찾을 수 있다.33)
　仙으로 보면 왕유는 開元 11년에서 동 14년 사이에(726) 濟州로 貶官 이후 河南 崇山에 은거할 때34) 도가사상의 영향을 받아 시작에서 '長嘯'・'鍊丹' 등의 도가 특유의 시어를 구사하면서 의식의 虛無를 토로하였다. 예컨대, 〈竹里館〉(≪王摩詰全集箋注≫ 卷13) 제1, 2구를 보면,

---

33) 王維의 行旅는 開元 10年 (723) 부터 始作해서 濟州・潤州・大散・襄陽・蜀 等 陜西・四川・河南・湖北一帶를 江華留守, 62세에 紫霞山莊・楸子島 귀양. 64歲에 平薪鎭簽使. 65歲에 平山府로 귀양.(年譜 참조)
34) 拙稿「王維 詩友에 관한 硏究」참조. (≪東西文化≫, 1975)

홀로 깊은 대숲에 앉아서
거금고 타며 또 길게 휘파람을 부노라.

獨坐幽篁裏, 彈琴復長嘯.

와 〈自大散以往深林蹬道盤曲四十五里至黃牛嶺見黃花〉(동 권4)의 제7,8구를 보면,

조용히 깊은 시내에서 말하고
높은 산마루에서 길게 휘파람 부네.

靜言深溪裏, 長嘯高山頭.

여기에서 각각 '長嘯'란 표현 문제인데, 신위시에서도 예견되고 있다. 즉 〈象山四十詠〉의 (《申紫霞詩集》卷1) 〈遏雲嶺〉을 보면,

나무꾼이 도를 터득한 듯,
흰머리 옷깃에 드리우네.
내 같이 말하리니,
긴 휘파람 내며 날아 고개에 올라라.

樵翁類有道, 素髮垂衣領.
我欲與之言, 長嘯飛上嶺.

여기서 '長嘯'는 道家에 있어 '致不死'[35] 즉 長生을 의미하는 것으로

---

35) 唐人 孫廣, 《嘯旨》(商務印書叢集成第1660種: "夫氣激於喉中而濁, 謂之言, 激於舌而淸, 謂之嘯, 言之濁, 可以通人事, 達性情, 嘯之淸, 可以感鬼神, 致不死, 蓋出其言善, 千里應之, 出其嘯善, 萬靈受職, 斯古之學道者哉."

道家 철학의 중요한 기본관념의 하나다. 그러나 신위에게서는 시어보다 더욱 仙의 詩境이 짙게 표현되어 있다. 즉 〈抄秋文城江泛舟〉(동 권1)의 제7,8구를 보면,

    진실로 한 잎 작은 배에서
    이 몸이 흰 갈매기를 가벼이 쫓노라.

    小舟眞一葉, 身逐白鷗輕.

위의 구는 俗脫의 合自然이며, 〈淸平洞口〉(동 권2)의,

    큰 강 꺾여 흐르는 곳에,
    작은 시내 흘러와서 모이네.
    선경과 속세가 이곳을 경계 삼았는지,
    시내 지나며 내 절로 의심스러워라.

    大江折流處, 小溪來會之.
    仙凡此爲界, 過溪吾自疑.

위의 구는 入仙界를, 그리고 〈次韻問庵秘書新蝶〉(동 권3)의 제5～10구를 보면,

    아아! 나는 이 우주간에,
    잠시 육신을 기탁한 것이로다.
    영장과 벌레 비록 다르지만,
    생성의 이치는 같은 바로다.
    그 조화로 보면,
    홀연히 한 작은 티끌이로다.

嗟余宇宙內, 邂逅寄形身.
靈蠢雖有別, 生成理則親.
自其化者觀, 倏忽一微塵.

이들 구는 虛無的인 無爲自然性을, 그리고〈後落葉詩〉제5수(동 권3) 말연의,

올 가을 진정 아무 것도 지지 않고
지팡이 의지코 선인을 따르리라.

今秋眞不負 杖第携仙侶.

위의 말2구는 人生無常의 仙侶 의식을 보여주며,〈鶴〉(동 권5) 제1,2 구의,

머리 옆 단사옥 자태 한가로이
선녀인양 세속의 먼지 떨치고 서 있네.

頂側丹砂玉立閑, 仙乎標格出塵寰.

과〈無名氏古綃山水十絶句〉(동 권5) 제5수의 제1,2구의,

비자나무 책상머리에 향을 피우고 도덕경을 읽는데
한 채의 띠풀 초가에 우뚝한 소나무와 대 나무가 서 있네.

棐几燒香讀道經, 喬松修竹一茅亭.

등을 보면 이 시구들은 모두 仙의 뉘앙스를 유로시킨 신위시의 장점이 되는 부분이다. 이상의 예시는 妙悟하고 冲淡空靈의 흥취로서 성당풍의 별다른 흥취인 것이다.

한편 '禪'은 神韻說을 대칭한다 하겠으니, 詩와 禪의 관계에 대해서 명대 胡應麟은,

> 엄우의 선으로 시를 비유하는 이치는 아름답다. 선은 곧 한 번 깨우친 후에는 만법이 공이니, 노래하고 노하여 소리질러도 이치에 맞지 않는 것이 없다. 시도 곧 한 번 깨우친 후에는 만상을 가만히 깨우치게 되니 신음과 기침만 해도 천진한 도리에 합당한다. 선은 필히 깊은 지경을 이룬 후에 깨달을 수 있고 시는 깨달은 후에라도 여전히 모름지기 깊은 지경을 이루어나가야 한다.
>
> 嚴氏以禪喩詩, 旨哉. 禪則一悟之後, 萬法皆空, 棒唱怒呵, 無非至理; 詩則一悟之後, 萬象冥會, 呻吟咳唾, 動觸天眞. 禪必深造而後能悟, 詩雖悟後, 仍須深造.(≪詩藪≫·「內編」卷三)

라고 하여 詩와 禪을 불가분의 관계로 놓고 詩는 悟를 얻은 후에 深造가 요구되는 데 禪이 필수적인 관념의 힘이 된다는 것이다. 명대 魏慶之가 설파한 다음 글을 보면,

> 시도는 불법과 같아서 대승과 소승으로 나누이며 사마는 외도이니 오직 아는 자만이 이것을 말할 수 있다.
>
> 詩道如佛法, 當分大乘小乘, 邪魔外道, 惟知者可以語此.(≪詩人玉屑≫卷五「陵陽室中語述韓駒」)

라고 하여 嚴羽 이후의 중국 시론의 근간이 될 만큼 詩와 禪의 연결

고리를 부각시키고 있음을 보게 된다. 그만큼 王維와 申緯의 시에 있어서도 禪과의 연관은 중요하게 다루어진다. 王漁洋은 이르기를,

엄창랑의 선으로 시를 비유하는 이론을 나는 깊이 새기며 오언시는 더욱 그에 가깝다. 왕유와 배적의 망천절구 같은 것은 글자마다 참선에 들어가 있다.

嚴滄浪以禪喩詩, 余深契其說, 而五言尤爲近之. 如王裵輞川絶句, 字字入禪.(≪帶經堂詩話≫ 卷三)

라 하여 왕유의 輞川絶句를 入禪하는 시의 대표로 비유하였는데, 가내로 왕유가 母 崔氏(博陵人)에게서 信佛의 영향을 받은 바 큰 데 있다.36) 그의 〈胡居士臥病遺米因贈〉37)(≪王摩詰全集箋注≫卷3)는 전시가 佛語로 작시되었을 뿐 아니라 인류의 三界火宅에서 괴로워하는 육체의 그 구성요소인 四大因 즉 地水火風이 집합된 상태에서 '苦'를 해탈하여 각득하는 세계인 忘我의 涅槃을 상상케 한다. 諦念이 체득되며 不入俗의 자세가 파악되어 '無苦集滅道'의 수행이 된다. 제1·2구는 '集'이며, 第11·12구는 '滅'이며, 제13·14구는 '道'의 心態이다. 그리고 제13·14구는 '空'을 추구한 표현이다. 또한 〈謁璿上人〉(동 권3)에서는 皮相의 見을 떠난 眞相의 觀으로 '空'과 '色'을 초극한 神交의 경지를 표출하고 있으니 말4구인,

---

36) 「請施莊爲寺表」(≪王摩詰全集箋注≫卷十七): "亡母故博陵縣君崔氏, 師事大照禪師, 三十餘褐衣蔬食, 持戒安禪."
37) 「胡居士臥病遺米因贈」: "了觀四大因, 根性何所有, 妄界苟不生, 是身孰休咎, 色聲何謂客, 陰界復誰守. 徒言蓮花目. 豈惡楊枝肘. 旣飽香積飯. 不醉聲聞酒. 有無斷常見, 生滅幻夢受. 卽病實相, 趣空定狂走. 無有一法眞無有一法垢. 居士素通達. 隨宜善抖擻. 牀上無氈臥. 隔中有粥否. 齋時不乞食. 定應空漱口. 聊持數斗米. 且救浮生取."

방금 신운이 보이려 하니
저 멀리 하늘과 땅이 보이네.
일심으로 법요에 드니
원컨대 속된 마음 들지 않기를.

方將見神韻, 陋彼示天壤.
一心在法要, 願以無生獎.

이 바로 그것이다. 신위 시에는 왕유처럼 佛語의 구사나 佛心의 표현이 도득되어 있지 않으나, 王漁洋과 翁方綱의 嚴羽의 禪喩詩論의 신운이 깊이 영향을 주고 있음을 알 수 있다. 불어가 구사된 '禪性' 표현으로 〈九月九日泛舟摩訶灘至烏淵返宿觀寂寺作〉(《申紫霞詩集》卷1)의 말4구를 보면,

노를 멈추고 승방을 빌려 기숙하니,
취기가 아직 깨지 않았는데 선의 마음 벌써 도망갔네.
부처님 앞의 연등이 가물가물한데,
이상한 새 울어대는데 서쪽 산봉우리엔 달이 지누나.

移棹就借僧房宿, 殘酒未醒禪已逃.
佛前蓮燈遞明滅, 怪禽叫落西峰月.

이들 구는 心興을 禪心에 부회하려 하였고, 〈初夏謾興〉(동 권3) 제1수의 제7·8구의,

흰 귀밑 털로 참선의 경지에 들어서
게송 한 구절 남기노라.

鬢絲禪定入, 偈子留一句.

그리고 〈紫雲菴〉(동 권4) 제1·2구의,

익힌 길로 시내 따라 백옥강에 이르러
자운방에서 시선의 경지에 드노라.

路熟沿溪白玉岡, 詩禪入定紫雲房.

그리고 〈霖雨新晴岱瑞相過園亭〉(동 권6) 제11·12구의,

이 속에 시의 경지 있으니
참선의 깨우침은 그대만이 홀로 얻도다.

此中有詩境, 禪悟君應獨.

그리고 〈次韻澹隱山人周誠之〉(동 권6) 제1·2구의,

얽매인 관직으로 언제나 강촌을 찾을 건가
게송을 외며 때때로 돌아가고픈 마음을 대신하네.

縻官何日訪江村, 偈子時時借返魂.

등은 모두 詩禪相喩하는 시의 예로서, 魏慶之의 "學詩渾似學參禪." (시를 배움이 온전히 참선을 배우는 것 같음)(《詩人玉屑》 卷一)이나, 徐增의 「而菴詩話」 41조에서,

무릇 시는 글자 하나라도 함부로 쓸 수 없다. 선가에서 하나라도 들어 따지지 못하고 시역시 하나라도 들어 따지지 못 한다. 선은 모름지기 일가를 이루어야 하고 시도 일가를 이루어야 한다. 불가에서 배우는 자는 한 막대로 종래의 불조를 쳐낼 수 있어야 비로소 종문의 대가가 될 수 있으며, 시인은 한 붓으로 종래의 절구를 쓸어낼 수 있어야 비로소 시의 대가가 될 수 있다. 작시에 있어 참선을 제외시킨다면 더욱 별다른 도리가 없다고 본다.

夫詩一字不可亂下. 禪家著一擬議不得, 詩亦著一擬議不得. 禪須作家. 詩亦須作家. 學人能以一棒打盡從來佛祖, 方是個宗門大漢子; 詩人能以一筆掃盡從來臼, 方是個詩家大作者. 可 見作詩除去參禪, 更無別法也.

라 한 바와 같이 禪義와 詩敎가 관련이 있으면서 분별되어 있어 신운의 표현에서 詩와 禪의 상호 역학적 상관성이 있음을 알게 된다. 그리고 신위는 63세(辛卯·1831) 이후 작에서 완전히 초탈하여 入禪함으로써 神交를 묘사하고 있는데, 67세 작인(乙未·1835) 〈追和彛齊在北藩時題黃山所寄疎松短壑圖韻〉(동 권5)의 제11·12구인,

참된 이치 몰래 드러나지 않고
오묘한 깨우침 홀로 아노라.

眞諦秘不示, 妙悟心獨知.

그리고 같은 해의 〈次韻竹坨桐土餞春〉(동 권6) 제2수의 제5·6구인,

선가에서는 환탈이 공이지 색이 아니며
극락세계의 변화한 꿈은 참이 아니로다.

禪家幼脫空非色, 香國繁華夢不眞.

은 空과 色을 논하고, 71세 작(己亥·1839)인 〈落梅〉(동 권6) 제3수의 제7·8구인,

> 원하노니 다비 삼매에서 불타서
> 후신으로 오는 아이에게도 이 향기는 엄연하기를.

> 發願茶毗二昧火, 後身童子是香嚴.

은 佛法에 따라 입적하고픈 심회를, 그리고 70세 작(戊戌·1838)인 〈戊戌八月十一日僕七十生朝也枔溪佟以壽詩卽用原韻爲謝〉(동 권6)는 成佛된 해탈의 '悟'를 표출하였다. 즉 그 제5~8구를 인용하면 다음과 같다.

> 이미 부처 되어 한가함을 생활로 하니,
> 태어난 날 선후는 비교 마오.
> 절로 연꽃 연못에 한 즐거움 보탠다면,
> 그대 보낸 시구 더욱 매끄러운 것이로다.

> 已知成佛閑商略, 莫把生天較後先.
> 自得蓮洋添一樂, 來詩字竦更篇圓.

결론적으로, 신위 시에 있어 ≪滄浪詩話≫적 詩禪說은 郭紹虞가 주창한[38] (A) '以禪論詩'와 (B) '以禪喩詩' 즉 '悟'의 개념으로 볼 때, (A)는 '透徹之悟'며, (B)는 '第一義之悟'라는 의미에서 고찰하므로 더욱 분

---

38) ≪中國文學批評史≫ 下卷 pp.556~557 神韻說과 ≪滄浪詩話校釋≫詩辨 pp.40~42 참조.

명히 할 수 있다. (A)는 禪理와 詩理가 상통하는 관점에서 해석하므로, 內像에의 부각까지 포함하겠으며, (B)는 禪法과 詩法이 서로 통하는 관점에서 比擬하므로, 外像의 의표와 涵義에서 터득된다. 71세 작(己亥·1839)인 〈梅花〉제3수(동 권6)를 예거하면,

> 시의 흥취와 꽃의 마음이 묘처를 같이 하고,
> 좌선 풍모는 허와 공을 깨친 듯 하네.
> 빈가에 세월은 어엿이 가고,
> 걸상에 누우니 봄빛은 날로 화창해지네.
> 그윽한 자태 등잔 그림자 아래 서리며,
> 향기로운 넋은 연지 중에 스며드는 듯.
> 고산의 절창이 천고에 없으니,
> 꽃잎도 신운을 전하고 글자마다 공교롭다.

> 詩境花心妙處同, 禪風髣髴悟虛空.
> 貧家歲色堂堂去, 臥榻春光日日融.
> 逸態橫陳燈影下, 香魂沁入硯池中.
> 孤山絶唱無千古, 瓣瓣傳神字字工.

여기서 제1·2구는 (B), 제3·4구는 (A), 제5·6구는 (A), 제7·8구는 (A)·(B)의 悟를 각각 표현하였고, 그리고 73세 작(동 권6)인 〈代書答草衣師〉를 보면,

> 바다 마을 산골에 귀양가던 날,
> 슬프고 당황한 속에 원고 많이 없어졌네.
> 탑의 명문을 한번 잃어 통탄을 이기지 못하였으니,
> 참선의 먹으로 베낀 글 틀리지 않네.
> 일 마치니 마침내 천불의 힘 얻었건만,

마음 쓰다가 십년마가 되었도다.
책을 대하니 완연히 독경 방에 앉은 듯,
풍미를 맛봄은 손수 만든 차로다.

海鎭山郵遷謫日, 恤惶文稿在亡多.
塔銘一失嗟無及, 禪墨重龝字不訛.
歲事終資千佛力, 勞心好作十年魔.
書來宛對繙經室, 風味分嘗自製茶.

여기에서 제3·4구는 (B), 제5·6구는 (A)의 悟를 묘사하고 있으니, 이것은 신위시에서 간과할 수 없는 不入俗의[39] 聖敎로 볼 수 있다.

Ⅱ. 申緯와 王維 詩의 詩中有畵論

1. 詩中有畵의 의미

신위시의 화적 분석은 전적으로 왕유시의 詩中有畵論에[40] 의거하여 고찰된다. 신위가 詩書畵 三絶이라는 점이 우선 왕유와 일치한다. 신위의 王維畵의 영향관계를 보면, 첫째 청대시화를 대표하던 翁方綱과의 교분, 둘째 神韻派의 王漁洋을 사숙한 흔적이 신위시에 산견되고, 王漁洋 자신이 왕유를 孟浩然과 함께 神韻派의 종으로 추숭한 점[41], 셋째

---

39) 《王摩詰全集箋注》卷末附錄三條(p.388) : "王摩詰·孟浩然·韋蘇州, 片言隻字, 皆不入俗"(西麓周氏·世界書局) 又 《而菴詩話》第三條 : "摩詰精大雄氏之學, 篇章字句皆合聖敎."
40) 《東坡志林》卷五,「書摩詰藍田烟雨圖」: "味摩詰之詩, 詩中有畵, 觀摩詰之畵, 畵中有詩."
41) 蘇雪林의 《唐詩槪論》第九章 p.64. 내용은 기설했으며 郭紹虞의 《中國文學批

金澤榮이 集序에서 이미 시화에서 왕마힐에서 방출하였음을 기술한 점 등으로써 신위가 왕유를 배웠음을 명백히 하겠다. 왕유 畫法은 李思訓의 靑綠山水를 묘사함에 筆格이 堅勁하고 細密하며 六朝의 彫琢을 습용한 데다, 南宗畫를 창출하여 渲淡을 宗旨로 해서 자연의 생명을 시화에 부각하여 문인화의42) 전통을 확립하였다. 여기에 禪의 文學化를 가미하여 시의 외적인 면에서 평면적 상을 입체화시키고, 내적으로는 시의 想을 심화시킨 것이다.43) 왕유의 畫法은 「畫學秘訣」에44) 상세히 기술되어 있는데 단지 '凡畫山水, 意在筆先'란 구에서 그 畫意를 감지할 수 있다. 이같이 신위 畫風 또한 水墨으로 평원한 산수를 묘회하며 특히 墨竹이 신묘함은 南宗畫法의 일종이다.45) 畫的 工巧를 도입한 왕유의 〈孟城坳〉(≪王摩詰全集箋注≫ 卷13)를 보면,

맹성 입구에 새집을 지었더니,
오랜 버드나무가 늘어져 있네.
올 사람 또 누구일까?
공연히 옛사람의 일이 슬퍼지누나.

新家孟城口, 古木餘衰柳.
來者復爲誰, 空悲昔人有.

評史≫下卷 第五篇 p.554에 "本來漁洋幼年學詩, 卽從王孟常建王昌齡·劉愼虛·韋應物·柳宗元數家入手, 結習難忘, 原不足怪."
42) ≪王摩詰全集箋注≫卷末 畫錄에 "文人之畫, 自王右丞始."(≪容臺集≫)
43) ≪王摩詰全集箋注≫卷末 畫錄 : "南宗則王摩詰, 始用渲淡, 一變拗硏之法." 又 "要之摩詰所謂雲峰石迹, 廻出天氣, 筆意縱橫, 參乎造化者."(≪容臺集≫)
44) ≪王摩詰全集箋注≫卷二八 論畫의 「畫學秘訣」에 "凡畫山水, 意在筆先. 丈山尺樹, 寸馬分人. 遠今無目, 遠樹無枝, 遠山無石. 隱隱如眉, 遠水無波, 高與雲齊. 此是訣也."
45) 李家源,「紫霞詩評攷」(≪國際文化≫) 참조.

여기에서 불과 20자 중에 시대의 명확성, 즉 과거·현재·미래의 변천을 표현하고 人事의 무상을 함축한 工巧의 극치를 보여 준다. 전2구는 裴迪의 同詠인,

> 옛 성 아래에 초가 짓고,
> 가끔 옛 성 위에 오르노라.
> 옛 성은 옛 사람의 것이 아니고,
> 지금 사람들이 왔다 갔다 하노라.
>
> 結廬古城下, 時登古城上.
> 古城非疇者, 今人自來往. (孟城坳의 和詩)

에서 전2구의 畵意를 가하지 않은 평면적 기교와 대조된다. 이 같은 왕유의 기법이 신위시에 활용된 면을 고찰하건대, 〈池亭〉(《申紫霞詩集》卷1)의,

> 푸른 눈의 잠자리 서로 나란히,
> 붉은 옷깃 제비는 엇갈려 난다.
> 지는 해에 저녁 바람 지관에 부니,
> 물 무늬진 수풀 그림자 창문에 어리네.
>
> 碧眼蜻蜓相戴, 紅襟燕子交飛.
> 落日晚風池館, 水紋林影窓扉.

에서 4구 속에 회화에 필요한 色感(紅·碧)과 제1·2구의 생동하는 자태, 그리고 제3·4구의 濃淡·遠近의 陪襯對比를 강구한 시의 화풍은 "筆墨可謂造微入妙."[46]라 한 왕유풍과 상통하며, 〈達雲古城〉(동 권1)의,

그윽한 곳 찾아도 이 마음 어이 다하리,
서운한 정 여운 남기네.
창연히 먼 경치 비쳐오니,
석양은 고성으로 지려 하네.

幽尋意何極, 怊悵有餘情.
遠色蒼然至, 落暉下古城.

에서 제3·4구가 "靡不畢精妙罕見."⁴⁷⁾라 한 王維 詩評같이 신위화의 平遠性과 神妙가 시에 표출되어 있다. 그리고 〈淸平洞口〉(동 권2)⁴⁸⁾의 제1·2구가 漸層法으로 입체적 工巧를 다 했으며, 제3·4구에는 신위 자신의 入妙와 탈속을 묘사하고 있다. 더구나 〈追私彝齋在兆藩時題黃山所寄疎松短壑圖韻〉(동 권6)을 보면,

안개구름 천만상이
모두 먹 따라 이루어진 것.
이랑 길 밟지 않고서도,
문인이 교묘한 것 있어라.
낙낙한 열 손가락 사이에,
천연스레 빼낸 자태로다.
황산의 영험한 슬기,
시와 그림에 일관하도다.
풀어 펴면 그림 되고,
거두어 뭉치면 시 되나니,
참 요체는 감추어 드러내지 않고,

---

46) ≪王摩詰全集箋注≫卷之末 p.21
47) 張彦遠의 ≪歷代名畫記≫ 「論山水樹石」(商務印書館)
48) 本稿 「不入俗」章에 旣引詩.

오묘한 경지를 나 홀로 아네.
산골 건너면 빽빽한 숲이고,
깎아지른 산기슭엔 누대가 기이하다.
비 듣는 창가에서 홀로 펴 보니,
남에게 갖다 주고 싶지 않네.
그리운 님 하늘 끝에 있어,
자주 세월이 바뀜을 한탄하도다.
편지 대신 이 그림 보냈으니,
이 때를 안타까워 마소.
천리 밖 한 방에서 만났다가,
숲 속 골에서 만날 기약 있었도다.
마음에 흠모하여 화정에 부치니,
빌리고 돌려줌이 또 어리석도다.

烟雲千萬態, 都是墨隨爲.
而不涉畦徑, 文人創巧思.
落落十指間, 天然出風姿.
黃山靈慧性, 詩畵一貫之.
渙室則爲畫, 揫斂則爲詩.
眞諦秘不示, 妙悟心獨知.
陟壑密林景, 翻跌麓臺奇.
雨窓只自看, 贈人不堪持.
所思在天末, 頻嗟歲凡移.
充信卷此圖, 不惜於此時.
千里晤一室, 林壑中相期.
心欽寄畫詩, 借痴還亦痴.

이상의 시는 68세의 만년작으로 완숙하지만, 신위의 畵的 혜안이 아니면 묘사하기 어려운 것이다. 신위의 詩中有畵가 왕유처럼 신위시의 예술특성이니, 詩情과 畵意의 밀접한 관계를 조화하여 시의 情과 화의

意를 虛와 實에 비유하여서 畵의 顔料와 線을 시의 像으로 풍염하고 선명하게 사실화하였다. 상기 시의 제9·10구는 바로 詩畵一致의 묘처인 것이다. 詩와 畵가 상합된 의식세계는 共感覺의 상징성도 개재되어 있다고 본다. 共感覺(Synastetisch)은 자극에 따라 그에 상응하는 感覺外에 동시에 일어나는 다른 영역의 감각이므로 개인적 경험에서 나오는 현상이 된다. 시의 畵法은 특히 색채감각의 시에서 유출되므로 인해 시의 단순한 美的 감각 이상의 은유적 감각이 감지될 수 있다. 상기시의 표현법은 시각적 가치에서 悟境을 득한 의표가 觸覺的(추상적 개념) 변형으로 移感되는 것이다. 즉 제1·2구가 그 예인 것이다. 그리고 〈春望〉(동 권3)의 제3·4구인,

언덕에 푸른 백문동 꽃이 가득하고
흙을 뚫고 나온 붉은 작약이 빼어나 있네.

沿坡緣面蘼蕪厚, 冒土紅心芍藥抽.

에서 色彩言語로 '綠'과 '紅'을 사용하여 春節이라는 대상을 독립시키고, 그 두 자에서 시인의 春에 대한 고정의미를 부여하고 있는 것과 〈洗心齋〉(동 권4) 제3·4구의,

한번 웃는 황국화는 나처럼 시들고
다시 오는 백조는 전 사람이 아님을 탄식하네.

一笑黃花如我老, 重來白鳥歎人非.

여기에서 '黃花'의 황색은 '我老'의 代稱 의미이며, '白鳥'의 백색은 '人非'에 대한 부정적 의미 즉 人是의 代語인데, 이것은 色彩 형용사를

통해 事物 관련에서 自我 관련으로 색채기능을 전환시킨 色彩 상징이
며 隱喩인 것이다. 이러한 시어의 화적 감각이 신위시의 詩中有畵的
의미 해석에 중요한 요소인 것이다.

2. 詩의 畵的 結構
―〈輞川詩〉와 〈象山四十詠〉·〈淸平絶句〉의 비교―

繪畵의 構圖 설정은 화가의 基本功이다. 화가는 다수의 跡象을 조합
하여 한 완전한 整體를 구성한다. 왕유시는 이 화적 특색을 터득하였
다. 예컨대, 〈渭川田家〉(《王摩詰全集箋注》 卷3)를 보면,

      석양이 아련히 비추니
      저 골목으로 소와 양이 돌아오는 시골
      노인은 목동이 걱정되어
      지팡이 짚고 사립문 앞에 기다린다.
      꿩 우는 속에 보리는 이삭 피어나고
      누에 허물 벗을 때 뽕잎이 드물다.
      농부는 호미 메고 서서
      이야기 나누며 떠드는 소리.
      아! 이 한가로운 그들이 너무 부러워
      쓸쓸히 식미가를 읊노라.

      斜光照墟落, 窮巷牛羊歸.
      野老念牧童, 倚仗候荊扉.
      雉鴝麥苗秀, 蠶眠桑葉稀.
      田夫荷鋤立, 相見語依依.
      卽此羨閑逸, 悵然歌式微.

여기에서 말2구는 본시의 주지가 되는 것으로 작자가 여기서 농촌의 閑逸을 묘회하여 官場 奔競 생활의 혐오심을 표시하고 있다. 전9구 중에 '墟落', '牛羊', '牧童', '荊扉', '麥苗', '蠶眠桑葉', '田夫', '荷鋤' 등 여러 농촌생활의 하나 하나의 跡象을 나열하고 제9구에서만 '閑逸' 2자 1점을 사용하여 모든 跡象을 꿰어 놓아 한 폭의 화해롭고 구체적이며 생동적인 완정한 화면을 조성하였다. 이것은 "位置緊而筆墨鬆"49)라 한 평어와 적합하다. 여기서 신위의 〈春盡日對雨〉(≪申紫霞詩集≫ 卷5)에서 이 기법을 찾을 수 있다.

조화는 사사로움 없고 만물은 한계 있나니,
봄빛 결국 뉘에 많이 비추일까.
정가는 것 제비와 꾀꼬리 소리요,
득의한 것 도화와 행화로다.
잔 들어 병 막으려 하나,
몰아치는 비바람이 화사함 덜고녀.
지난해 이러하고 올해 또 이러하니,
인명과 꽃다움을 함께 스러짐에 맡기리라.

造化無私物有涯, 春光畢竟屬誰多.
關情燕語酬鶯語, 得意桃花殿杏花.
準備杯觴防疾病, 折除風雨損華奢.
去年如此今年又, 人壽芳菲任共磨.

이 시는 신위를 아끼던 文祖가 서거하자 江華留守 직을 사 임하고 선영이 있는 紫霞山莊으로 들어간 후, 辛卯年(1831)의 刑曹參判職 제수마저 병을 빌미로 사양하고, 壬辰年(1832)에 都承旨로 임명되고서도 심

---

49) 盛大士의 ≪谿山臥遊錄≫卷一: "古人位置緊而筆墨鬆, 今人位置懈而筆墨結, 則甛邪賴不去而自去矣."

한 참소를 받는 말년의 작인데50) 말2구는 신위의 불우신세와 生의 행휴를 절감한 묘회이다. 전6구에는 시제에 부합하는 跡象 즉 '物有涯'·'春光畢'·'燕語'·'桃花'·'鶯語'·'杏花'·'風雨損華奢'를 나열하고 말구 '人壽芳菲任共磨'로 전시를 관철하여 조화된 시정과 화의를 결구조성하였다.

한편 신위의 〈淸平山絶句〉16수(동 권2)와 〈象山四十詠〉(동 권1)의 山水 오절은 특히 組詩의 특징이 현저한데 왕유의 〈輞川集〉五絶 20수(≪王摩詰全集箋注≫卷13)와 繪畫的인 結構 특성을 깊이 비교 고찰할 수 있다. 왕유의 輞川詩는 唐 宋之問의 별장이었던 輞川別墅에서 은거하며 시우 裴廸과 화창한 작품인데51) 天寶 연간의 安史之亂으로 왕유는 소극적인 半官半隱을 지향하면서, 輞川集의 결구에서 山水景色에 대한 묘회를 통해 자신의 은거생활의 사상감정을 반영하였는데 이제 그 20수를 성격별로 다음과 같이 3분할 수 있다.

현실의 불만에 기초한 變幻의 관장생활에의 염오를 표현한 (가)류로 〈柳浪〉·〈漆園〉, 우미한 景色과 건강한 生活氣息을 묘사한 (나)류로 〈文杏館〉·〈斤竹嶺〉·〈木蘭柴〉·〈茱萸沜〉·〈臨湖亭〉·〈南垞〉·〈欹湖〉·〈欒家瀨〉·〈白石灘〉·〈北垞〉, 그리고 현실도피의 고독한 심정, 淸冷한 경색, 神仙한 성향, 人生虛幻의 감상 등 소극적 색채가 농후한 (다)류로는〈孟城坳〉·〈華子岡〉·〈鹿柴〉·〈宮槐陌〉·〈金屑泉〉·〈竹里館〉·〈辛夷塢〉·〈椒園〉 등으로 분류된다. 이상의 3분류된 시는 서로 밀절한 內在聯繫를 지니고 있는데 결구상으로는 (가)를 線索으로 삼아 (나)·(다)의 시를 관통하여 완정한 組詩를 형성하고 있다. 즉 매수시가 각각 한 화면을 구성해서 그것을 집결하여 한 폭의 화해한 전경을 이룬 것

---

50) 金澤榮, ≪紫霞詩集≫卷首 年譜 참조.
51) 졸문 「王維의 詩를 통한 교유관계 考」 裴迪章을 참조.(≪이문논총≫ 21집, 2001.12)

이다. 이 망천시의 회화적 결구법상의 組詩 특색이 신위에게 활용된 예를 〈淸平山絶句〉(동 권2)(1819·己卯年 51세)와 〈象山四十詠〉(동 권1)(1815·乙亥年 47세)에서 고찰한다.

〈淸平山絶句〉를 지은 때는 신위가 谷山府使(1817~1819)를 사퇴하고 귀가하던 시기이다. 우선 관직을 떠나 재야에 몸둔 상황이 왕유의 망천시 작시와 상통하고 있다. 이 역시 산수를 묘사하였는데, 그 15수를 망천시와 같은 분류방법으로 비교분류 하면, (가)류는 불의에의 비판과 우국을 대변한 〈極樂殿〉의 제3·4구,

> 요승은 진정 목을 쳐야 하나니
> 전각 하나에 일국을 다했다니.
>
> 妖僧眞可斬, 一殿竭一國.

그리고 현실에의 혐오를 표현한 〈仙人國〉의 제3·4구,

> 산 밖의 일 듣기 싫으니
> 자겸이 이제 나라를 도박한다네.
>
> 厭聞山外事, 資謙方睹國.

그리고 회고적으로 현실을 비유한 것으로 〈眞樂公重修文殊院碑〉의 제3·4구,

> 탄연 스님 또한 고려인이니
> 어찌 별난 기틀 도구 있으리.

坦然亦麗人, 豈有別機杼.

등을 들 수 있다. (나)류는 神靈하고 莊嚴한 경물을 묘사한 〈九松亭瀑布〉의 제3·4구,

신령한 경지는 아련하고 기괴한 변화 일어나
한의 폭포에서 문득 두 줄기 쏟아진다.

靈境眩奇變, 一瀑忽雙注.

그리고 자연의 경치와 화합한 의식을 표현한 〈影池〉의 제3·4구,

그대와 이 물 마시며
길이 뒤엎어진 이 모습을 떠나리.

與君猷此水, 永離顚倒相.

아울러 입체적인 우미한 경색을 표현한 〈西川〉의,

두 폭포수 층층 무지개에 걸려 있어,
처음은 하늘 문에서 새는가 의아했네.
돌 뛰 넘어 긴 내 건너라니,
홀연 두 폭포 샘에 이르러라.

雙瀑掛層虹, 初疑漏天門.
跋石弄長川, 忽至雙瀑源.

그리고 古杉에 대한 섬세한 묘사인 〈千年古杉〉의 제3·4구,

진정 경사로운 구름을 헤치고 우뚝 솟아
푸른 빛 오랜 천추의 시간을 가로질렀네.

眞拂慶雲頂, 黛色橫千秋.

또한 우아한 경색을 묘사한 〈山頂花〉의 제1·2구,

누가 아주 험한 곳에 꽃을 심었나
어지러이 붉은 잎 지는 것이 비 오듯 하네.

誰種絶險花, 雜紅隕如雨.

등을 들 수 있다. (다)류로는 〈淸平洞口〉제3·4구,

선경이 무릇 여기를 경계로 하였는지
시내 지나며 나 절로 의아스럽네.

仙凡此爲界, 過溪吾自疑.

의 脫俗仙界, 그리고 〈瑞香院〉을 보면,

고요한 서향원,
아마 그이가 계실 듯 하오.
매화 가지의 달은 새로운 듯,
세월을 안 기다리네.

廖廖瑞香院, 庶幾伊人在.

梅梢月如新, 年代不相待.

여기서 金時習에의 懷古와 生의 無常을 읽게 되며, 그리고 작자의 고독감을 묘사한 〈降仙閣〉의 제3·4구,

외진 전각 하나 우연히 남아 있어
아직도 불당을 가리고 있네.

孤閣偶不毁, 尙掩諸佛院.

參禪의 은둔을 그린 〈松坡畵像〉의,

송파엔 선어 하나 없고,
화승도 말 한 마디 없도다.
말이야 또한 떨칠 수 있지만,
어찌 그림에만 묻혀 사오.

松坡無一偈, 畵僧無一言.
言說尙可離, 安事生綃縶.

다음으로 孤高한 生의 窮極的인 비감을 표출한 〈古骨〉의,

나그네 집 한번 떠나,
가는 자취 뉘 매어 놓으리.
산 승 끝내 할 말 없어,
애틋이 그 벗은 허물 지키네.

傳舍一去後, 行踪誰可繫.

山僧竟無謂, 區區守其蛻.

그리고 人跡未踏의 仙界인 〈仙洞〉의 제1·2구,

한번 겹치고 또 한번 가리워져
이미 나그네의 가는 길 막혔구나.

一重又一掩, 已窮遊人躅.

懷古에 의한 무상을 노래한 〈懶翁鐵柱杖〉의 제3·4구,

나옹은 본디 생불이신데
슬프다, 불제자여.

懶翁固生佛, 哀哉佛弟子.

등 7수가 묘회되어 있다. 여기에서 각수의 시정이 畵意化한 연계를 유지하여서 線索인 (가)의 구조상에 (나)와 (다)의 直感과 비유, 회고의 色과 像을 첨가하여 (가)·(나)·(다)가 연결된 화적 결구의 組詩를 이룬 것이다.

다음 〈象山四十詠〉을 분석해서, 총 40수를 시정의 회화적 성격별로 5분하여 결구의 특색을 밝히고자 한다. 이 작품은 谷山府使에 재임시의 작이지만, 현실을 초탈한 閑淨한 심태에서 자연과 동락하는 가운데 각 40 景地마다 詩情과 畵意가 동시에 표출된다. 이들을 분류하면, (가)류는 관직 및 현실에 대한 은유적 비판과 혐오를 묘사한 점에서,

〈滌署樓〉의 "長官本不熱, 應無署可滌",

〈淸水芙蓉閣〉의 "潔身兼照物, 君子視爲政.",
〈葫蘆泉〉의 "說尹苦行者, 應將比導師.",
〈月掛嶺〉의 "獨有催租吏, 橫行掛月村."

등 4수를 들겠고, (나)류는 신위 자신의 신세에 대한 비유적 회의를 묘회한 점에서 〈白羽山〉의 '名山入官府, 不興我偃蹇', 〈柏松亭〉의 '雖有濯濯譽, 諒無棟樑用', 〈摩訶灘〉의 '雖爲現人妻, 數與郞相君'구 등 3수를 들겠고, (다)류는 詩境속에 현실도피 내지는 속탈의 의취를 묘사한 점에서,

〈梧桐烏〉의 "琴村雖已爨, 古意吾當求."
〈達雲古城〉의 "幽尋意何極, 怊悵有餘情."
〈鳥音洞〉의 "大賢昔播越, 云此結茅宇. 野言然疑作, 吾當訪年譜."
〈紫霞潭〉의 "我至紫雲潭, 因之風世悟."
〈釰岩閣〉의 "我道如彰義, 君言似武溪."
〈高達窟〉의 "稽首禮高達, 無言我亦默."
〈銀心嶺〉의 "不妨遊宦子, 到此歇貪泉."
〈斗卦嶺〉의 "靈泉漱茯苓, 飮者已諸病."

등 8수 시를 들겠으며, (라)류는 산수와 자신의 同樂과 景色 본연에 대한 솔직한 묘회인 점에서,

〈明瑟園池〉의 "無物隔纖塵, 栖神澄百慮."의 淨,
〈柳橋〉의 "柳橋古時柳, 蔭周官道傍."의 수목의 무성,
〈柳林石塔〉의 "如借廣辰舌, 繞塔鶯百囀."의 柳林과 鶯囀의 靜動美,
〈大隨阪〉의 "非關搖落候, 淅淅有秋聲."의 秋哀,
〈霧山〉의 "龍噓霧爲山, 霧罷山如故. 暖翠與浮嵐, 橫天霧非霧." 전구의 웅장과 부허,

〈馳馬道〉의 "山中人不識, 電影流飛鞚."의 山中有眞,
〈峨眉山〉의 "眉態方未已, 窓徒倚時."의 山色 미려,
〈候月臺〉의 "少焉千尺臺, 人影水中偃."의 人月同醉의 미,
〈柳浪〉의 "柳浪亦佳村, 綠陰人更靜."의 靜,
〈烏淵〉의 "毓江一陳雨, 灑面作龍香"의 자연의 묘취,
〈觀寂寺〉의 "看碑人小立, 花雨落髿髿"의 入禪,
〈文城鎭〉의 "嚴城吹畵角, 纖月一鉤黃."의 자연의 오묘

등 12수 시를 들겠으며, (마)류는 속세에서 초탈하고 고독과 仙界의 淡遠을 묘회한 점에서,

〈小杉榻〉의 "元龍空百尺, 於此寄傲兀."의 고고,
〈洗硯池〉의 "蔬珪助一漑, 餘力洗陶泓."의 선담,
〈尋詩經〉의 "忽又入詩境, 印破青苺苔."의 詩入悟境,
〈資考寺〉의 "白道孤兒在, 山門一泫然."의 노후의 고독,
〈峀嵐山〉의 "五色非常雲, 青龍古寺處."의 경물의 신비,
〈蘭瀨橋〉의 "眞珠不自惜, 跳濺客衣衫."의 仙界에 몰입,
〈紫邏障〉의 "倘許卜隣下, 移家就昭曠."의 탈속,
〈黃姑灣〉의 "黃姑處幽獨, 明粧爲誰艶."의 경치의 幽奧,
〈蟠桃石〉의 "仙山足官府, 而我久婆娑."의 仙界에의 희원,
〈遏雲嶺〉의 "我欲與之言, 長嘯飛上嶺."의 樵翁 長嘯,
〈白鷗灣〉의 "將身比白鷗, 波上一浩蕩."의 白鷗의 浩氣,
〈桃花洞〉의 "有村皆錦浪, 無處不桃源."의 桃花仙界에의 入村

등 12수 시를 들겠는데, 이 5 분류에서 (가)를 畵法上의 구도로 해서 (나)·(다)를 화면의 大意로 부각하여 구체화시키고서, (라)에서 彩色과 明暗을 가필한 후, (마)에서 화폭의 진솔과 詩情을 표현하면서 消極感 傷의 추향을 자연스러이 묘사하여 象山의 山景情趣를 순수하게 그려

놓았다. 이러한 신위시의 화학적 結構의 기법은 明代 董其昌이 "筆踪 潛思, 參于造化."(붓의 자취가 깊이 상념에 잠기어 조화를 이룬다.)⁵²⁾ 라 한 내용과 일치한다고 하겠다.

3. 詩의 畵的 選材 — 觀察과 體會 —

신위시의 회화적 의미에서 시 구성에 요긴한 詩材의 선정에서 畵의 選材法을 如何히 이입하고 있느냐 하는 문제가 또한 중요하다. 선재 활용은 시의 煉意이겠으니 어떤 특징 있는 사물을 선택하여 融煉組合 해서 일종의 흡인력 있는 의경을 표현함으로써 주제의 표달을 심화하는 것이다. 董其昌은 '畵眼'에서 "보아서 익혀지면, 자연히 마음을 전해지고, 마음을 전한 자의 심성이 드러나니 겉과 속이 서로 어울렸다가 잊었다가 하면서 마음의 기탁이 되는 것이다."(看得熟, 自然傳神, 傳神者心以形, 形與心手相湊而相忘, 神之所託也.)라 하였는데 이러한 畵學上의 관찰과 체회의 공부를 시 이면에서 표현시키는 것이다. 이 시에서의 화적 선재가 왕유 시론에서 어떻게 구사되고 있는지를 고찰하면서 아울러 신위 시에 도입하여 비교 분석해야 할 것이다. 왕유 시는 포착과 창조의 형상이 뛰어나서 자연의 경색 및 非景色 작품에서 모두 구사되고 있다. 먼저 景色 작품에서 보면, 〈使至塞上〉(≪王摩詰全集箋注≫卷9)의,

    사막의 외론 연기 곧게 오르고
    장강의 지는 해는 둥글구나.

---

52) ≪王摩詰全集箋注≫卷末 附錄 三條 明董其昌畵評中引用.

大漠孤烟直, 長河落日圓.

구에서 塞外의 경색에 대한 묘사가 마치 황량한 화면과 호방한 詩的 기식이 융화되어 襯映作用을 하고 있다. '孤烟直'의 세밀한 관찰과 '落日圓'의 심묘한 체회는 즉 포착과 창조의 표징이다. 또한 〈山居秋暝〉(동 권1)의,

> 대나무 부시락 빨래하는 여인 돌아가고
> 연꽃 찰랑대니 고깃배 지나간다.

> 竹喧歸浣女, 蓮動下漁舟.

구는 鄕居 생활의 동태를 관찰한 것이며 〈送別〉(동 권3)의,

> 먼 곳 나무에는 나그네가 서 있고
> 외로운 성에는 지는 햇빛 드리운다.

> 遠樹帶行客, 孤城當落暉.

위의 구에서 '帶'와 '當'자는 畵中三昧에서 체득된 煉意의 표현인 것이다. 이로써 신위시를 보면, 〈抄秋文城江泛舟〉(《申紫霞詩集》 卷1)의,

> 나루터 넓어 뭇 개울이 모이고,
> 서리 낀 나무들 밝아라.
> 쪽배 진정 한 잎 같거늘,
> 이 몸도 갈매기 따라 가벼이 날고프네.

> 津闊諸溪合, 霜酣雜樹明.

小舟眞一葉, 身逐白鷗輕.

위의 구에서 전2구는 像의 포착력을 다한 관찰, 후2구는 合自然的인 形心相湊의 체회이며, 〈九松亭瀑布〉(동 권2)의,

신령한 경계가 아련히 기이한 변화 일으키고
한 줄기 폭포는 문득 두 가닥으로 쏟아진다.

靈境眩奇變, 一瀑忽雙注.

위의 구는 전구를 체회, 후구를 관찰로 하여 표현의 도치를 하였으며, 〈潘家莊〉(동 권2)에서,

외딴 마을에 외다리 가로놓이고
지는 해에 쌍 절구 걸려 있네.

孤村橫一彴, 落日懸雙杵.

라 한 구는 왕유의 〈使至塞上〉의 '孤'·'落' 2자와 일치하게 활용하면서 어촌의 경물을 襯映하고 있다. 그리고 〈始興雜詩〉(동 권3)의 제11수 제5·6구인 "비추이는 무성한 초목 그림을 펼친 듯, 머물러 있어 이 마음 기쁘도다."(映蔚開圖畵, 留連悅性靈.)의 神託, 〈南閣梅花盛開〉(동 권3)의 제2수의 제1·2구인 "가파른 푸른 산은 문앞에 서 있고, 맑고 밝은 달은 창문을 엿본다."(靑山在戶, 淡白月窺門.)의 색채감각을 가미한 표현, 그리고 〈霖雨新晴岱瑞相過園亭〉(동 권6) 제9·10구에서,

노니는 나비는 한가한 장막을 지나가고

먼 산 기운은 갓 머리감은 듯하다.

遊蝶過閑幔, 遠黛增新沐.

라고 한 구의 정밀한 관찰력 등을 들겠다. 그리고 非景色 작품에서 보면, 왕유의 〈少年行〉(《王摩詰全集箋注》卷14) 제1수를 예거하여 분석하면,

신풍의 좋은 술이 많기도 한데,
함양의 의협 소년도 많기도 하다.
의기가 맞아서 마냥 술 마시나니,
말 맨 높은 누대엔 버들가지 늘어져 있네.

新豊美酒斗十千, 咸陽遊俠多少年.
相逢意氣爲君飮, 繫馬高樓垂柳邊.

여기에서 제1구의 '美酒'와 제2구의 '少年'을 제3구의 '意氣'와 유대시키어 美酒와 少年을 자연스러이 결합시켰다. 그리고 '意氣'어는 제2구의 '遊俠'에서 표출되어 있는 것이다. 이리하여 전시의 틀이 갖추어지고, 情意가 표달되었다. 그러나 상고할 문제는 이 틀과 정의를 여하히 생동케 하느냐 하는 것인데, 이의 생명력은 제4구에 落點되어 있다. 즉 '繫馬'의 動態에서 소년의 의기 투합의 神態를 보게 되는데 '馬'와 제2구의 '遊俠'이 연계되어 소년의 英俊을 제시해 줄 뿐 아니라, 제3구의 의기에 대한 상상적 落實性을 표출하고 있다. 그리고 '高樓垂柳邊'이 繫馬의 장소이며 高樓는 酒店이 때문에 제3구의 '爲君飮'과의 장소를 밝히고 아울러 실감을 배증시킨 것이다. 또한 '垂柳'의 자태와 '遊俠少年繫馬'의 동태는 상호간에 襯映作用을 하고 있어 意氣와 神態가

전시를 생동케 하였다. 이런 묘사법은 실감적 기초위에 상상과 體味 그리고 虛實을 유도하여 董其昌이 말한 바 傳神的 작용을 발휘한 것이다.

이 왕유의 시적 선재상의 體會와 觀察이 신위의 다음 非景色詩에 여하히 유로되고 있는지 구명해 보자. 〈病中猥蒙聖上連日下問因賜鹿茸紀恩有詩〉(《申紫霞詩集》卷6)(필자 임의로 A시라 지칭함) 〈送別趙碧雲得林赴任寧邊〉(동 권6)(B시), 〈屬秋史〉(동 권1)(C시)의 3수를 예거한다.

(A)
이 생명 어이 성은을 갚으리요,
허튼 나이 육십 넘은 쓸쓸한 재상이네.
성상이 산 방에 병을 위문하시고,
약물을 베푸시니,
푸른 이끼 낀 뜰 아래 자의 걸친 님을 맞는다.

此生何以答恩榮, 散秩耆年一冷卿.
問疾山房宣藥物, 綠苔庭下紫衣迎.

(B)
주묵이 한가할 때 영각은 조용하고,
황정을 달이니 전서모양 연기 붉네.
그대 일찍이 신선 풍골 없었다면,
어찌 명산이 부중에 있었을까.

朱墨閑時鈴閣靜, 黃精蒸罷篆烟紅.
非君夙有神仙骨, 安得名山在府中.

(C)
밝은 세대 북소리, 바른 소리 퍼지고,

모여서 얼싸 안고 깊은 정 나누었네.
내 이젠 영준 논하는 일 권태로우니,
청매술 덥히는 일 후생에게 맡기겠네.

昭代春容播正聲, 蒐羅揚抱有深精.
吾今倦矣論英雋, 煮酒靑梅屬後生.

 이상 각 시에서 주맥(詩題와 부합하는)이 되는 시어로, A에서 '恩榮'·'卿'·'宣藥物'·'紫衣'는 聖上의 은택을 상징하고, B에서 '朱墨'·'黃精'·'篆烟'·'神仙'·'名山'은 趙碧雲의 영변 가는 시제에 대한 대칭이며, C에서 '正聲'·'深情'·'英雋'·'煮酒靑梅'는 秋史를 칭하여 상호관계를 의미하는 것이니, 이들은 A·B·C시의 골격이 된다.
 이 위에 情意가 觀察과 體會에 의해 묘사된 구조를 살펴보면, A는 제1·2구에서 感懷的 意趣를 보이고, 제3·4구에서는 실체로서의 '藥物'·'紫衣'와 같은 묘법을 강구하여 시 자체의 특성에 맞게 감흥을 먼저 표현하고서 事實의 입증을 하고 있다. 제1구의 '恩榮'은 藥物로써 客體化되어 있고, 그 효과는 제2구의 冷卿이라는 대상 때문에 더욱 큰 것으로 묘회되어 있다. 여기에 제4구에서는 綠과 紫의 色彩調和가 시에 대한 완전한 회화적 體臭의 표현이라 하겠다. 따라서 제1·2구는 體會, 제3·4구는 觀察의 選材라 하겠다.
 다음 B를 보면, 제4구의 '名山'을 落點으로 해서 위의 3구의 閑靜과 경물의 仙界의 성향을 묘사하고 있다. 이것은 경색의 묘사를 통하여 인품을 宣揚한 내재적인 感染力이 개재되어 있다. 특히 제1구의 '朱墨閑↔鈴閣靜', 제2구의 '黃精蒸↔篆烟紅', 제3구의 '君↔神仙骨', 제4구의 '名山↔府中'의 관계는 동일구 안에 동일한 의미의 選材를 강구한 것으로서, B가 갖는 특수한 묘법이다. 여기서는 제1·2구가 관찰이요,

第3・4구는 體會이다. 그리고 C는 묘회가 왕유의 〈少年行〉제1수와 상통하기도 한다. 이 시의 落點은 제4구의 '後生'이다. 제1구의 '正聲'은 제3구의 '英雋'과 일치하며 제2구의 '深情'은 제4구의 '煮酒靑梅'에 통한다. 이것은 秋史의 재능과 상호간의 우의를 표출한 시어인데, 그 시어의 배치가 조화되어 있어, 화적 選材의 이치를 터득한 것으로서 情緖의 理智化라 하겠다.53) 제1・3구가 관찰이요, 제2・4구가 體會의 意表이다.

4. 言語의 色感表現 ― 色・光・態・聲 ―

언어는 시가의 기본재료로서 걸출한 시인은 동시에 언어의 거장이기도 하다. 신위 시를 왕유 시를 통해 고찰할 수 있는 畵的 역량은 바로 이 시어의 구사능력에 있다. 이것은 왕유는 물론 신위시의 가장 강한 개성이기도 하다. 양인을 비교하건대, 먼저 왕유를 논하면서 신위를 부회하는 방법으로 전개하겠다. ≪詩人玉屑≫에,

　　왕우승은 가을 물의 연꽃 같이 바람 따라 절로 웃노라.

　　王右丞如秋水芙蓉, 倚風自笑.54)

라 하고 殷璠은 또,

---

53) 伍蠡甫, ≪談藝錄≫, p.85 : "單是觀察自然, 紀錄觀察的結課, 這還并非藝術. 對自然的形象能起感情的激動, 從而把這激動提高到情操的完成, 選擇那宜於傳達這情操的形象, 幷連用熟練的技巧來表現這主觀化了的客觀, 於是才有生繪畵藝術的可能."(商務印)
54) 魏慶之撰 卷二, p.14, 矅翁詩評引用.

왕유의 시는 사어가 빼어나고 격조가 우아하며 의취가 청신하고 이치가 합당하니 샘에 있어 진주가 되고 벽에 붙어서 그림이 된다. 한 자와 한 구에 그 뜻이 평상의 경지를 벗어나 있다.

維詩詞秀調雅, 意新理愜, 在泉爲珠, 著壁成繪, 一字一句, 旨出常境.55)

라 하였는데, 이는 왕유의 시어의 畵的 감각을 비평한 것으로, 왕유의 특히 景色詩 부분에서 사물에 대한 의경을 색채감각에 의해 묘회하고, 여기에 聲·光·態의 입체의식을 가미하여 시의 특성을 특출하게 하였다. 예를 들어 〈觀獵〉(《王摩詰全集箋注》 卷8)의 구를 보면,

바람이 세니 각궁이 우는데
장군은 위성에서 사냥한다.

風勁角弓鳴, 將軍獵渭城.

라고 하여 '勁'과 '鳴'자의 含義를 주시할진대, '弓鳴'에서 '風勁'이 현출되고 또 '風勁'이 있으므로 弓力이 나올 것이니, 狩獵의 성세를 체현한 것이다. 더구나 제2구의 '將軍'의 시어는 眞迫感을 다한 수법으로 畵意와 문학적 공능이 결합하여 聲과 態의 효과를 표출하였다. 그리고 〈輞川別業〉(동 권10)의,

비속에 풀빛이 푸르게 물들어 가고
물 위에 복사꽃이 붉게 타오르려 한다.

---

55) 《王摩詰全集箋注》卷末 附錄 《河嶽英靈集》引文.

雨中草色綠堪染, 水上桃花紅欲然.

　위의 구에서 전구 3개자와 후구 3개자는 한 시어 속에 色·態·光이 융합되어 있다. 즉 '綠'·'紅' 양자는 色, '染'(물들어 있다)·'然'(타고 있다) 양자에서 隱現되는 態, 그리고 위의 것과 '雨中'·'水上'과의 조합관계에서 체현되어 있다. 이 기법이 신위에게 어떻게 적용되었나 하는 점을 예를 들어〈題淸水芙蓉閣〉(≪申紫霞詩集≫ 卷1) 제5·6구를 보면,

　　　새가 나는데 한 점 푸른 빛 사라지고
　　　물고기 노는데 온 머리가 금빛으로 입혔구나.

　　　禽飛一點翠光去, 魚戲千頭金色披.

　위의 구에서 '禽飛'와 '魚戲'는 態, '翠光'과 '金色'은 色과 光을 표현하고〈芙蓉堂夜宴憶安陵舊遊吟成短律奉贈按使〉(동 권1) 제5·6구를 보면,

　　　휘돌아 흐르는 푸른 물에 연꽃이 자루를 남기고
　　　고운 붉은 난간엔 달에 현을 올려 놓았네.

　　　縈回綠水荷留柄, 宛轉朱欄月上弦.

　위의 구에서 '綠'과 '朱'의 色, 그리고 '縈回'와 '宛轉'의 굽어 도는 '態'味를 표현하고 있다. 또한〈春望〉(동 권3) 전체를 보면,

　　　끄는 발 지팡이 의지코 불편하니,

햇빛 따스히 나를 언덕으로 부르도다.
언덕에 푸른 백문동 무성코,
언 흙을 뚫고 나온 홍작약 빼어났도다.
여기 버들 연기 짙은 곳에 말을 매니,
뉘 집인지 눈 같은 살구꽃 누각에 기대었네.
끝없이 완상하니 춘색을 더하거늘,
천상 어디에 수심을 부치리오.

曳脚支節不自由, 陽和召我上高邱.
沿坡綠面麰蕪厚, 冒土紅心芍藥抽.
是處柳烟濃駐馬, 誰家杏雪暖憑樓.
無端極目傷春色, 天上那能剩寄愁.

여기에서 제3·4구의 '綠'과 '紅'의 色, 제5·6구의 '濃駐馬'와 '暖憑樓'는 각각 光과 態를 나타내고 있다. 그리고 〈客舍葉〉(동 권4)의 일단을 보면,

쉭쉭 쓸쓸한 바람에 낙엽이 하늘에 날리고
기러기 소리 미치는 곳에 새벽 등이 눈앞에 어른댄다.

淅瀝蕭森葉落天, 雁聲窮處曉燈前.

위의 구에서 '淅瀝'과 '雁聲'은 계절적 감흥을 돋우는 '聲'이며, '天'과 '燈'은 간절한 靜態를 묘회한 色과 態의 표현이다. 〈宿金陵懷舊書事〉의 제3~6구를 보면,

옥 같은 달빛 오늘밤 맞고
비단 같은 강 빛에 묵은 해 가도다.

사람의 소리 쓸쓸히 붉은 단풍잎 밖에 들리고
화루 앞엔 피리소리 구슬프다.

似珪月色近今夕, 如練江光逝舊年.
人語蕭蕭紅葉外, 角聲咽咽畵樓前.

위의 구에서 제5·6구의 '人語'·'角聲'은 語와 聲 양자가 人과 角 양자에 조화되는 聲의 대어이며, 제3·4구의 '月色'과 '江光'은 光의 기법을 표현하였다. 특히 〈十月十日始雪自題墨竹〉(동 권5)의,

창문이 밝아 오니 묵은 구름 걷히고
새소리 나니 아침 햇살 빛난다.

窓白 宿雲 去, 禽鳴 朝日 暉.
光　色　態　聲　光　態

위의 구에서는 표시한 바대로 光·色·聲·態 4개 시어의 繪畵的 감각이 동시에 묘출되어 있다. 다음에 신위시의 시어상 畵的인 色·聲·光·態의 묘회를 ≪申紫霞詩集≫ 2冊 6卷에서 표현이 돌출한 구를 각각 분류하여 열거하겠다.

〈色〉

(1) 古戍黃華鞭影外, 酒家紅旗雁聲邊. (〈東關驛至凉水河作〉제5·6구 卷1)
(2) 柳月漾溪黃, 松雲屯嶺碧. (〈滌暑樓〉제1·2구 卷1)
(3) 碧眼蜻蜓相戱。紅襟燕子交飛(〈池亭〉제1·2구 卷1)
(4) 且喜黃菊盃中實, 不管青絲頭上雪. (〈九月九日泛舟摩訶灘至烏淵返宿觀寂寺作〉제9·10구 卷1)
(5) 青楓葉赤松檜嶺, 白沙路黑招提境. (상동시 제13·14구 卷1)

470 제3편 朝鮮漢詩와 唐詩

(6) 綠野長春知鹿壽, 青山不老驗松年. 《題汪載淸寄蕙傲孫兩居畵》제3·4구
　　　　　　　　　　　　　　　　　　　卷1)
(7) 黃州柳色綠干染, 隴上梨花白如膚. 《書按使扇頭》제2수 1·2구 卷1)
(8) 草綠裙腰綠到天, 紅橋十里小桃邊. 《偶愛羅養峰聘桃花鎭曲演成四絶句來
　　　　　　　　　　　　　　知明童按歌兩峰度曲亦復合度否》 제1수
　　　　　　　　　　　　　　卷1)
(9) 景陽井裏塡紅粉, 金谷園中墮綠蛾. 《落梅絶句》제1·2구 卷1)
(10) 我鴉酒煖迎紅燭, 燕子泥融送碧車.《三月三日小酒新晴》제5·6구 卷1)
(11) 烹茶掃紅葉, 憩雲傾綠醑.《潘家莊》제5·6구 卷2)
(12) 碧蘆自羅生, 翠叢非種成.《碧蘆吟》제2수 卷2)
(13) 打將靑山正, 推蓬絳葉翻.《始興雜詩》제1수 제3·4구 卷3)
(14) 行人沙上白, 老瓦樹問靑. (상동시 제3·4수 3구 卷3)
(15) 仰羨紅葉盛, 俯憨銀髮星.《後落葉詩三首又用初白韻》제1수 제5·6구 卷3)
(16) 沿坡綠面蘼蕪厚, 冒土紅心芍藥抽.《春望》제3수 3구 卷3)
(17) 笑黃花如我老, 重來白鳥歎人非.《洗心齋》제3·4구 卷4)
(18) 黃雲晝角君行北, 白露蒼葭我向西.《送鄭徑山閣學之任會寧》제5·6구 卷4)
(19) 銀燭樓前白雨橫, 金陵江上暮霞明.《金陵道中》卷4)
(20) 明月滿江孤鶴影, 碧蘆花畔掠舟時.《丁卯橋中翰泰於雲客齊中見余詩畵口
　　　　　　　　　　　　　　占一絶口遙訂神父久而未復追和原韻》제
　　　　　　　　　　　　　　3·4구 卷4)
(21) 瀚以松靑蒸石翠, 亂雲堆裡杜鵑紅.《尋花五絶句》제3수 제3·4구 卷5)
(22) 謝盡碧桃君不至, 滿庭堆雪怕人行.《雨蕉書云趨碧桃未謝當一就晤今見雨
　　　　　　　　　　　　　　後花事已非悵然題寄雨蕉》제7·8구 卷5)
(23) 上池下池綠竹, 東嶺西嶺靑松.《平薪鎭六言》제3·4구 卷5)
(24) 紅葉未霜山氣變, 碧雲如水夜凉初.《九月旣望之夜共興賦》제5·6구 卷5)
(25) 白髮不相放, 黃花如得時.《次韻曠原秋懷》제5·6구 卷5)
(26) 依俙水墨丹靑畵, 點染紅黃紫綠秋.《淮陽》제5·6구 卷6)
(27) 生在三春紅紫外, 不關王母敕花租.《菊》제1수 제3·4구 卷6)
(28) 白雪太忙風刮地, 黃昏依舊月窺詹.《落梅》제3수 제3·4구 卷6)

(29)翠壁丹崖初過雨, 白雲紅樹變秋時. 《〈無名氏古絹山水十絶句〉제7수 제1・2구 卷6)

(30)岩洞蒸紅花似錦, 山庭茸綠草爲菌. 《〈今春鄭碩汝明府適自湖鄕來共賞花于雙檜亭亭乃碩汝三十年舊宅也今屬張姓武人〉제5・6구 卷6)

(31)朱墨閑時鈴閣靜, 黃精蒸罷篆烟紅. 《〈送別趙碧雲得林赴任寧邊〉제1・2구 卷6)

이상 31개의 예시된 구에서 사용된 色彩 언어는 景色詩에 다용되어 있다. 순수한 자연경물에 색채를 부여한 것은 '黃↔靑(綠)', '紅↔靑(綠)'구가 주류를 이루고 있어, 상기 인용구의 (2)・(3)・(8)・(9)・(10)・(11)・(13)・(16)・(21)・(23)・(24)・(26)・(30)이 그 예가 된다. 특히 최다용된 靑(綠)은 결합된 대상이 山水・草木(春)・雲으로 (13)・(24)・(30)이 그 예가 된다. 이것은 신위의 自然歸去的인 영혼의 휴식, 그리고 성스러운 神聖에의 동경을 표징한다고 하겠다.56) 그리고 긍정적, 수동적, 여성적인 靜의 묘사에 靑(綠)을 도입하고 있다. 靑(綠)과 最多 대칭되는 色彩言語 '黃・紅'은 정화된 季節(秋)을 표현하여 자연・광명과 黃昏을 의미하고 있다.

〈聲〉
(1)行人喚渡立沙渚, 一百回鈴遙語風. 《〈白塔〉제3・4구・≪申紫霞詩集≫卷1)
(2)非關搖落候, 淅淅有秋聲. 《〈大隨阪〉제3・4구 卷1)
(3)門前車馬道, 一片對秋聲.《〈碧蘆吟〉제2수 제3・4구 卷2)
(4)伴石墨池含雨氣, 當窓蘆葉助秋聲.《〈寄謝吳蘭雪〉제5수 제3・4구 卷3)

---

56) Erinnerung An Georg Trakl p.198, 참조, 伍蠡甫의 ≪談藝錄≫, p.86 參閱 (商務印

(5)喃喃爾汝何恩怨, 丁字簾前鶯燕聲. (《惜春》제3·4구 卷3)

〈態〉
(1)溪風瑟瑟水仙冷, 梅雨翛翛紅豆然. (《題汪載淸寄惠傲孫雨居畵》제5·6구 卷1)
(2)長官本不熱, 應無暑可滌. (《滌暑樓》제3·4구 卷1)
(3)山溜來雖險, 官池到自平. (《洗碩池》제3·4구 卷1)
(4)乳燕如願晴, 鳩鳴還欲雨. (《初夏謾興》제2수 제9·10구 卷3)
(5)船頭一抹靑於染, 惟有三山遠遠隨. (《江都留後辭朝日重熙堂引對退後口占二絶句第二首》제3·4구 卷4)
(6)豈有幽期成悵望, 且將淸影共徘徊. (《七月七日感懷書事》제5·6구 卷5)

〈光〉
(1)表裏皇州窮一覽, 樓臺全碧夕陽曛. (《五塔寺》제7·8구 卷1)
(2)落日晩風池館, 水紋林影窓扇. (《池亭》제3·4구 卷1)
(3)遠色蒼然至, 落暉下古城. (《達雲古城》卷1)
(4)燭燄幢幢影, 黯助離人意. (《次韻答問庵秘書》제7·8구 卷5)

　　紫霞 신위시의 자연을 대상으로 한 敍景과 敍情을 조화시킨 신운적 특성, 그리고 시의 화적 의미를 정립하는 데는 왕유 시의 제요소 중 요점이 되는 시의 隱逸浪漫性 즉 道·佛的 의식과 사회불안에서 오는 脫俗感, 詩中有畵의 특성을 기반으로 비교분석하지 않으면 안 되었다. 申·王 양 시인의 여러 특색에서 공통점과 차이점을 비교하는데는 충분한 보충자료가 요구되는 것이지만, 부득불 청대 옹방강까지의 왕유의 시풍을 계승한 조류를 찾아서, 신위 시에 결정적 영향을 준 王漁洋과 翁方綱의 神韻說과 肌理說에 비중을 두어 비교 고찰하였고, 시의

畵味는 직접 왕유 시론에서 표출되는 단면을 신위 시에서 찾으려 하였다.

　신위시의 왕유 시론적 특색은 '淳淡'·'高雅'·'脫俗'이란 의미에서 공통성을 찾겠고, 시의 기교상의 여러 점이 신위에게서 더욱 다용되고 있다 보겠다. 그리고 화적인 詩味는 色彩美와 畵的 結構, 나아가 시어의 選材, 시어의 立體 意趣 등 화가이자 시인만이 소유한 시의 예술화 감각에 대한 분석에서 양자가 入妙의 경지를 터득한 것이 분명하다.

　이 본고가 주는 여파가 미세하고 불합리한 점이 허다하겠으나, 韓國 漢文學의 계발에 중국문학적 인용과 비유, 연구가 간과될 수 없다는 심각한 인식을 새삼 확인하게 된다.

李白詩 諺解本의 구성과 그 예시

　高麗를 거쳐 朝鮮에 이르러 抑佛崇儒 정책을 실시하면서 儒敎를 國敎로 하게 되매, 유가사상 이외에는 더 이상 표방할 수 없는 풍토가 조성되었다. 그리하여 佛敎는 물론, 道家思想의 입지도 좁아지고 그와 관련된 제반 여건이 적절치 못하게 되었다. 이러한 상황에서 문학에서의 도가사상과 관계성을 맺는 관념도 그 폭이 극소화되었다. 조선의 문학사상의 영향관계를 정리하는데 道仙사상을 적극적으로 접목하기가 용이치 않은 점이 여기에 그 원인이 있었음을 간과할 수 없는 것이다. 필자가 연전(1999년 5월)에 中國李白學會 주최 국제학술대회에서 이백과 조선 문인을 관련시키려는 작업을 시도하는 과정에서 자료상으로 겨우 鄭斗卿을 그 대상으로 선택한 것은 그 일예가 된다.[1] 이와 같이 조선에서의 도가적 색채를 지닌 文學淵源과 그 상관성을 직접적인 거론에서부터 기피하려는 문단의 입장이 대조적으로 杜甫를 위시한 韓愈와 柳宗元, 그리고 宋代 歐陽修와 蘇軾으로 一脈化시키는 논조를 유지하게 한 것이다. 따라서 당시의 諺解작업도 두보 시는 일찍이 가능하였어도 이백

---

[1] 道家思想의 脈絡과 鄭斗卿과 李白의 관계는 정두경 부분에서 이미 논술함.

시는 거론하는 경향이 드물게 된 것이다. 그러니까 杜詩諺解本은 한국문학에 지대한 가치를 지니고 있으면서 李白詩 諺解本은 학계에서 찾아볼 수가 없었다. 혹시 있다해도 그 質과 量의 면에 있어서 학술적 가치가 거의 없었을 것이며 그 기대치도 미미하리라고 보고 있었다.

그런데 이미 십여 년 전의 일이지만 국어학을 연구하는 洪允杓 교수로부터 이백 시를 위시한 언해본(편의상 李白詩諺解本이라 함)의 복사본을 입수한 후, 중문학도로서의 필자는 단지 이백 시 등을 선별하여 고대 한글로 번역한 자료이려니 하고 오랜 동안 방치해 둔 상태로 지금에 이른 것이다. 표지도 마모되고 編譯者도 불명인 거친 필체의 筆寫本으로 입수한 경우이어서 언해된 한글연구의 가치 정도로 간주해온 것이다. 최근에 이 자료를 검토하려는 관심으로 一讀하는 과정에서 특별히 이백 시의 언해가 정확하고 그 문학적 가치인식을 거론할 필요성을 파악하고 여기에 개괄적이나마 기술하고자 한다. 단 '遺響' 부분의 시들은 이백 이외의 시인의 시들을 모아 역해한 것인 만큼 본고에서는 생략하고 목록만을 나열하고자 한다.

Ⅰ. 諺解本의 구성과 그 의의

언해본은 단순한 筆寫本으로서 書名과 譯者, 그리고 연대 등이 모두 불명인 상태로 발견된 바 이 자료의 학술적 가치를 인정할만한 근거가 전무하다. 그럼에도 불구하고 필자가 소개하는 이유는 그 譯解 내용이 높은 가치를 지니고 있다는 것 때문이다. 그 단순한 이유 하나 만으로도 충분한 근거가 확보되었기에 본고에서는 다음 절에 그 역해의 예를 들면서 기술하기로 하고 여기에서는 그 구성과 나름의 의미를 살피려고 한다.
언해본의 구성은 전체 분량이 138쪽의 書幅에 135제 142수의 시를 수록하고 있다. 細分하여 「李白七言上」에는 20제 20수, 「李白七言中」에는 51제 55수 등 75수, 그리고 劉希夷와 白居易 등 타시인들의 시들을 모아 역해한 「遺響」에는 64제 67수를 각각 선록한 바 그 각 작품에 신중한 譯解를 가한 것이다. 역해는 시제 밑에 漢文으로 해제를 하고 각 시구의 譯文을 하고 역문에서 註解를 필요로 하는 부분에는 구말에 한문으로 註釋을 가하고 있다.

특히 이 언해본에 실린 이백시는 樂府詩와 七言歌行의 형식을 지닌 작품에 비중을 두고 있다. 이것은 明代 王世禎이 ≪藝苑巵言≫에서,

> 이태백의 고악부는 곱고도 황홀하며 종횡으로 변화무쌍하여 재사의 극치를 다하고 있다. 그러나 이것이 곧 태백의 악부시인 것이다.

> 太白古樂府, 窈冥惝恍, 縱橫變幻, 極才人之致. 然自是太白樂府.

라고 평한 것이라든가, 淸代 馮班이 ≪鈍吟雜錄≫에서,

> 이태백의 가행시는 초사와 시경에서 본받아 아래로 육조의 양진대의 시에 이르기까지 포용하지 않은 것이 없으니 기특한 중에도 기특하고 또한 글자마다 그 뿌리가 있어서 풍자가 절실하니 자고로 아직까지 이만한 것이 없었다.

> 李太白之歌行, 祖述騷雅, 下迄梁陳之言, 無所不包, 奇中又奇, 而字字有本, 諷刺沈切, 自古未有也.

라고 그 성격을 단적으로 칭찬한 글, 그리고 특히 七言古詩에 대해서 품평한 沈德潛은 ≪唐詩別裁集≫에서 이미 이백을 비범한 才士로 확정하여 평하기를,

이태백의 칠언 고시는 천상 밖으로 떨어져 나가는 것 같아서 절로 변화가 일어난다. 큰 강이 바람 없는데 파도가 절로 일고 흰 구름이 하늘에서 바람 따라 사라지는 격이다. 이러한 것은 아마도 천부적일 것이니 누구도 따라갈 수가 없다.

太白七言古, 想落天外, 局自變生. 大江無風, 波浪自涌, 白雲從空, 隨風變滅. 此殆天授, 非人可及.

라고 하여 이 필사본의 작자가 이백 시의 장처를 깊이 인식하고 선별한 기준을 보여주었다고 할 수 있다. 이런 관점으로 볼 때, 언해본의 작자의 주석상의 감상이 역시 독특하여 개성적인 평어를 가하고 있음을 강조한다. 이제 그 예를 들어서 이 언해본의 첫째 시가 되는 〈遠別離〉의 시제 하의 기술내용을 보면,

이것은 악부명이다. 대개 아황과 여영이 순임금과 헤어지는 것을 가사로 삼았다. 이백은 자신의 명황과의 멀리 헤어짐을 기탁하고 아울러 그 시기의 사실을 말하므로써 읊어 탄식한 것이다. 오언시 중에 상수가에 떠돈다는 구가 있으니 아마도 이 때에 지은 것인가 한다.

此樂府曲名. 蓋以皇英別帝舜爲辭者也. 白托言己之遠別明皇而兼言時事以詠歎之. 五言詩中有流離湘水濱之句, 疑此時所作也.

라고 부기하여 독자에게 이해도를 높이려 하였는데, 그 기술이 상당히 정확한 것을 알 수 있다. 그리고 본문의 일단의 역해를 보면,

멀리 이별하였는데 옛날에 아황과 여영 두 여인이 있었으니
곧 동정호 남쪽 소수와 상수의 물가에 있다네.
그 한이 바닷물 곧장 아래 만리 깊이에 있으니
그 누구라서 이 이별의 괴로움 말하지 않으리오.

해는 쓸쓸히 지고 구름은 자욱하여 어두운데
성성이는 안개 속에 울고 귀신은 빗속에 휘파람을 부네.

遠別離, 古有皇英之二女.
乃在洞庭之南, 瀟湘之浦.
海水直下萬里深, 誰人不言此離苦.
日慘慘兮雲冥冥, 猩猩啼烟兮鬼嘯雨.

〈遠別離〉

위의 역문을 보면 담은 의미를 簡潔하고 直說的으로 表達하고 이어서 매2구말에 역주를 가한 것이 適切하다. 제1연 末의 역주를 보면,

> 두 여인이 상수 물가에서 죽은 것은 이별의 한이 여기에 있음을 말한다.
>
> 二女死於湘浦, 言別恨在此也.

라고 하고 제2연 말의 역주를 보면,

> 말하건대, 상수는 두 여인의 한을 지니고 있어 곧장 아래 바닷물 만리의 깊은 곳에 이르러 있으니 누가 이 이별의 고통을 말하지 않겠는가?
>
> 言湘水帶二女之恨, 直下海水至於萬里之深, 誰不言此別之苦乎?

라고 하며 제3연 말의 역주를 보면,

> 이것은 상강의 저녁 경치를 말하고 있지만 해는 임금을 비유하고 구름귀신성성이는 소인을 비유하여 그 당시의 기상과 수심과 비참을 나타낸 것 같다.
>
> 此似言湘江暮景而以日喩君, 以雲鬼猩猩喩小人, 以現當時氣象愁慘.

라고 하여서 그 어느 주석에 비하여도 전혀 무리하지 않은 감상을 피력하고 있다. 이러한 논조로 시종일관 역해한 이 자료의 가치를 필자

의 이 글 이후에는 중시하게 되리라 믿는다. 그 예로 〈長相思〉(其一)를 더 들어 보기로 한다.

오래 그리워하며 장안에 있노라.
귀뚜라미 가을에 금정 난간에서 울고
잔서리 쓸쓸히 내리니 대자리 빛 차도다.
외론 등불 어두우니 그리움조차 끊어질 듯,
수막을 걷어 달을 보며 공연히 긴 한숨지으니,
꽃 같은 미인은 구름 가에 격해 있도다.
위에는 푸르고 어두운 높은 하늘이 있고,
아래는 맑은 강의 거친 파도 있도다.
하늘 높고 길 멀어 넋이 괴로이 날고
꿈의 넋도 관산의 험한 곳 이르지 못하네.
오래 그리워하느라, 애간장 부서지도다.

長相思, 在長安.
絡緯秋啼金井闌, 微霜淒淒簟色寒.
孤燈不明思欲絶, 卷帷望月空長嘆.
美人如花隔雲端.
上有靑冥之高天. 下有淥水之波瀾.
天長路遠魂飛苦, 夢魂不到關山難.
長相思, 摧心肝.

〈長相思〉

　이 시의 첫연과 말연의 의미로 보아 외면적으로 여인이 장안에 변방에 간 낭군을 그리는 내용을 서술하였다. 樂府詩의 雜曲歌辭에 속한 시제를 소재로 한 시이므로 풍자적 요소가 강한 면을 인정한다. 그런데 언해본의 역해는 더욱 그 비유를 강조하고 있다. 우선 시제의 주해를 보면,

대개 신하의 임금을 그리는 마음을 첩의 지아비 그리는 마음으로 기탁하니 담긴 뜻이 표현된 어사의 경지 밖에 있다. 역시 곡명으로 전편 시가 원정 보낸 지어미의 심사를 다 묘사하고 어사를 넘어 자신의 임금 그리는 마음을 보여준다.

蓋以臣之思君托言妾之思夫, 意在言外. 亦曲名, 全篇寫盡征婦心事, 而言外示己思君之情.

이렇게 正鵠을 맞추는 정확한 주제설명을 구하기 쉽지 않다. 이 시에 대한 중국의 평을 보더라도 대개 다음과 같이 서술하고 있다.

*음절이 슬프고 안타깝고 충성과 애착의 뜻이 넘쳐난다. 미인이 꽃과 같다라는 구에 이르러서는 더욱 절정에 달한다.

明代 桂天祥 ≪批點唐詩正聲≫: "音節哀苦, 忠愛之意藹然. 至美人如華之句, 尤是驚絶."

*천리 멀리 임금을 잊지 못하여 외로운 신하는 피눈물을 흘릴 수 있다. 이것은 태백이 추방당한 후에 마음에 임금을 잊지 않고 지은 것이다. 감히 천자를 밝히 지적하지 못하고 서울로써 표현한 것이다.

明代 李攀龍輯, 袁宏道校 ≪唐詩訓解≫: "千里不忘君, 可爲孤臣泣血. 此太白被放之後, 心不忘君而作. 不敢明指天子, 故以京都言之."

*현자가 불우한 곤궁에 이르러 감히 임금을 잊지 않으니 여기에 충성이 두터운 뜻이 있다. 사어가 맑고 뜻이 아름다워 정감 표현의 묘를 다했다.

清代 高宗弘曆勅編 ≪唐宋詩醇≫: "賢者窮于不遇而不敢忘君, 斯忠厚之旨也. 詞淸意婉, 妙于言情."

　　이들 평이 모두 迂廻的이고 비유적인 표현이면서 내심의 핵을 지적하기를 회피한 인상을 보여준다. 그러면 각 시구에 대한 주해를 보면 더욱 그 주지의 해석이 적절한 것을 확인할 수 있으니 제1·2구에 대해서는,

　　첩이 장안에 있으니 멀리 떨어져 있지 않음을 또한 상상할 수 있다고 할 것이다.

　　言妾在長安, 則其未之在遠, 亦可想矣.

라고 하여 소재파악의 정확성을 지적하고 제3·4구에 대해서는,

　　낙위란 벌레 이름으로 연치이다. 벌레가 우물가에서 우는데 그 소리가 더욱 수심에 차게 하고 서리 기운이 처량하고 대자리 빛 또한 차디찬 것은 모두 잠 못 이룬다는 것을 말한다.

　　絡緯虫名년치, 言忠(필자소견: 虫자의 誤記로 봄)鳴井欄, 其聲添愁, 霜氣淒淒, 簟色又寒, 皆所以不成眠者

라고 하여 가을의 정취들을 모두 사모와 번민에 의한 밤잠 못 자는 심정의 발로로 풀이한 것도 의외의 착상이라 본다. 그리고 제5·6구에 대해서는,

　　가을 밤은 긴 것 같아 등불은 꺼지지 않고 품은 일 가슴에 아련하며 기식은 흩어지려하니 수막을 걷고 달을 바라보며 몰래 그 마음을 펴보려 한다.

秋夜若長, 燈火不滅. 懷事杳曖, 氣息欲粉, 卷帷望月, 私欲舒暢之也.

라고 하여 맺힌 갈등을 대신하여 풍자적으로 묘사한 것으로 해석하고 있다. 이러한 여러 분석은 단순한 감상의 수준을 넘어서 전대미문의 독자적인 평어를 가하고 있다는 점을 밝혀둔다. 언해본의 구성상 언해의 번역이 정확하고 시인의 성정을 깊이 이해해야만 가능한 주해도 의미가 적지 않다고 평가하게 된다.

Ⅱ. 諺解本에 실린 李白 詩의 시제와 형식

언해본의 수록시 135제 142수 중에 이백시 75수는 거의 7言 樂府를 중심으로 古體詩 형식의 작품을 선재하고 있는데 역해자는 편의상 시제를 임의로 요약하고 減字하는 등 적지 않은 오류를 보인다. 어떤 이유로든 시제는 原題를 따라야 한다. 이런 점과 언해에 있어서, 筆寫上 한자의 오기와 자구의 차이 등을 지적하면서 다음에 소재된 시제를 수록된 순서에 따라서 나열하고자 한다.

詩題	形式	언해본의 쪽 번호와	出典의 卷數(李白七言上)
1〈遠別離〉	七言樂府	1	≪李太白全集≫(卷3)
2〈梁甫吟〉	〃	4	(以下 同)(〃)
3〈烏啼曲〉(原題; 烏棲曲))	〃	6	〃
4〈烏夜啼〉	〃	7	〃
5〈戰城南〉	〃	7	〃
6〈將進酒〉	〃	8	〃
7〈前有樽酒行〉第1首	〃	9	〃

8〈長相思〉	三七言雜體樂府	11	〃
9〈行路難〉第1首	칠언악부	12	〃
10〈襄陽歌〉	〃	12	권7
11〈鞠歌行〉	〃	14	권4
12〈天馬歌〉	〃	15	권3
13〈久別離〉	〃	16	권4
14〈北風行〉	雜言악부	17	권3
15〈胡無人〉	〃	18	〃
16〈登高丘望遠海〉	〃	19	권4
17〈司馬將軍歌〉	오칠언악부	20	〃
18〈野田黃雀行〉	육칠언악부	20	권3
19〈獨漉篇〉	잡언악부	21	권4
20〈憶秦娥〉	〃	22	권5

(以上 20題 20首)

(李白七言中)

21〈猛虎行〉	오칠언악부	22	권6
22〈上雲樂〉	잡언악부	24	권3
23〈笑歌行〉	잡언고시	26	권7
24〈悲歌行〉	〃	28	〃
25〈酬殷明佐見贈五雲裘歌〉	칠언고시	29	권8
26〈玉壺吟〉	오칠언고시	30	권7
27〈公無渡河〉	잡언악부	31	권3
28〈蜀道難〉	〃	32	권3
29〈臨江王節士歌〉	〃	33	권4
30〈行路難〉第2首	칠언악부	34	권3
31〈日出入行〉	〃	35	〃
32〈江上吟〉	칠언고시	36	권7
33〈西岳雲臺歌送元丹丘〉	〃	36	〃
34〈扶風豪士歌〉	〃	37	〃
35〈江夏贈韋南陵氷〉	〃	39	권11
36〈贈南平太守之遙〉(原題: 贈從弟…제1수)			
	오언고시	40	권11

37〈白頭吟〉3首	오칠악부	42	권4
38〈菩薩蠻〉	칠언악부	43	권6
39〈少年行〉	〃	44	〃
40〈山人勸酒歌〉(原題:山人勸酒)	잡언악부	45	권4
41〈于闐採花〉	오칠언악부	46	〃
42〈萬憤詞投魏郞中〉	잡언고시	46	권24
43〈贈潘侍御論錢少陽〉	칠언고시	47	권11
44〈行行且遊獵篇〉	오칠언악부	48	권3
45〈夜坐吟〉	잡언악부	49	〃
46〈白紵辭〉3수　　제1수는 삼치언, 이하는 칠언악부		49	권4
47〈鳳笙篇〉	칠언악부	50	권5
48〈聽新鴬百囀歌〉		51	
49〈粉圖山水歌〉		53	
50〈通塘曲〉		54	
51〈贈從甥高鎭〉(原題:醉後…)	칠언고시	56	권10
52〈憶舊遊〉		56	
53〈廬山謠〉(原題:廬山謠寄盧侍御虛舟)	오언고시	59	권14
54〈夢遊天姥吟〉(原題:…留別)	잡언고시	60	권15
55〈留別于襄二君遊塞垣〉(原題:留別于十一兄逖裴十三遊塞垣)	오언고시	62	〃
56〈堯祠送竇明府〉(原題:魯郡堯祠送竇明府薄華還西京)	오칠언고시	63	권16
57〈送族弟沈之秦〉(原題:單父東樓秋夜…) 〃		65	〃
58〈答杜秀才〉(原題:…五松山見贈) 〃		66	권19
59〈答王十二獨酌〉(원제:…寒夜獨酌有懷) 〃		68	권19
60〈歸石門舊居〉(원제:下途…)	잡언고시	70	권22
61〈別校書叔雲〉		72	
62〈贈楊山人〉		73	
63〈贈獨孤駙馬〉(원제:走馬…)	칠언고시	73	권9
64〈上李邕〉	칠언율시	74	권10

65〈贈王歷陽〉(원제:對雪醉後…)	칠언고시	74	권12
66〈別兒童入京〉(원제:南陵…)	〃	75	권15
67〈別山僧〉	〃	75	〃
68〈鳴皐歌〉(원제:…奉餞從翁清歸五崖山居)		76	권7
69〈幽歌行贈長史兄粲〉	〃	77	권7
70〈白雲歌〉(원제:…送劉十六歸山)	잡언고시	78	〃
71〈上留田行〉	잡언악부	78	권3

(以上 51題 55首)

(遺響) —타 시인들의 시

〈行路難〉·〈古歌〉2首·〈代悲白頭翁〉·〈女耕田行〉·〈金銅仙人辭漢歌〉·〈浩歌〉·〈李憑箜篌謠〉·〈天上謠〉·〈春坊正子劍子歌〉·〈李夫人〉·〈鴈門太守行〉·〈征行樂〉·〈神絃別曲〉·〈江南弄〉·〈少年樂〉·〈夢天〉·〈大提詞〉·〈武昌老人說笛歌〉·〈短歌行〉·〈客堂秋夕〉·〈平蔡州〉·〈有所思〉·〈樓上女兒曲〉·〈思君吟〉·〈出門行〉2首·〈巫山高〉·〈和樂天早春詩見寄〉·〈尋郭道士不遇〉·〈郭處士擊甌歌〉·〈張靜婉采蓮曲〉·〈舞衣曲〉·〈湖吟詞〉·〈懊惱曲〉·〈晚歸曲〉·〈曉仙謠〉·〈春愁曲〉·〈湘東宴曲〉·〈錦城曲〉·〈蘭塘辭〉·〈織錦辭〉·〈塞寒行〉·〈春洲曲〉·〈陽春曲〉·〈春曉曲〉·〈蓮浦謠〉·〈六歎〉2首·〈牧童詞〉·〈車遙遙〉·〈效古興〉·〈採蓮曲〉·〈經陳琳墓〉·〈九日齊山登高〉·〈黃陵廟〉·〈日晚歌〉·〈寄題甘露寺北軒〉·〈燕臺詩〉·〈湘中曲〉·〈鴈意〉·〈春曉謠〉·〈春江曲〉·〈新月拜〉·〈暗別離〉·〈古意曲〉·〈琵琶行〉

(以上 64題 67首)

그리고 末尾에 李白의 〈古風〉59首의 原文 筆寫.

위의 「遺響」 부분은 劉希夷의 〈代悲白頭翁〉이나 白居易의 〈琵琶行〉 등 이백 이외의 문인의 시를 수록하여 역해하고 있는데 그 방법과 내용, 그리고 필체가 이백 시의 것과 같아서 동일인의 역해로 본다. 여기서는 단지 이백 시의 역해만을 다루고자 하며 기타는 추후에 종합해서 거론하려 한다.

Ⅲ. 諺解本 譯文 예시와 그 주해

이백시 75수의 언해에서 人口에 膾炙하는 시 7수를 골라 예시하는데 그 시의 원문과 韓譯, 그리고 언해본의 譯解를 원문으로 복사하여 제시한 후, 그 주해와 필자의 의견을 첨가하는 순서로 그 내용을 서술한다.

1. 〈將進酒〉

그대는 보지 못 하였는가
황하의 강물이 하늘에서 내려와서
바다로 세차게 흘러들어 다시 돌아오지 않는 것을.
그대는 보지 못 하였는가
높은 집의 밝은 거울 앞에서 백발을 슬퍼하는 것을.
아침에 푸른 실같더니 저녁엔 눈처럼 희어졌구나.
인생에 득의하면 모름지기 다 즐길 것이니
금 술잔을 빈 채로 달을 대하지 말게 할지라.
하늘이 내 재주를 주신 바 필히 쓸데 있으려니
천금을 다 써도 다시 돌아올지라.
양을 삶고 소를 잡아서 장차 즐기려니
응당 한 번에 삼백 잔은 마셔야지.
잠부자, 단구생아.
술잔을 들게나.
잔을 멈추지 말고
그대들에게 노래 한 곡조 읊으리니
그대들 나 위해 귀를 기울여 들어보세.
종과 북소리와 진수성찬이 그리 귀한 것이 아니니

오직 바라기는 오래 취하여 깨어나지 않았으면.
예부터 성현들 모두 조용히 자취 없지만
오직 술 마시는 자만은 그 이름 남겼도다.
진사왕 조식이 옛날 평락전에서 연회하며
한 말에 만냥 가는 귀한 술 마셔 즐겼다네.
주인은 왜 돈이 적다고 하는가?
응당 술 받아서 그대와 대작할 것이라.
얼룩말과 천금의 털옷을
아이 불러내어다 좋은 술과 바꾸어서
그대와 더불어 만고의 묵은 시름을 녹여볼 가 하노라.

君不見, 黃河之水天上來,
奔流到海不復回.
不見, 高堂明鏡悲白髮,
朝如靑絲暮成雪.
人生得意須盡歡, 莫使金樽空對月.
天生我材必有用, 千金散盡還復來.
烹羊宰牛且爲樂, 會須一飮三百杯.
岑夫子, 丹丘生,
將進酒, 君莫停.
與君歌一曲, 請君爲我側耳聽.
鐘鼓饌玉不足貴, 但願長醉不願醒.
古來聖賢皆寂寞, 惟有飮者留其名.
陳王昔時宴平樂, 斗酒十千恣讙謔.
主人何爲言少錢, 徑須沽取對君酌.
五花馬, 千金裘,
呼兒將出換美酒, 與爾同銷萬古愁.

〈將進酒〉

　이 시는 漢나라 鐃歌 18곡의 하나이다. 이 시제의 본뜻은 술 마시고 노래한다는 것이다.(飮酒放歌) 따라서 이 시는 그러한 호탕한 정감을 묘사하고 있다. 酒聖이라 불리는 이백의 이 시는 앞부분에서 삶의 득의에서 기뻐하는 마음을 자연 경물과 함께 묘사하고 뒷부분에서 술을 권하는 酒話를 진솔하게 토로하고 있다. 이 시에 대해서 중국의 시화

자료에서는 豪放하다거나 기이한 착상의 정도로 품평하고 있는데2) 언해본에서는 좀더 깊이 분석하여 비유를 들고 있다. 보건대, 본문의 '得意'를 풀이하기를 "得意言得酒也."(득의란 술을 얻다라는 말이다.)라고 의외의 뜻으로 보는데 그 의미가 자못 상통한 것이다. 그리고 시 말미에서는,

> 인생이 쉬이 늙음을 한하는 것은 만고의 똑같은 마음이다. 고로 털옷과 말을 술로 바꾸어 그 수심을 삭이는 것을 아끼지 않는다는 것이다.

> 恨人生之易老者萬古之所同心也. 故不惜裘馬換酒而消其愁也.

라고 평범하면서도 진실된 평어를 가하고 있다. 이것은 중국에서 흔히 볼 수 없는 객관적인 견해로 본다.

2. 〈行路難〉第1首

> 황금 술잔의 맑은 술이 한 말에 만금에 해당하고
> 옥쟁반의 진수성찬 만냥이 되도다.
> 잔을 놓고 젓가락 던지며 먹지 못하고
> 칼을 뽑아 사방을 돌아보니 마음이 아득하다.
> 황하를 건너려니 얼음이 강을 가로막고
> 태행산에 오르려니 눈이 산에 가득하네.
> 한가하게 푸른 시내에 낚시를 드리우니
> 문득 다시 배타고 해 가를 꿈꾸는도다.
> 가는 길 어려워라, 가는 길 어려워라.
> 갈래 길 많으니, 지금 어디에 있는가.

---

2) ≪古唐詩合解≫: "太白此歌豪放極矣." ≪而庵說唐詩≫: "太白此歌, 最爲豪放, 才氣千古無雙." ≪李太白詩醇≫: "一起奇想, 亦自天外來."

장풍이 파도를 부수는 마침 그때에
곧장 구름 돛대 걸고서 창해를 건너가리라.

金樽淸酒斗十千, 玉盤珍羞値萬錢.
停杯投筯不能食, 拔劍四顧心茫然.
欲渡黃河冰塞川, 將登太行雪暗天.
閑來垂釣碧溪上, 忽復乘舟夢日邊.
行路難, 行路難.
多岐路, 今安在.
長風破浪會有時, 直挂雲帆濟滄海.

이 시는 樂府雜曲歌이다. 郭茂倩의 ≪樂府詩集≫ 해제에 세상의 험한 행로와 이별의 슬픔을 깨우치기 위하여 '君不見'을 많이 썼다라고 풀이하고 있다. 모두 3수로 되어서 제1수는 세상살이의 괴로운 것을 탄식하였으며, 제2수도 같은 맥락이지만 역사 사실을 인용하여 뜻을 굽히지 않을 것을 말하였고, 제3수는 이백의 넓고도 낭만적인 정신을 비춰준다. 이 시에 대해서는 중국과 이 언해본이 상통하는 점이 있으니, 중국에서는 世路艱難이니 추방당한 후의 述懷라고 평하고[3], 언해본은 詩題注에,

세상이 나의 출사의 길이 어려운 것을 알지 못한다.

世莫我知進用之道難矣.

라 하고 詩末尾에는,

〈行路難〉

　　종각이 말하기를, 스스로 길을 얻어 크게 출사하는데 날로 장풍을 타고 만리 높은 파도를 친다라 하였다. 이백이 빌려 말함이 이미 또한 이러한 것이니, 돛대 걸고 바다 건너며 바람 타고 파도 치는 의미이다.

---

3) 《李杜詩通》: "行路難, 嘆世路艱難及貧賤離索之感." 《唐宋詩醇》: "冰塞雪滿, 道路之難甚矣. 而日邊有夢, 破浪濟海, 尙未決志于去也. 後有二篇, 則畏其難而決去矣. 此蓋被放之初述懷如此, 眞寫得難字意出."

宗殼言己將得路大進, 日乘長風破萬里高浪. 白借言已又欲如此也, 掛
帆濟海乘風破浪之意也.

라고 부언하여 시인의 본심 소재를 밝히려 하였다.

3. 〈北風行〉

촉룡이 한문에 깃드니
빛나고 밝기가 아침 해 뜨는 듯 하도다.
일월이 비추어 어찌 여기까지 못 미치나.
오직 북풍만이 노하여 하늘에서 불어오도다.
연산의 눈꽃 크기가 돗자리만 하고
조각나서 불리어 헌원대에 떨어지도다.
유주에서 섣달에 님 그리는 아낙네
노래 멈추고 웃음 잃고 두 눈섶 찌그러졌도다.
문에 기대어 나그네 바라보니
님이 간 장성의 괴롭고 추운 일 생각나서 정말 슬프도다.
이별할 때 칼을 걸치며 변방을 구하려 갔는데
이 범 무늬 황금 활통을 놓고 갔도다.
그 속에 한 쌍의 흰 깃 화살 남았는데
거미가 그물 치고 먼지가 쌓였도다.
화살만 공허히 남아있고
님은 전사하여 다시는 돌아오지 못 하네.
차마 이 물건을 보지 못 하여
불 태워서 이미 재가 되었도다.
황하는 흙을 돋아 다시 막을 수 있어도
북풍의 눈비 맺힌 이 원한은 다루기가 어려워라.

燭龍棲寒門, 光耀猶旦開.

日月照之何不及此, 惟有北風號怒天上來.
燕山雪花大如席, 片片吹落軒轅臺.
幽州思歸十二月, 停歌罷笑雙蛾摧.
倚門望行人, 念君長城苦寒良可哀.
別時提劍救邊去, 遺此虎文金鞞靫.
中有一雙白羽箭, 蜘蛛結網生塵埃.
箭空在, 人今戰死不復回.
不忍見此物, 焚之已成灰.
黃河捧土尙可塞, 北風雨雪恨難裁.

이 시에 대해 중국의 시화서는 다같이 悲歌의 시로 평하지만 언해본처럼 한 마디로 "征婦怨"이라고 규정하고 있지 않다.4) 단지 명대 周敬의 ≪唐詩選脈會通評林≫에서는 다음처럼 함축된 의미를 제시해 주고 있다.

> 이 편의 주제는 전적으로 "님이 간 장성의 괴롭고 추운 일 생각나서 정말 슬프도다."의 한 구에서 정감이 나오고 시의 조법이 밝히 우러나며 함축된 뜻이 많다.

> 此篇主意全在念君長城苦寒良可哀一句生情, 調法光響, 意多含蓄.

이러한 평어와 부합된 언해본의 문구로는 시말미에,

> 황하는 흙을 담아 막을 수 있지만 "북풍의 한은 다루기 어렵다"란 한이 무궁함을 말한다.

> 黃河奉土可塞, 而北風之恨難裁言恨之無窮也.

〈北風行〉

---

4) ≪批點唐詩正聲≫: "獨太白有此體. 哀苦蕭散, 字句無難處, 人便閣筆."≪唐風定≫: "摧肝肺, 泣鬼神, 却自風流淡宕."≪唐宋詩醇≫: "悲歌激楚."

4. 〈蜀道難〉

아아, 험하고 높도다.
촉으로 가는 길 험난하여 푸른 하늘에 오르기 보다 어려워라.
잠총과 어부의 시절에
개국할 때에 얼마나 아득하였을가.
그 이래로 사만 팔천 년간 진과 인적이 막혔도다.
서쪽으로 태백산에 새의 길이 있어서
아미산 꼭대기를 가로지를 정도로다.
땅이 무너지고 산이 부러져 장사가 죽은 후에
하늘과 돌 사이로 사다리를 매어 이어놓았도다.
위에는 육룡이 해를 감돌아서 높이 솟구친 듯한 벼랑이 있고
아래로는 거친 파도가 거슬러 꺾어 놓은 휘어진 냇물이 있도다.
황학이 날아서 또한 넘지 못하고
원숭이가 건너려 해도 기어오르기를 걱정하도다.
청니봉이 어찌도 휘감아 돌아가는지,
백보에 아홉 번이나 산 구비를 꺾어 돌아가도다.
삼성별 어루만지고 정성별 거치며 고개 들어 숨을 헐떡이니
손으로 가슴 만지며 앉아서 길게 한숨 짓도다.
그대에 묻노니, 서쪽으로 유력하다가 언제 돌아오는지.
길이 가파르고 무서워서 오르지를 못 하도다.
오직 보이는 건 고목에서 슬피 우는 새 소리뿐
수컷이 날고 암컷이 따르며 숲새로 날아도는구나.
또 두견새 우는 소리 들리니
달밤에 텅빈 산이 수심에 차게 하도다.
촉으로 가는 길 험난하여 푸른 하늘에 오르기 보다 어려우니
이 소리를 들으면 고운 얼굴이 주름지도다.
이어진 산봉우리 하늘에 지척으로 닿아 있고
마른 소나무 넘어져 절벽에 기대어 걸려 있도다.
날리는 여울물의 폭포는 다투어 떠들어 소리치고

벼랑에 부딪혀 굴러 내리는 돌이 온 골짜기에 천둥처럼 울린다.
그 험함이 이와 같으니
아아, 먼 길가는 사람이 어찌하여 왔는가.
검각산은 우뚝 높아서
한 장부가 관문을 지키면 만 명도 열지 못 하도다.
지키는 자 친하지 않으면
승냥이와 이리가 되는도다.
아침에 맹호를 피하고
저녁에는 긴 뱀을 피하도다.
이를 갈고 피를 마시며
사람 죽이기를 베같이 하도다.
금관성이 즐겁다고 말하지만
일찍 집에 돌아가는 것만 못하도다.
촉으로 가는 길이 험난하여
푸른 하늘에 오르기 보다 더 어려워서,
몸을 기울여 서쪽을 보며 길게 한숨을 짓노라.

噫吁戲, 危乎高哉.
蜀道之難, 難於上靑天.
蠶叢及魚鳧, 開國何茫然.
爾來四萬八千歲, 始與秦塞通人煙.
西當太白有鳥道, 可以橫絶峨眉巓.
地崩山摧壯士死, 然後天梯石棧相鉤連.
上有六龍回日之高標, 下有衝波逆折之回川.
黃鶴之飛尙不得, 猿猱欲度愁攀援.
靑泥何盤盤, 百步九折縈巖巒.
捫參歷井仰脅息, 以手撫膺坐長歎.
問君西游何時還, 畏途巉巖不可攀.
但見悲鳥號古木, 雄飛雌從繞林間.
又聞子規啼夜月, 愁空山.

蜀道之難, 難於上靑天,
使人聽此凋朱顔.
連峰去天不盈尺, 枯松倒挂倚絶壁.
飛湍瀑流爭喧豗, 砯厓轉石萬壑雷, 其險也如此
嗟爾遠道之人, 胡爲乎來哉.
劍閣崢嶸而崔嵬, 一夫當關, 萬夫莫開.
所守或匪親, 化爲狼與豺.
朝避猛虎, 夕避長蛇.
磨牙吮血, 殺人如麻.
錦城雖云樂, 不如早還家.
蜀道之難, 難於上靑天,
側身西望長咨嗟.

　　蜀지방으로 가는 길은 험난하다. 太白山을 넘는 일은 목숨을 건 일이다. 그런데 이백은 이 사실을 신비로운 역사 전설 위에 시적인 예술 감염력을 조화하여 意象이 극치화되는 시로 승화시켰다. 제 1단은 신화와 太白山의 경치를 그렸고, 2단에서는 靑泥嶺에서 蜀에 드는 경치를, 그리고 3단에서는 連山의 계곡을 묘사하였다. 끝단에서는 劍閣의 험난과 귀향 의식을 그리고 있는 것이다. 唐代 孟棨의 ≪本事詩≫에는 "이태백이 처음 촉에서 서울에 이르러 여관에 머물렀는데, 하지장이 그의 명성을 듣고 처음 찾아오니 이미 그 자태가 기이하거늘 다시 글짓기를 청하매 촉도난을 꺼내어 보여 주었다. 다 읽지도 않고 칭찬과 감탄을 네 번이나 하고서 호를 천상에서 귀양 온 신선이라는 '적선'이라 하였다."(李太白初自蜀至京師, 舍於逆旅, 賀監知章聞其名, 首訪之, 旣奇其姿, 復請所爲文, 出蜀道難以示之, 讀未竟, 稱歎者數四, 號爲謫仙.)라고 기록되어 있다.

〈蜀道難〉

5. 〈于闐採花〉

우전국에서 꽃을 따는 사람
스스로 말하기를 꽃을 닮았다고 하네.
명비가 하루아침에 서쪽으로 오랑캐 땅에 가니

오랑캐의 미녀들이 다 부끄러워 죽을 지경이었네.
이제 알겠나니, 한나라에는 미인이 많은데
오랑캐에는 견줄 만한 꽃이 없다네.
단청의 화장으로 추한 모습 곱게 할 수 있어서
전국시대 제나라의 추녀 무염도 왕비 되어 깊은 궁궐 속에 지냈네.
자고로 미인을 질투하여
오랑캐 사막 땅에 고운 얼굴 묻혔다네.

于闐採花人, 自言花相似.
明妃一朝西入胡, 胡中美女多羞死.
乃知漢地多明姝, 胡中無花可方比.
丹靑能令醜者姸, 無鹽翻在深宮裏.
自古妬蛾眉, 胡沙埋皓齒.

이 시는 잡곡가사로서 명비 왕소군을 소재로 하였으나 자신의 불우함을 비유한 것이라 하겠다. 언해본의 시말미에 보면,

호치란 명비이다. 명비가 호지에서 질투받아 죽은 것으로 군자가 버림받는 것을 비유한다. 무염은 추녀이니 이로써 소인을 비유한다.

皓齒明妃也. 以明妃之見妬死於胡地, 喩君子之見棄也. 無鹽醜女也以喩小人.

〈于闐採花〉

6. 〈夢遊天姥吟〉(原題: 〈夢遊天姥吟留別〉)

바닷가에 사는 객이 영주의 선경을 말하는데
안개 낀 파도가 아득히 펼쳐 있어 진실로 찾기 어렵네.
월인이 천모산을 말하는데
구름과 무지개로 보였다가 사라졌다 하며 때론 보이기도 하네.

천모산이 하늘을 이어서 가로질러 있어
산세는 오악을 능가하고 적성산을 덮을 만 하네.
천태의 사만 팔천 길의 산줄기가
이것을 대하고 동남으로 기울어 있네.
나는 그 길로 오월로 넘을 꿈을 갖고
한 밤에 경호의 달 아래 날아 건널 생각하였네.
호수의 달이 내 그림자 비추어
나를 염계로 전송하도다.
사령운 머물던 곳 지금 어디에 있는가?
맑은 물이 출렁이고 맑은 원숭이 소리 나도다.
발에는 사공의 나막신을 걸치고
몸은 푸른 구름 사다리에 오르네.
암벽 앞에 바다의 해가 보이고
공중에는 천계의 소리 들린다.
수많은 바위가 구비진 길 고르지 않아서
꽃에 빠지기도 하고 돌에 기대어 문득 아득해지네.
곰이 울고 용이 읊는 소리와 바위샘이 내는 소리 어울지고
깊은 숲이 떨고 층암 바위가 놀라네.
구름 푸릇푸릇 비 내리려 하고
물은 맑아서 안개가 일도다.
번개 쳐 갈라지고
언덕과 산마루는 무너지며
동천과 돌문은 굉음 속에 열리도다.
푸른 하늘 넓어 밑이 안 보이고
일월은 금은대를 비추도다.
무지개로 저고리 삼고,
바람으로 말을 삼아
구름 신이 어지러이 내려 오도다.
호랑이는 거문고 타고 봉황새는 수레를 모는데
신선들이 줄지어 있음이 삼베와 같도다.
홀연히 혼백이 놀라서 깨어

실의하여 놀라 일어나 길게 탄식하도다.
오직 느끼나니 꿈에서 깨어날 때에 베개 자리 그대로인데
방금의 안개노을을 사라졌도다.
세상의 행락 또한 이와 같으니
고래로 만사가 동으로 흐르듯 사라지네.
그대와 이별하면 언제 돌아올 건가?
장차 흰 사슴 푸른 벼랑에 풀어놓아
즉시 타고 명산을 찾아가리라.
어찌하여 눈섶 찡그리고 허리 꺾어 권세와 부귀를 일삼으면서
내 마음과 얼굴 활짝 열어 펴지 못하게 할 필요 있으리오?

海客談瀛洲, 煙濤微茫信難求.
越人語天姥, 雲霓明滅或可睹.
天姥連天向天橫, 勢拔五岳掩赤城.
天臺四萬八千丈, 對此欲倒東南傾.
我欲因之夢吳越, 一夜飛渡鏡湖月.
湖月照我影, 送我至剡溪.
謝公宿處今尙在, 淥水蕩漾淸猿啼.
脚著謝公屐, 身登靑雲梯.
半壁見海日, 空中聞天雞.
千巖萬轉路不定, 迷花倚石忽已暝.
熊咆龍吟殷巖泉, 慄深林兮驚層巓.
雲靑靑兮欲雨, 水澹澹兮生煙.
裂缺霹靂, 丘巒崩摧.
洞天石扇, 訇然中開.
靑冥浩蕩不見底, 日月照耀金銀臺.
霓爲衣兮風爲馬, 雲之君兮紛紛而來下.
虎鼓瑟兮鸞回車, 仙之人兮列如麻.
忽魂悸以魄動, 怳驚起而長嗟.
惟覺時之枕席, 失向來之煙霞.
世間行樂亦如此, 古來萬事東流水

君去兮何時還, 且放白鹿青崖間,
須行卽騎訪名山.
安能摧眉折腰事權貴, 使我不得開心顏.

〈夢遊天姥吟〉

이 시에 대한 ≪全唐詩≫의 標題注에는 "一作別東魯諸公"이라 하였다. 꿈에 천모산에서 놀며 이별의 노래를 하는 것으로 詩題하고 있지만, 遊仙詩라고도 보겠다. 이 시를 내용상 4분해 보면, 먼저 영주와 천모를 대비시키고, 다음에는 천모의 웅자를 묘사하였다. 그리고 천모산의 야경과 일출을 꿈처럼 묘사하고는 끝으로 송별의 감흥을 토로한다. 沈德潛은 ≪唐詩別裁集≫에서 "시의 경계가 비록 기험하지만, 시의 맥락이 매우 세밀하다(詩境雖奇, 脈理極細。)"라고 하였다. 필자는 학회 참석차, 1999년 5월 浙江城 新昌현의 천모산을 직접 가보고 과연 이백의 시가 과장된 표현이 아니라는 것을 확인하였다.[5] 천모산은 五嶽에 뒤지지 않는 명산이며 道家의 제 16福地이기도 하다. 피지가 직접 확인한 천모산의 감동 어린 仙態가 이백의 위의 시에서 묘사된 경물과 조금도 변한 것이 없었다. 천모산은 산수시인 謝靈運에 의해 "暝投剡中宿, 明登天姥岑."(≪登臨海嶠≫)(날이 저물어 염땅에서 자고, 이튿날 천모산에 올랐네.)(여기서 염은 剡溪라고 하여 신창현 지방을 지칭.)라고

시에 등장한 후, 당대에만도 400여 명의 문인이 유람한 명승지로서 천모는 西王母의 명칭을 따온 것이라고 하는데 과연 신비한 靈山임에 의심의 여지가 없었다. 필자는 직접 천모산의 진면목을 답사하면서, 唐代道士 司馬承楨이 斑竹一石橋에 이르러 말에서 내렸다는 落馬橋와 丁公橋, 그리고 천모가 먹던 떡이라는 天姥饃 등은 볼 수 있었으며 멀리 올려다 보이는 姥姥岩이나, 天姥盆景은 가히 벌려진 입을 다물 수 없을 만큼 雄偉하면서도 섬세한 美景을 뽑내고 있었다. 이백의 윗시에서

---

5) 필자가 1999년 5월 浙江省 新昌縣에서 개최된 中國李白學會와 浙江新昌縣人民政府가 主辦한 "李白與天姥國際學術硏討會暨中國李白硏究會特別會議"에 한국인으론 유일한 공식초청발표자로 참석하였다. 이 기간에 沃洲山과 天姥山을 집중 탐사하는 기회에 그 주변의 이백유적을 직접 확인할 수 있었다. 천모산의 그 장엄하고 신비로운 자태가 이백이 읊은 시 그 자체의 진실성을 대변하듯이 보존되어 있어서 이 시의 진가를 재삼 확인할 수 있었다.

다음 구들은 천 삼백 년 후에도 여전히 과장 하나 없는 사실 그대로 였으니,

구름 푸릇푸릇 비 내리려 하고 물은 맑아서 안개가 일도다.…… 무지개로 저고리 삼고, 바람으로 말을 삼아 구름 신이 어지러이 내려오도다. 호랑이는 거문고 타고 봉황새는 수레를 모는데 신선들이 줄지어 있음이 삼베와 같도다.

雲青青兮欲雨, 水澹澹兮生煙.……霓爲衣兮風爲馬, 雲之君兮紛紛而來下, 虎鼓瑟兮鸞回車, 仙之人兮列如麻.

라고 한 묘사는 진정 때마침 비가 내리고 번개가 치는 기후조건이 짙은 안개 속에 선녀들이 구름 타고 내려오는 듯 산 속을 걷는 심정은 놀랍고도 두려운 설레임 그대로였던 것이다. 이백의 묘사를 천여 년이 흐른 오늘에 재현이라도 하듯이 장엄한 선경이 전개된 것이다. 이 시는 이백이 46세(746년)에 장안을 떠나서 산천을 찾아 유람하면서 지은 시로서 遊仙詩로는 이백의 대표작이다. 그러나 유선시이지만 사실을 사실대로 白描手法으로 그려놓은 한 폭의 산수화였음을 확인할 수 있었다. 이백이 이백다운 가치는 바로 이 시가 지닌 현실의 意境化와 상상세계의 現象化에 있지 않은가 하고 생각한다. 천모산의 높은 세 봉우리(천모산은 三重嶺이라 하여 拔雲尖, 大尖, 細尖 등의 봉우리로 되어 있음)의 자태가 구름에 둘러 쌓여 보일 듯 말 듯 드러나 보이면서, 당대 李敬方 (823년 진사급제. 字는 中虔, 明州刺史를 지냄)의 〈登天姥〉라는 시를 연상하지 않을 수 없었다.

천모의 세 겹 봉우리에
가파른 길이 냇물을 감돌도다.

물소리는 밤낮으로 시끄럽고
구름이 짙어서 동서 방향을 잃도다.
갈 길을 물어도 분간하기 어려우니
초동에게 물어 알고서도 갈 수 잃는구나.
어렴풋이 해가 정오쯤인데
어디에서 닭 우는 소리 나는가?

天姥三重嶺, 危途繞峻溪.
水喧天晝夜, 雲暗失東西.
問路音難辨, 通樵迹易迷.
依稀日將午, 何處一聲鷄.

 이 시의 제 2연과 우리 일행의 행로가 그처럼 일치할 수가 있단 말인가! 이 시인도 아마 우리의 그 오솔길을 걸었단 말인가! 천년 전과 천년 후의 정경이 너무도 하나로 나타나 있는 것이다. 초동과 닭소리는 아니어도 시속에 산·물·구름 그리고 사람이 있는데 우리도 合自然의 흥취를 만끽한 것이다. 시 그대로 천모인 西王母가 와서 노니는 듯 깊고 숭고한 仙山이었다. 언해본에서 천대산이 기울어진 것을 묘사한 부분에 대해, "天台山不勝天姥而欲傾也."(천태산이 천모산을 이기지 못하고 기울어지려 한다.)라고 재치 있으면서 지형상의 사실성을 인정하여 천모산의 신비함을 더 강조한 것으로 평하였다. 그리고 말미에는,

　　권귀란 당시의 공경집정자들이니, 이것이 세상 버리고 입산하는 빌미가 된 것이다.

　　權貴當時公卿執政者, 此所以棄世入山也.

라고 하여 이 시도 탈속의식을 지닌 이백의 自畵像的인 풍자요소를

담고 있다.

7. 〈白雲歌〉(原題: 〈白雲歌送劉十六歸山〉)

   초산과 진산에 모두 흰 구름 자욱한데
   흰 구름 곳곳에 길게 그대를 따르도다.
   그대를 따르매
   그대는 초산에 들도다.
   구름도 그대 따라서 상수를 건느도다.
   상수 위에서
   겨우살이 이끼 옷을 걸치고서
   흰 구름은 누우려는데 그대는 벌써 돌아가다니.

   楚山秦山皆白雲,
   白雲處處長隨君.
   長隨君.
   君入楚山裏.
   雲亦隨君渡湘水.
   湘水上,
   女蘿衣,
   白雲堪臥君早歸.

 위의 언해문이 시적으로 절묘하게 번역이 되어 있으니 그것을 다음에 다소 풀어서 옮겨놓아 본다.

   楚山과 秦山의 白雲이 하니
   白雲이 곳곳마다 기리 君을 좃놋다
   기리 君을 隨호매 君이 楚山裡에 드니

雲이 소ᄃ 君을 隨하야 湘水을 건너놋다
湘水 우희 여라 오스로
白雲의 이긔여 누엄즉 호니 君이 일도라
가놋다.

　이 한역은 지금도 따를 수 없을 만큼 높은 수준을 보여 주고 있다. 이백 시의 경지에 몰입한 자의 정통한 감상력과 해석력의 조화로 묘사된 글이라 하겠다. 沈德潛이 自然流逸하다고 평한 것은6) 단순한 평어가 아님을 인정한다.

〈白雲歌〉

---

6) ≪唐詩別裁集≫: "隨手寫去, 自然流逸."

≪淸詩匯≫所載 朝鮮 후기 문인의 시

韓中 간의 문예교류사는 위로는 삼국시대 이전으로 소급되니 津卒 霍里子高妻 麗玉이 箜篌를 탔다고 하는 箜篌引의 "公無渡河, 公無渡河, 墮河而死, 將奈公何."(님은 강을 건너지 못하는데 님이 결국 강을 건너다가 강에 빠져 죽었으니 장차 님을 어찌할거나.)를 들고 있다. 이 시는 중국에서는 漢代 樂府詩로서 沈德潛의 ≪古詩源≫에 열입되었다. 그 후에 羅唐의 詩交 관계는 필자의 "全唐詩所載新羅人詩"[1](韓國漢文學硏究 3輯·1979)에서 상세히 구명되었으며 高麗末에 李齊賢을 위시한 문인의 왕래가 있었다. 그러나 朝鮮時代에 明淸朝와 가장 빈번한 교왕이 있었으면서도 중국의 문집에 체계적으로 조선인의 문예를 수록시켜 놓은 자료로서 본고에서 거론하려는 徐世昌의 編書인 ≪淸詩匯≫의 卷末인 卷200에서 屬國부분에 安南·琉球와 함께 54인의 108수가 소개되었다는 점이다. 비록 속국부분에 한정되었기 때문에 그 문학적 가치는 미약하겠으나, 淸詩의 總集書에 조선인의 시를 100수 이상 수록한 것은 결코 가볍게 평가할 수 없는 자료가 된다. 따라서 본고는

---

1) 이 글은 졸저 ≪中國唐詩硏究≫ 下卷에 수록됨(국학자료원, 1994).

徐世昌이 1929년에(晚淸簃詩匯序에 의거) 편찬하였으나, 선시의 기준을 다음과 같이 정한 점을 알 수 있다.

> 명시종이 조선과 일본인의 시를 선정하였는데 이 편집은 곧 조선·안남·유구를 대상으로 상국을 관광하며 일찍이 명인과 수창한 사람을 취한 것이다.
>
> 明詩綜選朝鮮日本人詩, 玆編則以朝鮮安南越南琉球爲斷取其觀光上國曾與名人酬唱者.(晚淸簃詩匯凡例)

여기서 선시의 기준을 淸에 와서 중국 명인과 酬唱한 자의 시만을 수록했음을 밝히고 있다. 따라서 여기에 수록된 조선인의 시에 대한 학술적인 의미부여에 비중을 두지 않고 단지 한중시가의 교류적인 입장에 초점을 맞추어야 한다고 본다. 본고의 전개도 그 범위 내에서 가능하기 때문에 먼저 朝鮮人名과 그 시제를 나열하고 酬唱 관계로서 청인과의 詩交, 그리고 朝鮮人詩의 類別 특성을 개관하는데 주안점을 두려고 한다.

I. 所載된 朝鮮 문인명과 그 시제

이미 밝힌 바와 같이 ≪淸詩匯≫卷200의 屬國에 朝鮮人 54인의 95제 108수, 安南人 14인의 28제 31수, 그리고 琉球人 9인의 12제 12수를 수록하고 있다. 이 자료를 아직 거론한 바 없기에 다음 장에서 거론할 詩交 관계에서의 목록을 제외한 나머지 70 수의 시제를 인명과 함께 열거하여 그 규모와 내용을 파악하고 추후에 재론의 여지로 남기고자 한다.

朴齊家;〈九層洞同京山李丈漢鎭〉,〈白龍潭〉,〈次李宜庵韻〉,〈豊田途中〉
李黄中;〈游寶蓋山深原寺〉
柳得恭;〈松泉雜事〉
洪敬謨;〈三日浦〉
崔夢遠;〈與淸湖共賦〉
李昰應;〈東郊晚眺〉
權敦仁;〈訪山寺〉,〈同鏡師作〉
金正喜;〈寄題程序伯畵山樓圖〉
洪良浩;〈岳州懷古〉,〈峽中卽事〉,〈廿二日登金沙峰觀海〉,〈望登萊〉,
　　　　〈挂弓松〉,〈登樂民樓〉,〈入關雜詠〉,〈寄謝翰林院修撰戴公〉,
　　　　〈望夫石歌〉,〈發北巡向順安〉,〈保和殿參宴見荷蘭貢使亦與斯乃
　　　　前牒所無也詩以識之〉
李光稷;〈和陳雲伯詠老松〉
洪顯周;〈題人扇頭墨梅雀〉,〈到楊花津敬次伯氏〉,〈鈔羅潭泛舟〉,〈掂放
　　　　翁韻與石見〉,〈呈石見邀和〉,〈紅處〉,〈金流洞〉
李尙迪;〈次柏靜濤正使淸川江韻〉,〈癸卯正月七日燕館得王子梅張仲遠書
　　　　追賦一律示仲遠兼寄子梅〉,〈還發閭延留贈白瞿山趙絳雪〉,〈浿
　　　　上雜詩〉
李尙建;〈題程伯序畵山樓圖〉
趙秉鉉;〈東林城呈靜濤天使〉
徐相雨;〈桃花洞寄懷日下諸友〉
李承五;〈松筠庵卽席唱和詩〉
金綺秀;〈梅花明月送春史〉,〈步雲養方山厓石唱酬韻〉
李敦夏;〈上徐壽蘅侍郎〉
李僖魯;〈題江亭雅集圖〉
曹寅承;〈月波樓題壁〉
徐正諄;〈善竹橋〉,〈遼野道中〉,〈甯遠城祖大樂大壽勅建牌樓〉,〈孤竹城

謁夷齊廟〉,〈沙河驛遙〉,〈同趙幹山侍郎寄贈韻〉

崔性學;〈叔鴻侍御見示癸巳元日八〉,〈贈志青侍御用前韻〉,〈贈鞠人太史疊前韻〉,〈留別龍社諸君疊前韻〉

李正魯;〈題獻館泳春集〉

黃章淵;〈題獻館泳春集〉

李承漢;〈贈楊惠畎大令疊原韻〉

金永爵;〈紀曉嵐紫石硯歌〉,〈暮春幽蘭小集〉,〈渡江〉,〈雨夜與李友石等游挹青樓〉,〈南軒卽目〉

趙玉坡;〈偕宋子材太守游望湖亭〉

申櫶;〈申貞武公輓詞〉

姜瑋;〈金山寺和崔石樵上舍〉,〈黃梅道中懷獨悟上人〉,〈自日本東京…有遐擧之志〉

李根洙;〈題姜慈屺象〉

金澤榮;〈追感〉,〈周晉琦約游狼山以脚弱不能應〉

Ⅱ. 淸人과의 詩交 관계

徐世昌이 凡例에서 밝혔듯이 淸代 명인과 唱和한 시를 선록하는데 주력하였던 만큼 108수 중에서 67수가 교왕과 유관한 贈酬·次韻·和韻·寄懷의 작으로 구성되어 있다. 그리고 그 교류의 대상과 규모도 다양하여서, 陶澍·黃農部·紀昀·高宗, 그리고 程序伯·翁方綱과 酬唱하거나 贈呈 또는 寄懷의 방법으로 양국의 우의를 돈독히 하였으며 그 작풍 또한 淸人에 손색이 없었음을 확인하게 된다.

1. 陶澍와 11人의 朝鮮 문인

陶澍는 湖南 安化人으로 字는 子霖이며 號는 雲汀이다. 嘉慶年間에 進士가 되고 道光 년간에 관직이 太子少保와 兩江總督에 이르렀으며 海運과 票鹽法을 首創하여 구제하여 공적을 남겼다. ≪印心石屋文集≫과 ≪淵明集輯注≫ 등을 남겼는데 그가 활동한 仁宗·嘉慶과 道光 (1796-1850)간은 청조의 태평시대로서 조선사신들의 왕래가 빈번하였고 그 교류 또한 羅唐을 능가하였다. 이 시기에 權永佐[2]를 위시한 11인의 奉使가 燕京에 入都하여 陶澍와 詩交하였으니 그 규모는 조선 오백 년에 유례가 드물었다. 권영좌(號 晶山)에 대한 徐世昌의 다음 기록을 보면 밝히 알 수 있다.

> 시화: 권영좌와 홍희석이 가경 무인년에 사신으로 도읍에 들어오는데 마침 도주는 사에 지내며 유리창에서 서로 만나서 마침내 더불어 교제하며 서로 화창하고 아울러 인심서옥을 제목으로 사대부를 불러 읊어서 그 시를 모아 담영전후록이라 하였다.
>
> 詩話晶山與洪騄皐以嘉慶戊寅奉使入都, 時陶文毅方在詞館, 相遇於琉璃廠, 遂與交互相酬唱, 並以題印心石屋之作徵其國中士大夫題詠, 輯其詩爲談瀛前後錄.(≪淸詩匯≫卷二百)

이와 같이 酬唱에 참여한 조선문인과 그 詩題를 열거하면 다음과 같다.

---

[2] 權永佐: "字晶山. 詩話晶山與洪騄皐以嘉慶戊寅奉使入都, 時陶文毅方在詞館, 相遇於琉璃廠, 遂與訂交, 互相酬唱並以題印心屋之作."(≪淸詩匯≫卷二百)

權永佐(字 晶山); 〈和印心老屋陶雲汀澍贈詩〉
洪羲錫(字 駱皐); 上同
洪羲瑾(字 晚窩); 〈和琉璃廠遇陶雲汀有作〉
韓致應(字 專山); 〈和印心石屋陶雲汀贈詩〉
申在明(字 綸齋); 〈答陶雲汀內翰贈詩〉
韓永元(字 西園); 〈寄和印心石屋之作〉
韓永憲(字 小湖); 〈寄懷陶雲汀內翰〉
李晚用(字 石樵); 上同
南尙中(字 雨村); 上同
許櫟(字 淡岩); 〈寄和印心石屋之作〉
鄭五錫(字 山石); 〈留別雲汀〉

이상에서 권영좌·홍희석·홍희근·한치응·신재명 등 5인의 시는 모두 七律로서 偶數句에 下平聲6 麻韻에 속하는 '譁·華·茶·家'자로 押韻하고 있으며 한영헌·이만용·남상중 등 3인의 시는 五律로서 上平聲11 眞韻에 속하는 '神·人·新·春'자로 압운하고 있다. 이것은 조선과 청의 문인교류가 극대화되었음을 입증하는 것이니 도주가 지금도 學藝의 중심지인 燕京의 유리창에서 성대한 詩會가 개최되고 당대의 문호 도주와 견줄만한 조선문사의 기품을 확인할 수 있다. 徐世昌이 기술한 嘉慶 戊寅年(1818)은 조선에서도 문물이 극성하던 純祖 18년에 해당하기 때문에 상호교류의 맥락을 보게 된다. 陶澍는 조선인과 빈번한 교류를 가지고 있어서 그 자신도 許櫟[3]에게 주는 <和高麗許澹岩櫟韻>(《淸詩匯》卷117)을 다음과 같이 남기고 있다.

일찍이 동해의 선비가
출중하고 영재라는 말 들었네.

---

3) 許櫟: 「字淡岩, 朝鮮人.」(上同)

벗을 받들어 예우를 후히 하니
하물며 이 동기생에 있어서랴.
지난날 홍희석과 권영좌를 만났는데
그 분들 모두 뛰어나고 기특하도다.
정성스레 진실을 말하고
순박하여 경박하지 않도다.
오늘 그대 와서 노니니
이 또한 서로 어울릴 것이라.
소리내어 악기를 타니
옛날의 바른 도를 지키며 옅은 생각없도다.
바라는 바, 뜻을 변함 없을지니
만나면 누가 늦을 가보냐.

夙聞東海士, 磊落多英姿.
尙友溯殷遣, 矧玆生同時.
往晤洪與權, 其人皆魁奇.
款款語情愫, 敦樸無澆漓.
今子矢來游, 復此能相隨.
發聲叩金石, 誼古無近思.
所願義無渝, 相見誰云遲.

　이 시에서 陶澍는 조선에는 선비들이 영자한데 허력은 물론, 홍희석과 권영좌의 才能 또한 奇特하다고 극찬하고 있다. 권영좌와 홍희석은 嘉慶 23년에 奉使로 燕京에 가서 陶文毅와 訂交하는데 彭國東[4]은 이들 두 문인 외에 다른 문인들과의 교류에 대해서도 다음과 같이 기술하고 있어서 陶澍가 조선문인을 애호했음을 알 수 있다.

---

4) 彭國東, ≪中韓詩史≫卷二 : "厥後權永佐與洪義錫以嘉慶二十三奉使入都, 與陶文毅公澍訂交."

도주의 집은 안화의 작은 처소로 자강에 임해 있다. 강속에 인장 같은 돌이 있어서 이름하여 인심석이라 했다. 도광어제가 '인심석옥' 네 자이어서 이제 정자에 새기는 것이다. 도주는 양강총독을 지냈는데 휴가 내어 성묘하러 귀향하던 길에 예능을 나섰다. 현에서 받들매 녹강서원을 빌려서 행관으로 삼았다. 좌문양이 그 때에 산장이어늘 기둥에 연구를 쓰기를 "춘전의 말이 조용한데, 이십 년 산에 살며 인심석이 있도다. 큰 강이 밤낮 흘러가는데 팔주의 자제들이 공이 오길 머리 들고 기다리네."라 하였다. 그 당시에 조선시인 중에 도주와 어울리는 자가 또한 몇이 있었으니 홍희근·신명재·정오석 등이었고, 대개 이미 도주와 면식이 있던 자로는 한치응·한영원·한영헌·이만용·남상중·허력 등이었다. 그들은 곧 일찍이 중국에 간 적은 없지만 단지 창화의 작품이 있다.

　　按陶文毅家安化之小淹, 臨資江. 江中有石似印, 名曰印心石. 道光御題印心石屋四大字, 今猶鐫亭中. 文毅官兩江總督, 假歸省墓, 道出醴陵. 縣中供張, 假錄江書院爲行館. 左文襄時爲山長, 書楹聯曰: 春殿語從容, 廿載家山, 印心石在; 大江流日夜, 八州子弟翹首公歸.………當時朝鮮詩人與文毅賡和者, 尙有數人, 如洪義瑾申明在鄭五錫, 蓋曾與文毅覿面, 如韓致應韓永元韓永獻李晩用南尙中許櫟, 則未嘗來中國, 僅爲寄和之作.(≪中韓詩史≫卷二)

라고 하여 양국 외교의 先聲的인 역할을 한 자로서 陶澍의 위상을 높이 평가할 수 있다.[5] 먼저 權永佐의 〈和印心老屋陶雲汀澍贈詩〉를 보기로 한다.

　　천한 사람이 한 번 선인의 뗏목 넘보았으니
　　그 습성 모두 추하여 웃음거리 되었네.
　　안목은 치밀하여 고증의 정상에 있고

---

5) 彭國東, ≪中韓詩史≫卷二: "文毅與朝鮮詩人之唱和, 蓋爲國民外交之先聲."(p.74)

재능은 성대하여 중화를 흠모하도다.
글씨는 꼿꼿한 송백 같아 먹을 휘둘고
싹튼 초벌로 차 맛을 보는도다.
기쁘게 그대 천하의 노옹을 만나니
전원시인 도연명의 명문가로다.

客星一點犯仙槎, 習氣全靡任笑譁.
眼目并觀居左海, 人才霞蔚慕中華.
字成瘦柏分題墨, 芽展初旗試啜茶.
喜得逢君天下老, 柴桑氏族古名家.

이 시에서 권영좌는 도주의 仙風과 문예를 높이 흠모하였고, 洪羲錫[6]도 同題의 시에서,

연경의 하늘 만리 길을 뗏목 타고 왔는데,
우아한 모임을 오늘 아침에 가지니 속된 소리 멀리 있도다.
붓끝에 마음을 나누면서 해가 지는데,
미간에 기상 모아 문물을 아끼노라.
밤에는 난초 향기에 술잔을 기울고,
시의 향기 맛나고 차 맛도 섬세하네.
기막히게 여기서 노닐며 모두 다 잊었나니,
맺힌 시름 다 털어서 흔쾌히 귀가하리라.

燕天萬里踵星槎, 雅會今朝遠俗譁.
筆下傳情移日色, 眉間得氣愛文華.
室聞蘭馥頻斟酒, 味合詩香細啜茶.
奇絶玆游都可忘, 羈愁擺脫勝還家.

---

6) 洪羲錫 「字駱皐, 朝鮮人.」≪淸詩匯≫卷二百

라고 하여 俗脫한 陶澍에게서 詩香과 속세에 매인 의식으로부터의 해 방감(忘羈愁)를 느낄 수 있음을 찬양하고 있다. 아울러 다음에 洪義 瑾7)과 李晩用8)의 시를 각각 보기로 한다.

그대 만나서 멀리 뗏목놀이 하며
물 같은 정분 저자 마냥 요란하다.
의태 속세를 벗어나 옥 나무에 기대고
문장 출중하여 천자의 사신에 비길러라.
아침에 우러러보며 마침 붓을 잡고
한나절 청담하며 함께 차를 맛보네.
시도는 모름지기 근원을 알지니
고래로 도연명은 으뜸가는 명가였네.

逢君不負遠游槎, 如水交情屛市譁.
儀範出塵依玉樹, 文章超世賦皇華.
中朝雅望方簪筆, 半日淸談共品茶.
詩道須知源有自, 古來靖節最名家. (洪義瑾)

지은 시 아직 생각 안 나는데
한가한 경계 속에 지친 마음 이지러진다.
맘껏 술 마심이 나만 못하나
낙화에 무엇을 남겨 주나.
비바람 다 지나면
외려 이별이 새롭구나.
문 밖에 향초가 많으니
지나노라니 또한 봄이로다.

---

7) 洪義瑾「字晩窩, 朝鮮人.」(上同)
8) 李晩用「字石樵, 朝鮮人.」(上同) 李家源의 ≪韓國漢文學史≫에는「離船樂歌」의 작자로서 ≪東樊集≫을 남겼다고 함.(p.318)

字詩還不記, 閒境厭勞神.
痛飮無如我, 洛花何與人
盡敎風雨過, 邰照別離新.
門外多芳草, 經過猶是春. (李晩用)

여기서 앞의 시는 도주의 문장과 고아한 儀態, 그리고 陶淵明의 후손으로 그 풍격을 계승함을 칭송하였으며, 뒤의 시는 조선의 성당시를 보는 듯이 春景을 탈속의 仙境으로 몰입케 한다.

2. 黃農部와 11人의 朝鮮 文人

鹿泉 황농부는 생평이 불명하지만 曹寅承[9](字 東谷)이 貢使로서 光緖 11년(1891)에 燕京에 入京한 기록인 다음 徐世昌의 평어에서 黃農部의 명성과 인품을 짐작할 수 있다.

시화: 동곡은 사신으로 입경하여 황녹천 호부를 따라서 노니는데 시에 능하고 글씨가 뛰어났다.

詩話東谷以貢使至京師, 從黃鹿泉戶部游工詩善書.(≪淸詩匯≫卷二百)

여기서 황녹천은 戶部의 관리인 것을 알 수 있는데 앞의 도주 이후에 조선 문인과 가장 깊은 교분을 갖고 있었음을 본다. 그 교분이 동시에 있는 것이 아니라 光緖 14년(1888)에 간 閔哲勳[10] 貢使부터 시작

---

[9] 曹寅承 "字東谷. 光緖十七年充貢使.詩話東谷以貢使至京師, 從黃鹿泉戶部游, 工詩善書." ≪淸詩匯≫卷二百
[10] 閔哲勳 "字聖若. 光緖十四年充貢使."(上同)

하여 光緒 19년(1893)에 간 李乾夏[11] 공사까지 꾸준히 황농부와 친교를 맺었던 것이다. 그 교류의 조선 문인과 시제를 열거하면 다음과 같다.

  曹寅承(字 東谷 光緒十七年充貢使);〈間道述懷寄黃鹿泉燕京〉
  李永珪(字 春史 光緒十七年充貢使);〈黃農部見訪賜詩病不能興依韻和答〉
  鄭景雲(字 其山 光緒十七年充貢使);〈訪黃農部不遇有作〉
  李贊範(字 丹圃 光緒十七年充貢使);〈黃農部見示詩和韻〉
  李鎬翼(字 陶飮 光緒十八年充貢使);〈和黃農部尖叉韻〉
  鄭翰謨(字 觀海 光緒十八年充貢使); 上同
  李乾夏(字 仁崖 光緒十九年充貢使);〈光緒癸巳春偕盛齋判書友松……越十數日
   農 部集同志祖道竟日談讌賦謝錄別〉
  李暉(字 盛齋 光緒十九年充貢使);〈和仁崖中樞韻賦謝黃鹿泉農部〉
  沈遠翼(字 友松 光緒十九年充貢使); 上同
  崔性學(字 碩農); 上同
  金宏集(字 道園);〈寄黃鹿泉〉

앞에서 曹寅承과 녹천과의 교류는 기설한 바이며, 李贊範과의 관계에 대해서는 徐世昌이 기술한 바,

  시화; 단포는 동운의 아들로서 동운이 사신으로 와서 녹천과 창화하니 따라서 시에 정원을 맴도는 마음이란 말이 있는 것이다.

  詩話丹圃爲峒雲子. 峒雲奉使, 鹿泉與酬唱, 故詩有憶趨庭語.(≪淸詩匯≫卷二百)

라고 하니 그의 〈黃農部見示詩和韻〉 제2수를 보면,

---

11) 李乾夏 "字仁崖. 光緒十九年充貢使. 詩話仁崖中樞爲朝鮮宗室. 癸巳借李盛齋判書暉沈友松僕正遠翼奉使崔硯農僉事性學從行."(上同)

혼연히 장단정에서 전별하는데
시집이 빛이 나고 문서는 빼어나네.
넓은 물결 나의 속된 마음 바로 잡으니
매양 고아함으로 뜰을 맴도는 마음.

陶然餞別短長亭, 吟冊光生汗簡靑.
千頃汪波醫我俗, 每設高致憶趣庭.

이 시에서 흠모의 정이 담겨 있음을 보게 된다. 그리고 李乾夏·李暐·沈遠翼·崔性學은 서세창의 이건하에 대한 기록에 의하면 光緖 癸巳年(1893)에 황녹천이 龍喜社에 貢使들을 초청하여 창화한 내용이 있다. 그 일단을 들어보면,

시화; 인애 중추부사는 조선의 종실이다. 계사년 이위 판서와 심원익 사신과 함께 하고 최성학이 수행하였다. 나는 때마침 사관에서 지냈는데 황녹천이 저택에서 용희사를 설치하고 연회를 하며 서로 창화하였다.

詩話仁崖中樞爲朝鮮宗室. 癸巳偕李盛齋判書暐沈友松僕正遠翼奉使朝正, 崔硯農僉使性學從行. 余時在詞館善化, 黃鹿泉農部就其縣邸設龍喜社邀使者讌集迭相唱和.(≪淸詩匯≫卷二百）

라고 하여 그 모임에서 상기 4인의 시가 모두 五言排律로서 下平聲8 庚韻으로 '命·盛·令·柄·鏡·映·詠·正'에 압운시켰다. 여기서 崔性學[12]의 시를 보기로 한다.

---

12) 崔性學「字硯農. 朝鮮人.」(上同)

바닷가에 미친 나그네 있는데
벗을 목숨처럼 여긴다.
이십 년 간 서울에서 노닐며
절개 꺾고 이름 떨치기를 흠모하였다.
기세 떨치기 바라는데
꾀꼬리는 봄소식을 노래하누나.
옛 글벗들과 담론을 나누니
빛나는 붓이 담론을 돕는도다.
학업이 아직 갖추지 않았는데
백발이 나니 거울 잡기 부끄럽다.
시화로 어지러이 전별하니
배 가득히 무지개 달이 비추누나.
옛날을 돌아보며 언 듯 옷깃을 여미며
공연히 술잔 잡고 아쉬워만 하지 않으리.
나의 갈길 동쪽인 걸 감히 말하노니
마음 진실로 정도 지킬 것이로다.

海隅有狂客, 友朋爲性命.
卄年游玉京, 折節慕名盛.
若將聲氣求, 黃鳥鳴春令.
故文疇與論, 彩筆助談柄.
學業猶未成, 白髮差攬鏡.
詩畵紛贐行, 滿船虹月映.
望古一披襟, 不徒戀觴詠.
敢言吾道東, 許心實持正.

이 시는 黃農部의 절개와 명성을 흠모하면서 자신의 학문부족과 세월의 무상을 묘사하고 있다. 그리고 李㬗[13)의 同題詩를 보면,

---

13) 李㬗:「字盛齋. 光緖十九年充貢使.」(上同)

대지는 영재를 사랑하니,
문장이 곧 생명이로다.
옛것을 모으고 만 권을 품었으니,
그 명성 떨치어 한 시대에 울리네.
그대 결사를 허함에 감동하니,
문단이 그 명성을 존경하네.
바리떼를 치며 기특한 시구 지어내어,
조화옹의 자루를 뒤집어 놓는도다.
좋은 인연 어찌 더 얻으리오,
소박한 마음 밝기가 거울 같구나.

大地鍾英才, 文章乃司命.
蒐古涵萬卷, 馳騁鳴時盛.
感君許結社, 騷壇敬聞令.
擊鉢撰奇句, 顚倒造化柄.
勝緣詎多得, 素心照如鏡. (以下 省略)

鹿泉의 문장과 학식, 그리고 문단에서의 위치를 추앙하고 거울 같은 깨끗한 마음을 높이 기리고 있다. 그리고 沈遠翼[14]의 시를 보면,

강토를 떠나서 초지를 흔쾌히 지니니,
풍류를 감히 스스로 맞노라.
보며 즐기면서 길가는 깃발 멈추니,
경치가 여기에 온통 성대하도다.
문장은 사마상여를 따라 노닐고,
글씨는 구양순의 솔경체를 사랑하네.
때때로 다시 창주선생을 상기시키니,

---

14) 沈遠翼「字友松. 光緖十九年充貢使.」(上同)

봄 하늘에 북두성을 바라보네.

出疆恢初志, 風流敢自命.
觀樂駐行旌, 雲物此全盛.
文從子長游, 書愛率更令.
時復憶滄洲, 春霄望斗柄. (以下 省略)

여기서 友松은 자신이 燕京에서 문물을 즐기는 심정과 영재와의 교육, 그리고 녹천의 얼음같이 맑고 깨끗한 마음을 노래하고 있다.

3. 高宗과 朝鮮 使臣

李性源(1725~1790) (字 善之, 號 湖隱)은 左議政을 지낸 뒤에 正祖 13년(1789)에 冬至謝恩使로 冬至副使 趙宗鉉(1731~1800)과 함께 淸의 燕京에 입경하여 그 이듬해인 乾隆 55년(1790) 봄에 高宗의 연회에 참석하여 화창하는 시를 지었는데, 그에 관한 徐世昌의 기록을 보기로 한다.

시화: 건륭55년 봄, 조선사신 이성원이 행판중추부사로써 정사가 되고, 예조판서 조종현이 부사가 되어 유구와 안남의 여러 사신과 함께 동시에 연경을 찾았는데, 고종께서 연회를 베풀어 손수 금 술잔으로 하사하시면서 정오에 어제시를 내보이시니, 여러 사신 중에 시에 능한 자들이 모두 화답해 바치었다.

詩話乾隆五十五年春, 朝鮮遣使朝正性源以行判中樞府使爲正使, 禮曹判書趙宗鉉爲副, 與琉球安南諸使同時詣京師, 高宗錫宴手金卮以賜, 日午宣示御製詩, 諸使能詩者皆和進.(≪淸詩匯≫卷二百)

여기서 乾隆 55년(1790) 봄에 高宗의 주재하에 3국의 외국사신들이 참석하였고 高宗이 八旬 생일을 자축하면서 御製詩를 내리니 使臣들이 和進하는 詩會가 열렸음을 알 수 있다. 사신들의 和進詩題는 〈恭和御製賜朝鮮琉球安南諸國使臣詩〉로 同題의 칠율이며 上平聲11 眞韻으로 압운하고 있다. 韻字는 모두 '頻·人·親·仁'으로서 이 和詩를 남긴 使臣人名을 보면, 조선인으로 상기 2인과 安南人으로 阮宏國·宋名朗·黎梁眞·陳登大·阮止信·阮偍, 그리고 琉球人으로는 鄭永功의 시가 수록되어 있다. 高宗의 八旬 만수를 송축하는 연회이므로 그 내용 또한 예절과 감축의 정을 담고 있다. 李性源15)의 시를 보기로 한다.

> 높다란 층계의 봄 나무 잎이 양춘가절을 알리는데
> 깊으신 성은으로 연회가 성대하다.
> 사해가 기뻐하며 옥백으로 같이하고
> 온천하의 만민이 다투어 경축하도다.
> 연석에 배석하여 매양 천수 높으신
> 천황의 은혜 두루 미침을 감사하나니,
> 술을 하사하시매 어찌 친히 손수 하시는지.
> 오십 년의 향내 팔십 세에 모여있어
> 세상 모든 빼어난 백성 어질게 되리라.

> 堯階春葉報中旬, 酣露恩深沽譿頻.
> 薄海歡欣同玉帛, 寶區慶祝競神人.
> 陪筵每感黃封徧, 賜醞那安御手親.
> 五紀馨香臻八耋, 南山北斗總歸仁.

---

15) 李性源 "詩話乾隆五十五年春, 朝鮮遣使朝正性源, 以行判中樞府事爲正使, 禮曹判書趙宗鉉爲副, 與琉球安南諸使同時詣京師."(上同)

그리고 趙宗鉉(1731~1800)은 樂府詩人으로 〈三史異蹟〉20수를 지어 文名이 있었는데 그의 同題詩를 보면 다음과 같다.

봄이 와서 경사로운 이 달 중순에,
옥백으로 마당에서 모시어 연회 번다하네.
주의 비기에는 만년동안 태평성세 오르고,
요계의 세 가지 축복은 국경인을 보람되게 하네.
몸에는 법도 배어 은총이 넓음을 노래하고,
옷에는 화로 향기 스며들어 성은이 가까움을 추앙하네.
휘장 높이 들어 외치니 나라가 복종하고,
하늘에 두 손들어 황제의 인정을 축송하도다.

春回慶歲月中旬, 玉帛來庭侍讌頻.
姬籙萬年躋壽域, 堯階三祝效封人.
身沾法醞叨恩曠, 衣熨鑪香仰聖親.
武帳嵩呼同內服, 雙擎雲漢頌皇仁.

4. 程伯序와 金正喜·李尙健

程庭鷺[16]는 字가 序伯(伯序)로서 秋史 金正喜[17]와 以堂 李尙健에게 同題인 〈寄題程序伯畫山樓圖〉가 각각 있는 바, 程伯序는 그 당시에 시인이면서 서화가이었기에 伯序의 山樓圖 그림을 보고서 그 감상을 시로써 피력한 것이다. 먼저 추사의 시를 보면,

---

16) 程庭鷺 "嘉定人. 一作振鷺, 號籥薌, 工詩及篆刻. 有以恬養志齋詩集·尊璞堂詩文集·紉秋詞·虞山游草·練水畵徵錄."(≪中國人名大辭典≫, p.1186)
17) 金正喜와 淸人관계에 대해서 藤塚鄰의 ≪淸朝文化東傳硏究≫(昭和50年·圖書刊行會)가 있는데 여기에는 程伯序와의 관계기록은 없으니 本考에서 처음 밝힘.

여러 겹 꼬불꼬불 그림 속에 산이 있는데,
누각 옆에는 나즈막히 푸르고 고운 빛이 아롱지네.
그림을 보고 눈을 즐겁게 함이 그지없으니,
즐거운 눈으로 바라보니 만리 멀리 한가롭다.

幾疊迂癡畵裏山, 樓邊晼底碧嫻班.
煙雲供養無量壽, 靑眼相看萬里閒.

라고 하여 畵中有情을 토로하면서 축수까지 하고 있다. 그리고 李尙健의 同題 2수를 보면,

어려서 산언덕에 머문 일 적었지만,
젖은 붓으로 짙게 읊조리니 저녁놀이 넘치네.
평상시에 산을 그리어 산이 그림 같으니
발에 드리운 텅 빈 산 기운에 석양이 성글구나.

幼與邱壑少文居, 染翰沈吟晚眺餘.
鎭日畵山山似畵, 一簾空翠夕陽疏. (其一)

그림을 보며 눈을 즐기니 은거할 만 한데,
담백한 산 모습이 먹 놀림에 넘치네.
그림 속에 은거 참선을 절로 할만하니,
어찌 높은 선비의 세상일 소원함을 막을 건가.

煙林供養足幽居, 淡淡山容墨戱餘.
畵裏逃禪堪自適, 何妨高士世情疏. (其二)

앞의 시는 山似畵라 하여 그림 속의 산이 실제의 산으로 보일 만큼 情景交融의 시흥을 묘사하였으며, 뒤의 시는 山樓圖에서 탈속의 禪趣

를 淡白하게 표출시켜 놓았다.

5. 洪良浩의〈寄謝翰林院修撰戴公〉

洪良浩(1724~1802)[18]는 악부시에 능통하여서〈靑丘短曲〉26편(≪耳溪集≫卷二)과〈北塞雜謠〉48편(上同) 등을 남겼는데, 후자 중에서〈牧羊客〉(상동)을 보면 다음과 같다.

        금화의 양치는 나그네에 물어보자.
        어찌하여 세상에서 오래도록 노니는가.
        신선이 사는 황정을 잘못 읽은 것이 아닌가.
        아니면 벽도를 몰래 훔친 것인가.
        대답하기를, 북방에 명산이 많아서
        옥황상제께서 나를 보내어 노래를 모으라 하셨네.

        借問金華牧羊客, 何事人間久遊遨.
        得非誤讀黃庭, 無乃暗偸碧桃.
        答云北方多名山, 玉帝遣我採風謠.

이 시에 대해서 徐命膺은 논평하기를,

    상세하여 섬세하고 농염함을 드러낼만하고, 우렁차 울리니 악기에 어울릴 만 하며 재주가 뛰어나시고 기세가 호쾌하며 노련하여 의기가 굳도다.

    委曲可以發纖穠, 鏗鏘可以協金石, 才縱而氣不怒, 局老而意不屈.

---
18) 洪良浩 "詩話漢師詩中多按行郡縣紀程之作, 當嘗出爲牧伯."(≪淸詩匯≫卷二百)

(≪保晩齋集≫卷九)

라고 극찬하고 있다. 이와 같이 洪良浩는 문명이 알려진 문인으로써 燕京에서도 그의 시풍이 인정되어 徐世昌의 시화(≪淸詩匯≫ 卷200)에도 홍양호 자신의 글을 인용하면서 그의 작시능력을 높이 평가하였다.

또 친구와 시를 논한 글이 있는데 이르기를; 내가 일찍이 중국에 갔는데 중국인의 시화를 보니, 고려인이 율절을 짓기를 좋아하지만 고시를 알지 못한다고 언급했거늘 나의 얼굴이 붉어졌다. 따라서 글 중에는 자못 고시가 많게 되었다.

又有與友論詩書云; 僕嘗游中國, 見華人詩話, 言高麗人好作律絶, 不識古詩, 使我顏騂. 故其藁中頗多古詩.

홍양호의 이 戴衢亨19)에게 준 시는 오언고시로서 徐世昌이 평한 바와 같이 다분히 의도적으로 장편시를 지은 것으로 보인다. 이제 그 전반부를 보면,

평생토록 고인을 흠모하여,
일찍이 사방의 뜻을 품었도다.
매양 동해에 외떨어져서,
중국의 美를 보지 못함을 한하였도다.
두발도 가지각색인데,
조정에 사신으로 차 있도다.

---

19) 戴衢亨 "字荷之, 乾隆進士第一, 累擢侍讀學士. 仁宗嗣位, 凡大典禮諸巨製, 悉出其手. 累官體仁閣大學士, 管理工部, 前後直樞廷三十年."(≪中國人名大辭典≫, p.1718)

눈으로 보니 중국의 땅이 큰데,
발로는 요임금이 봉한 땅을 밟았도다.
듣건대 대씨가 있다하는데,
빛나고 큰 명성이 멀리 미치도다.
송대 소씨 삼부자와 나란히 할만하고,
육기와 육운과 마침 고삐를 이을 만하다.
장원은 얼마나 영준하고 현묘한가,
의연히 국가의 경사로다.
광휘를 접할 길이 없으니,
단지 발꿈치라도 가까이 하기 원하도다.
나그네가 있어 자못 뛰어나거늘,
글을 좋아하고 또 의기를 좋아하도다.
빛나는 본보기의 글을 따라서,
마침내 공융의 예리함 지녔도다.
이미 군자의 의태를 보았으니,
아울러 주인의 뜻을 따르리라.

生平慕古人, 夙懷四方志.
每恨東海偏, 未睹中華懿.
顚髮已種種, 偶充朝元使.
眼看神州大, 足踐堯封地.
側聞有戴氏, 赫爲聲遠曁.
三蘇並可駕, 二陸方聯轡.
壯元何英妙, 袞然爲國瑞.
無路接光輝, 願言徒傾跂.
有客頗倜儻, 好文仍好義.
擬上光範書, 遂懷孔融刺.
旣覩君子儀, 兼致主人意.

그의 慕華 의식과 壯元 급제한 戴衢亨의 인격과 능력, 특히 박학다식한 풍모에 대해서 三蘇와 二陸의 문재와 孔融의 주석역에 비유한 표현은 산문시를 방불케 한다.

Ⅲ. 所載된 朝鮮 문인 詩의 주제별 성격

상기의 詩交 부분에서는 양국문인의 교류와 상관시켜서 거론하였다면, 본고에서는 시의 내용별로 본 특성을 살펴봄이 또한 의미 있다고 할 것이다. 여기에는 수록된 작품이 寄贈이나 唱和 등에 편중되어 있지만, 그 중에도 懷古나 詠物, 그리고 山水景物을 소재로 한 시들도 열입되어 있기에 또한 다음과 같이 양분시켜 나름대로의 풍격을 서술할 수 있다고 본다.

1. 寄贈·唱酬詩의 禮讓

108수의 시에서 이 부류에 속하는 것이 가장 많은데 燕京에 貢使로 간 문인들이 상호교류한 시들을 주로 수록한 경향이 있기 때문이다. 먼저 寄贈類로서 韓永獻의 陶澍에게 준 〈寄懷陶雲汀內翰〉을 보면,

> 초대하지 않아도 오니
> 마음의 교분 신이 있는 듯 하네.
> 높이 장진주를 노래하며
> 술 취해 돌아갈 자 없도다.
> 붓을 놓으니 그윽한 향기 멀리 가고
> 누대에 오르니 비 개인 경물이 새롭도다.
> 복사꽃 두 세 그루가
> 여전히 향기로운 봄을 잡아매는 도다.

不待招邀至, 心交若有神.
高歌將進酒, 留醉未歸人.
落筆幽香遠, 登樓霽景新.
桃花兩三樹, 猶得駐芳春.

　이 시에서 도주에 대한 깊은 애정이 깃들어 있는 심정을 보게 되는데 비록 만나지 않아도 마음으로 서로 교유하는 마음이 以心傳心으로 통하고 있음을 알 수가 있다. 그리고 도주가 보낸 서신에서 그윽한 정이 넘쳐흐르고 있는 것이다. 또한 李尙迪[20](1804~1865)의 〈還發閭延留贈白瞿山趙絳雪〉을 보게 되면,

돌아가는 깃발에 동쪽 길이 끝이 없는데,
말갈의 옛 자취가 지는 낙조에 붉게 물들다.
산 못의 기운이 솟아나 항상 비가 되니,
군대의 피리소리 구슬퍼서인가 바람이 많구나.
지난날 나는 텅 빈 뽕밭에 머물던 일 그렸는데,
오늘은 누가 큰공을 세워 나갈 건가.
이별의 생각과 향수가 함께 섞였는데,
수루의 서쪽에 지는 달이 활 같구나.

歸旌東指路無窮, 靺鞨遺墟落照紅.
山澤氣蒸常作雨, 鐃笳聲咽故多風.
他時我戀空桑宿, 今日誰推大樹功.
離思鄕愁同錯莫, 戍樓西去月如弓.

---

20) 李尙迪: "字惠吉, 號藕船. 有恩誦堂集. 詩話藕船爲彼國樞府知事, 工詩古文辭. 陽湖張曜孫仲遠, 嘗取王子安海內存知己, 天涯若比隣二語, 鐫印贈之."(淸詩匯卷二百)

이 시는 작가가 귀국 길에 올라서 만나는 풍경을 묘사하면서 잊지 못하는 심회를 추상적인 기법으로 이어나가고 있다. 초당의 王勃의 시구 '海內存知己, 天涯若比隣.'21)와 작풍이 상통한다. 李尙迪은 委巷詩人으로 纖麗하면서 애절한 풍격을 보여준다. 그래서 金允植은 ≪雲養集≫(卷9 李藕船遺稿序)에서 다음과 같이 기술하고 있다.

> 이제 그의 지은 유고를 보면, 문에 있어서는 멀리 유종원의 높고 순결함을 본받았고, 가까이는 청초의 여러 명가의 빼어나고 웅장함을 얻었다. 그리고 시에 있어서는 왕사정과 송완의 남긴 법칙을 깊이 터득하여서 골절이 아름답고 풍격이 산뜻하여 구차한 뜻이 없으니 어찌 이채롭지 않은가?

> 而今觀其所著遺稿, 於文遠祖子厚之峭潔, 近稱淸初諸名家之秀雄, 於詩深得王漁洋宋荔裳之遺則, 骨節姍姍, 風神翛然, 無苟且之意, 豈不異哉.

한편, 酬唱詩에 있어서는 먼저 李承五22)의 〈松筠庵卽席唱和詩〉2수를 들어본다.

> 짧은 나막신이 진흙에 빠져 비 온 후에 찾았고,
> 솔대나무가 그늘을 이루어 옛 암자가 깊구나.
> 천추의 높은 절개로 양공이 있으니,
> 시인과 함께 찬양의 소리로다.

> 短屐衝泥雨後尋, 松筠成蔭古庵深.
> 千秋高節楊公在, 輸與詩人贊誦音.(其一)

---

21) 王勃의 「送杜少府之任蜀州」의 시구.(≪全唐詩≫卷五十五)
22) 李承五 「字三隱. 光緖十九年充貢使.」(≪淸詩匯≫卷二百)

연경의 달과 요동의 구름 아래 사절로 온 한 해,
말 타고 슬피 헤어지니 또 가을이구나.
부평초처럼 유랑하는 자취 다시 만날 날 있으련만,
그 당시엔 멍하니 망연자실을 어찌 할 거나.

燕月遼雲奉使年, 驪駒悵別又秋天.
萍蹤復合非無日, 叵奈當時已惘然.(其二)

이 시는 시인의 뛰어난 작시력을 구사하고 있는데 앞의 시의 제3·4구는 상대방에 대한 예의와 찬양을 적절히 표현하여 조선인의 풍모를 보여 준다. 그리고 金綺秀23)의 〈步雲養方山厓石唱酬韻〉을 보면,

뜻이 큰 친구로 한 베개에서 지냈으니,
강호의 물고기와 새보다 더 깊도다.
몸 밖에 여지가 있는걸 이미 알거늘,
가슴속에 무수한 산이 있음이라.
이부의 문장은 지금 꿈에 든 듯 아련한데,
하늘의 명월 아래 뉘와 함께 한가로운가.
창랑의 덥수룩한 웃 수염과 머리 내가 이와 같거늘,
오직 뜬구름처럼 왔다 갔다 하고프다.

落落親朋一枕間, 江湖魚鳥更相關.
已知身外有餘地, 自在胸中無數山.
吏部文章今屬夢, 承天明月孰同閒.
滄浪鬚髮吾猶爾, 只許浮雲共往還.

---

23) 金綺秀「字倉山. 光緒十五年充貢使.有放騶散草.」(上同)

2. 詠懷·詠物詩의 諷刺

傅庚生은 회고적인 詠懷詩에서 정감의 발로를 興懷라는 관점으로 그 초점을 맞추고 있다. 그의 ≪中國文學欣賞擧隅≫(p.17)의 서술을 다음에 보고자 한다.

> 사람 속마음이 드러나는 것을 정이라 하고 겉에서 느껴지는 것을 감이라고 하니, 감에서 응하여서 나오는 것을 홍회라고 한다. 좋은 계절을 만나서 부모를 생각하고 형문에 가면 옛일을 회고하며 귀밑 털이 흰 것을 보고 의분을 느끼고 흰 이슬을 보고 생각에 잠기는 것 등에서 마음의 감흥이 나면 때맞춰 몸으로 느끼어 글로 표현하니 아름다운 구문이 이루어진다.

> 人之內發者曰情, 外觸者曰感, 應感而生, 是曰興懷. 逢佳節而思親, 赴荊門而懷古, 窺鬢班以書慎, 凝露白以相思; 興之, 適逢其會, 發爲詞章, 便成佳構.

이처럼 興懷는 시간의 제약도 없으며 대상의 제한은 더욱 없다. 인간의 심성이 느끼는 바에 따라서 나오는 것이 詠懷인 것이다. 먼저 洪良浩의 〈岳州感古〉를 보고자 한다.

> 나의 조상이 땅을 떠났다가,
> 오늘 후손이 지팡이 짚고 왔도다.
> 양춘에 모든 집이 바뀌고,
> 산 물가에는 백년의 애달픔이 있도다.
> 돌 조각엔 새로운 좋은 집 있고,
> 늦가을의 꽃은 옛 낚시 누대에 있도다.

남은 노인 부르려도 다 갔으니,
외로운 달과 더불어 배회할 뿐이네.

吾祖分符地, 今孫仗節來.
陽春千室化, 山浦百年哀.
片石新華屋, 寒花舊釣臺.
欲招遺老盡, 孤月與徘徊.

이 시는 세월의 무상함을 노래하고 있다. 岳州의 산과 돌, 꽃과 낚시 터, 그리고 하늘의 달조차 외롭게 보이는 것이다. 조선의 말기적 현상을 보면서 우국과 비애를 미리 예견한 것인가 한다. 그리고 徐正諄의 〈善竹橋〉시를 이어서 보기로 한다.

저녁 해지는 녘에 송악의 높은 봉우리가 솟아있는데,
옛날 궁궐에는 온통 찬 안개 끼었구나.
이제는 다리 끝에 핏자국 남아서,
고려 오백 년의 생생한 모습을 보여 주네.

崧嶽千峰多夕照, 舊時宮闕總寒煙.
至今一掬橋頭血, 生色高麗五百年.

徐世昌은 시 말미에 기록하기를 "麗將亡以身殉國, 惟鄭文忠一人橋上血迹, 至今宛然, 事同方遜志血迹碑."(고려가 망하려는데 몸으로 순국한 사람은 오직 정몽주 한사람 뿐이라. 지금에 와서 완연하다. 그 일은 방손지의 혈적비와 같도다.) 라고 하였으니 이 또한 망국의 비애를 빌려서 시인의 심기를 표현한 것으로 본다.

한편 영물시는 寄情寓風을 바탕으로 하니 《四庫全書總目提要》集部五의 「詠物詩提要」는 옛날 굴원은 귤송을 짓고 순자는 잠부를 지었는데 영물의 작품은 여기에서 싹텄다. …… 당시는 사물의 모양을 숭상하고 송시는 의론을 참용하는데 기탁된 정감과 붙여진다.

昔者屈原頌橘, 荀況賦蠶, 詠物之作, 萌芽于是. …… 唐尙形容, 宋參議論, 而寄情寓風.

라고 하여 영물 작품의 근본적인 착상에 대해서 의견을 제시하였다. 영물시를 짓는 의도는 시를 통하여 比興의 풍유를 하는데 있음을 李重華는 다음과 같이 기술하였다.

영물이라는 체재는 제재로 말하면 부요, 시를 짓는 까닭으로 말하면 흥이요, 비이다.

詠物一體, 就題言之, 則賦也, 就所以作詩言之, 卽興也, 比也.(≪貞一齋詩說≫)

한편, 영물시의 작법에 있어 구체적으로 어떻게 표현해야 할 것인가에 대해서 元代의 楊載는 다음과 같이 기술하였는데 이는 전대의 작품에서 보이는 공통점을 정리하여 후대에 작법기준을 제시하고 있다.

영물시는 사물에 기탁하여 뜻을 펼치고 두 구에 맞춰 사물의 형상을 노래하고 물상을 그대로 그려야 하나 지나친 조탁과 가교는 피해야 한다. 제 1연은 직설한 제목과 합치해야 하고 사물의 출처를 명백히 해야 한다. 제 2연은 영물의 본체와 합치해야 하고 제 3연은 사물을 말하는 작용과 합치해야 하는데 뜻을 말하기도 하고 의론하기도 하고 인사를 말하기도 하고 고사를 사용하기도 하며 외물을 구체적으로 실증하기도 한다. 제 4연은 제목 외의 것으로 뜻을 표현하거나 혹은 본의로 그것을 결속한다.

    詠物之詩, 要托物以伸意, 要二句詠狀寫生, 忌極雕巧. 第一聯須合直說題目, 明白物之出處方是. 第二聯合詠物之體, 第三聯合說物之用, 或說意, 或說人事, 或用事, 或將外物體證. 第四聯取題外生意, 或就本意結之.(≪詩法家數≫一卷)

이 장법은 매우 세밀하게 묘사되어 있어서 시의 독창과 주관을 제약할 수 있지만 그 본의는 순수한 영물시란 사물을 순수하게 묘사하여 寓懷를 담아야 함을 알 수 있다. 이제 洪顯周[24]의 〈製人扇頭墨梅雀〉을 보면,

    소호처사의 시를 다 읽고 나니,
    종이창문에는 성근 그림자가 두 세 가지 있도다.
    산새가 꿈꾸는데 아무도 보이지 않으니
    응당 이 때는 서쪽별이 달을 가로질러 떨어지겠지.

    讀罷西湖處士詩, 紙窓疎影兩三枝.
    山禽夢著無人見, 應是參橫月墮時.

이 시는 부채에 그려진 梅花와 새의 그림을 보고 쓴 것인데 그 묘사가 살아서 움직이고 그 풍격이 탈속적이어서 실감을 자아내고 아울러 시인의 歸自然的인 의식을 토로해 준다. 그리고 李光稷의 〈和陳雲伯詠老松〉을 보기로 한다.

---

24) 洪顯周 "字世叔, 號約軒. 有海居齋詩鈔. 詩話豊山洪氏爲三韓大族, 約軒尙主授都尉, 篤雅有文釆. 甞彙十世遺稿曰豊山世稿."(上同)

나그네가 붓을 잡고 노송을 노래하니,
붓끝에는 단지 취기가 짙게 느껴지누나.
걷고 나니 서리 낀 가지의 학이 누워있고,
읊고 나니 보이는 잎의 용이 뛰어 오르도다.
찬 마음은 응당 겨울이 두렵지 않네.
저녁에 동해에 드니 바람이 급히 불어와서,
진대의 지난날의 봉토를 씻으려 하네.

有客揮毫賦老松, 筆端但覺翠重重.
踏餘偃蹇霜枝鶴, 吟罷騫騰雨葉龍.
淸雲已知擅朱夏, 寒心應不畏元冬.
晚來東海風吹急, 欲洗秦家曩日封.

　이 시는 중국의 詠物詩의 기법을 사용하고 있어서 위의 元載의 이론에 잘 부합된다.
　韓中 문예교류사는 유구하지만 主從的 관계였다고 해도 혹평은 아닐 것이다. 그 중에도 羅唐의 문인교류는 대등적인 교왕이었으며 崔致遠의 문명과 金可紀의 羽化登仙은 唐人의 존경을 받았다. 朝鮮에서도 申緯는 淸代 대문호인 翁方綱과 그 學人들의 호평을 받았으며 金澤榮은 1907년 3월에 신위의 ≪紫霞詩集≫(924수)을 翰林學士인 張謇의 奏請으로 御命에 의해서 江蘇省 通州에서 2000본을 발간한 일인 문인의 시를 총집한 徐世昌의 ≪淸詩匯≫卷200에 54인의 108수가 수록되었다 함은 문화교류적 차원에서 재조명되어야 할 자료로 평가된다. 朝鮮人의 시가 후기에 국한되어서 작품의 객관적인 가치를 인정할 수 없지만 중국인의 안목으로 보아서 대등한 수준으로 평가된 것으로 본다. 특히 양국 문인의 교류시들은 韓中 시가의 비교관점에서 간과할 수 없는 것이다. 여기에는 거론하지 않았지만 翁方綱과의 관계에서 그의 제자인

吳嵩梁은 이후에 간접적으로 고찰할 필요가 있다. 중국문인으로 陶澍, 高宗, 黃農部, 程庭鷺 등에만 국한되어 있는 것은 매우 아쉬운 부분이며 그들 또한 도주 이외에는 문단의 위상이 낮은 것도 이 고찰의 효과를 반감시킨다고 본다.

玉山 李光秀 詩의 唐詩 풍격

韓國漢文學에서 다루어지는 연구대상은 시대와 문인의 상관성에 따라서 선별되는 경우가 일반적인 것이었다. 家門과 관직에 치중된다거나, 시기적으로 朝鮮 말기(특히 20세기초)의 대상은 거의 도외시되다시피 하여 李建昌이나 黃玹・卞榮晩 등에서 매듭짓는 상황이었다. 그 전후의 출중한 문인의 문집이 드문 이유도 있겠지만, 근년의 것은 모두 경시하려는 의식의 편견에도 그 이유가 있다고 본다.

필자는 韓中문학을 비교하는 학도로서 위와 같은 의식이 남 못지 않게 짙은 부류의 하나인데 여기서 玉山 李光秀(1873~1953)의 시문학을 기술하고자함은 그의 문학정신 즉 淸代 沈德潛의 "詩有人(시에서 곧 그 사람이 있음)"(≪說詩晬語≫)라는 가치를 작품 속에 풍부하게 담아 놓고 있기 때문이다. 특히 한문학에서의 중국 문학적인 풍격 비교라는 관점에서 이 글을 전개한다면 근인의 문학을 논평한 자료가 없다하여도 객관적인 연구설정이 가능하다고 볼 때, 필자는 옥산의 문학을 시를 대상으로 중국문학이론에 근거하여 고찰하고자 한다. 저본(底本)은 ≪玉山集≫七卷 二冊으로 하고 한・중 역대자료를 바탕으로 하여 나름

대로의 옥산시에 대한 학술적 가치를 부여하려고 한다. 金文鈺은「玉山集序」에서,

　　　예전에 퇴계 선생은 일찍이 임금호를 일대의 기인이어서 매양 활 울리고 말달리며 눈 속에서 노루 사냥하는 글을 기술하였다고 하였는데 옥산 선생이 아마 그런 유파일 것이다. 내가 특히 그의 큰 절개의 기인됨을 취하여 쓰는 바이다.

　　　昔退陶先生嘗稱林錦湖爲一代奇男子, 每述其鳴弓躍馬, 雪中射鹿之語, 公殆其流耳. 余故特取 其大節之奇者書之.(≪玉山集≫卷頭)

라고 옥산의 義氣를 높이 평가한 점에서 옥산의 시문학세계 또한 憂國과 超脫의 양면성이 짙으리라고 보아서 여기에 초점을 맞추고자 한다.

Ⅰ. 玉山과 그 詩의 家系的 배경

　玉山 李光秀(1873∼1953)는 全羅南道 潭陽郡 昌平面에서 유학자인 李承鶴의 子로 태어나서 전통적인 儒學의 맥락을 이어받고 조선 말기에 成均館博士를 지냈으며, 일본에 식민지화되는 國運의 쇠퇴를 통탄하며 梅泉 黃玹, 李建昌 등과 교유하였고, 독립애국의 의지와 그 실현 불가의 비애를 품고서 일찍이 귀향하여 지낸 剛直한 선비이자 애국지사인 것이다. 옥산의 문학은 그의 조부 李最善과 부친 李承鶴과 직간접적으로 연관되어 나타난다. 石田 李最善은 ≪石田文集≫(4권 2책)을 전하는데 그 중에「三政策」은 時弊를 통박하여 조선 후기의 정치와 사회문제를 제기하고 있으며,「通告隣邑諸宗文」등은 洋夷의 침공이 국

가 存亡의 岐路와 관련됨을 주장하고 있는 時事性을 지닌 글들이다. 그리고 靑皐 李承鶴은 字가 子和이며 號는 靑皐로서 ≪靑皐集≫(4권 2책)을 저술한 바, 그의 사상은 理氣說보다는 爲己之學을 주창하고 周易의 64卦의 이치를 재해석하고 있다. 이어서 옥산도 그의 ≪玉山集≫(二冊)이 旣刊되어 韓國漢文學에 새로운 학술자료로 활용될 수 있게 된 것이다. 그리고 그의 문집에 수록되어 있지만 1933년 직접 金剛山을 유력하며 기록한 ≪金剛山大圖繪≫ 필사본이 玉山이 서거한 후 60여 년 만에 우리말로 번역되어서[1] 알려지게 된 것은 家門을 위해서나 작품의 높은 格調로 보아서 매우 時宜適切하다고 본다. 이러한 맥락으로 보아서 옥산의 시문학을 논하면서 먼저 家系上으로 그 조부와 부친의 시 세계를 다음에 一見할 필요가 있는 것이다.

石田의 시는 93題 125首가 현존하고 있으며, 내용별로는 挽歌·奉和·次韻·山水·贈酬, 그리고 感懷 등을 주제로 삼고 있다. 石田의 시의 淵源에 대해서는 그 ≪石田集≫序(權載奎)를 보면,

> 얼마 전에 석전 선생 이공 최선은 영명한 자태로 일찍이 노사 선생의 문하에 들어가 40여 년 동안 훈도를 받고 배워서 성리학의 묘리와 경서와 예법의 깊은 이치에 밝았다. 그리고 세상 도리의 변화와 일용의 규범에 있어 힘써 다 행하고 그 교리에 따르지 않음이 없었다. 대개 선생의 학문은 커서 세상의 선비에게 배척 당하였다. ……공은 오직 독신하여 매우 좋아하였고 그로 책을 지어 드러내니 그 식견의 고매함과 지조의 확고함은 이미 뛰어났다.

近古有石田先生李公諱最善以英明之姿早登蘆沙先生門, 熏炙講質四

---

[1] ≪金剛山大圖繪≫는 1999년 소장자 李麟의 부탁으로 필자가 번역하여 解題를 첨부하고 原本을 揷圖로 편집한 책이다.(시와 시학사 간행) 이 자료에서 옥산의 시 22수의 원문과 번역을 이 글 말미에 부록으로 첨부한다.

十餘年, 微而性理之妙・經禮之奧著. 而世道之變・日用之常, 靡不況究力行而服其敎焉. 蓋先生之學大爲世儒所譏斥......而公顧篤信而深好之, 爲之著書以發明, 則其見識之高, 操執之確固已卓乎.

라고 하여 석전의 문학 연원을 개략하고 있는데 좀더 요약하면 다음과 같다.

(1) 蘆沙선생의 門下에서 性理學과 經典과 禮書 등에 博通하여 전통 儒家사상에 근거를 두고 있다는 것이다.
(2) 단순한 隱遁的인 超世的 儒林의식이 아니라, 實事求是의 바탕에서 現實을 直視하고 그의 改善을 위해 직접 自己犧牲的인 참여의식을 발휘했다는 것이다. 그래서 序에서 "對策數十萬字皆痛時弊急民瘼."(대책이란 글 수십만 자는 모두 시세의 폐단을 아파하고 백성의 고통을 다급하게 여겼다.)라고 기술하고 있다.
(3) 卓越한 識見과 高潔한 인품이 문학세계에도 根幹을 이루고 있다는 것이다.
(4) 朝鮮 末期의 國難을 당하여 毅然히 一身을 돌보지 않는 憂國愛民의 의식이 充溢하였다는 것이다.

다음에 李儒哲의 石田을 欽慕하는 시를 보면,(《石田集》 卷4 附錄)

아아! 이상사는
지기를 평생 좋아하였다오.
학문을 논함에 스승의 훈도를 받들고
사악함을 배척하여 국난에 임했다오.
자신의 몸조심하기를 부족한 듯 하고
남의 일에 임하여는 스스로 관대하였다오.
한 폭의 봉한 글에 눈물 흘리고

쓸쓸히 풀 언덕에 주무시도다.

嗟呼李上舍, 知己平生歡.
論學承師訓, 斥邪赴國難.
檢身如不及, 臨事自從寬.
一幅緘辭淚, 凄凄宿草巒.

라고 하여 石田의 大義公憤의 의식을 확인할 수 있다. 이런 바탕 위에 형성된 시의 성격도 그의 성품과 연관되어 나타난다. 李朝末 대학자 李建昌의 ≪石田集≫跋을 보면,

나는 이미 그 일을 공의 지문에 기재한 바 더구나 공의 군주에의 충성과 애국심을 알고 보니, 밭 갈면서도 잊지 않으며 나라가 어지러우면 더욱 분개하였도다. 그러나 절의의 풍모가 있는 것을 나 또한 지문에 기재하지 못하다가 여기에다 비로소 징험하는 바이다.

余旣以其事載之于公之誌而尤見公之忠君愛國, 畎畝而不忘, 板蕩而愈奮慨. 然有節義之風. 余又有誌之所未載而於斯集始徵之.

라고 하여 석전의 忠君愛國의 誠心과 節義의 品格을 높혔으며, 또 이어서,

공의 문장은 비록 애써서 공교함을 구하진 못했으나 언제나 명백하고 적절한 이치가 모두 가득하다.

公之文辭雖未嘗屑屑以求工, 而往往明白剴切情理俱愜也.

이라 하여 석전의 문장이 描寫上의 工巧함 보다는 情理의 緊切함이

더 가치 있다고 강조하였다. 그러면 석전의 시들을 다음에 예거하건 대 〈次崔勉庵黑山匪所見示韻〉을 보면,

우이산의 경치는 바다 위에 높이 솟아
오르는 먼길 나그네 힘들단 말 없도다.
충성의 혼 죽지 않고 그 물결 멈추지 않으리니,
오문의 백마 같은 파도인줄 알리라.

牛耳山光海上高, 登臨遠客莫言勞.
忠魂不死潮無息, 知是吳門白馬濤.(권1)

이 시는 義憤에 찬 救國의 忠心을 읊은 것이고 〈天鳳歸雲〉을 보면,

한 조각 돌아가는 구름이 천봉산에 걸리니
시비라 없으매 속세에서 멀리 있구나.
그대 바쁜 객이 아닌 것이 이상하거늘,
산모퉁이에서 나와서는 어인 마음에 갔다가 다시 오는가?

一片歸雲天鳳山, 無非無是遠人間.
怪君不是紛忙客, 出岫何心去復還.(권1)

이 시는 山上에 걸린 구름을 보며 세상의 俗塵을 떨치고 超脫한 삶을 追求하고픈 심정을 담고 있다. 그리고 〈挽梁斂知〉(권2)를 보면,

금성산 북녘에 삼강문이 있는데
가문의 명성을 이어서 후손에 맡기도다.
오래 두고 행인으로 가리키게 하리니
그의 알려진 명성은 이 산과 함께 하리라.

> 錦城山北三綱門, 繼述家聲屬後昆.
> 長使行人相指點, 從知名與此山存.

　대개 石田에게도 적지 않은 輓歌가 있는데, 이 시는 말구와 같이 산이 永遠하듯이 산에 묻힌 자의 名聲이 消滅되지 않으리라는 稱讚과 悲哀를 동시에 묘사하고 있다.
　다음으로 靑皐의 시는 ≪靑皐集≫에 123題 157首가 수록되어 있다. ≪靑皐集≫序에 보면,

> 그의 문은 흘러 넘치고 여유가 있으며 시로 표현하여서는 속세의 먼지 기미를 끊었고 필력이 또한 굳세다.
>
> 其文辭滂沛有餘裕, 發於詩蕭然絶塵埃氣, 筆力又勁健.

라고 하여 그의 시가 石田 보다 豪放한 浩然之氣가 있음을 알 수 있다. 그의 시에서 石田과 다른 점은 詠物詩가 많은데, 이것은 詠物의 목적이 寄託하여 시인의 뜻을 간접적으로 諷刺・比喩하고자 하는데 있으니, 淸代 李瑛이 ≪詩法易簡錄≫(卷13)에서,

> 영물시는 진실로 이 사물을 확실하고 적절하게 표현해야 하며, 외양을 버리고 흥취를 얻는 것이 더욱 소중하지만, 반드시 뜻을 기탁할 곳이 있어야 비로소 시인의 의취를 얻을 수 있는 것이다.
>
> 詠物詩固須確切此物, 尤貴遺貌得神, 然必有命意寄託之處, 方得詩人風旨.

라고 하여 詠物詩에서의 영물이란 시인의 意趣를 실을 수 있는 특성

을 지닌 주제를 담고 있는 것이 곧 詠物인 만큼, 靑皐詩의 특성을 특히 詠物에 둔다면, 이 또한 詩學上 매우 높이 평가할만한 것이다. 그 시를 예로 들어 보면 〈松〉(권1)에서,

> 저 울창하고 우뚝한 솔 열 자는 넘는데
> 빙빙 종일 배회하니 이 산은 깊기만 하다.
> 푸른 덮개 구름을 스칠 듯 둥지 튼 학이 울고
> 푸른 수염 땅에 드리니 늙은 용이 흥얼댄다.
> 따스한 봄날 서서 덕을 심은 일 생각하니
> 날씨가 추워야 나중에 시드는 마음 알지라.
> 밤들어 뜰의 바람 부는 곳에서
> 우뚝 서서 가야금과 거문고 타는 자태 어떠한가!

> 鬱鬱亭亭過十尋, 盤桓盡日此山深.
> 翠蓋拂雲巢鶴語, 蒼髥垂地老龍吟.
> 春暖佇思先種德, 歲寒方識後凋心.
> 試於夜庭風來處, 何似峨洋奏瑟琴.

여기서 靑松의 자태와 제3연의 늘 푸른 常綠의 孤高함, 그리고 시인의 굳은 節槪와 의리를 강하게 寄興하고 있다. 그리고 〈蝶峙道中〉(권1)을 보면,

> 사람 소리 물 속의 밝은 달과 사이에 두고
> 고기잡이 불빛이 점점이 붉기도 하다.
> 앞강에 던지기 전에 날고기 낀 은 낚시 던지니
> 갈대꽃 핀 양 언덕에 강바람이 거슬러 부누나.

> 人聲隔水月明中, 漁火光生點點紅.
> 爲打前江銀鉤膾, 蘆花兩岸遡江風.

이 시는 旅路에 자연의 美와 삶의 현실을 조화시킨 詩中有畫라 할 수 있는 마치 唐代 王維의 시풍을 연상하는 浪漫隱逸風이 보인다. 한편 〈思家〉(권1)을 보게 되면,

    가을이 다 가도 기러기는 오지 않아
    긴 밤에 잠 못 이루도다.
    고향의 산은 어디인가,
    남녘 하늘 아득히 구름이 가는도다.

    秋盡鴈難到, 夜長人未眠.
    家山何處是, 雲水渺南天.

이 시는 唐代 崔顥의 〈黃鶴樓〉시에서 말연 "日暮鄕關何處是, 煙波江上使人愁."(해 저무는데 내 고향은 어디인가, 안개 낀 강가에서 수심에 잠기노라.)와 詩心이 일치하는 것이니 애틋한 思鄕의 心態가 묘사되어 있다. 그의 시는 초탈의 의식이 넘치는데 이것은 국운의 쇠락과 연관된다고 할 것이다. 그 예로 〈與牛峰諸益宿松廣寺〉(권1)를 보면,

    초저녁 냇물 따라 푸른 산봉에 오르니
    종소리 멀리서 다가와 가을과 어울린다.
    용화당 밖엔 빗소리와 이어지어
    온 기와에서 고성을 내어 몇 겹이나 거센지.

    薄暮緣溪上碧峰, 鍾聲遙落接秋容.
    龍華堂外通霄雨, 萬瓦高鳴隔幾重.

이 시는 脫俗의 禪境을 그리면서 合自然의 歸隱 의식을 보여 준다.

이상의 간략한 옥산 이전의 직접적인 문학흐름을 통하여 옥산 자체의 시를 객관적으로 조명할 수 있는 계기를 마련했다고 본다.

Ⅱ. ≪玉山集≫과 玉山 詩의 주제별 분류

≪玉山集≫은 옥산 선생의 문학을 파악할 수 있는 가장 확실한 자료로서 그의 長子인 李烑이 1962년에 上下 二冊 七卷의 분량으로 간행하여 한문학연구의 문집으로 열입되게 된 것이다. 이제 옥산집의 구성 내용을 보면 다음과 같다.

    序: 乙亥 孟春 光山 金文鈺序
    卷一: 詩歌 90題 118首
    卷二: 丁未擬疏. 書 34篇
    卷三: 序 16篇
    卷四: 記 43篇
    卷五: 說 10篇. 通文 5篇. 跋 9篇
    卷六: 祭 11篇. 傳 4篇
    卷七: 狀 3篇. 碑銘 4篇. 墓表 7篇

그리고 옥산 시를 편호(篇號)에 따라서 형식과 시의 주제 내용를 분류하여 제시하면 다음과 같다. 詩歌는 모두 ≪玉山集≫卷1에 수록되어 있으므로 卷數는 생략한다.

篇號	詩題	形式	主題
1	丁未六月十四日到珍島謫所	七言律詩	詠懷
2	鄭大夫茂亭與家嚴四十年舊交以事先我謫此相對慰懷因又呼韻敢賦以呈	〃	交友
3	茂亭謫廬詩會	〃	詠懷
4	九日飮	〃	詠懷
5	重陽翌日復會茂亭宅	〃	交友
6	謫中戲筆	五七古雜體	交友
7	與鄭鈍山遊山寺	七言律詩	遊旅
8	偶吟	〃	詠懷
9	咏女貞實	〃	贈酬
10	得京書云有大赦之望與鶴汀共賦	〃	交友
11	聞赦翌夜茂亭令招以詩會病未赴	〃	詠懷
12	宥還後與同義諸公登北山翠雲亭小酌	〃	交友
13	復遊翠雲亭	〃	遊旅
14	漢館夜話二首	〃	感懷
15	寧齋令公大朞歸時有感書呈耕齋宗丈	〃	贈酬
16	心齋台詠羅州東軒雪中梅贈余忘拙和呈	〃	贈酬
17	宿光州人家	〃	遊旅
18	挽李海鶴	〃	輓歌
19	入三山 6	七言絕句	山水
20	出三山	〃	山水
21	三山齋九回詩	〃	景物
22	三山十卉詩	〃	詠物
23	三山齋罷夏硏歸	七言律詩	詠懷
24	束奇錦谷	七言絕句	贈酬
25	次鄭月波先生講習齋韻	五言絕句	唱和
26	甲午匪擾挈家避地于方丈山中古武陵以相依於同門	五言古詩	送別
27	漢江舟中	七言絕句	感懷
28	寄龍溪友石堂	七言律詩	贈酬
29	次龍岡草堂韻	〃	唱和
30	白隱叔爲治積病要燒酒故副之以詩賀療更以獻嘲	〃	唱和
31	題忠義齋	〃	懷古

32	次八卦亭韻	〃	景物
33	壬子十二月二十七日謹用朱晦翁壽母韻壽吾母	〃	孝心
34	丁巳三月十九日復用壽母韻壽家君	〃	孝心
35	慶雲洞歌呈十六吟社諸公	五言古詩	唱和
36	廣灘道中	五言絶句	遊旅
37	廣州道中	〃	遊旅
38	利川道中	七言絶句	遊旅
39	原州道中	五言絶句	遊旅
40	橫城道中	〃	遊旅
41	平昌道中	〃	遊旅
42	踰大關嶺	七言律詩	感懷
43	鏡浦臺	〃	景物
44	過栗谷故基	七言絶句	懷古
45	擬作金剛行舟車不得通還尋舊路	〃	感懷
46	昔龍蛇之變大駕播遷京師旣復輦過于載寧之柳坊其時吾先祖至德大君四世孫諱扈駕至此愛山水而仍居名其洞曰駐輦今其子孫與鄉人士堅碑建閣以寓不忘	七言律詩	懷古
47	又荷與十六名士結夏爲詩余亦在坐話舊	〃	交友
48	與孔春圃共參杜門洞秋享	〃	懷古
49	林東儂七載賢勞創建杜門洞書院今歸扶餘故鄉春圃席上惜別爲詩	〃	送別
50	挽權梧岡	七言古詩	輓歌
51	晦堂金容九允七河雲金直夫繼中來訪相酬	칠언율시	贈酬
52	挽夢齋族丈	〃	輓歌
53	挽金雨山	〃	輓歌
54	次五慕齋韻	〃	贈酬
55	謹次獨守亭原韻	〃	贈酬
56	挽卞晦叔	〃	輓歌
57	宋泉又壽帖	〃	贈酬
58	次龜湖亭韻	〃	贈酬
59	寄題錦岡亭	〃	景物
60	挽梁丈	〃	輓歌
61	挽高醒齋	〃	輓歌

62	次杏下壽韻	〃	贈酬
63	挽曺復齋	〃	輓歌
64	挽曺桐湖	〃	輓歌
65	次鄭栗溪德川亭韻	七言絶句	景物
66	又次居然堂韻	〃	贈酬
67	挽趙復齋	七言古詩	輓歌
68	癸酉六月二十九日爲余初度弧辰家人欲置酒爲歡余固止之欲遊金剛痛哭萬山中以洩我家國之悲臨發有作	七言律詩	感懷
69	過京城	〃	遊旅
70	鐵原驛	五言絶句	遊旅
71	金化道中	七言絶句	遊旅
72	斷髮嶺	〃	山水
73	到長安寺神仙樓望金剛	七言律詩	景物
74	明鏡臺黃流潭	七言絶句	景物
75	表訓寺見僧飯	〃	感懷
76	探勝客	〃	感懷
77	白雲臺	五言律詩	景物
78	正陽寺歇惺樓	七言絶句	景物
79	萬瀑洞	〃	景物
80	眞珠潭噴雪潭	〃	景物
81	九龍瀑	〃	景物
82	笑題名二首	〃	感懷
83	毘盧峰二絶	〃	景物
84	萬物相三仙岩	五言絶句	景物
85	越溫井嶺	五言律詩	山水
86	別金剛	七言律詩	感懷
87	題寫眞帖	〃	感懷
88	訪曺君圭復	五言絶句	交友
89	謹次淸陰亭韻	七言律詩	懷古
90	挽弦齋梁公	七言絶句	輓歌

Ⅲ. 玉山 詩의 憂國愛民的인 豪健風― 杜牧 시와의 관계

옥산은 韓末의 국운이 쇠퇴하면서 亡國의 비극을 체험하였으며 그 痛恨을 품고 成均館博士를 떠나 낙향하였기에 그의 시에서 두목(803~853)의 우국의 호건성과 왕조말의 애수를 놓칠 수 없는 것이다.

1. 國事에 대한 慷慨

두목은 성격이 감성적이어서 비록 활달한 논리를 폈다 해도 내심에 있는 고민을 벗어나지 못하는 비극적인 의식을 지니고 있었다.[2] 특히 그의 시는 국가의 興亡治亂에의 관심과 國計民生에의 고심은 그의 비극적인 실의의 思念을 더욱 강하게 하였다. 이러한 풍격을 보이는 작품이 두목의 초년에 다출하니, 〈感懷詩〉(《樊川詩集》권1), 〈郡齋獨酌〉(상동 권1), 〈李甘詩〉(상동 권1), 〈雪中書懷〉(상동 권1), 〈洛中送冀處士東遊〉(상동 권1), 〈九日齊山登高〉(상동 권3), 〈西江懷古〉(상동 권3), 〈題武關〉(상동 권4) 등은 기세가 종횡하고 구법이 矯健하여 시의 豪邁함을 표출하고 있다. 이제 〈感懷詩〉를 보면, 그 중반부에서,

> 급히 출정하여 군대의 수요가 있으니
> 많은 세금은 흉한 무기에 들어가네.
> 정해진 법도를 무너뜨리고
> 시세의 이익을 쫓아 따르네.
> 시류의 기품은 극도로 흐리어져서
> 기강이 점점 해이해진다.

---

2) 謝錦桂毓, 《杜牧研究》, p.73, 참조(商務)

오랑캐는 날로 떨치고
백성은 갈수록 초췌해지네.
아득하도다. 태평세월이 멀도다.
쓸쓸하게 번민만 더 하도다.

急征赴軍須,　厚賦資凶器
因隳畵一法,　且逐隨時利.
流品極蒙尨,　綱羅漸離弛.
夷狄日開張,　黎元愈憔悴.
邈矣遠太平,　蕭然盡煩費.

라고 한 표현은 두목이 25세시(太和 元年, 827 A.D.)에 藩鎭이 반란하매 그에 대한 자기의 의견을 표출한 전체의 詩意 중에서도 安史亂 후에 번진의 발호를 통해서 변방이 공허하고 急征으로 인한 厚斂이 가해져서 민생이 초췌한 현실을 묘사한 것이다.

그리고 두목이 37세(開城 四年, 839)에 左補闕로 있을 시에 지은 〈李甘詩〉는 李甘[3]의 사정을 추서하여 그가 충직한데도 득죄하여 폄사된 것을 애도하면서, 李甘이 鄭注의 宰相됨을 반대하다가 피폄된 사실을 다음과 같이 묘사하였다. 이것이야말로 두목이 보인 悲憤慷慨인 것이다.

시기는 가을 달밤
날은 경오일(7월 27일)이라.
시끄러이 모두 말하기를
내일 아침 정주가 재상에 오른다 하네.

---

[3] 《舊唐書》「李甘傳」: "甘字和鼎, 長慶末第進士, 累擢侍御使, 鄭注侍講禁中求宰相, 朝廷譁言將用之, 甘顯楬且, 宰相代天治物者, 當先德望後文藝, 注何人欲得宰相, 白麻出, 我必壞之, 旣而麻出, 乃以趙儋爲鄜坊節度使, 甘坐輕躁, 貶封州司馬."

나는 때때로 화정과 함께
관리로서 각각 도끼를 잡았네.
화정은 나를 돌아보고 말하기를
나는 죽어 머물 곳이 있다네.
궁정에는 조서가 찢어지고
물러나면 곧 죽게된다네.
그대 문이 새벽에 열리면
붉은 공문이 노을 진 천에 가로 쓰여질 것이다.
위엄 있고 우아한 관리들의 모습에
나는 발끈하게 화를 내리라.
마침 부장군에게 명령을 내리니
어제의 전달한 사람이 그릇되었네.
다음날 조서가 내려져서
남쪽 황무지로 유배 떠나네.

時當秋夜月,　日直日庚午.
喧喧皆傳言,　明晨相登注.
予時與和鼎,　官班各持斧.
和鼎顧予云,　我死有處所.
當廷裂詔書,　退立須鼎俎.
君門曉日開,　赭案橫霞布.
儼雅千官容,　勃鬱吾縲怒.
適屬命鄜將,　昨之傳者誤.
明日詔書下,　謫斥南荒去.

　李甘이 太和 9년 7월(835)에 鄭注를 반대하다가, 封州司馬로 폄적되어 죽은 사실은 우인인 두목에게는 큰 실망이며 正義에 입각한 義憤이 있었기 때문에 후에〈昔事文皇帝三十二韻〉(卷2)에서,

매양 걱정하며 아뢸 수 없으니
오래 근심 속에 마음 잡지 못하네.
모시고 다녀도 오직 우물쭈물할 뿐
말하려도 단지 마음에 쓸쓸할 뿐이네.

每慮號無告,　長憂駭不存.
隨行唯踢踣,　出語但寒暄.

라고 하여 침통한 심경을 당시의 정황에 기탁하고 있다. 宋代 葛立方은 두목이 작시할 때의 心態를 李和鼎의 시를 인용하면서 李甘의 寃尤를 밝히고자 한 점을 강조하였으니4) 이것도 구체적인 두목시의 慷慨라 할 것이다.

두목은 會昌 2년(842)인 40세시에 御史中丞 李回에게 준「上李中丞書」(≪樊川文集≫卷12)에5) 벼슬살이 15년에 득의하지 못한 국사에의 회포를 토로하면서 자기의 의지를 밝혔는데 그 해 가을 지난 일에 감회를 이기지 못해서 지은 시가〈郡齋獨作〉(卷1)으로서, 이는 그의 40세 이후에 없는 포부를 실은 최후의 작품이라 하겠다.

늘상 스스로를 달래매
눈물 흘리면 정신이 아득하도다.
어사로서 분사도를 맡을 시에
행동거지가 얼마나 양양했는가.
궁궐에서 좌보궐 시절에는

---

4) 杜牧之作李和鼎詩云 : "鵩鳥飛來庚子直, 謫去日蝕辛卯年. 由來枉死賢才士, 消長相持勢自然." 蓋言鄭注事也. 方是時, 和鼎論注不可爲相, 旋致貶責, 故牧之作詩痛之如此…… 詩人有辛卯之詠, 借是事以明李甘之寃.
5) 上書 : "某入仕十五年間, 凡四年在京, 其間臥疾乞假, 復居其半…… 性固不能通經, 于治亂興亡之迹, 財賦兵甲之事, 地形之陰陽遠近, 古人之長短得失, ……"

상소에 좋은 문장 못 지었네.
스님을 찾아가 근심을 풀었고
술을 찾아 수심 찬 간장을 녹였도다.
어찌 처자를 위한 것이겠느냐 만
산림으로 들어가 숨지도 못하였네.
평생 오색 실 드리워
순임금의 의상을 깁게되길 바라네.
음악으로 연 나라 조나라 교화하고
난초로 하황을 깨끗케 하리라.
비린내를 한 번에 씻어내고
흉한 늑대 모두 쫓아내리라.
백성들 오직 편히 자고 먹게 하고
영원한 나라 농사짓고 누에치기 넉넉케 하리라.
외로운 내 마음 여기에다 읊어대나니
황당함에 절로 웃음이 나네.
강과 고을에 비 개이니
칼을 들어 가을빛을 가르리라.
연못가에 홀로 술 마시니
국화 향기 코에 스며드네.
마시고 또 태평곡을 노래하며
어질고 성스런 천자의 만수무강 빌도다.

往往自撫己,　淚下神蒼茫.
御史詔分洛,　擧趾何猖狂.
闕下諫官業,　拜疏無文章.
尋僧解憂夢,　乞酒煖愁腸.
豈爲妻子計,　未去山林藏.
平生五色線,　願補舜衣裳.
弦歌敎燕趙,　蘭芷浴河湟.
腥膻一掃灑,　凶狼皆披攘.

>   生人但眠食, 壽域富農桑.
>   孤吟志在此, 自亦笑荒唐.
>   江郡雨初霽, 刀好截秋光.
>   池邊成獨酌, 擁鼻菊枝香.
>   醺酣更唱太平曲, 仁聖天子壽無疆.

이 시를 李回에 준 서신과 같이 보면 두목은 당시의 심경이 憤懣한 점을 알게 되니, 그는 재능과 포부로써 杜佑의 經世致用을 이어서 닦으려 했지만, 宦途가 곤궁하여 監察御使와 左補闕 등의 직분조차 다 못하였다. 그리고 藩鎭을 평정하여 河湟을 수복하고 변방을 견고히 해야 한다고 하였으며 백성이 安居하여 생산할 수 있게 할 의지를 보이고 있다. 이러한 표현을 현실과 비교할 때, 소극적 의식의 幻想이 유출되어 두목 사상의 모순성이 보이기도 한다.[6] 葛立方은 이 시가 道釋에 통하고 헛된 말이 아니라 하여 내면의 깊은 뜻을 인정하였다.[7]

옥산이 천년 후를 살았다해도 그 심기가 망국의 세태를 보는 같은 입장이므로 서로 상통하는 점을 찾아 볼 수 있다. 그의 〈題忠義齋〉를 보면,

>   나라 오백 년을 돌아보니
>   단종의 일에 눈물이 더욱 새롭구나.
>   한 집안에 충효가 삼대를 이으니
>   이날의 죽고 사는 것 사육신과 같도다.
>   율곡을 따라 관직을 던지고 노년을 보내니
>   의에 처하여 또한 조상을 따르리라.

---

6) 毓鉞, ≪杜牧傳≫ p.75 : "事實上, 晚唐君主的昏庸, 政治的混濁, 使人民的苦難一天一天的加深, 而杜牧自己的抱負也沒有施展的機會. 事實的教訓, 幻想的破壞, 使他產生消極的情緒, 這就是杜牧思想中的矛盾."
7) ≪韻語陽秋≫卷十二

누가 청사에 남을지 알리오.
세월 속에 덕을 이어나가리라.

回憶國朝五百春, 魯陵時事淚添新.
一家忠孝連三世, 當日死生同六臣.
擬栗投官歸養老, 臨淮處義亦從親.
誰知別錄光靑史, 筆繼春秋竟得仁.

여기에서 옥산의 깊은 충성심과 강한 정의감을 확인하게 된다. 朝鮮 오백 년이 망하니 그 슬픔은 端宗 時의 死六臣의 충성심으로 승화되어 표출되고 富國强兵을 주창하다가 낙향한 栗谷 선생을 상기하면서 굳은 결심을 다지고 있음을 알 수 있다. 그리고 〈漢江舟中〉을 보면,

한강의 강물은 서쪽으로 흐르는데
강변을 거닐면서 나는 깊은 생각에 잠기네.
옥 거울과 은장도는 별탈 없는지
봄 물결은 여전히 고르지가 않구나.

漢江江水水西流, 行到江邊我思悠.
玉鏡銀刀無恙否, 春波猶帶不平秋.

이 시의 서(序)에 이르기를,

돌아서 한강을 건너며 시세가 점차 밝지 않음을 탄식하여 은장도와 옥거울을 강속에 던지고 자연으로 돌아왔다. 이제 나는 무슨 일인지 모르지만 강을 건너며 슬프게 이 시를 짓노라.

回渡漢江, 歎時象漸非鮮, 銀刀玉鏡投之江中, 歸終林泉. 今吾未知何事而渡江, 悵然賦此

라고 그 심회를 피력하고 있는 것이다. 이 시의 마지막 구는 시대의 혼란을 間說하고 있으며 序에서 보는 부패한 현실을 직시하면서 벼슬과 영화를 초개 같이 버리고 고향의 산천에 묻혀 사는 심경을 토로한다. 나아가서 〈偶吟〉에서는 낙향한 생활 중에도 나라걱정이 흘러 넘치고 있으니,

> 시월의 남쪽 하늘에 쌀쌀한 기운인데
> 돌아가 집과 나라를 생각하니 둘 다 잊기 어렵구나.
> 서리 내린 뒤에도 늦 향기 아직 국화에 남아있고
> 바람 앞에 남다른 난초 자태 홀로 빼어나도다.
> 집안에 수심의 초췌함이 있은 적 없는데
> 말머리엔 평안한 곳이 하나도 없구나.
> 고래로 인생의 달관이란 별 다른 게 아니니,
> 화복이 올 때에 오직 스스로 마음을 느긋이 해야 하네.
>
> 十月南天試薄寒, 回思家國兩忘難.
> 晚香霜後猶存菊, 異質風前獨秀蘭.
> 鵬舍未曾愁憔悴, 馬頭無處報平安.
> 古來達觀非他術, 禍福來時只自寬.

여기서 나라 일을 염려하며 자신은 국화와 난초에 비유하고 나아가서 삶의 초월적인 의식마저 토로하는 것이다. 옥산은 금강산을 유람하며 읊은 시와 문에서 이러한 우국적인 의기를 거침없이 묘사한 부분을 찾아 볼 수 있으니 〈萬物相三仙巖〉과 「遊金剛記」의 말미를 통해서 확인할 수 있다.

> 날아온 용이 조화를 부려서

깎아질러 서서 혼령이 담긴 듯.
이제 알겠나니 저 바위의 나무는
예부터 그 뿌리를 굳게 붙이고 있는 것을.

飛來龍造化, 削立釼精神.
聊知岩上樹, 太古托根身.

라고 하여 강인한 집착과 불굴의 기상을 표출시키려 하였으며 금강산을 보며 그 오묘함에 감탄하는 데에서 머물지 않았다. 그리고 遊記文 말미에서 산을 두고 표현하기를,

그 높고 우뚝함과 충만 가득함과, 웅대하고 걸출함이 산의 근본이니 갖가지 다른 형상이 하나의 근본으로 귀결되고 만상은 무한한 변화무쌍으로 귀결되도다. 오직 산만은 홀로서서 泰然自若 하도다. 그 홀로 선 마음과 정신을 그 누가 알겠는가.

其高峻磅礴雄偉傑特, 山之一本也. 萬殊歸一本, 萬象歸無極. 惟山獨立自若, 其獨立精神, 誰其知之?

라고 한 것은 애국애족의 구국과 독립의 의식을 대변적으로 표현한 것이라고 본다.

2. 憂國의 義氣와 정치현실의 풍자

앞의 절과 상합하는 내용이 되겠지만, 여기서는 극히 순수한 (개인을 초월한) 憂國愛民의 일념을 고백한 부분만을 살피려고 한다.
먼저 두목의 〈早雁〉(卷2)을 보면 상징법을 써서 武宗 會昌 중에 回鶻

玉山 李光秀 詩의 唐詩 풍격 565

이 남침해 옴에 北方의 변새 인민을 걱정하면서 쓴 것이다.

    금하의 가을 오랑캐의 노래 소리에
    구름 밖의 새들이 놀라 슬피 울며 사방으로 흩어지네.
    건장궁의 달 밝은데 외로운 기러기 지나가고
    장문의 등불 어두운데 기러기 소리 들리네.
    오랑캐 말 어지러이 날뛰는데
    봄바람은 어찌도 돌고만 있는가?
    소상에 인적 드물다고 싫어말지니
    물에는 고기가 많고 언덕에는 딸기가 무성하도다.

    金河秋半虜弦開,   雲外驚飛四散哀.
    仙掌月明孤影過,   長門燈暗數聲來.
    須知胡騎紛紛在,   豈逐春風一一廻.
    莫厭瀟湘少人處,   水多菰米岸莓苔.

이와 같이 두목은 변방에 관심을 가져서 吐蕃이 통치하는 곳의 백성이 奴役하는 것을 걱정하면서 〈河湟〉(卷2)을 지었는데 代宗 시에 元載가 河湟을 수복하지 못한 안타까움을 토로하고 있다.

    원재 상공 일찍 계략을 세워
    헌종 황제께서도 마음을 두었도다.
    어느듯 의관은 동쪽 저자에 널려 있고(원재가 처형당함)
    홀연히 활과 칼 남기고 서방 순시 못하네.(황제가 세상 떠남)
    양치고 말 모는 이 오랑캐 복장이지만
    백발의 붉은 마음은 한나라의 신하로다.
    오직 양주의 가무곡 만이
    천하의 한가로운 이에게 전해 질 뿐이다.

元載相公曾借箸,　憲宗皇帝亦留神.
旋見衣冠就東市,　忽遺弓劍不西巡.
牧羊驅馬雖戎服,　白髮丹心盡漢臣.
唯有凉州歌舞曲,　流傳天下樂閑人.

　武宗 會昌 4년(844)에 이르러 조정에서 回鶻이 쇠미하고 吐蕃이 내란하매 河湟 四鎭과 18州를 수복하려고 給事中인 劉蒙으로 征行케 하니,8) 두목이 이 소식을 듣고 흥분하여 武宗을 歌頌하는 〈皇風〉(卷1)을 지어 武宗에 거는 期望을 기탁하고 자신의 애국열정을 그렸다.

인자하고 성스런 천자는 신명하고 용감하여
안으로는 예교를 일으키고 밖으로는 적을 물리쳤네.
덕으로 백성을 교화한 한문제
몸을 던져 정도를 닦으신 주선왕.
좁고 어두운 길, 구멍을 막아서
예악형정법들을 모두 베풀었네.
어찌하면 붓을 잡고 천자의 순행을 기다리다가
백기를 앞세우고 하황의 백성 위로할건가.

仁聖天子神且武,　內興文敎外技攘.
以德化人漢文帝,　側身脩道周宣王.
远蹊巢穴盡空塞,　禮樂刑政皆弛張.
何當提筆待巡狩,　前驅白旆弔河湟.

　그러나 끝내 武宗은 두목의 기대와는 달리 수복을 못하다가 宣宗 시에 당지의 의거에 의해 河西 지방이 다소 회복됐을 뿐이다.
　옥산은 乙巳保護條約에 대해서 의거할 만큼 정의를 위해서는 목숨

---

8) ≪資治通鑑≫「唐紀」六十四, 참조

을 아끼지 않은 애국자이며 독립투사이다. 따라서 그는 丁未年에 珍島로 귀양가고 적지 않은 고초를 겪은 것이다. 「玉山集序」에 보면,

> 고 한말 성균관박사 옥산 이공은 을사년 위협에 의한 조약을 당해 도적신하들이 나라를 팔아먹어 나라의 운명이 깃발에 맨 술처럼 위태로움을 통탄하였다. 여러 동지들과 몰래 순절할 선비들을 양성하여 다섯 도적들의 동태를 살피고 그들이 일제히 나올 때를 기다렸다가 쳤으나 수레에 잘못 맞아 도적은 도망가고 거사는 실패하였다. 공과 여러 의사들은 모두 극형에 붙여지어 이미 해도로 쫓아내었으나 죽음은 면하였다. 야사 필자는 그 사유를 기록하니 이로 인해 공과 여러 의사들의 이름이 나라안에 알려졌다.

> 故韓成均館博士玉山李公當乙巳脅約之成, 痛賊臣賣國, 國命危於綴旒. 與諸同志陰養死士, 伺五賊動息, 候其齊出時, 擊之誤中一車, 賊逸事敗. 公及諸義士皆擬極刑, 已而竄海島, 得不死 野史氏爲書其事由, 由是公及諸義士之名聞於國中.

옥산은 이같이 나라의 안위에 희생정신을 발휘하여 그의 시에서도 그 의기를 확인하게 된다. 〈丁未六月十四日到珍島謫所〉를 보면,

> 황해의 남쪽으로 오니 별다른 천지가 있으니
> 쓸쓸히 나는 더 아득한 생각에 젖도다.
> 십 년의 나라 일에 아무 도움 없고
> 이날에 머문 여기 또 가련하도다.
> 인가 띄엄 고성곽을 둘러 있고,
> 논은 아련히 향기로운 안개 일도다.
> 마음 편한 것이 곧 몸 편한 방법이니
> 창가에 기대앉아 한 해를 보내노라.

>   黃海南來別有天, 悽然我思更悠然.
>   十年經濟終無補, 此日居停亦可憐.
>   人戶參差圍古郭, 稻田蒼浡起香煙.
>   安心正是安身法, 已判榕窓坐送年

　여기서 제2연은 귀양살이 중에도 지난 10년간의 관직생활이 나라 위해 기여하기보다는 망국의 형세를 목도한 자신의 거취가 부끄러움을 한탄한다. 마음가짐이 몸가짐인 것을 인식하고 새로운 각오를 다지고 있다.

　한편 두목 시의 정치현실에 대한 풍자는 비방이나 비굴의 의미가 아니라, 憂國과 報國을 위한 풍간인 것이다. 따라서 내용이 도리와 이치를 지니고 있으며 정치를 대상으로 해서 표현한 만큼 함축성 있는 어법을 강구하였으며, 의론과 반어가 다용되고 준일함이 표출되고 있다. 여기서는 두목의 〈華淸宮三十韻〉(≪樊川詩集≫卷2)과 〈過華淸宮絶句三首〉(卷2), 그리고 〈赤壁詩〉(卷4) 등을 예로 들어 보려고 한다. 〈華淸宮三十韻〉은 두목이 中書舍人 시(大中 6년, 853)에9) 지은 것으로 唐 玄宗의 荒淫과 召亂을 풍자하였는데, 구법과 시어가 比興的이니 그 일부를 들어보려 한다.

>   이슬비 같은 은혜 황금 굴에 내리니
>   천지는 온통 술에 취하네.
>   병사는 한 무제 받들어서
>   손을 돌려 우장을 넘어뜨리네.
>   고래 지느러미는 동해를 들고
>   오랑캐 이빨은 상양에 걸렸네.

---

9) 溫庭筠은 「上杜舍人啓」(≪全唐文≫卷七八六)와 〈華淸宮和杜舍人詩〉(顧嗣立, ≪溫飛卿詩集箋注≫卷九)를 지었음.

시끄럽게 마외의 피가
우림군의 창에 떨어지누나.
기우는 나라에 길이 없고
떠도는 넋은 원한이 맺혀 있네.
촉의 산에는 참담한 색이 걸려 있고
진의 나무는 멀리 희미하도다.

雨露偏金穴, 乾坤入醉多.
玩兵師漢武, 廻手倒于將.
鯨鬣掀東海, 胡牙揭上陽.
喧呼馬鬼血, 零落羽林槍.
傾國留無路, 還魂怨有香.
蜀峰橫慘澹, 秦樹遠微茫.

이 시에 대해서 宋代 周紫芝는 평하기를,

> 두목의 화청궁삼십운은 어느 한자도 의취에 들지 않은 것이 없다. 그 개원 년간의 일을 묘사한 것은 그 시의가 곧고 시어가 은유적이어서 진정 ≪시경≫, ≪초사≫의 풍격이 담겨 있다.

> 杜牧之華淸宮三十韻, 無一字不可入意. 其敍開元一事, 意直而詞隱, 聯然有騷雅之風(≪竹坡詩話≫)

라 하여 시의 描繪가 풍유함을 밝혔다. 이외에 두목의 현종을 풍자한 〈過華淸宮絶句三首〉도 역시 강렬한 정치풍토를 은유한 작품이다.

장안에서 돌아보니 비단을 쌓은 듯
산정에는 천 개의 문이 차례로 열리네.
말 한 필 먼지 날리며 양귀비가 웃으니

아무도 여지가 실려 옴을 모르도다.

長安廻望繡成堆, 山頂千門次第開.
一騎紅塵妃子笑, 無人知是荔枝來. (其一)

신풍의 푸른 나무에 먼지 일어나니
몇 명의 어양 탐사가 돌아 오도다.
뭇 봉우리엔 예상곡을 연주하고
춤은 중원에 이르러 멈추도다.

新豐綠樹起黃埃, 數騎漁陽探使回.
霓裳一曲千峰上, 舞破中原始下來. (其二)

만국은 술과 음악으로 태평하고
하늘에 솟은 누각 달도 밝구나.
구름 속에 녹산 춤 어지러운데,
바람이 첩첩 산을 지나니 웃음소리 들리네.

萬國笙歌醉太平, 倚天樓殿月分明.
雲中亂拍祿山舞, 風過重巒下笑聲. (其三)

이상의 두목 시를 가지고 옥산 시에 대비해 보면 옥산 시에서 사회현실에 대한 풍자는 국운의 쇠퇴와 밀접한 관계가 있으므로 다분히 소극적이면서 屈原적인 의식을 토로한다. 이제 옥산의 〈茂亭謫廬詩會〉를 보면,

한번 거친 물가에 떨어져 세월은 이미 가을인데
서울의 높은 곳이 바로 나의 설 땅이라네.
옛 길을 되찾으려해도 좋은 계책이 없으니

더욱이 때때로 아픈 마음 그지 없도다.
오히려 마음에 벼슬하던 일 부끄러운데
저 강가의 세상일 잊은 갈매기가 부럽구나.
거닐며 읊으면서 굴원의 뜻을 호소하려 하니
해가 호남성의 장사의 향초 물섬에 지는구나.

一墮荒濱歲已秋, 帝城高處是吾州.
挽回古道無良策, 況復時論病自由.
却愧心中曾駕馬. 羨他江上忘機鷗.
行吟欲訴靈均志. 日落長沙芷蕙洲

이 시에서 제1연은 을사조약에 항의하다가 珍島에 귀양간 신세지만 임금과 나라를 위한 충정을 담았고, 제2연은 국운을 회복해야 하지만 처해진 입장이 상심케 한다는 것이며 제3연은 지난 날 세상일에 얽매여 산 것이 부끄럽고 초연한 자연의 생물이 진정 참삶을 영위하는 것이며 제4연은 굴원의 신세를 자신에게 비견시키고 있는 것 등을 볼 수 있다. 그리고 옥산의 〈得京書云有大赦之望與鶴汀共賦〉를 보면,

대 죽에 안개 끼고 귤나무에 비 내리는데 몰래 문 열고
무슨 일로 강가에서 거니는 마음 더 한가.
한 밤에 별 뜬데 닭이 울고
온 산에 가을달이 뜬데 기러기 오도다.
이제 천지간에 깊이 수치를 느끼나니.
남아의 재주를 어디에다 다시 쓰리오.
그릇된 땅 한번 밟았다가
그대 큰 뜻 쉬 꺾일 가 두렵다.

篁煙橘雨暗邊開, 底事江潭意更催.
五夜明星鷄欲唱, 萬山秋月雁初來.

卽今天地懷深恥. 何處男兒有用才.
一蹉知非容力地, 恐君壯志易爲摧.

 이 시에서 다음과 같은 시인의 정치현실에 대한 심정을 파악할 수 있다. 첫째는(제1연) 굴원이 참소 당해 汨羅水에 투신하기 전에 귀양생활 중에 방황하고 우국하는 심정으로 남몰래 문열고 강가를 거닐지 않으면 안 되는 애수를 담았고 둘째는(제3연) 망국의 고통과 나라 회복의 기세가 쇠퇴하므로 깊은 수치심을 이기지 못하고 있다. 그리고 자신이 나라 위해 헌신할 수 없는 처절감을 토로한다. 셋째는(제4연) 知非(그릇된 것을 알다) 즉 일본의 식민지가 된 사회현실과 매국적인 정치풍토 속에 뜻을 펴기에는 틀린 것을 개탄하고 있다.

Ⅳ. 玉山 詩의 隱逸浪漫性 추구

 시의 낭만성은 누구에게나 공통적으로 나타나는 특성으로서 옥산시에도 가장 보편적인 풍격인 것이다. 여기서는 詠物詩로는 나은 시와 비교하고 시의 탈속성은 王維(701~761)의 시를 중심으로 상호 비교하고자 한다.

1. 영물시의 淡雅한 諷諭 — 羅隱 詩와의 관계

 晚唐詩壇에서 唯美風이 유행할 때에, 독자적인 中唐風의 현실을 주제로 한 풍자의식이 넘치는 작품을 중심으로 시 490수(《全唐詩》권 655~665)를 남긴 羅隱(833~909)을 거론할 필요성을 느낀다.
 원래 영물시는 「寄情寓風」을 바탕으로 하는 바, 《四庫全書總目提

要≫集部五의「詠物詩提要」에서,

　　옛날 굴원은 '귤송'을 짓고 순자는 '잠부'를 지었는데, 영물의 작품
　은 여기에서 싹텄다.…… 당시는 사물의 모양을 숭상하고 송시는 의
　론을 삽입하는데, 기탁된 정감과 붙여진 풍유가 그 가운데서 끝없이
　흘러나오니 이것이 그 대체적인 비교이다.

　　昔者屈原頌橘, 荀況賦蠶, 詠物之作, 萌芽于是,…… 唐尙形容, 宋參議
　論, 而寄情寓諷, 旁見側出于其中, 此其大較也.

라고 하여 영물 작품의 근본적인 착상의식을 피력하였으며 영물시를
짓는 의도는 시를 통하여 比興의 諷諭를 하는데 있음을 李重華는 다
음과 같이 기술하였다.

　　영물이라는 체재는 제재로 말하면 賦요, 시를 짓는 까닭으로 말하
　면 興이요, 比이다.

　　詠物一體, 就題言之, 則賦也, 就所以作詩言之, 卽興也, 比也.(≪貞一
　齋詩說≫)

　한편, 영물시의 작법에 대해서 구체적으로 여하히 표현해야 할 것인
가에 대해서 元代의 楊載는 다음과 같이 기술하였는데 이는 전대의 작
품에서 보이는 공통점과 후대에는 작법의 기준을 제시한 것으로 본다.

　　영물시는 사물에 기탁하여 뜻을 펼치고, 두 구에 맞춰 사물의 형상
　을 노래하고 물상을 그대로 그려야 하나, 지나친 조탁과 기교는 피해
　야 한다. 제1연은 직설한 제목과 합치해야 하고 사물의 출처를 명백
　히 해야 된다. 제2연은 영물의 본체와 합치해야 하고, 제3연은 사물을

말하는 작용과 합치해야 하는데, 뜻을 말하기도 하고, 의론하기도 하고, 인사를 말하기도 하고, 고사를 사용하기도 하며, 외물을 구체적으로 실증하기도 한다. 제4연은 제목 외의 것으로 뜻을 표현하거나 혹은 본의로 그것을 결속한다.

詠物之詩, 要托物以伸意, 要二句詠狀寫生, 忌極雕巧. 第一聯須合直說題目, 明白物之出處方是. 第二聯合詠物之體, 第三聯合說物之用, 或說意, 或議論, 或說人事, 或用事, 或將外物體證. 第四聯取題外生意, 或就本意結之.(≪詩法家數≫一卷)

이 章法은 매우 세밀하게 묘사되어 있어서 시의 독창과 주관을 제약할 수 있지만, 그 본의는 순수한 영물시란 사물을 순수하게 묘사하되, '寓懷'를 담아야 함을 알 수 있다. 나은의 시는 영물에 관한 시뿐만 아니라 시 전반에 걸쳐 풍자성이 다출되어 있으니 ≪羅昭諫集≫序에 보면,

나소간의 시는 말 가운데 울림이 있고, ≪시경≫이후로 풍간의 뜻을 자못 많이 담고 있다. 혹자는 그의 시어가 매우 평이하다 하여 경시하는데, 요컨대 전사의 호방하고 미려한 면에서 뛰어나지만 감흥 표현은 이뤄내지 못하는 자는 수십 수백에 이르는 것이다. 그의 시의 정밀하고 깊으며 자연스런 점은 초·성당에 뒤지지 않는 경지에 들어 있다.

羅昭諫詩言中有響, 三百篇後頗寓諷諫之意. 或者以其語多平易而忽之, 要之勝塡詞豪艶而無當於興感者什百矣. 況其精邃自然處, 正復不讓唐之初盛.

라고 하여 그의 시에 대한 칭찬을 풍간이라는 기준에서 보내고 있으

며, 또「重刻羅昭諫江東集敍」에서는,

  당말 신성 시인 나은은 그의 익살스럽고 얽매이지 않는 구절 때문에 난세에도 생명을 보전할 수 있었다고 세상에 전해진다. 당대에는 진사과를 중시하였는데, 소간의「증운영시」를 읽어보면 그것을 근심하며 마음으로 아파하고 있다.

  唐末新城詩人羅隱昭諫, 世多傳其詼諧不羈之句, 將以自全於亂世也. 唐世重進士科, 讀昭諫贈雲英詩, 爲恕焉心傷之.

라고 하여서 그의 시가 간설적 표현 때문에 오히려 당말의 敗亡亂中에서 신세를 보전할 수 있었다고 까지 논평하고 있다. 序에서도 기설하였지만 나은에게 있어 시의 풍자성은 돋보이는데, 그의 영물시에서의 풍자성은 생물이나 자연현상에 이르기까지 다양하게 표출된다. 나은의 영물시는 체재상 7언체를 위주로 하는데 그 표현방법이 대개 先詠物하고 後寓懷하고 있다. 예컨대, 나은의〈白角篦〉를 보면,

  하얗기는 옥과 같고 매끄럽기는 이끼 같으니,
  빗을 빗고 거울 짝하여 먼지를 털도다.
  이것을 끝이 뾰족한 물건이라 마라.
  언제나 나쁜 머리카락을 단정히 하였도다.

  白似瓊瑤滑似苔, 隨梳伴鏡拂塵埃.
  莫言此箇尖頭物, 幾度撩人惡髮來.

 시각과 감각의 기관을 가지고 색채미를 가하여 옥이나 이끼에 비유하고 거기에 섬세한 관찰력으로 실용적 공능성을 강조하고 있는 것이다. 이런 점에서 옥산의〈大明梅〉를 보면,

옮겨 심고 오랫동안 붉은 가지 살피니
문득 지난 날 바다 건너던 일 생각나누나.
아픈 마음 이 홀로 지닌 것 아는지
이 산 속에 밝기가 일월이라네.

移栽古查一枝紅, 忽憶當年渡海東.
知否傷心人獨在, 大明日月此山中.

이 시는 매화의 의젓한 자태와 자신의 신세를 대조적으로 비유하고 있다. 아울러 내용적으로 볼 때도 자신의 인격상의 內心을 토로하여 울분 해소의 대상이 되게 하였으니 나은의 〈小松〉을 보면,

벌써 서늘한 그늘이 자리 구석에 지니,
소리 좋아하는 선객 그냥 지나치지 않도다.
세상이 크게 변할 때 고상한 절개가 필요하나니,
인간세상에서 대부가 되지는 말지라.

已有淸陰逼座隅, 愛聲仙客肯過無.
陵遷谷變須高節, 莫向人間作大夫.

여기서 소나무 한 그루를 가지고 高節에 비유하였는데, 여기서 옥산의 〈松〉을 가지고 비교하면,

뭇 나무 무성해도 홀로 나중에 잎 지거늘,
찬 날씨에 늠름하게 굳은 자기 호화롭다.
많은 바위와 계고에 바람 쉭쉭 불어도
그 중에 높은 절개 뽐내도다.

萬木森森獨後凋, 寒天凜凜勁枝豪.
千岩萬壑颼颼響, 中有高人詫節高.

이 시의 말구의 고인은 시인 자신을 의미하며 소나무의 늘푸른 절개로 기탁한 것이다. 그리고 나은의 〈雪〉을 보면,

얼어붙은 들풀에 분가루가 겹쳐 있고,
뜰 안의 솔잎을 쓰니 우유가루 부서지듯.
차가운 창가에서 호호 입김 불며 좋은 구절 찾고 있는데,
눈 한 조각이 종이 위에 녹아 내리네.

撇凍野蔬和粉重, 掃庭松葉帶酥燒.
寒窓呵筆尋佳句, 一片飛來紙上銷.

여기서 시인은 눈 내림을 분가루와 젖에 비유하면서 마음의 정결을 표현하고자 하는데 詩興을 두고 있다. 이와 더불어 세상사에 대한 비유로써, 나은의 〈詠香〉을 보면,

향수의 좋은 재료는 측백 보다 귀한데,
박산의 화로 따뜻하여 옥루는 봄이로다.
그대 아껴서 꺼릴 것 없으니,
그 향내 맘껏 마시며 시름 젖은 몸 잊노라.

香水良材食柏珍, 博山爐煖玉樓春.
憐君亦是無端物, 貪作馨香忘却身.

여기서 향냄새의 그윽함을 통하여 속세의 신세가 가리어지고 헛되고 덧없음을 意趣 속에 담고 있는 것이다. 그리고 다시 나은의 〈蜂〉을

보면,

> 평지와 산꼭대기는 말할 나위 없고,
> 끝없는 경치마저 다 빼앗겼구나.
> 온갖 꽃 찾아다녀 꿀 만들고 나면,
> 누굴 위해 고생하고 누굴 위해 달콤한가.

> 不論平地與山尖, 無限風光盡被占.
> 探得百花成蜜後, 爲誰辛苦爲誰甛.

여기서도 꿀벌의 하는 일을 인간사의 허무에 비견하려 하고 있다. 말구의 누굴 위해서 고생하고 또 달콤하게 하는지를 自問形式으로 표현하면서 벌을 민생에 비유하는 것이다. 이러한 기법은 초당대의 李嶠의 영물시에서 볼 수 있는 것으로[10] 나은에게 있어서는 만당의 작이라 할 수 없을 만큼 고차원적으로 묘사하고 있다. 이런 관점에서 옥산의 〈楊柳〉를 보면,

> 도연명의 문 앞에 다섯 그루 자라는데
> 뉘 와서 묻지 않아도 그 이름 알만하네.
> 가장 사랑스럽기는 한없는 동풍 속에
> 하늘거리며 백발의 수실을 드리웠네.

> 彭澤門前五樹生, 人來不問可知名,
> 最憐無限東風來, 裊裊垂絲白髮情.

이 시에서 陶淵明의 五柳 고사를 인용하면서 식물을 擬人化시킨 관찰력을 통해 수양버들의 가지에 맺힌 버들솜을 은둔 시인의 性情으로

---

10) 拙文「李巨山詩論考」(≪中國硏究≫ 7輯) 참조.

승화시킨 것이다. 한편 나은의 영물시에서 하나 더 특기할 일반특성으로 과거에 대한 회고와 思念을 시에 기탁하는 점을 들 수 있다. 이것은 일종의 삶의 비애와 悼念의 발로인 동시에 내적 의식의 섬세한 감흥을 代物形式을 통하여 유로시키는 것이다. 나은의 〈牡丹〉을 보면,

    지난 일을 묻고자 하면 어찌 말이 없으랴만,
    이렇게 뿌리 맡겨온 지 60년이네.
    향기 피우니 원호의 부채에 나부꼈고,
    품격 높아 오래 두고 공융의 술동이 마주하였네.
    일찍이 난세를 걱정하며 환란을 당하니,
    곧 지는 봄 즐기려니 고운 자태 아직 남아 있네.
    난간 등진 채 서로 비웃지 말자,
    그대와 함께 주인의 은혜를 받느니라.

    欲詢往事奈無言, 六十年來此託根.
    香煖幾飄袁虎扇, 格高長對孔融罇.
    曾憂世亂陰難合, 且喜春殘色尙存.
    莫背欄干便相笑, 與君俱受主人恩.

여기서 60년이나 된 모란꽃의 향기와 자태에서 세상의 혼탁상을 비교하며 모란을 보면서 봄빛이 남아 있듯이 희망을 잃지 않고 과거사에 대한 미련과 상념에서 自己 悔恨의 念을 토로하고 있다. 이러한 성격은 淸代 李瑛의 ≪詩法易簡錄≫(卷13)에서,

    영물시는 진실로 이 사물을 확실하고 적절하게 표현해야 하며, 외양을 버리고 흥취를 얻는 것이 더욱 소중하지만, 반드시 뜻을 기탁할 곳이 있어야 비로소 시인의 의취를 얻을 수 있는 것이다.

詠物詩固須確切此物, 尤貴遣貌得神, 然必有命意寄託之處, 方得詩人風旨.

라고 하였듯이 혼신의 의식으로 영물시의 寄託法을 가지고 최대한으로 內的 갈등을 표출하고자 했던 것이다. 이것은 ≪藝苑雌黃≫에서 이 〈牡丹〉시를 두고서,

모란 시는 "한령의 공이 이뤄진 뒤로, 버림 받은 무성한 꽃은 한 봄을 보내누나"라 이르고 있다. 내 그것을 원화 연간에서 살펴 보니 한홍이 선무절제사를 마치고 처음 장안 사저에 이르렀을 때 모란 꽃이 있자 그것을 꺾어버리라 명하며 "내 어찌 아녀의 무리를 본받겠는가?"라고 하였다. 당시 모란은 부끄러워하지 않았으므로 나은에게 "버림받은 청춘"이라는 말이 있게 되었다.

牡丹詩云: 自從韓令功成後, 辜負穠華過一春. 余攷之唐元和中, 韓弘罷宣武節制, 始至長安私第, 有花命剗之, 曰: 吾豈效兒女輩耶? 當時爲牡丹包羞之不暇, 故隱有辜負年華之語.

라고 한 평어는 곧 나은의 시에 보이는 悼故의 의식의 대변이라 할 수 있다. 옥산의 〈菊〉도 나은에 못지 않게 시인의 意趣가 적절히 우러나고 있으니,

중양절 비바람에 두세 그루 모아져 있네.
이 맑은 향내 아껴서 얼마나 뿌리 간직했는지.
술잔 잡은 백의 선비 세상 소식 끊겼으니
쓸쓸히 한 가지 쥐고 황혼에 서 있구나.

重陽風雨數叢存, 愛此淸香幾護根.

持酒白衣消息斷, 悵然盈把立黃昏.

이 시도 국화의 풍상을 이기는 고고한 자태를 기리면서 황혼에 서 있는 자신의 세상과의 단절된 처지를 비견하고 있다.

2. 山水詩의 超脫的인 白描 ―王維 詩와의 비교

옥산 시의 산수시는 왕유 시와 결부시켜서 고찰하는 것이 적절하다고 보아 왕유 시의 전원적인 소탈성과 묘사상의 華而不靡的인 우아미, 그리고 道禪的인 탈속미 등으로 구분하여 살펴보고자 한다.

(1) 淳 淡

시의 순담한 맛은 온화한 田園味와 상통한다. 歐陽修는 왕유의 이런 면을 직설하고 있으니,

당의 시는 진자앙·이백·심전기·송지문·왕유의 시인 중 혹은 순박담백한 소리를 얻었고 혹은 온화고창한 절주를 얻었다.

唐之詩, 子昻李杜沈宋王維之徒, 或得其淳淡泊之聲, 或得其舒和高暢之節. (「書梅聖兪藁後」≪歐陽文忠公集≫卷149)

라 하였고 송대 陳師道는 또 이르기를,

도연명의 시는 사랑에 절실하나 수식이 없을 뿐이다.…… 왕유와 위응물은 모두 도연명에게서 배워, 왕유는 자득함이 있다.

陶淵明之詩, 切於事情, 但不文耳. ……右丞蘇州皆學于陶, 王得其自

在.(≪後山詩話≫)

라 하여 왕유 시의 순담한 맛이 전원산수시에 묘사되어 시어가 省淨하고 陶潛에 出入하고 있음을 명시하고 있다. 왕유 시에서 예거컨대,

닭과 개가 마을에 흩어 있고
뽕과 느릅나무는 먼 밭에 무성하네.

鷄犬散墟落, 桑楡蔭遠田.(〈千塔主人〉≪王右丞集箋注≫ 卷3)

그리고 또,

아침 닭은 이웃 동네에 울고
여럿이 움직여 일에 힘쓰네.
농부는 밭에 나가고
부인은 일어나 비단 짜네.

晨鷄鳴鄰里, 群動從行務.
農夫行餉田, 閨婦起縫素.(〈丁寓田家有贈詩〉상동 권3)

이들 구들은 전원의 餘閑과 농촌의 소박을 直敍하고 있는데 옥산 시의 〈平昌道中〉을 보면,

온산에 봄빛이 모두 고운데
메밀꽃이 지니 차조와 철쭉이 많도다.
겨우 태화에 이르니 해가 저자에 드는데
저자 가까이 시골집이 서 있도다.

滿山春色摠爲佳, 蕎麥花收秋蔔多.
纔到太和日中市, 市門近隔野人家.

위의 시에서 강한 전원생활의 意趣를 표출하고 있으며, 孤村의 遠境을 소탈하게, 그리고 사실적으로 그리고 있어서, 景中有情의 田園味를 풍기고 있다. 옥산 시의 강한 전원적 의취는 그의 〈金化道中〉에서 더욱 표출되고 있으니,

6월의 산촌에는 벼꽃이 만발한데
하루의 날씨가 좀 어떠한가.
주민들 풍년의 낙이 있는 줄 아나니
석양에 소등에 탄 초동의 피리소리.

六月山村滿稻花, 一天天氣較何如.
居民知有豊年樂, 牛背斜陽樵笛多.

여기에서 제1·2구는 秋景의 경계를 그렸고 제3·4구는 작가의 情懷를 묘사하여 전반은 생명력이 넘치는 자연의 物態를 입체적으로 나타내었다. 이 시의 후반에서는 자신의 고뇌를 가을의 경계 속에서 융화시켜 情中有景의 平靜한 심태를 나타내었으니, 이는 情景이 交融하는 산수전원의 淳淡味의 극치라 할 것이다. 그것은 왕유의 〈歸輞川作〉(《王右丞集箋注》卷7)의,

계곡 입구에 성근 종 울리니
고기잡고 나무하는 일 또 뜸하네.
유유하게 먼 산에 저녁이 기우는데
홀로 흰 구름 향하며 돌아오네.
마름 풀 약하여 고정되기 어렵고

버들 꽃 가벼이 쉬 날린다.
동쪽 언덕 봄 풀의 빛인데
쓸쓸히 사립문을 닫는다.

谷口疏鐘動, 漁樵稍欲稀.
悠然遠山暮, 獨向白雲歸.
菱蔓弱難定, 楊花輕易飛.
東皐春草色, 凋悵掩柴扉.

위의 시에서 제1연은 농어촌의 정경을 묘사하고 제2연은 주위환경의 自然境을, 제3연은 자연에 대한 세심한 관찰을, 제4연은 俗界를 떠난 孤寂을 각각 묘사하고 있어 옥산의 기법이 近唐한 면을 부인할 수 없다.

(2) 高 雅

옥산 시의 우아한 특성은 淸代 潘彥輔가 말한 바,

무릇 《雅》라는 것은 말의 순치 만이 아니다. 시를 짓는 연유가 반드시 세리를 벗어난 후에야 雅라고 할 수 있다. 지금 여러 가지의 화미와 미려함을 다투는 시는 모두 세리를 쫓는 마음이 유로 되어 있다. 말이 우아하더라도 마음이 우아하지 않는 터이다. 마음이 우아하지 않으니 말 또한 그것을 덮을 수 없는 것이다.

夫所謂雅者, 非第詞之雅馴而已. 其作此詩之由, 必脫棄勢利. 而後謂之雅也. 今種種鬪靡騁妍之詩, 皆趨勢弋利之心小流露也. 詞縱而心不雅矣. 心不雅則詞亦不能掩矣.(《養一齋詩話》)

라고 한 의미와 상통하고 이것은 왕유와 밀접한 유사점을 갖는다. 옥

산의 〈明鏡臺黃流潭〉을 보면,

    천길 돌벽이 저절로 누대가 되어,
    우뚝 연못 거울에 그 모습 드러나네.
    누대 그림자 연못에 거꾸로 비치니,
    나의 가발이 거울에 되 비칠 가 부끄럽네.

    千尋石壁自成臺, 屹立潭中鏡面開.
    臺影倒潭人共照, 愧吾僞髮鏡中回.

여기에서 자연물인 路·落花·湖山 등을 擬人化하여 興의 용법으로 시의 품위를 높였고, 또 옥산의 〈到長安寺神仙樓望金剛〉을 보면,

    단번에 금강에 오르지 못하다가,
    대지팡이로 더듬거리며 참모습 보았노라.
    어디가 신선 굴인 지는 모르겠는데,
    동쪽 하늘에 석골산이 겨우 보이네.
    일만 이천 봉 그림자가 명암 속에 나타나니,
    온 천하 불법세계가 그 속에 있는 듯 없는 듯.
    얼마나 많이 봉래도에 잘못 들었는가,
    숨은 이의 향내가 나를 전송하는구나.

    直到金剛不可攀, 一筇無計得眞顔.
    未知何處神仙窟, 始見東天石骨山.
    萬二峰陰明暗裡, 三千法界有無間.
    幾多誤入蓬萊島, 松老香風送我還.

여기서 제1·2구의 금강과 참모습이 의인화되어 인간과 동시적 감정을 표현하고 제3·4句는 명암과 유무의 조화가 환상적인 경치를 미

화하고 盛衰의 양면적 의미를 예술감각으로 묘사하였으며 제7·8구는 봉래와 송노가 오입과 향풍을 융화하여 경물의 전이를 겹치게 하는 묘사법을 강구하여 시 전체의 繪畵的인 면이 豊贍하면서 단아한 색채를 보여주고 있다. 이런 면은 왕유의 〈山居秋暝〉에서 (상동 권7) 제1~4구가 자연 경물의 탈속적인 高潔味를 보여주는 예와 상관된다고 하겠다.11)

옥산 시의 高雅는 시어의 활용과 밀접한 관계가 있으니 즉 疊語重言을 통하여 시의 미감과 飄逸性을 조장하고 시의 생동감과 입체감까지 구사할 수 있었다. 이것은 왕유 시의 특장이기도 하니 周紫芝의 다음 서술은 그 좋은 인증이 될 만 하다.

> 시중에 쌍첩자를 쓰면 "논에 백로가 날고, 여름 나무엔 꾀꼬리 우네" 구를 쉬 얻을 수 있으니 이것이 이가의 시다. 왕마힐의 아래 네 구는 두보처럼 가장 온전하니 즉 "바람 부니 나그네는 날로 곧아가고 나무는 시끄러이 이별의 생각 아득하네. 끝없는 낙목은 쓸쓸히 지고 한없는 장강은 출렁이며 흘러오네."이니 즉 또한 오묘하여 말로 표현할 수 없다.
>
> 詩中用雙疊字, 易得句水田飛白鷺, 夏木囀黃鸝, 此李嘉詩也. 王摩詰四字下得最爲穩若杜少陵, 風吹客日杲杲, 樹攪離思花冥冥, 無邊落木蕭蕭下, 不盡長江滾滾來, 則又妙不可言矣.(《竹坡詩話》)

疊字를 잘 활용하면 오묘하고 형언키 어려운 意趣를 표출할 수 있다는 점에서 첩어의 선택이 시의 고아함과 중요한 관련이 있음을 알 수 있다. 옥산 시의 疊語를 예거하고자 한다.

---

11) 〈山居秋暝〉句: "空山新雨後, 天氣晚來秋, 明月松間照, 淸泉石上流."

行行十里到《與鄭鈍山遊山寺》
茫茫齊魯入雲低(上同)
悠悠我思若爲情《漢館夜話》
客意蕭蕭强自寬《寧齋令大朞歸時有感書呈耕齋宗丈》
大界沈沈忽返眞《挽李海鶴》
只有惺惺問主翁《出三山》
綠竹猗猗庭實成《謹次淸陰亭韻》
行橐蕭蕭竹一筇《別金剛》
亭亭鐵樹又花開《次杏下壽韻》
萬木森森獨後凋《三山十卉詩》
裊裊垂絲白髮情(上同)
六回曲曲繞淸灣《三山齋九回詩》

 이들 첩자는 한결같이 시의 묘사를 柔和하고 섬세한 지경에까지 이르게 하고 詩趣가 華奢하면서도 淸俊한 기풍을 조성시켜 준다.

(3) 道禪的인 脫俗

 옥산 시의 俗脫 의식은 시인의 한 공통점이기도 하지만, 옥산 시의 道佛的인 접근은 종교적인 특성보다는 詩界의 묘사에서 그 특점을 찾을 수 있다. 이것은 王漁洋이 말한 왕유 시의 神韻味와 상통하는 부분이기도 하다.
 먼저, 시가 遊仙的이라면, 長嘯하면서 長生을 추구하고 의식의 高妙를 터득하는 자연과 하나되는 시적 경계로 볼 수 있다. 唐代 孫廣은 그의 《嘯旨》에서,

 휘파람이 맑음은 귀신을 감화할 수 있어 죽지 않는 경지에 이른다.

 嘯之淸, 可以感鬼神, 致不死(《叢書集成》)

라 하니, 이는 곧 초월적인 시의에 응용되는 것이다. 왕유 시에서 대표적인 예는 〈竹里館〉(상동 권13)과 〈見黃花川〉(상동 권4. 시제가 길어서 줄임)을 들 수 있는데[12], 옥산 시에서는 〈毘盧峰〉제1수를 보건대,

> 곧장 비로봉에 오르니 눈앞이 환한데,
> 한번 고개 돌리니 신선이 된 듯 하여라.
> 순식간에 구름이 산을 휘감아 드러내니,
> 산 그림자 동해에 드리우고
> 거울 같은 물엔 하늘이 들어있네.

> 直下毘盧眼豁然, 一番回首等神仙.
> 須臾雲捲山形露, 影入東溟鏡裏天.

이 시는 仙人의 의식에서 合自然의 帝鄕을 希願하고 있으며, 仙界로 沒入하고 있다. 아울러 보다 더 강렬한 仙境을 주제로 한 옥산의 〈又次居然堂韻〉은 시어는 물론 詩感까지 완전히 승화된 초탈에 이르고 있음을 보게 된다.

> 난간의 창가를 쓸고 닦으니 먼지 없는데
> 호수의 달과 산마루 구름 속에 얼마의 봄을 보냈는가.
> 초가집이 편안한데 오늘도 나가서
> 신령한 곳 돌 샘터에서 고매한 이 만난다.

> 軒窓一掃淨無塵, 湖月嶺雲度幾春.
> 茅棟居然今日就, 靈區泉石遇高人.

한편, 옥산의 禪詩風은 仙的 요소보다 더 짙은 경향이다. 이것은 왕

---

12) 〈竹里館〉의 「獨坐幽篁裏, 彈琴復長嘯」, 〈見黃花川〉의 「靜言深溪裏, 長嘯高山頭」句.

유를 두고 볼 때 양인의 불가분한 경지이다.(졸저, ≪王維詩比較硏究≫ 第5章 참고. 北京 京華出版社, 1999) 이 詩界는 神韻의 극치이며 양인의 最長處이다. 이 경계에 대해서 胡應麟은 이르기를,

　　선은 필히 깊이 이룬 뒤에야 깨달아질 수 있고 시는 깨달아진 후라도 여전히 깊이 이루어져야 한다.

　　禪必深造而後能悟, 詩雖悟後, 仍須深造.(≪詩藪≫卷三)

라 하여 시와 선의 불가분의 관계를 강조하였고 魏慶之는 더욱 밝혀서,

　　시도는 불법과 같으니 대승·소승을 나누고 사악한 마귀의 외도를 아는 자만이 이것을 말할 수 있다.

　　詩道如佛法, 當分大乘小乘, 邪魔外道, 惟知者可以語此.(≪詩人玉屑≫卷5)

라 하여 佛法의 정신세계를 작시에 이입하려고 하였다. 왕유 시의 〈胡居士臥病遺米因贈〉(상동 권3)(상기 졸저, 참조)은 佛語, 禪理, 禪境의 妙法을 고루 활용하여 解脫과 忘我의 세계를 추구하고 있다. 그리고 〈謁璿上人〉(상동 권3)도 皮相의 見을 떠나 眞相의 觀으로 神交하는 悟境을 묘사하고 있는데, 말4구를 보면,

　　方將見身雲, 陋彼示天壤.
　　一心在法要, 願以無生獎.

라 하여 一心을 法要에 둔 탈속을 희구하고 있다. 옥산에 있어서는, 〈越溫井嶺〉을 보면,

산머리가 겨우 반쯤 남았는데,
선계와 속세를 어떻게 분간할까.
흰 구름 타고 신선 떠난 후에,
푸른 산에 나그네가 찾았노라.
집 뒤에는 우물 샘이 솟아나고,
숲 속에는 인적이 드물다.
수석이 맑고도 차가운데,
그 고운 경치는 어찌도 아름다운지.

嶺頭强半餘, 僧俗何分居.
白雲仙去後, 青嶂客來初.
店背井泉出, 林端人影疎.
水石清且冽, 風煙更何如.

이 시는 묘오의 禪趣를 풍기어 인사로써 理致를 밝히고 사물로써 도리를 살펴 色에서 空을 보이고 喧에서 靜을 쫓는 흥취가 농후하다. 이런 禪趣에 대해 李重華는 이미 왕유 시를 놓고 다음과 같이 서술한 바 있다.

완정 왕사정의 삼매집에 오언은 선에 드는 절경이 있고, 칠언은 구법이 건승해야 하니 선으로 구할 수 없다고 했다. 나는 말하노니 왕마힐의 칠언은 어째서 입선하는 곳이 없단 말인가? 이것은 성정의 근접하는 바일 뿐이다. 하물며 오언의 지극한 경지는 또한 입선으로만 묘오를 얻는 것이 아니다.

阮亭三昧集, 謂五言有入禪絶境, 七言則句法要健, 不得以禪求之. 余

謂王摩詰七言何嘗無入禪處? 此係性所近耳. 況五言至境, 亦不得專以入
禪爲妙.(≪貞一齋詩說≫)

이 말은 입선은 정신의 자세이니 만큼 시의 묘오와는 개념적 차이로 봐야 한다고 본 것이다. 왕유의 〈送別詩〉(상동 권3)를 보면13), 제5・6구는 도연명의 〈飮酒詩〉의 「採菊東籬下, 悠然見南山」구와 같은 奇趣를 지니고 있으며 제3・4구가 問答形式으로 語意가 曲折하여 妙悟의 뜻을 표출하고 있다. 이런 경계를 더욱 분명히 한 논지로 吳喬의 다음 말은 중요한 詩의 意境을 설명하고 있다.

동파는 말하기를 시는 기취를 으뜸으로 삼으니, 상정에 반하되 도에 합당하면 시취를 이룬다. 이 말은 가장 훌륭한 것으로 기취가 없이 어찌 시를 쓸 수 있겠는가? 상정에 반하면서 도에 합하지 않으면 어지러운 말이라 하겠다. 상정에 반하면서 도에 합하면 문장이 된다.

子瞻曰: 詩以奇趣爲宗, 反常合度爲趣. 此語最善, 無奇趣何以爲詩? 反常而不合道, 是謂亂談, 不反常而合道, 則文章也.(≪圍爐詩話≫卷一)

여기서의 기취는 신운적인 경계라 해도 가할 것이다. 옥산 시에서 선취를 표출한 것으로는 〈題僧軸〉(≪玉山集≫卷2), 〈次僧軸韻〉(卷2), 〈贈鑑上人〉(卷3), 〈經廢寺〉(卷3), 〈贈性行上人〉(卷3) 등 적지 않으며, 이와 함께 佛理를 통해 시의 妙境을 묘사하는 작법도 王維와 함께 탈속의 경지에 이른 작품이라 하겠으니, 이런 禪理的인 시경에 대해 沈德潛은 이미 상설한 바 있다.

---

13) <送別>: "下馬飮君酒, 問君何所之. 君言不得意, 歸臥南山陲. 但去莫復問, 白雲無盡時."

두보 시의 "강산은 예와 같고 꽃 버들은 절로 사사로움이 없도다. 물 깊은데 고기 매우 즐겨하고 숲 무성한 데 새 돌아올 줄 알도다. 물 흘러 마음 조급치 않고 구름 있는데 뜻 모두 느긋하네." 이 모두가 이취에 들고 있다. 소옹이 말하기를 "한 양이 움직여 만물 생성되기 전에 이취의 말로써 시를 지었다." 왕유의 시는 선어를 쓰지 않고 때로 선리를 터득했다.

　　杜詩, "江山如有時, 花柳自無私, 水深魚極樂, 林茂鳥知歸, 水流心不競, 雲在意俱遲." 俱入理趣. 邵子則云; "一陽初動處, 萬物未生時, 以理語成詩." 王右丞詩, 不用禪語, 時得禪理.(≪說時晬語≫卷下)

禪理詩는 佛說의 實理에 정통하여 거기에 문학관념을 가해서 고아한 情感을 표출하는 것이므로 偈語와 흡사하다. 그러나 왕유나 옥산에 있어서는 禪語를 쓰지 않고 禪理를 표출한 점에서 위의 심덕잠의 설과 일치한다. 왕유의 〈登辨覺寺〉(상동 권8)와 〈夏日過青龍寺謁操禪寺〉(상동 권7)가 대표적인 선리시인데, 전자를 보면, 첫 구는 「將登」, 제2구는 「正登」, 제3·4구는 「既登」을, 제5·6구는 「寺」를 중심한 이웃의 사물을 묘사하고 말2구는 선리로써 「遊寺」의 意趣를 밝혔다.[14] 옥산 시에서 〈與鄭鈍山遊山寺〉를 보면,

　　　　십리 길을 가서 쌍계사에 이르니
　　　　절은 동쪽 산에 있고 푸른 냇물은 서쪽으로 흐른다.
　　　　도리어 신선의 마음 깨달아 속세를 멀리 떠났더니
　　　　응당 세상일을 알린들 무엇하리오.
　　　　바다의 하늘이 곧 트이니 가을 기러기 놀라고
　　　　들판의 집이 가지런한데 낮에 닭소리 들린다..

---

14) 〈登辨覺寺〉: "竹徑從初地, 蓮峯出化城. 窓中三楚盡, 林外九江平. 軟草承趺坐, 長松響梵聲. 空居法雲中, 觀世得無生."

뽕나무에서의 기이한 인연 진정 쉽지 않거늘
아득히 중국 땅 제노에 구름이 낮게 드리운다.

行行十里到雙溪, 寺在東峰碧澗西.
却悟仙靈逃俗遠, 肯將時事向人啼.
海天初闊秋驚雁, 野屋相隣午聽鷄.
桑下奇緣眞不易, 茫茫齊魯入雲低.

 이 시의 의경은 秋山의 古寺에서 선경의 감회를 묘사하였으니 단순한 은거에 그치지 않고 나아가서 자연으로의 회귀하려는 맑고 티 없는 천진한 선경으로 몰입한다. 이 같은 禪趣가 극치에 이르면 탈속과 忘我, 그리고 入禪에 드는 妙趣를 묘사하게 되는 것이다. 그래서 이 시는 은거에서 淸淨無塵한 靜境으로 합일되어 있으니 이것은 徐增이 말한 바 "禪須作家, 詩亦須作家."(선은 모름지기 일가를 이루어야 하고 시도 모름지기 일가를 이루어야 한다.)(《而菴詩話》)라는 시선일치의 예라 할 것이다.
 옥산의 시 118수에 관한 풍격을 王維의 산수전원시에 나타난 情景交融을 淳淡·高雅·超脫이라는 측면에서 분석하였으며 현실 풍자적인 풍격은 杜牧에게서 그리고 詠物詩의 寄興的인 면은 羅隱 시에서 각각 비교 고찰할 수 있었다. 옥산 시를 唐詩에 맞추어 본다는 것은 어디까지나 주관적인 관점이기 때문에 옥산 시 자체의 문학적인 가치로 보아 唐詩에 대해 宋代 嚴羽가 논평한 "羚羊掛角, 無跡可求."(영양이 뿔을 나무에 매어 달아서 그 자취를 찾을 수 없다.)(《滄浪詩話》 詩辨)라는 妙悟의 경지까지 끌어올릴 수는 없다고 하여도 韓末의 避世之士인 옥산의 시문학이 결코 묻혀버려서는 안 된다는 학자적인 관점을 밝혀 둔다. 옥산 시가 그 당시의 韓末 문인의 반열에서 더불어 거론되고 나아가서는 漢文學에서의 연구자료로 다루어질 수 있다고 믿는다.

V. ≪金剛山大圖繪≫ 시 21題 22수

이 자료는 옥산이 그의 晩得子인 李麟에게 만년에 금강산을 직접 유력하면서 메모지에 筆墨으로 草書한 원본을 전해 준 매우 귀중한 門中의 家寶이다. 李麟 선생이 玉山의 曾孫인 韓國外國語大學校의 李鍾傑 교수를 통하여 필자와 직접 상면하여 이 자료의 譯註를 부탁하게 됨으로써, 세상에 알려지고 그것이 계기가 되어 ≪玉山集≫의 시를 고찰하고 본서의 중요한 테마로 기재하게 된 것이다. 이 자료는 단순한 遊覽詩가 아니라, 韓末 亂世에 義兵 활동과 독립 운동을 직접 계획하고 실행하다가 珍島에서 옥살이까지 겪은 玉山 李光秀의 憂國愛民의 哀切한 心性이 充溢하고 있기 때문에 더욱 소중하고 龜鑑이 되는 것이다. 이 자료는 1999년 9월에 筆者의 譯註와 解說, 그리고 原本 畵譜와 李鍾傑 교수의 글을 합하여 ≪金剛山大圖繪≫(시와시학사, 1999.9)라는 書名으로 출간된 바 向後 玉山과 그의 문학 및 사상을 연구하는데 매우 가치 있는 根據 자료로 평가되리라 확신하며, 일종의 附錄 형식으로 아래에 原本 순서에 따라서 그 詩 22수를 原詩와 譯文을 첨부한다.

이들 시를 첨부하기에 앞서 이 ≪金剛山大圖繪≫ 책과 그 시의 문학적 가치를 거론하면, 첫째로 그 체재가 書題에서부터 적합하고 강렬한 진취적인 氣象이 넘친다는 것이다. 책 서두에 "玉山公金剛帖內有先君寫眞. 不肖爀"(옥산공의 금강첩 안에 선친의 사진이 들어 있음. 불초 혁)의 글은 옥산 이광수의 장자이며 李漢基 국무총리의 부친인 이혁 선생의 친필이며 玉山 명칭은 옥산의 친필 제목이다. 이 제목을 붙인 뜻이 범상치 않으니, ≪玉山集≫(권1)에 수록된 〈離家〉의 다른 詩題를 보면,

계유년 6월 29일 나의 회갑 잔치를 위하여 집사람들이 술을 차려 기뻐해 주거늘, 나는 진실로 그 뜻을 만류시키고 금강산을 유람하며 많은 산 속에서 통곡하면서 내 나라의 비애를 토로하고자 하니, 출발하면서 짓노라.

  癸酉六月二十九爲余初度弧辰, 家人欲置酒爲歡. 余固止之, 欲遊金剛,
  痛哭萬山中, 以洩我家國之悲, 臨發有作.

라고 한 긴 제목에서 옥산의 금강산 유람의 깊은 뜻을 확인하게 된다. 이처럼 단순한 유람이 아니라 민족의 精氣가 서린 금강산을 통하여 救國의 애국의지를 굳게 다지려는 데에 眞意가 담겨 있음을 알 수 있다. 그리고 원본에서 萬瀑洞에서 찍은 옥산의 사진은 이 책의 핵심부분이 되는데, 이에 대한 그의 시〈我寫我眞帖〉을 보면,

  육십 년 세월 한 번 꿈에 지나가고
  그대 육신은 병들고 명성도 없어라.
  강가로 쫓겨나 번거로운 세상일 밝히려니
  바람 부는 나무에 감도는 슬픔이 이날의 내 마음.
  오히려 나의 뜻 아닌 일 보며 나 또한 늙나니
  부끄러이 술 대하매 객도 잔을 기울이네.
  반평생 길 잘못 든 것을 한없이 원망하며,
  울면서 금강의 만폭동 소리를 보내노라.

  六十年光一夢成, 爾形相對疾無名.
  江潭見逐明時累, 風樹餘悲此日情.
  却着鐵花吾亦老, 羞將對酒客同傾.
  半生誤路無窮恨, 哭送金剛萬瀑聲.

위의 시에서 지난 세월을 돌아보며 뜻을 펴지 못한 자신의 맺힌 한이 어려 있음을 알 수 있는데, 특히 말연의 '誤路'와 '哭送' 등의 어구는 작자의 솔직한 금강산유람의 의미를 대변해 준다. 그 다음 작품으로「遊金剛記」라는 산문을 수록하였는데, 그 분량이 71행 1878자이며 그 말미에 부모에 대한 孝心과 송대 초기의 程頤의 애국의식을 사모하는 글귀를 담고 있어서 더욱 유람의 本意를 확인케 한다. 둘째로는 풍격상으로 보아, 옥산의 이들 시는 憂國的인 豪健과 현실로부터의 초탈의식이 엿보인다는 것이다. 만당의 杜牧은 멸망해 가는 나라의 세태를 보고서 〈早雁〉(《樊川文集》권2)에서 이르기를,

> 오랑캐 말 어지러이 날뛰는 것 알텐데
> 봄바람은 어찌도 돌고만 있는가?
> 소상에 인적 드물다고 싫어말지니
> 물엔 고비가 많고 언덕엔 이끼 끼었네.
>
> 須知胡騎紛紛在, 豈逐春風一一廻.
> 莫厭瀟湘少人處, 水多菰米岸莓苔.

라고 하여 우국심을 토로하였듯이 옥산도 그의 〈萬物相三仙巖〉에서,

> 날아온 용이 조화를 부려서
> 깎아질러 서서 혼령이 담겨 있다.
> 이제야 알겠나니 저 바위의 나무는
> 예부터 그 뿌리를 굳게 붙이고 있음을.
>
> 飛來龍造化, 削立鈗精神.
> 聊知岩上樹, 太古托根身.

라고 하여 강인한 집착과 불굴의 기상을 표출시키려 하였으며, 금강산을 보며 그 오묘함에 감탄하는 데에서 머물지 않고 그의 遊記文 말미에서 산을 두고 표현하기를,

> 그 높고 우뚝함과 충만함과 웅대하고 걸출함이 산의 근본이니 갖가지 다른 형상이 하나의 근본으로 귀결되고 만상은 무한한 변화무쌍으로 귀결된다. 오직 산만은 홀로 서서 태연자약하다. 그 홀로 선 정신을 그 누가 알겠는가?

> 其高峻磅礴雄偉傑特, 山之一本也. 萬殊歸一本, 萬象歸無極. 惟山獨立自若, 其獨立精神, 誰其知之.

라고 한 것은 애국애족의 救國獨立 의식의 대변적인 표현이 아니고 무엇이겠는가. 옥산은 현실을 극복하고 이상을 실현하려는 애국지사의 뜻을 지녔기 때문에, 노년에는 현실로부터 탈피하려는 道家的인 초탈의식이 토로되어 있다. 그의 〈毘盧峰〉을 보면,

> 곧장 비로봉에 오르니 눈앞이 환히 트이고
> 한번 고개 돌리니 신선이 된 듯 하다.
> 한 순간에 구름이 산을 휘감아 드러나니
> 동해에 그림자 드리고 거울 같은 물에 하늘이 있다.

> 直上毘盧眼豁然, 一番回首等神仙.
> 須臾雲捲山形露, 影入東溟鏡裏天.

여기서 고개 돌려서 신선과 같은 탈속의식을 추구함이 잘 드러나 있다. 그리고 그의 〈拜別金剛〉을 보면, '仙風'·'塵蹤'·'蕭蕭'·'丹壑'·'赤松' 등의 道家語가 출현하는데 그 시 전체를 보면,

신선의 풍모는 속세의 흔적 떨치고,
전대 주머니에 쓸쓸히 대지팡이 짚었노라.
달포쯤 장안사의 나그네 되어서
천리 길 와서 일만 이천 봉을 보노라.
한가론 마음에 구름이 절로 선인의 계곡에 감도니
늙은 이 몸 적송자 계신 곳 물을 길 없다.
참 아름답다, 금강아. 이렇게 좋을 수가.
실컷 놀았으니 오늘 뭐 더 따라 가리오.

仙風不許滯塵蹤, 行橐蕭蕭竹一筇.
三旬爲客長安寺, 千里看山萬二峰.
閒情雲自歸丹壑, 末路人無問赤松.
信美金剛如此好, 倦遊今日更何從.

라고 하여 단학의 세계 같은 현실탈피를 추구하지만 노년에 중국 고대 선인 적송자 같은 의식을 갈망하면서도 현실을 부정할 수 없는 悲感을 표출하고 있는 것이다. 이제 일종의 부록 형식으로 아래에 原本 순서에 따라서 그 시 22수를 原詩와 譯文을 첨부하여 참고케 한다.

1) 〈나의 사진첩〉

육십 년 세월 한 번 꿈에 지나가고
그대 육신 병들고 명성도 없어라.
강가로 쫓겨나 번거로운 세상일 밝히려 하니
바람 부는 나무에 감도는 슬픔이 이 날의 내 마음.
오히려 내 뜻 아닌 일 보며 나 또한 늙나니
부끄러이 술을 대하매 객도 잔을 기우네.
반평생 잘못 든 길 더없이 한탄하며

울면서 금가의 만폭 우레 소리 보내노라.

六十年光一夢成, 爾形相對疾無名.
江潭見逐明時累, 風樹餘悲此日情.
却看鐵花吾亦老, 差將對酒客同傾.
半生誤路無窮恨, 哭送金剛萬瀑聲.《我寫我眞帖》

2) 〈집을 떠나면서〉

어찌하여 관동에서 원유가를 짓는가?
육순 생일에 문득 길을 떠나노라.
일찍이 오악이 중국에 우뚝한 것 알지만
오히려 금강이 바다 위에 떠있음이 기쁘도다.
몇 이랑 밭 갈며 지내다가 자식 두고 떠나니
온 산의 풍경이 나를 잡아두려 하네.
어린 손자 집 떠나는 뜻 모르고
일어나 무늬 옷 붙잡고 자꾸 말리누나.

底事關東賦遠遊, 六旬初度欻當頭.
曾知五嶽中州屹, 却喜金剛海上浮.
數畝生涯聽子去, 萬山風景欲吾收.
稚孫不識離家意, 起把班衣故故留.《離家》

3) 〈경성을 지나며〉

이십 년 만에 부평초인양 이곳에 돌아 온데
한강에서 언제 다시 고향으로 돌아가나.
수레몰아 한밤에 집에서 천리 길
외론 성의 피리소리에 만감이 오가누나.
고도에서 망국의 한을 차마 말하랴
오직 태묘의 제주자리만 남아있네.
새벽 창가에 일어나 회양의 길을 물으니

강산이 겹겹하니 고개를 얼마나 넘을 건가?

++載萍蹤多此間, 漢江何日復東還.
驅車一夜家千里, 聞笛孤城意萬般.
忍說故都亡國恨, 惟存太廟祭王班.
曉窓起問淮陽路, 水複山重度幾關.(《過京城》)

4) 〈철원역 갈림길〉

나 홀로 금강을 가는데
남들은 다 원산으로 돌아가네.
한가한 자와 바쁜 자 여기서 갈라지니
바라는 건 서로 어긋나지 말기를.

我獨金剛去, 人多元港歸.
閑忙從此別, 所願莫相違.(《鐵原驛分路》)

5) 〈금화길에서〉

6월의 산촌에는 벼꽃이 만발한데
하루의 날씨가 좀 어떠한가?
주민들 풍년의 낙이 있는 줄 아나니
석양에 소등에 탄 초동의 피리 소리.

六月山村滿稻花, 一天天氣較何如.
居民知有豊年樂, 牛背斜陽樵笛多.(《金化道中》)

6) 〈단발령〉

거마가 하늘에 닿는 줄 어찌 알았으랴?
천 구비 휘돌아든 길이 고르지 않구나.
임금의 수레 옛날에 무슨 일로 오셨던가?
구의산의 경치는 꿈에서도 놀라겠네.

那知車馬接天行, 千折縈回路不平.
龍御昔時何事到, 九疑山色夢中驚.(〈斷髮嶺〉)

7) 〈장안사 신선루에서 금강을 바라보며〉

단번에 금강에 오르지 못하다가,
대지팡이로 더듬거리며 참모습 보았노라.
어디가 신선굴인지 모르겠는데,
동쪽 하늘에 석골산이 겨우 보이네.
일만 이천 봉 그림자가 명암 속에 나타나니,
온 천하 불법세계가 그 속에 있는 듯 없는 듯.
얼마나 많이 봉래도에 잘못 들었는가,
숨은 이의 향내가 나를 전송하는구나.

直到金剛不可攀, 一筇無計得眞顏.
未知何處神仙窟, 始見東天石骨山.
萬二峰陰明暗裡, 三千法界有無間.
幾多誤入蓬萊島, 松老香風送我還.(〈到長安寺神仙樓望金剛〉)

8) 〈명경대 황류담〉

천길 돌벽이 저절로 누대 되어,
우뚝 연못 거울에 그 모습 드러나네.
누대 그림자 연못에 거꾸로 비치니,
나의 가발이 거울에 되 비칠까 부끄럽네.

千尋石壁自成臺, 屹立潭中鏡面開.
臺影倒潭人共照, 愧吾僞髮鏡中回.(〈明鏡臺黃流潭〉)

9) 〈표훈사에서 절밥을 보며〉

인경소리에 정오의 시간이 되니,

한 소반의 위엄 있는 예법이 존귀하다.
이천 선생의 말을 기억하나니,
과연 흥국사의 유풍이 남아 있도다.

磬聲初落午陰饒, 一飯威儀禮所尊.
記得伊川夫子語, 果然興國古風存.《〈表訓寺見僧飯〉》

10) 〈탐승객〉

절 문이 날마다 시장처럼 붐비니,
남녀의 푸르고 붉은 옷 빛이 산에 차누나.
경치의 참모습 잘 그려내려면,
흰 구름인들 어찌 한가할 틈 있겠는가?

寺門一日市如還, 士女靑紅遍滿山.
若使眞容爭畵去, 白雲安得片時間.《〈探勝客〉》

11) 〈백운대〉

단번에 백운대에 오르니,
경치가 별천지라 더욱 아름답구나.
오르내리는 쇠다리가 석자나 되는데,
멀리 바라보니 산이 사방으로 트였구나.
어찌 조화옹의 뜻을 따를 수 있으리오?
오히려 세상의 공명이 부끄럽도다.
구경하는 나그네에게 말하노니,
삼가 이곳에는 오지를 마오.

一上白雲臺, 風煙別地催.
昇降鐵三尺, 眺望山四開.
何須辦命去, 却悔聞名來.
寄言遊賞客, 愼勿此間回.《〈白雲臺〉》

12) 〈정양사 헐성루〉

　　정양사에 비가 막 멈추니,
　　산천의 경치가 다 누대에 들어오네.
　　또 이 산 속에 천만의 경치가 있으니,
　　물 따라서 솟구치는 샘터까지 가보고저.

　　正陽寺裡雨初收, 水色山光盡入樓.
　　又是山中千萬景, 欲窮隨水活源頭.(〈正陽寺歇惺樓〉)

13) 〈만폭동〉

　　만수가 만폭동으로 돌아오니,
　　날리는 여울이 성난 여울 속에 뒤섞이네.
　　반석의 큰 글자는 신선의 필치이니,
　　종일 매만지며 돌아갈 줄 몰라라.

　　萬水歸來萬瀑洞, 飛湍牛雜怒湍間.
　　岩磐大字仙人筆, 永日摩挲却忘還.(〈萬瀑洞〉)

14) 〈진주담과 분설담〉

　　위의 폭포는 진주를 꿴 듯 흘러 떨어지고,
　　아래의 여울물은 눈을 뿜어내 듯 어찌 다 형용하랴.
　　돌을 쳐서 일어나는 물결은 참으로 이채로우니,
　　조물주의 기교를 따를 수 없구나.

　　上瀑成珠落更無, 下湍噴雪對堪圖.
　　水來激石揚波異, 不是天工巧意輸.(〈眞珠潭噴雪潭〉)

15) 〈구룡폭포〉

　　구룡폭포 아래 또 연못이 깊으니,

여산의 참모습을 더 찾을 필요 없네.
곧장 은하수를 뿌린 듯 흩어져 비가 되어,
신령한 산이 부서지듯 이 내 마음 서늘하구나.

九龍瀑下復淵深, 未到廬山眞面尋.
直瀉天河散作雨, 洞天如碎戰兢心.(《九龍瀑布》)

16) 〈소제명〉 두 수

산에 들어서니 하루종일 사람이 왕래하고,
돌 조각마다에 빈틈없이 이름이 써있구나.
골짜기마다에 족보를 담고 있는 듯 하니,
영문 모르는 사람은 무슨 마음이 들 건가.

이름 써넣지 않은 양사언은,
만고의 금강산을 오직 한번 왔을 뿐이네.
원화동천의 천불동을,
후세 사람이 다투어 전하여 지금에 이르렀네.

入山終日踏人行, 片石無餘盡姓名.
萬壑便藏萬姓譜, 無人知者獨何情. (《笑題名》二首・其一)

不書名字楊蓬萊, 萬古金剛獨一回.
元化洞天千佛洞, 後人爭說至今來. (其二)

17) 〈비로봉〉

곧장 비로봉에 오르니 눈앞이 환한데,
한번 고개 돌리니 신선이 된 듯 하여라.
순식간에 구름이 산을 휘감아 드러내니,
산 그림자 동해에 드리우고
거울 같은 물엔 하늘이 들어있네.

直下毘盧眼豁然, 一番回首等神仙.
須臾雲捲山形露, 影入東溟鏡裏天.(《毘盧峰》)

18) 〈비로봉에서 축원하며〉

중국의 어르신들 동방에 태어나기 원하면서,
금강산은 천하에 으뜸이라고 말씀하셨지.
산신령이 특별히 산에 내리셔 기축하나니,
만방이 사모하여 다함께 쳐다보네.

中州人士願生東, 爲說金剛天下雄.
暗祝山靈特嶽降, 萬邦思服具瞻同.(《毘盧峰上暗祝》)

19) 〈만물상 삼선암〉

날아온 용이 조화를 부려서,
깎아질러 서서 혼령이 담긴 듯.
이제 알겠나니 저 바위의 나무는,
예부터 그 뿌리를 굳게 붙이고 있는 것을.

飛來龍造化, 削立釰精神.
聊知岩上樹, 太古托根身.(《萬物相三仙岩》)

20) 〈온정령을 넘으며〉

산머리가 겨우 반쯤 남았는데,
선계와 속세를 어떻게 분간할까.
흰 구름 타고 신선 떠난 후에,
푸른 산에 나그네가 찾았노라.
집 뒤에는 우물 샘이 솟아나고,
숲 속에는 인적이 드물도다.
수석이 맑고도 차가운데,

그 고운 경치는 더욱 어찌도 아름다운지.

嶺頭强半餘, 僧俗何分居.
白雲仙去後, 靑嶂客來初.
店背井泉出, 林端人影疎.
水石淸且冽, 風煙更何如.(〈越溫井嶺〉)

21) 〈금강산을 떠나며〉
신선의 풍모는 속세의 흔적 떨치고,
전대주머니에 쓸쓸히 대지팡이 짚었노라.
달포쯤 장안사의 나그네 되어서,
천리 길 와서 일만 이천 봉을 보았노라.
한가한 마음에 구름도 절로 선인의 계속으로 돌아가니,
늙은 이 몸이 적송자 계신 곳을 물을 길 없도다.
참으로 아름답다, 금강이여. 이렇게 좋을 수가.
맘껏 놀았나니 오늘 또 무엇을 바라리오.

仙風不許滯塵蹤, 行橐蕭蕭竹一笻.
三旬爲客長安寺, 千里看山萬二峰.
閒情雲自歸丹壑, 未路人無問赤松.
信美金剛如此好, 倦遊今日更何從.(〈拜別金剛〉)

＊ 참고문헌은 각주로 대신함

찾아보기

ㄱ

賈島　43, 132, 141
刻嚴陵釣臺　128
葛洪　40
鑑戒錄　113
感懷詩　556
甲乙集　96
姜景醇　286
姜夔　320
江陵途中　216, 257
姜彬　338, 356
江水　252, 259
姜瑋　375
江行　326
姜希顔　283
客舍葉　402, 468
景德王　16
警修堂文藁　243
警修堂集　285, 373, 414

耿湋　44
經義考　225
景情兼到　183
景中有情　183
經廢寺　333
輕颺　119
桂苑集　47
桂苑筆耕集　135, 148, 153
計有功　89
高建武　16
高古雄渾　53
古骨　455
古淡派　88, 132
古淡風　174
高麗名賢集　194
高麗史　162
高麗人詩　224
高駢　61, 131, 133

高峯　185
古寺尋花　228
姑蘇臺　137
古詩源　511
孤雲　141
顧雲　61, 63, 64, 65, 95, 133, 141
孤雲先生文集　148, 149, 155
孤雲篇　65
高元矩　43
高元裕　17, 21
高元裕傳　21
高宗　542
顧況　44
袞州留獻李員外　33
困學紀聞　122
共感覺(Synastetisch)　448
箜篌引　16
過故人莊　174
郭公姬薛氏墓誌銘　27
郭茂倩　366
郭璞　207
郭紹虞　320
郭元振　28
郭廷誨　101
郭震　54
觀獵　466
貫休　67, 68
廣陵妖亂志　95, 96, 101

舊唐書　37, 89, 93
九松亭瀑布　461
歐陽修　213, 256, 416
舊五代史　89, 93
九華山　31, 65
國朝刪詩　272
郡齋讀書志　93
郡齋獨酌　556
權近　195, 201, 246, 250
權永佐　515
權遇　228, 252
權採　242
權韠　374
歸輞川作　583
歸嵩山作　426
金剛山大圖繪　594
金臺行　362
金明理　194
金錢花　126
金地藏　17
金眞德　17, 22
金澤榮　415, 423
汲古閣　96
寄遁村　203
寄徐剛中　285
寄任子深　288
寄鄭三峯　201
寄情寓風　104
寄仲賢　216, 258

寄懷陶雲汀內翰　533
吉中孚　44
金可紀　17, 38, 39, 58, 60, 541
金九容　193, 252
金綺秀　536
金得臣　346
金立之　17
金萬重　346
金沔　56
金明殿石菖蒲　186
金文鈺　544
金相元　194
金錫冑　241, 265
金時習　228, 374
金雲卿　17, 42, 43, 46
金允植　535
金仁問　27, 30, 55
金立之　35
金正喜　381, 384, 528
金祖淳　381, 384
金宗直　374
金重烈　132, 137
金地藏　31, 32, 50, 70
金眞德　22, 50
金昌協　360
金台俊　194, 347
金澤榮　372, 375, 378, 386, 409, 541

ㄴ

羅大經　118
羅昭諫集　107
懶翁鐵柱杖　456
羅隱　61, 62, 88, 132, 141
羅隱傳　106
羅嗔曲　294
落梅　441
南龍翼　310
內丹　39
盧家莊　419
鷺鷥　110
盧相稷　141
論詩絶句　193

ㄷ

達雲古城　392, 445
覃溪　385
淡淡亭四首　305
淡雅　143
唐詩紀事　68, 92
唐詩別裁集　476, 506
唐音癸籤　125
唐人八家詩　96
唐才子傳　90, 106, 124, 137
唐集敍錄　89
唐摭言　89
戴衢亨　531
大唐新語　30

大明梅　575
代白苧曲二首　298
道德經　358
陶淵明　300, 302, 320, 374, 377, 521
陶潛　177, 219, 244, 272, 289, 291, 342
陶澍　533
道中感懷　327
道中詩　304
途中作　149
渡淸川江　228
桃花　116
讀李春卿　188
東溟詩說　341
東溟集　338, 360
東文選　47, 64, 238, 239, 264, 266
童養年　103
東夷列傳　37
東人詩話　168, 176
冬日游覽　421
東坡　188
東坡集　166
杜鵑　151
杜牧　65
杜甫　31, 58, 192, 314, 374, 376
杜荀鶴　63
杜審言　55
鈍音雜錄　476
遁村遺稿　204

登辨覺寺　188
登天姥　507

挽歌詩　302
挽金太常　249
萬曼　89
萬物相三仙巖　563
輞川別業　189, 466
輞川集　377, 396
梅湖遺稿　161, 164
梅花　117, 442
孟棨　501
孟郊　132
孟浩然　172, 174, 320, 395
孟浩然集　174
明琵園池　399
明詩綜　224, 225, 227, 231, 240, 245, 261
明波亭次韻　214, 257
牡丹　112, 579
暮春卽事和顧雲友使　64, 134
牧隱文藁　17, 70
牧隱詩精選序　245
夢遊天姥吟　503
繆荃孫　102
茂亭謫廬詩會　570
文選風　61, 133
文獻通考　377

美人行　297
閔思平　198
閔元衢　119
閔鍾顯　172
閔哲勳　521

ㅂ

朴尙衷　195
朴侍郞　423
朴誾　374
朴仁範　46, 47
朴齊家　374
撲棗謠　324
返俗謠　55
潘彦輔　326, 584
反齊梁派　53
芳林十哲　50, 61, 63, 132, 133, 141, 157
裵澈　137
白角篦　108, 575
白居易　56, 58, 88, 123, 132, 476
白光勳　223, 309, 374
白鷗灣　400
白登行　362
白文寶　197
白氏長慶集　69
白雲歌　509
白雲小說　25, 140
白苧歌　298

卞季良　241
卞榮晩　543
寶顔堂秘笈　102
步雲養方山匡石唱酬韻　536
報恩行　362
補閑集　70, 163, 167, 168
步虛詞　330
服氣鍊形　39
服食仙藥　39
本事詩　501
奉使入金　164
奉送權判書出尹鷄林　201
浮碧樓　246
傅璇琮　93
浮雲　118
北夢瑣言　89, 93
北風行　494
憤怨詩　18
毘盧峰　588
比興托物　151

ㅅ

思家　551
謝康樂　35
四庫全書總目　102, 103
謝靈運　177, 181, 294, 320, 342
謝靈運　272
四溟詩話　60, 349, 365
謝靈運　377

詞綜　225
使至塞上　461
謝榛　176, 349, 365
四湖遊覽志餘　107
山居秋暝　460
山水田園味　177
山頂花　393, 454
山中　181
山海經　358
三國史記　19, 24, 30, 42, 45, 51
三國遺事　19
上官儀　53
上毛河世靜　33
徐居正　169, 176, 245, 272, 281
西溪叢語　113
西潭集跋　312
徐命膺　530
徐世昌　225, 230, 231, 514, 515, 541
徐正諄　538
徐增　439
西湖遊覽志餘　89
石田集　545
禪境　186
仙洞　456
禪理　156
禪術　186
禪詩　156
禪語　156, 186
善竹橋　538

禪趣　156, 186
宣和書譜　89, 93
薛鬭頭　29
說郛　102
薛承沖　27, 29
說詩睟語　152
薛瑤　17, 28
雪中書懷　556
葉少蘊　215
聶夷中　141
成侃　271
盛唐期　16
惺所覆瓿藁　70, 283
惺叟詩話　170, 208, 240, 254, 285, 310, 316
洗心齋　448
歲寒堂詩話　58
蕭遘　137
少年行　462
蘇東坡　392
宵夢　238
蘇味道　55
蘇雪林　412
小松　109, 576
蘇軾　165, 172, 314
嘯旨　329, 587
俗離寺禪堂　217
屬秋史　463
蓀谷山人傳　313

蓀谷集 315, 319
蓀谷集詩 228
孫濤 61
孫望 103
孫廷杰 172
送江陵道按廉使金先生詩 196
送金可紀歸新羅 59
送金少卿副使歸新羅 56
送童子下山 32, 67
送栢庭上人 217
送別詩 236, 332
送僧歸日本 69
送王使君赴蘇臺 138
送人歸新羅 68
宋迪八景圖 175
宋之問 16, 53
松泉筆譚 313
送崔致遠西遊將還 133
松坡畫像 455
隨園詩話 144
酬子安見寄次韻 199
酬贈專師 303
酬惠美詩 44
宿今陵懷舊書事 402
宿五松山下荀媼家 348
順道 16
升菴詩話 211
承齊梁派 53
詩法易簡錄 112, 549, 579

詩人玉屑 401, 439
詩中有畫 66, 168, 177, 226
詩品 165
詩話叢林 140
始興雜詩 403
新唐書 21, 89
新羅國隱士 18
新羅本紀 45
辛文房 89
新五代史 89
申緯 193, 243, 372, 407, 443
申紫霞詩集 415, 438, 445
沈德潛 152, 178, 225, 333, 476, 506, 511
沈崧 94, 129
尋詩經 400
沈遠翼 523, 525
沈佺期 16, 53
雙明齋集 264
雙檜亭賞花 404

岳州感古 537
顔延之 272, 289, 294
押韻法 25
鸚鵡 150
夜景又作 135
野步 170, 176
野燒 153

梁慶遇　311
兩同書　95, 96, 101, 102, 103
楊萬里　320
楊思濟　101
楊紹和　98
楊愼　62, 211
揚雄　125
楊柳　578
梁章鉅　395
楊載　105, 573
漁樂　388
言行錄　338
嚴君平　153
嚴羽　345, 411
與鄭鈍山遊山寺　592
櫟翁稗說　168
櫟翁稗說後集　380
淵明集輯注　515
硏北雜誌　89
連雨獨飮　291
靈鵠寺　184
詠老柳樹　123
迎神曲　376
影池　453
影波　388
詠蟹　306
詠香　577
藝苑雌黃　112, 580
藝苑巵言　476

吳喬　333
五代史補　89
吳崇梁　387
吳越備史　89
吳載純　172
玉山　572
玉山集　544, 545
溫庭筠　289
雍文華　89
翁方綱　176, 186, 384, 405, 413, 472, 541
王巨仁　17
王摩詰全集箋注　293, 429, 437
王楘　131
王世貞　359, 476
王漁洋　321, 394, 472
王右丞集箋注　325
王右丞集箋注　178
王維　31, 39, 172, 174, 177, 259, 272, 294, 296, 309, 328, 376, 572
王應麟　121
王績　53
王昌齡　31
姚寶　113, 122
姚叔祥　102
龍江開有懷用達可韻　206
慵齋叢話　274
偶然作　178
于闐採花　501

偶題　213, 256
偶興　154
韻度　320
雲養集　535
遠別離　477
元稹　56, 69, 88, 132
月桂寺晩眺　185, 186
魏慶之　144, 186, 213, 256, 401,
　　417, 436, 589
韋應物　31, 35, 342, 376
韋卽送其出塞　225
魏晉　289
渭川田家　178, 449
劉大勤　413
柳得恭　374
柳林石塔　399
唯美派　132
幽美風　177
柳方善　281
遊松都　275
遊五臺山　168
劉長卿　31
劉楨　141
劉勰　207
柳珌　312
劉希夷　476
陸時雍　147
尹新之　352, 360
銀臺集　264

殷文圭　63
隱諭　150
飮酒詩　333, 591
李家煥　374
李甘詩　557
李建昌　375, 408
李乾夏　521, 523
以故爲新　143
李光秀　543
李光稷　540
李嶠　55, 110
李奎報　25, 53, 140, 162, 166, 167,
　　168, 192, 237, 266
李達　228, 309, 374
李德懋　374
李東陽　174, 320, 321, 425
李麟　594
李晩用　423, 520
李明府　423
李白　31, 39, 171, 192, 219, 259,
　　337, 359
李商隱　61, 168, 192, 289
李尙迪　534
李穡　196, 208, 245, 246, 254
李書九　374
李性源　526
李睟光　70, 170, 176, 312, 343
李秀咸　314
李崇仁　195, 200, 247

李承召　273, 281
李承五　535
李承鶴　545
李安訥　374
而菴詩話　335
李瑛　112, 549, 579
李英裕　172
李用休　374
李暲　523, 524
李裕元　381
李儒哲　546
李陸　278, 280
李益齋　388
李仁老　165, 228, 236, 262
李齊賢　168, 199, 254, 266
李重華　104, 332, 354, 539, 590
李芝峰　43
李集　198, 202
李贊範　522
李參奉　409
李昌符　44
李詹　249, 309
李太白詩醇　349
李賀　61
李學逵　381
李荇　374
李好閔　374
李滉　374
印心石屋文集　515

一韻到底　25, 26
日下舊聞　225
任璟　290
臨高臺送黎拾遺　181
任相元　314
任子深　287
林悌　223
林椿　266
自遣　149

字旣畢用其韻因書其後　219
子亦次韻　219
紫霞年譜　384
紫霞詩集　372, 373, 378, 379, 384, 391, 392, 393, 402, 403, 404
紫霞詩集年譜　383
雜詩　301
雜咏　249
張騫　153
張謇　541
張戒　57
張喬　133, 136
長明燈　123
長嘯　39
莊子　40, 355
張籍　50, 56, 65
張瓊　102
章孝標　60

全唐詩 15, 17, 18, 19, 32, 95, 135, 267
全唐詩補逸 95, 103
全唐詩補編 17, 44, 67
全唐詩續補遺 95, 103
全唐詩續拾 65, 95, 103
全唐詩逸 32, 35, 36, 40, 42, 43, 59
戰城南 366
田園樂 418
田園言懷 350
錢鍾書 212
全州牧新雕東坡文跋尾 237
蝶峙道中 550
情景交融 181
情景分寫 181
鄭谷 133
鄭達可 205
鄭道傳 194, 195, 201, 211
丁都護歌 368
鄭斗卿 337, 359, 374, 474
鄭麟趾 162
鄭夢周 195, 198, 223, 240
丁若鏞 381
丁寓田家有贈 418
鄭元容 381
鄭麟趾 242, 262
鄭子厚 199
鄭畋 135
程庭鷺 528, 542

情中寓景 183
鄭知常 168, 228, 236, 262, 380
淨土蘭若夜吟 218, 258
丁學淵 381, 423
鄭煥堯 194, 209, 211, 256
鄭煥堯序 255
鄭希良 228, 236
題伽倻山讀書堂 155
齊己 44, 67, 68
祭亡弟文 353
題磻溪垂釣圖 129
題僧軸 333
題神羊圖 128
除夜 290
題遊仙寺 40, 59
製人扇頭墨梅雀 540
題愓若齋詩吟後 254
祭塚謠 324
題忠義齋 561
題鶴鳴樓 250, 251
題杏花鸚鵡圖 265
題湖寺僧 332
題畫 323
釣臺望月 402
曹植 141, 342
趙云仡 260, 261
曹寅承 521, 522
趙宗鉉 527
終南別業 39

鍾嶸　165
朱彝尊　223, 224, 231, 236, 237, 245
周紫芝　69, 215, 328, 586
竹里館　432
竹長寺　252
中國文學欣賞擧隅　537
中山詩話　57
中元夜泊淮口　146
重疊技法　149
卽事　260
贈鑑上人　333
贈金敬之　204
贈達可　205
贈無相禪師　155
贈性行上人　333
贈僧　334
贈梓谷蘭若獨居僧　156
芝峯類說　170
池亭　445
陳師道　143, 322, 417
陳尙君　17, 70, 95, 103
眞逸遺藁　271, 272
陳子昂　27, 28, 30, 53, 54
眞虛　301
陳澕　168, 169, 176, 266
陳埻　165

次僧軸韻　333

借人筆墨　292
車天輅　374
次崔勉庵黑山匪所見示韻　548
讖書　95, 96, 99, 100, 115, 120, 128
冊府元龜　56
惕若　197
惕若齋先生學吟集　194
惕若齋遺稿外集　194, 196
惕若齋集　194, 253, 255
千年古杉　453
天鳳歸雲　548
千塔主人　418
淸江曲　298
靑皐集　549
靑龍寺曇壁上人兄院集　188
淸詩匯　225, 226, 230, 267, 511, 512, 531, 541
淸新味　146
靑坡集　278
淸平洞口　446, 454
淸平山絶句　452
楚宮行　362
初唐四傑　16, 53
抄秋文城江泛舟　460
初投桂苑筆耕集　139
初投獻太尉啓　139
蜀道難　497
崔慶昌　309, 311, 374

崔稜　56
崔性學　523
崔粹　172
崔融　55
崔滋　17, 166, 171, 188, 264
崔致遠　15, 33, 43, 47, 61, 63, 64,
　　88, 104, 131, 132, 137, 153, 541
崔學士孤雲碑序　353
崔瀣　46
秋山夕懷　324
秋日再經盱眙縣寄李長官　145
追和歐梅感興　180
春晚山寺　167
春晚題山寺　182
春日和金秀才　182
醉後　262, 263
沈叔安　44
沈崧　93

ㅌ

托物連類　152
太平廣記　38, 58
太平詩　22, 25, 53, 56
吐故納新　40

ㅍ

怕寒不出吟得　284, 306
破閑集　65, 262, 264
彭國東　517

平起式　34
平沙落雁　190
平昌道中　582
圃隱文集　241
鮑照　272, 289, 342
曝書亭集　225
馮班　476
風雨對　120
風趣　320

ㅎ

河崙序　255
河應天　283
夏日同達可宿靈通寺　207
河湟　565
鶴　63
鶴林玉露　118
鶴山樵談　314
學吟集　194
漢江舟中　562
寒山　53
韓永獻　533
韓愈　65, 141, 376
韓致奫　29, 30
韓致應　381
海東辭賦　272
海東繹史　29, 30, 38, 43, 44, 56, 58
海邊春望　148
行禾　39

行路難　491
行事要略　198
香林蘭若　218
許筠　140, 141, 167, 170, 176, 240,
　　283, 289, 317
許傳　194
獻詩啓　141
玄湖瑣談　241, 290
形影神　299
慧超　70
豪建風　61
壺谷詩話　310
浩院宴呈達可丈　205
胡應麟　185, 213, 331, 436, 589
胡仔　417
胡震亨　124
洪萬宗　347, 353
洪成模　423
洪良浩　530, 537
洪祐吉　423
洪潤朽　475
洪義浩　381
洪顯周　540
洪羲瑾　520
洪義錫　519
和高麗許澹岩櫟韻　516
華麗相近　182
華而不靡　147
和陳雲伯詠老松　540

還發閭延留贈白瞿山趙絳雪　534
黃景源　172
黃姑灣　404
黃農部　521, 542
黃農部見示詩和韻　522
黃德弼　101
黃丕烈　96, 100
黃巢　61
黃庭堅　172, 429
黃玹　375, 543
回文寄郎　297
後落葉詩　435
後山詩話　143
戲贈張五弟諲　420